钢铁轨迹

一部关于钢铁与人类文明发展的简史

于 勇　编著

北 京
冶 金 工 业 出 版 社
2021

内容提要

本书根据作者从事钢铁事业30多年的工作认识和感悟，以宏大的时空跨度，创新的思维视角，从“宏观”到“微观”，从历史到现在，探寻钢铁的过去，憧憬钢铁的未来。主要内容包括：时间维度上人类不同发展阶段钢铁工业发展轨迹，地域维度上主要产钢国家和地区钢铁工业发展轨迹，从宏观到微观维度上钢铁材料技术发展轨迹。此外，本书还重点阐述了钢铁工业智能化、可持续化、全球化发展轨迹等大众关注的话题，并提出了未来钢铁重构商业模式的创新方向。期望本书出版后能对政府部门、钢铁企业、研究机构、科研院所、行业协会及广大关心钢铁工业的相关读者有所帮助。

图书在版编目(CIP)数据

钢铁轨迹：一部关于钢铁与人类文明发展的简史/于勇编著.—北京：冶金工业出版社，2021.1

ISBN 978-7-5024-8711-9

Ⅰ.①钢…　Ⅱ.①于…　Ⅲ.①钢铁企业—工业史—研究—世界　Ⅳ.①F416.31-091

中国版本图书馆CIP数据核字(2021)第006416号

出 版 人　苏长永
地　　址　北京市东城区嵩祝院北巷39号　邮编　100009　电话　(010)64027926
网　　址　www.cnmip.com.cn　电子信箱　yjcbs@cnmip.com.cn
责任编辑　李培禄　美术编辑　吕欣童　版式设计　孙跃红　禹　蕊
责任校对　郑　娟　责任印制　禹　蕊
ISBN 978-7-5024-8711-9
冶金工业出版社出版发行；各地新华书店经销；北京捷迅佳彩印刷有限公司印刷
2021年1月第1版，2021年1月第1次印刷
169mm×239mm；32.75印张；409千字；512页
115.00元

冶金工业出版社　投稿电话　(010)64027932　投稿信箱　tougao@cnmip.com.cn
冶金工业出版社营销中心　电话　(010)64044283　传真　(010)64027893
冶金工业出版社天猫旗舰店　yjgycbs.tmall.com
(本书如有印装质量问题，本社营销中心负责退换)

前　言

钢铁是什么？钢铁给人类带来了什么？未来的钢铁将往何处去？又将会在人类文明进步中担当什么角色？本书将沿着钢铁的发展轨迹，沿着人类文明进步的脚步尤其是历次工业革命的进程，和大家一起回味历史，共同畅想未来，探究新时代钢铁与人类文明的发展。

从公元前4000年古埃及人和美索不达米亚人发现陨铁并利用这个“神的礼物”，到锋利无比、所向披靡的大马士革剑；从公元前1500年人们开始使用开采的铁矿石来冶铁，到开启“铁器时代”，引发农耕文明的重大变革；从公元19世纪中叶亨利·贝塞麦（Henry Bessemer）发明现代炼钢工艺，到人类先后进入工业发展的电气时代，钢铁逐步渗透到人类生活的方方面面，在整个人类工业化、城市化进程中发挥了不可或缺的关键作用。现代钢铁工业历经160多年的发展，从欧洲、北美到亚洲，世界钢铁生产和消费重心几经转移，迎来“中国时代”，不同国家和地区在不同历史阶段钢铁与人类文明的交互中扮演了极其重要的角色。

在人类文明进入数字化时代的今天，钢铁作为世界上应用范围最广的金属材料，作为全生命周期最环保、最经济的功能性和结构性材料，仍将在人类文明进程中发挥不可替代的作用。人类科技进步将赋予钢铁新的内涵，人类社会发展将赋予钢铁新的使命，钢铁也将承载更多的创新元素，创造人类文明更加美好的未来。

当人类进入铁器时代，一切文化和民族都在这个时期经历了自己的英雄时代。

钢铁已经在为人类服务，它是在历史上起过革命作用的各种原料中最后和最重要的一种原料。

——恩格斯《家庭、私有制和国家的起源》

钢铁无疑是人类最伟大的发现，帮助人类创造地球的伟大发明。

——乔纳森·施弗曼（美）《钢铁简史》

目　录

钢铁，人类文明发展和社会进步的必选材料

钢铁是什么？钢铁给人类带来了什么？未来的钢铁将往何处去？还将会在人类文明进步中担当什么角色？回顾人类文明尤其是现代文明的足迹，可以充分证明“钢铁无疑是人类最伟大的发现，帮助人类创造地球的伟大发明。”钢铁成为促进人类文明进步的基石，钢铁改变了人类发展的轨迹，成为人类生产生活中不可或缺的组成元素。

钢铁是什么？

钢铁（iron and steel）是 Fe（铁）与 C（碳）、Si（硅）、Mn（锰）、P（磷）、S（硫）以及少量的其他元素所组成的合金，统称为铁碳合金。钢铁是世界上最重要的工程及建筑材料，与我们的生活息息相关，从汽车、建筑、冰箱、洗衣机、货船、高铁到手术刀、芯片，处处都离不开钢铁。

正因为钢铁是工程技术中最重要，也是最主要的结构性和功能性材料，钢铁可以无限次循环使用且品质不变，是循环利用率最高、全生命周期最环保最经济的金属材料，所以它才成为迄今人类应用量最大、应用范围最广泛的金属材料，推动人类从原始社会进入农耕文明，从铁器时代进入工业时代，在整个人类工业化、城市化进程中发挥了不可或缺的关键作用。

人类发现了钢铁，并不断用智慧创造钢铁的辉煌历史，用钢铁改变人类文明的发展轨迹。

钢铁的故事始于星星。在人类出现数十亿年以前，炽热的恒星将原子融合成铁和碳。在无数的宇宙爆炸和重生中，这些物质进入小行星和其他行星体，随着宇宙的运动，相互撞击。最终，一些岩石和金属形成了地球，在那里它塑造了一种特定种类的步行猿的命运。

在公元前4000多年前的某一天，人类发现了闪闪发光的陨石（它的成分主要是铁和镍），这些陨石穿过大气层撞到了地面。从此，一发不可收拾，开始了一个物种对于一种金属近万年的痴迷。从这2000年后，我们的祖先发现了获取钢铁更好的方法，从地球上开采铁矿石并最终将其熔炼成钢。人类利用它制造争端、发明战争，也通过它发展经济，建立世界上最伟大的文明。

人类的智慧在于利用工具来改造自然、创造世界，而钢铁以其独特的刚性和延展性，成为人类“利器”中应用最广泛的金属材料。人们为了更高效地获取它、使用它，一直站在世界科技革命的最前沿，不断创新钢铁的生产方式，改变着钢铁的发展轨迹。

在古代，无论是起始于中国还是印度的冶铁文明，人类生产钢铁的方式基本相同。18世纪中叶，发端于英国的第一次工业革命，将蒸汽机、焦炭与钢铁三者结合，推动了钢铁生产效率的大幅度提升。但通常认为，第一种大批量生产钢铁的技术，是英国发明家亨利·贝塞麦（Henry Bessemer）于19世纪50年代中期发明的。目前人们仍然使用在贝塞麦工艺基础上发展起来的技术生产钢铁，将空气吹进熔化的生铁中，将原料氧化，并去除杂质。可以说贝塞麦工艺，开启了现代钢铁文明，成为后期工业革命中最具影响的先进技术，成为随后160多年炼钢工艺的核心技术。该技术从1856年开始应用后，因其能快速、廉价地进行大量生产而彻底改变了钢铁工业的面貌。随着贝塞麦工艺的应用，钢铁成为世界工业发展的基石之一。由于供应充足、价格优惠，钢很快取代铁在建筑行业得到应用，建成了世界上第一座摩天大楼。当时的英国钢铁生产实现了几何级增长，迅速成为世界最大的钢铁生产国。后来，这项技术被美国“钢铁大王”安德鲁·卡内基（Andrew Carnegie）引入美国，创建了“钢铁帝国”，使得美国在19世纪的最后10年，取代英国成为世界最大的钢铁生产国。

20世纪中叶，炼钢技术获得很大提升。碱性氧气炼钢法和电炉炼钢法成为主要的生产工艺，使得生产过程更高效、更节能。在引进炼钢新技术的同时，钢铁企业也在不断改良连铸、轧制技术，生产出更多符合用户需求的棒材、板材、型材、管材，这些革新主要源于欧洲、美国和俄罗斯。在所有这些新技术中，首屈一指的要数氧气炼钢法，这是贝塞麦转炉炼钢工艺的升级版，其原理就是利用氧气而不是用空气把多余的碳从生铁中脱除。这项技术首先由瑞士人罗伯特·杜尔（Robert Durrer）在1948年发明，随后由奥地利VÖEST公司（今天的奥钢联集团）进一步开发。因早在奥地利城市林茨（Linz）进行商业化生产，这项工艺被命名为LD（Linz-Donawitz）工艺。这种生产工艺重要的优势是能快速出钢，现代的氧气顶吹转炉（BOF）可以一次装炉350吨铁，不到40分钟可以出钢，而平炉炼钢一个炉次则长达10~12小时。正是看到这种技术生产速度快、节约能耗，生产商很快从平炉转向氧气顶吹转炉。

20世纪60年代，汽车、家电的报废而产生的废钢以及工业废钢成为重要的、容易获取且价格低廉的炼钢原料。欧美国家一些创新性的钢铁生产商开始重新采用先前的电炉（EAF）技术，并对其进行升级，用于生产特殊钢及合金。相对于传统的基于碱性氧气转炉（BOF）流程的联合钢厂，基于电炉流程的钢铁厂使用废钢、直接还原铁（DRI）或生铁作为原料，生产线的建设成本通常较少，且运行也更简单，效率更高，为新的创业者开辟了道路，这对于第二次世界大战之后还处于恢复期的美国和欧洲工业来说是至关重要的。电炉（EAF）的兴起为短流程钢铁厂的发展奠定了基础，也为钢铁行业带来了显著的变化。

在美国和欧洲相继出现短流程钢铁厂的同时，亚洲也在装备大型化、自动化方面开始了创新。20 世纪 60～70 年代的日本以及紧随其后的韩国的新兴钢铁企业，为追求快速增长，将源自欧美的钢铁技术与自动化、信息化技术相融合，研发了大量先进的集成设备。他们建造大型高炉来生产铁水，采用连铸工艺和薄板坯连铸与轧制工序结合的生产方式来提高产量、降低成本；应用电子技术和自动化设备进行过程控制来提高品质和效率、降低事故风险；利用计算机技术管理公司庞大的业务，实现集团化企业的高效运营。这些源自欧美、基于装备大型化、自动化和生产连续化的专利技术，不仅实现了钢铁生产效率的爆发性增长，更是提高了钢铁产品的精密程度，引发了钢铁产品的质量变革，使得从超薄的板卷到涂镀板的高品质板材实现了规模化生产。这些产品能够以更高的品质、更低的价格广泛应用于汽车和家电等制造行业，从而成为引领全世界的钢铁制造商。

中国自改革开放以来大规模引进钢铁制造先进技术，进行集成创新，用短短的 40 年时间，完成了发达经济体 160 年的钢铁发展历程，并将世界钢铁引入“中国时代”。

钢铁产量通常与经济发展同步，又与经济发展相互促进，尤其是在工业化起步和大发展阶段，钢铁工业的发展水平是经济增长速度和质量的“晴雨表”。这个规律在世界上最有活力的经济体之一的中国表现得尤为明显。尽管冶铁文化在中国拥有悠久的历史，但由于长期处于农业文明，钢铁应用范围极小且生产方式基本上处于手工和半手工状态。到 20 世纪下半叶时，中国钢铁产业发展一直处于相对落后的水平，与发达经济体严重脱节。1949 年新中国成立时，当年钢产量只有 15.8 万吨，仅占世界钢产量的 0.1%，不及当时日本最大钢铁企业一周的产量。新中国成立后，国家采取措施发展包括新建钢铁厂在内的工业基础设施，不过受技术和市场等各方面因素的影响和制约，发展速度较慢，到 1978 年，我国钢产量也只达到 3178 万吨，仅占当年世界钢产量的 4.42%。

中国钢铁工业真正实现大规模快速发展起始于改革开放，得益于中国经济的真正腾飞带来的强劲需求拉动，以及全球先进技术、资本等要素的大量引进，推动了钢铁工业规模、效率、质量的几何级增长。到 1996 年，中国钢产量突破 1 亿吨，取代日本成为世界第一大产钢国。到 2019 年，中国当年钢产量达到 9.96 亿吨，占世界钢产量的 54%，稳居世界最大钢铁生产国和消费国已达 24 年之久。

中国钢铁为中国工业化、城市化发展提供了强有力的物质保障，特别是城市和基础设施以惊人的速度发展以实现现代化，“钢筋铁骨”支撑中国成功走出了一条中国特色的新型工业化发展道路，走过了发达国家几百年的工业化历程。目前中国已经拥有 41 个工业大类、207 个工业中类、666 个工业小类，形成了独立完整的现代工业体系，是全世界唯一拥有联合国产业分类当中全部工业门类的国家，工业经济规模跃居全球首位，创造了世界工业化的奇迹，创造了人类发展史上的奇迹。中国钢铁通过引进集成创新，整体工艺装备水平达到世界一流水平，成为全球最具竞争力的原材料产业，并拥有以宝武集团为代表的世界领先的钢铁产品生产技术，以河钢集团为代表的世界领先的绿色环保技术。一大批优秀的企业群体、行业专家和产业工人，不断为汽车、家电、航空、桥梁、海洋工程、石油和天然气等行业提供高科技的钢铁产品，支撑中国建成了全球最大最密集的高速铁路网、高速公路网、电力传输网、融合通信网，成为汽车、家电生产和消费第一大国，推动中国成为世界第二大经济体，不断助力中国人民成就日益美好的幸福生活。

未来的钢铁将继续承载人类文明发展的新使命。中国钢铁将义不容辞地担当起“中国时代”赋予的历史使命，为世界钢铁工业的创新与发展贡献“中国智慧”，以绿色、智能、材料创新突破引领世界钢铁的未来，刻下“中国印记”。

纵观世界现代钢铁工业走过的160多年发展历程，各个时期世界第一钢铁生产国在推动世界钢铁工业技术进步和产业化发展方面都作出过重大贡献。在此过程中，不仅推动了第一钢铁生产国经济的快速发展，也把现代钢铁技术、工艺和理论推向了一个新高度，更为世界经济、钢铁工业发展留下了各自深深的印记。

自1996年世界钢铁工业发展重心转向中国以来，中国钢铁工业不仅仅向国内、世界提供越来越好的材料，而且在绿色制造、智能制造、产业结构调整等方面的经验做法，对国家经济、世界发展的贡献越来越大。不仅产量占全球总产量的一半，而且各方面处于世界钢铁工业的前沿，今天的辉煌是中国300万钢铁产业工人辛勤付出的结果。

当前，中国钢铁工业走到了世界舞台的中央，从我国作为世界第二大经济体的稳健发展态势以及发展潜能来看，中国引领世界钢铁工业的时间跨度必将是一个较长阶段。在引领世界钢铁发展的时期，我们能为世界钢铁工业贡献什么？当我们不再是钢铁发展中心时，我们能为世界钢铁工业留下哪些“中国印记”？未来，我们将要站在可持续发展和国家民族的高度，以绿色、智能、材料创新为突破，引领世界钢铁工业的未来，真正为人类文明的发展留下“钢铁印记”、为世界的进步记刻下“中国印记”。

进一步深化绿色发展的内涵，在生产工艺创新上实现突破。中国钢铁工业在能源循环利用方面处于世界领先地位，但把绿色发展仅仅落实为节能环保、循环利用还不够，绿色发展应有更深刻的内涵。排放的数量级改变绝对不是靠回收利用和生产流程减排就能够实现的，必须通过重大工艺改造和能源结构变革才能实现。如充分利用可再生能源，探索氢能冶炼技术的解决方案，将带来一次重大的冶炼技术革命，引领传统钢铁冶炼技术的创新与变革。目前，河钢正在与中科院、清华大学等科研院校以及意大利特诺思公司合作，积极推进氢能在钢铁领域的应用。世界的发展离不开钢铁，但随着对碳减排的高度关注，人类对高质量生活的美好追求，正在呼唤着新的钢铁工序、新的钢铁创造。从可持续发展的角度来看，未来中国钢铁工业要在绿色制造上下功夫，除了生产流程的绿色外，也要关注工艺创造和能源使用本身的绿色，更重要的是在重大技术、工艺流程、能源结构上实现突破。

进一步加快数字化转型，在智能制造上实现新的突破。要通过智能制造更好地适应客户端小型化、个性化、定制化的需求，匹配多元化的细分市场。随着经济社会进入高质量发展阶段，钢铁行业的客户端越来越向制造业倾斜，与此同时制造业的需求正在由宏观向微观转变，更多地追求个性化、定制化、多元化的产品，规模化的发展模式与客户端的需求形成了一个新的瓶颈。因此，中国钢铁工业最现实的问题是大型化的钢铁企业如何应对多元化的细分市场。随着智能制造的应用特别是5G技术的出现，钢铁行业原先实现不了的工业场景将变成现实。除了保证质量稳定性、精度控制和效率提高外，智能制造能使单一生产线在不同时段生产出不同产品，具备多条生产线的功能。所以，大型化必须匹配智能制造，以应对市场和客户端在高质量发展中的新需求。目前，中国钢铁工业在智能制造上已经走在世界的前列，进一步实现新的突破，既有重大的现实意义，也将产生出示范效应，对世界钢铁工业自动化、信息化、数字化和智能制造起到促进作用。

由关注钢铁本身向关注材料转变，从宏观应用向微观应用转变，在材料创新上实现新的突破。钢铁工业要进一步深化市场对接，通过材料向下游产业链传递企业的专有技术。目前，很多高端制造业企业的技术不是来自自己本身，而是来自上道工序提供的材料。未来钢铁行业更大的市场和高质量发展的更广阔空间，在于从钢铁向材料的转变。以蒂森克虏伯为例，它为制造业提供的不是简单的零部件，更多是以材料为载体来传递自己的专有技术。所以，今后钢铁企业不再是卖钢铁产品本身，而是通过材料输出企业的专有技术，这是一种提升。中国钢铁工业拥有庞大的技术研发团队，但是材料研发还没有很好地深入到市场、了解下道工序的需求时，势必在行业可持续发展、延续钢铁竞争力上造成缺失。因此，要学习优秀的钢铁企业对材料的解读，建立材料研发和下道工序的对接机构。在做好钢铁产品本身的同时，围绕下道工序乃至再下游行业提供钢铁材料解决方案，进一步挖掘企业技术和创新的潜力，提高系统的材料研发能力，在未来的钢铁新材料中传递出独有的专有技术，更好地引领世界钢铁工业的发展。

今天的中国钢铁工业让中国钢铁人昂首挺胸。我作为河钢集团的主要负责人，当选世界钢铁协会主席，这不是一个偶然、孤立的事件，这是中国强大综合国力的象征，也是世界对中国钢铁工业发展的高度认可。未来，我们要始终以习近平新时代中国特色社会主义思想为指导，深入践行新发展理念，加快推进中国钢铁工业高质量发展，为实现中华民族伟大复兴的中国梦贡献更大的钢铁力量。

人类科技进步将赋予钢铁新的内涵，人类社会发展将赋予钢铁新的使命，钢铁也将承载更多的创新元素，“不一样的钢铁”将助力人类创造更加美好的未来。

钢铁让世界更美好！钢铁让人类生活更美好！

让我们共同开启新时代钢铁发展的新未来！

于勇

2020年6月25日初稿于河钢集团

第一章　18 世纪之前的钢铁工业发展

钢铁是世界上最重要的基础应用材料之一，从基础设施和运输，到储存食物的锡铁罐，已经渗透到人类生活的方方面面。利用钢材，我们可以创造庞大的建筑物或精密仪器的微小零件。钢是强大的、多功能且能无限循环使用的材料。

钢铁冶金的起源要追溯到数千年前，从我们的祖先开始采用铁矿时，就开始了炼铁。4000 多年前，古埃及人和美索不达米亚人发现陨铁并利用这个“神的礼物”来作为装饰，几百年之后，人们就开始用开采的铁矿石来生产铁。

伴随着工业革命，欧洲和北美的钢铁工业开始崛起。然而，炼钢生产并非新技术，古代中国和印度的工匠大师已具备炼钢技能。直到 160 多年前，人类科技的发展才使钢这个神奇材料变得不再神秘。

公元前 14 世纪的埃及法老图坦卡蒙有一把铁匕首（见图 1-1）。这位极富权势的法老，把这柄铁匕首当成非常珍贵的宝物。当英国考古学家霍华德 · 卡特发现图坦卡蒙墓并看到这把匕首时，感觉它十分特别。后来通过实验证明，这把匕首的刀刃来自遥远的外太空，是用陨铁打造而成的。

陨铁的镍含量高于从地下挖出并被人类冶炼的铁。自卡特发现陨铁匕首以来，研究人员发现，不只是图坦卡蒙的匕首，几乎所有可追

图 1-1　图坦卡蒙的铁匕首

（来源：根据网络整理）

溯到中期青铜器时代的铁器，都是用陨铁打造的。

对我们的祖先来说，这种奇特的合金（陨铁）是来自神明的馈赠。古埃及人和苏美尔人称之为“来自天堂的金属”。铁镍合金具有一定的延展性，可以根据需要锻造成一定形状而不会碎裂。但这种天上来的铁十分有限，使得这种神灵的金属在古代比宝石或黄金更具有价值。

人类在自己脚下的岩石里找到铁，花了几千年时间。公元前 2000 年左右，近东的部落成员发现了隐藏在地下的金属来源。它看起来和“来自天堂的金属”十分相像，但有些不同。铁与石头及其他矿物混合在一起。挖掘铁矿石并不像捡起一块金或银那么简单，第一批矿工在挖掘矿石之前需要进行仪式，以安抚内心的惶恐。那感觉就好像在开启神明隐藏在地下的宝藏。

但是，学会从地球上挖掘铁矿石，只能算是成功了一半。古代人类又花了 500 年左右的时间，才弄清楚如何将贵金属与矿石分开。

炼铁的历史最早起源于约公元前 1500 年，安纳托利亚的赫梯人开始冶炼铁。约公元前 1200 年，赫梯王国灭亡，各部落带着他们的炼铁知识分散到欧洲和亚洲，从此“铁器时代”开始了。下面，我们从新石器时代的金属和矿物开始，讲述钢铁材料的发展历程。

第一节　新石器时代的金属和矿物

在探讨冶金术的起源时，必须对石器时代日常采用的特定技术进行研究，因为金属的应用来源于该时期人们使用金属和矿物的经验。

从远古时代起，广大地区都熟知在宗教和丧葬仪式中使用红色赤铁矿，新石器时代的人们还用它粉刷墙壁，人们将赤铁矿用于打磨好的陶器上。绿色的和蓝色的铜矿石曾大受欢迎。业已证明，在埃及和美索不达米亚，它们都曾用作化妆品。在克里特岛上约公元前6000年的地层中，曾发现有小块的蓝铜矿。

基本上可以肯定，当进入新石器时代，绿色的矿物已用来装饰陶器，不过人们很快就发现它们是不稳定的，因为与红色氧化铁不同，铜基矿物在氧化条件下加热时会发黑。

陨铁已被新石器时代的人们应用，镍含量介于4%~26%之间。陨铁比铜要硬得多，而且难于加工。因为没有哪种矿石可以直接熔炼提供这么多高比例而且质地均匀的镍，所以陨铁很容易用现代科技手段分析鉴别。

据估算，地球上至少有250吨陨铁，其中99.4%是可锻的。陨铁容易在冷锻时沿着明显的晶界破裂，如果处理得谨慎小心，采用退火或热锻，则可制成小件制品。延长高温热处理的时间，会改变陨铁的结构。

居住在西格陵兰约克角地区的人们，一直用含镍8%左右的陨铁制造工具。在北格陵兰发现了一把爱斯基摩人的小刀，由一些装在海象牙上的陨铁片组成。薄铁片可以用石锤敲击陨铁的边缘或隆起的部分使其开裂，曾对其中的一片做了检验，发现晶体组织已变形，具有原始的魏氏组织，但非金属夹杂物如硫化亚铁（FeS）则极少，硬度为227HV，显然仍保持着它的初始状态，未经过任何退火处理。把小块陨铁锻打成薄刃是可能的，锻打时由于脆性的陨铁碳化物（Fe-Ni的碳化物）大晶粒的脆化效应，会产生小片剥落下来。

已经发现了不少属于铁器时代以前的铁制品，其中的许多件经过分析，发现含有镍。

陨铁可能一直沿用到铁器时代初期甚至更晚一些时候，例如霍尔斯塔脱时期（公元前800~300年）的一把带銎铁斧，经测定镍的平均含量为4%。镍含量依层次而不同，铁斧中心的镍含量达8%~10%，与陨铁镍含量范围相吻合。该时期的铁匠经常把不同来源的铁片锻接在一起，据此来看，上述各层铁片中有一片是陨铁。但是，某些铁片的镍含量高，也可能是锻前预热时易氧化部分发生氧化，使镍在表面富集形成的。高镍的铁片层可通过将同一工件多次弯折敲击和锻接达到。

第二节　早期铁器时代

一般认为人工冶铁是在小亚细亚开始的。大约从公元前2000年起，这里就已住着使用铁器的人们。早在青铜时代，铜矿石的冶炼已采用氧化铁作为熔剂。这很可能使铁在炉的底部被还原，从而使炉底含有许多渣和可锻的铁，这在伊朗中部较晚的炼铜炉中也能见到。在晚期青铜时代，非常可能存在小亚细亚人比其他人更早地利用铁，原因在于他们炼铜的历史也比较长久。

早期的铁已经鉴定是陨铁，或者是不明来源的单件制品，再就是纯属偶然性的东西。到底谁开始有意识地将铁进行大量生产，现在还不能确定。在安纳托利亚发现的一把匕首，是最早用人造铁制作的匕首之一。这样来看，在公元前第二千纪期间，人造铁的供应量不仅少，而且时断时续，直到公元前1200～1000年大规模地用铁来制造武器时，它的产量才逐步增长。在铁器时代，人工冶铁在其他地区的发展也是缓慢的，许多需用金属的场合，有很长一段时间仍继续使用青铜。

由于铁很稀贵，所以它最初被用于小件的珠宝上。此外，还用作匕首的刀体。铸造锡青铜和铅青铜的延展性低，承受不了强力的打击而易于断裂，这是一个严重的缺陷。当铁刀问世以后，立刻就显示出了它的优越性。一把弯曲的剑可以矫直，但如果折断了，就没有用处了，这就是公元前约11世纪卢里斯坦工匠制造铜柄铁剑的原因。伊朗的马利克泰佩发现了一柄这样的剑，其柄部为含0～12%Sn的铸造青铜。剑身实际上是不均质的低碳钢，其硬度比铸造锡青铜高而延展性则更大得多。

卢里斯坦铁剑的剑柄是很粗糙的。显然，对古代的匠人来说，把分散的铁片接合起来组成柄是很难的。

在图坦卡蒙墓（约公元前1400年）中发现了一件小型的枕，在其接合方法上也能看到类似的问题。当时的技术仅能制造小铁片，而缺少足够的焊接温度或加工技术把同类铁片接合在一起。

我们发现，铁是到公元前8世纪以后才开始大宗出现的。在霍萨巴德的萨尔贡二世（公元前720～705年）的王宫里，发现了160吨铁，其中有许多是两头尖、截面呈正方形的铁棒（图1-2）。

铁器时代用于贸易的铁棒如图1-2所示。这些都是贡物，来自广大地区，其中有许多是来自亚述王国之外的。在各种形状的铁棒被用作贸易物的其后5个世纪中，上述形状的铁棒在欧洲许多地区成为常见的形式。

一、炼铁术的发展

炼铁术的基本原理是运用碳或一氧化碳的还原性还原铁矿中的铁

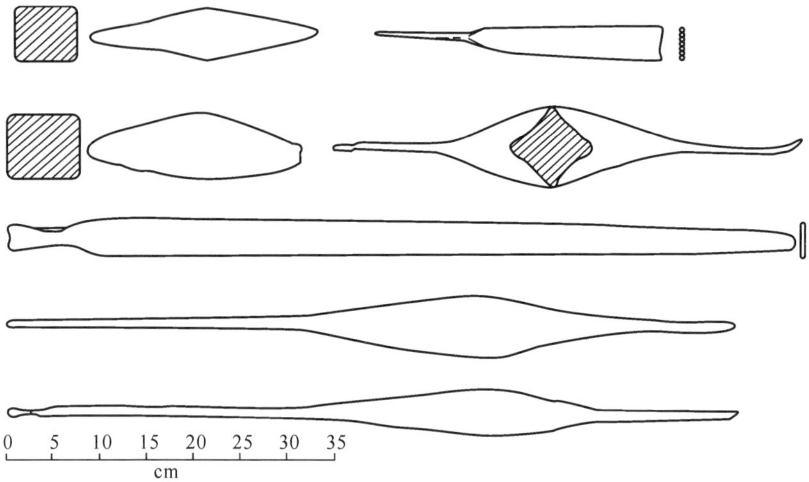

图 1-2　早期铁器时代用于贸易的铁棒

（来源：《世界冶金发展史》）

成为铁单质。与冶炼青铜相比，从铁矿石中提炼铁需要的温度更高，炼铁术的工艺也更复杂。炼铁的技术似乎可以追溯到公元前 2000 年左右的安纳托利亚东部地区。虽然炼铁术经过了多年发展，但其基本原理一直没变。

一般情况下，铁比青铜坚硬，而钢又比铁性能更佳，而且弯曲后还能反弹回来。无论从哪方面看，铁和钢制造武器、工具都优于青铜；而且冶铁的秘密一旦公开，铁和钢的价格也比青铜低廉得多。单用当地出产的铁矿石就可以炼铁了，无需进口铜和锡这两种价格昂贵的金属。铁块（足够制造一到两块工具之用）成为一种广泛的交易商品。

几个世纪来，赫梯人对制铁技术一直秘而不宣。公元前 1200 年左右赫梯帝国瓦解后，冶铁工艺迅速传播到欧洲大部分地区和西亚。由于铁有更优越的性能，分布也更为广泛，它势必取代青铜成为制造工具和武器的材料，尽管这一过程经历了相当漫长的时间。铁质武器最初比较稀少，很能体现个人的身份地位，但几百年之内，铁逐渐演变成为制造武器和工具的主要材料，而青铜却变成制造个人饰品和装饰物的专用金属。

一般说来，世界各国从石器时代进入青铜时代、铁器时代是经过数千年漫长岁月的。在中国，从石器时代到铁器时代，中间经历了一个相当长的青铜时代，铁器的出现晚于青铜器1000多年，铜质生产工具、实用器具在社会的发展中有过积极作用。而日本因受中国先进文化的影响，直接引进了金属器和金属生产技术，因此从石器时代发展到铁器时代仅花了五六百年时间，大大缩短了历史进程。

二、制铁技术

制铁技术分为两部分，即冶炼和热锻。热锻工艺可能首先掌握并用于陨铁，现在还没有证据说明陨铁的全部加工工艺是用不需加热的冷锻完成的。

纯铁的熔点为1535℃，这个温度在公元19世纪前是不可能达到的。因此，早期生产的锻铁都是固态铁，用木炭火在约1200℃温度下，把铁矿石还原成基本上是纯的固态铁。还原出来的铁呈团块状，称为“bloom”（块炼铁）。它是一种固态铁、渣和未烧完木炭屑的混合物。有时要把这种块炼铁破碎，靠敲击使小铁块相互分开。这种小铁块可以与其他部分区别开来，因为它们是可锻的，在敲击下变平。然后把它们放在锻炉中加热，经过热锻，小铁块能被锻接成大块，有时能锻打成一整块。但有时块炼铁又太大，必须切成小块，然后再分别锻打。

假如燃料比大，鼓风器的效率高，那么锻出的铁会吸收大量的碳，从而形成一种铁碳合金，即铸铁。铸铁在1150℃熔化，并在炉底上形成熔池。这种曾被熔化的铁块可以敲碎，并用坩埚放在高温的炉内重新熔化，然后像青铜一样浇铸。古代的小亚细亚人和欧洲人只是偶然性地炼出了铸铁，但只有中国人认识到它的好处，并投入正规生产。即便如此，铸铁并不能满足铁的各种用途，因此仍必须生产锻铁，或者用锻炉使铸铁变成锻铁，或者直接用欧洲的方法，降低燃料与矿石的比例。

三、炼炉

碗式炉是供炼铁用的最原始的炉型。它是在地上或岩石上挖一个坑，风从鼓风器通过风嘴直接鼓入，风嘴上方有一个低矮的、可能是拱顶的黏土上部结构。碎矿石和木炭混装或分层装在烧红的炭火上。最高温度至少应达 1150℃。这种炼炉没有出渣口，炉渣向下流到底部结成渣饼或渣底；有时则结成小圆球，即渣珠或渣粒。块炼铁则留在渣上面，在冶炼结束后，打开黏土上部结构，取出块炼铁，清理炼炉。

碗式炉在罗马时代被改进型的碗式炉所代替。它看起来与以色列提姆纳的炼铜炉很相似。这一点可以说明炼铁工艺并不是先进的炼铜工匠，而是更早期的炼铜工匠的创造，或者完全是不懂炼铜技术的新人所创造。不管怎样说，无出渣口的碗式炉即竖炉是欧洲早期铁器时代的代表，而带出渣口的改进型碗式炉直到罗马时代才引入欧洲。

碗式炉有助于保持还原性气氛，这一点对于铁比对于铜更重要。锻炉则不需要还原性气氛，虽然也可以用地上挖的坑，但并不是必要的。这一点，目前从某些发展中国家仍然使用的原始锻造工艺中还能见到。对于锻造来说，全部需要的是一只用石块压住的风嘴。其长度能使鼓风器不被烧焦就可以，然后点燃一堆木炭，并用山羊皮做的鼓风器鼓风。铁匠把块炼铁放入炭内靠近风嘴的位置，就能很好地使铁得到加热（1200℃）。对于锻铁来说，大都可以靠冷锻来做，并在700℃退火，许多铁匠现在还是这样做的。

四、炼铁术的传播

（一）希腊

在希腊，铁器时代始于公元前 11 世纪接近末叶的时候，铁器的知识是由安纳托利亚传播而来。虽然也有人认为是由北方传来，然而很多被发现的武器，主要是来自富人的墓地。经研究推测，是希腊人用本地的矿石制造而成。成捆的铁条或铁“叉”显然是作为原料和货币使用的，同其他国家的“棒币”一样。

我们的多数资料属于古典文化和希腊文化时期（公元前 500 年以后）。从一只希腊的瓶子上，清楚而逼真地再现了炼铁炉的情状。

绘在瓶子上的希腊竖炉（见图 1-3），一个铁匠正在炉前加工一块铁坯，炉后备有鼓风器。

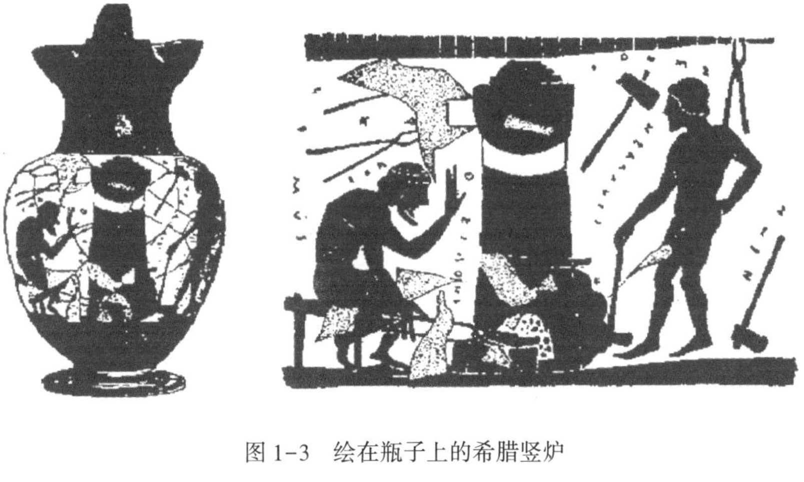

图 1-3 绘在瓶子上的希腊竖炉

（来源：《世界冶金发展史》）

（二）巴勒斯坦和埃及

铁是由巴勒斯坦沿海线路传到埃及的，其证据就是特勒泽罗（赫特拉）的工场、加沙附近格拉尔的工场，以及一柄出自墓葬的公元前12世纪的腓尼基剑。大家都知道腓尼基人进入铁器时代的时间比以色列人早，这可能是他们与北方有来往或者是因为赫梯帝国灭亡后大迁徙的结果。在格拉尔发现了不少公元前1200～870年之间的炼炉，一同发现的还有铁刀，是公元前1350年的产物。

希腊或者卡利亚的商人曾在尼罗河三角洲建立过“商业中心”。在其中之一的诺克拉多斯，曾发现了堆积的铁渣、铁矿石和一枚仿锤形棒币，其中发现的最早的铁器是属于公元前500年左右的。在三角洲的达尼斯附近发现了铁渣，一起发现的还有铁制品和用非铁金属加工的碎片。矿石可能来自西奈半岛。在埃及中部几乎没有发现什么早期铁材料，这表明埃及人在铁器时代是稍落后的。

在底比斯的一所寺庙中，发现了不少制作精良的工具，属于亚述人占领时期（公元前670～660年）的制品，包括凿、粗锉和一把锛，看起来是做金属加工和木器加工用的。

（三）地中海地区

伊特鲁里亚人的文明是地中海地区最早的铁器时代文明之一。意大利的这个地区在武器和工具方面曾做了大量的工作。伊特鲁里亚人墓葬中的青铜器与乌拉托人的颇为相似，不过与安纳托利亚联系可能是间接的。总之，在公元前约1000年，一群掌握铁器知识的新人出现在意大利的西北部，从此以后，与地中海地区其他各族人民的联系就多了起来。伊特鲁里亚文明起始于公元前250年之前，并受到托斯卡纳矿产区的支持。曾对许多武器作了检验，发现都是典型的非均质钢，没有经过淬硬处理。有一件矛头，经测定有一含铁70%和镍30%的夹层，几乎可以肯定这是一块陨铁，是铁匠在使用不同来源的铁时，无意中混进去的。

腓尼基商人在公元前 9~8 世纪曾建立了他们自己的城市——迦太基，经过横贯撒哈拉沙漠的路线把铁器传到西非，特别是传到尼日利亚的诺克文明。

（四）欧洲

我们有关早期铁器时代的信息，大多数都来自欧洲。奥地利的哈尔斯塔特和瑞士的丹纳是两个大型遗址。哈尔斯塔特遗址在时间上更早，而且位于中欧，它具有来自小亚细亚（可能是经过多瑙河）铁器时代的典型影响。在哈尔斯塔特，已发现的公元前 8 世纪的墓葬和武器类型，都表明与更早的青铜时代的极为相似。这种趋向是典型的，也可能是很自然的，但是从生产铸造青铜的带銎斧转变到生产锻铁的同样产品，说明传统胜于理性。

从欧洲的炼铁炉看，奥地利提供了早期炼铁炉的不少实例。它们可以分为三种类型：碗式炉（见图 1-4），在赫坦贝尔格发现，一起发现的还有一座焙烧炉；竖炉，与托哥兰特的炼炉一样，可能是抽风式的；拱式炉，是新型的，而且至今是欧洲和不列颠诸岛所特有的。

在说明炉的残存物时，很难相信碗式炉是一只真正的碗而不仅作为竖炉的炉底部分。在奥地利埃尔茨贝尔格的洛林和费斯特维斯两地的竖炉曾用作进行强制通风冶炼试验的模型。但洛林的炼炉含多个风嘴，是靠自然抽风来进风的。在德国的锡耶格兰德曾发现这种类型的炉子，并用它进行了试验。第三种炉子是恩格斯巴克塔尔以及锡耶格兰德的拱式炉（见图 1-5）。这是一种不寻常的炉型，不过在北约克郡的莱维沙姆发现了一座类似的炼炉。它也属于前罗马时代，几乎可以肯定，抽风式竖炉不放渣，但生产一种包括有铁渣和残存木炭组成的块炼铁，它们必须靠锤打而分离出去。碗式炉和拱式炉可能是用强制通风的，但最早的碗式炉和拱式炉也是不放渣的。欧洲早期铁器时代的炼炉与后来的罗马时代初期炼炉的区别，就在于是否具有放渣的能力。

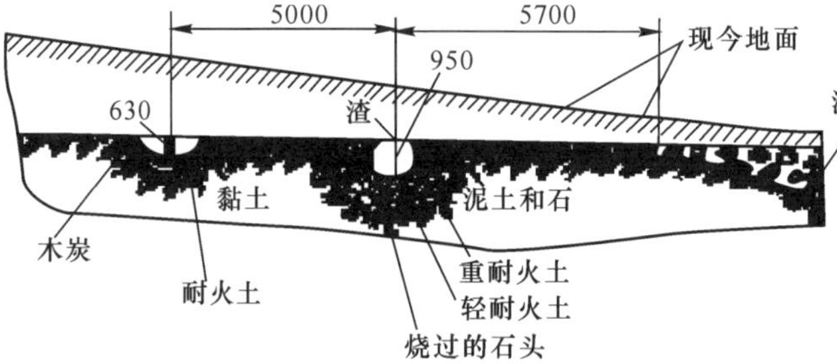

图 1-4　奥地利赫坦贝尔格早期铁器时代的碗式炉

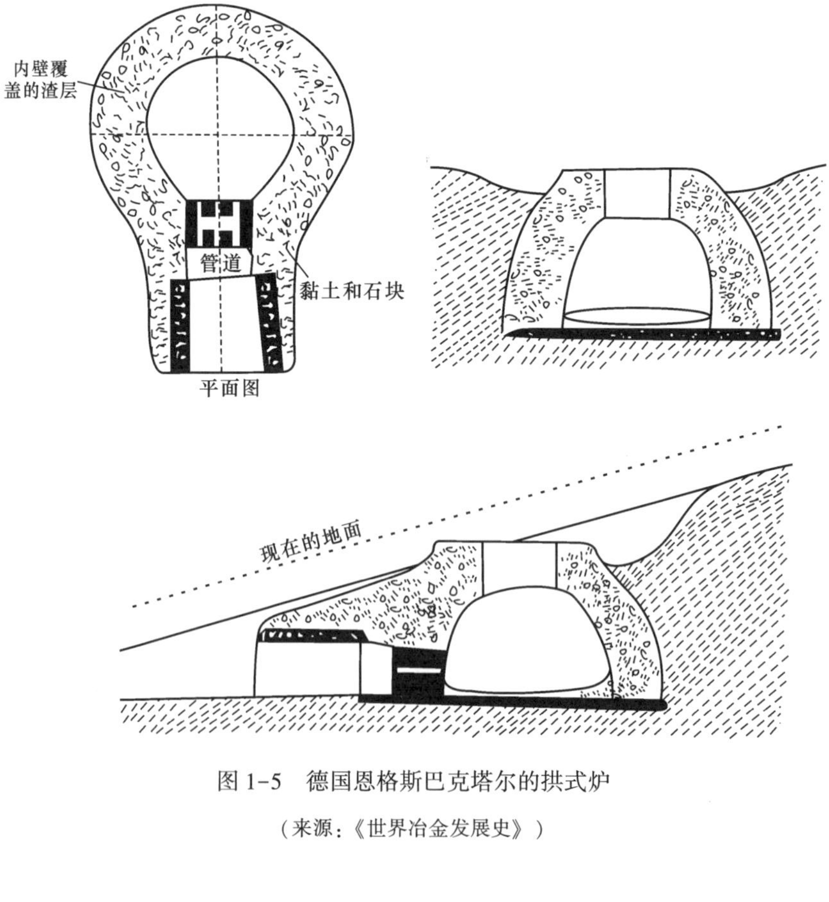

图 1-5　德国恩格斯巴克塔尔的拱式炉

（来源：《世界冶金发展史》）

（五）非洲

制铁业经北非到尼日利亚或通过埃及到苏丹而传入撒哈拉以南非洲。在非洲，早期铁器时代一直持续到现在才消亡。幸运的是近些年来，人类学家已经获得制铁的有关情报，并用来阐明更北地区的考古学资料。

尼日利亚诺克文明（公元前400~200年）采用一种大竖炉，其直径超过30厘米。炼炉依靠强制送风，通过短风嘴将风鼓入，看来并不产生液态渣，但是有不少废弃的鞍形磨曾被重复用来粉碎金属和渣的混合物。炼炉采用薄的黏土炉壁，它筑在天然软质岩石上凿出的渣坑上。这一点与公元后头几个世纪日德兰和德国北部所用的竖炉很相似。

非洲现在用的炼炉类型很多，从苏丹科尔多瓦和撒哈拉中部采用的小型碗式炉到托哥兰特采用的3.35米抽风炉，一些抽风炉有100多个风嘴。曼达拉希尔斯和尼日利亚高原一些部落采用的一种鼓风炉，仅用一个长风嘴，像一条象鼻子向下插到炉中央，直到炉缸上方。

诺克文明生产的金属，纯度很高，没有夹渣。只要在冷却状态下仔细地粉碎原坯，而不是像欧洲中世纪通常所做的那样，把整块坯料在高温下锻打，就有可能把铁挑出来，从而达到上述的纯度。早期铁器时代的锻造技术是具有典型性的，大量的制品表明，有很长一段时期，锻造温度是在600~750℃之间，根本未用过淬硬处理。即使现在，一个传统的非洲铁匠，在用欧洲输入的含碳0.6%的钢轨钢制造带銎斧时，其斧刃也不作淬硬处理。如需要强度更高的钢，完全依靠提高碳含量来解决。例如1910年左右，尼日利亚奥约生产的铁，碳含量高达1.67%。

（六）印度

铁器知识看来是从北方传到印度河和恒河流域的，这一点通常是归功于雅利安移民。公元前800年及更靠后的一些年代，印度北方的一些地区已开始生产少量铁制品，它们与伊朗锡亚尔克后来生产的制品很相似。其他的遗址已出有铁渣。在乌贾因发现了炼炉的残存物，其年代不会早于公元前500年。

大量资料证明，在公元400年左右，这一地区的技术水平与小亚细亚和欧洲相似。德里和达尔的约公元300年的著名立柱，像科纳拉克庙中的立柱一样，其组织与罗马时代澡堂的横梁一样。在贝斯纳加，有一些据称是公元前125年的铁楔，它们可能来源于希腊。

印度的熟铁吹炼炉大部分是内高达3米的竖炉，全都用强制通风，绝大多数炼炉都能排渣。在缅甸发现了本地区唯一的一座用自然通风的炼炉，装有20只风嘴，高3.2米。19世纪50年代，在坦杜凯拉的中普罗文锡斯，曾使用过改进的卡塔兰型碗式炉。

用坩埚炼钢是印度的一项有意义的技术发展。把熟铁块或不均质钢和木炭一起装入坩埚，然后把坩埚封闭起来，在敞炉内用强制通风加热4小时。这比非洲采用的把铁块用黏土壳包起来加热然后再锻打的方法，是一项改进。印度的这一产品通常是均质的碳钢，含碳1%～1.6%的乌兹钢，并向西方输出。这种钢与大马士革钢可能是同一种，因为它也许就是在中世纪经过大马士革传入西方的。

（七）中国

中国在公元前600年左右，已经进入铁器时代，因此其铁器知识可能来源于小亚细亚。但是，鉴于中国的铁器时代是从铸铁开始的，因此有人推想它可能是独立发展起来的，或者是中国人很快就理解到最初偶然出现的铸铁块的价值，从而很好地加以利用。像其他地区一样，中国铁器时代的到来是很缓慢的，铁的最早用途之一是制作了铸铁范，供铸造锄、镰刀和凿之用（公元前475~221年）。还应当指出，中国人知道把铸铁制成锻铁，或者在必要时直接锻铁。

最早有记录可查的有关鼓风炉在中国迅速发展的情况，发生在公元前91年。此后，铸铁的生产规模就像青铜一样了。汉朝已有用耐火砖砌筑的炼炉，炉顶内径达1.4米。当时采用厚壁的黏土风嘴，长14米，插入炼炉一端的外径为28厘米，另一端的外径为60厘米。炉料为木炭和铁矿砂（像是一种经过粉碎的赤铁矿和磁铁矿的混合物）。

中国像印度一样，有坩埚制钢的长期传统，还有"锻烧"铸铁以制造熟铁（即锻铁）和使两种铁混合以制造钢的资料（公元1334年）。这里所说的锻烧，似乎是向炉内熔化的铸铁添加氧化铁进行氧化处理。但是更为有用的是17世纪和年代更晚的那些资料。

大多数炼铁或炼钢工艺都用活塞鼓风机械鼓风，鼓风机械通常用水力驱动。这种鼓风机械比世界上其他用铁地区的袋式、罐式和六角手风琴式的鼓风器效率高得多。中国古代的冶金工作者就是凭借这种技术优势取得成功的。

根据中国古代制品的组织，我们知道战国和汉朝（公元前475年到公元24年）的铸范是用白口铸铁制造的，而同时期的棺钉则由锻铁制成。有两件汉代的白口铁铸件，分别含碳4.19%和4.32%，但磷、硫和硅的含量都低，说明是采用低磷矿石的生铁冷风冶炼制造的。令人更加惊奇的是，发现了一把黑心可锻铸铁做的铁锹即铁铲，它显然是由白口铁在锻炉内加热到900~1000℃而成。一柄汉代（公元前206年到公元24年）的钢剑，具有马氏体结构，由此我们可以有把握地推断，在公元24年以前，人们已经很好地掌握了熟铁、钢以及使钢淬硬的生产技能。

（八）日本

日本的金属加工工艺可能来自于中国，当日本人离开大陆到日本列岛去时，正是处于晚期青铜时代，其年代相当于公元前600年到公元200年之间。早先这些岛上住着旧石器时代和新石器时代的阿伊努人。

在建造公元7世纪的九州古墓之前，日本人已进入铁器时代。古墓内有青铜铸品，它们主要是镞、镜、铃等，但有极少的铁。青铜镞和剑系用双面范铸成，它是青铜时代晚期的典型工艺，镜则经常是中国式样的仿制品。公元708年开始用砂型或半砂型铸造大型青铜器件。

日本人具有先进鼓风机械的丰富知识，例如可能来自中国的"Tatara"（鞴）。19世纪曾采用分段式圆顶炉来熔化青铜，这种可能是用来浇铸大型器件的炉型，来自中国周朝或以后时期。

日本炼炉由四段组成，可高达2.5米，金属液从出口流入流槽或桶内。采用强制通风的小型坑式坩埚炉当时也被应用。坩埚由包覆着耐火泥的瓷质原料组成。如要浇铸寺院用的大钟和其他大型器件则采用蜡模。用蜡包在空心的黏土芯上造型，然后再在蜡上包覆更多的黏土。以后在浇口下方架一堆木炭火，把蜡溶掉，使黏土变干燥和变硬。

铜用装有斜风嘴的简易碗式敞炉冶炼。在18世纪，铜靠搅动（氧化）法提纯，纯度曾达到99.24%~99.80%。主要的杂质为铅、银和铁。这种金属经常用加入伪黄渣的方法来制造合金，而伪黄渣则是早先用铅使铜脱银的产物。这是第一个业已得到证明的有计划地用铜和锑及砷制作合金的实例，也可能是某些青铜器含有这些金属元素的原因。公元1764年，这些金属曾按合金规定加入到青铜中用以制造钱币。公元1614年，为了降低金属的熔点和提高流动性，也曾用差不多同样的方法来铸造佛像。此外，还有助于制造深色的金属，在装饰品中用作反衬白银的底色。

第三节　罗马铁器时代

对于世界金属编年史来说，罗马铁器时代的命名似乎是难于找到正确理由的，因为罗马帝国对世界技术的贡献看来不在于它的独创能力，而在于它的组织作用。罗马帝国的影响看来是使罗马世界任何地区的最佳技术得到广泛传播。这种传播不是只局限于罗马地区，而且影响到居住在其周围地区处于铁器时代的各部落，他们一方面与罗马人进行金属贸易，另一方面用金属来保卫自己，反对帝国势力。

但是，由于在前罗马时期的炼铁遗址上发现的炉渣，是以公斤或几百公斤来计量，而罗马时期的渣堆则经常要成百上千吨地来计算，说明当时曾有一个规模的增长。这种增长可能是由于技术的改进，例如用鼓风竖炉和大尺寸改进型碗式炉，取代前罗马时代和非罗马世界采用的抽风式竖炉和小型碗式炉。

罗马文明在军用和民用上的需要，对铁提出了大量的需求，因而必定大量增加含铁矿物的开采。在不列颠，韦尔德的矿坑（喇叭形矿坑）和德安森林的平底船形矿坑（露天矿）就是这方面的例子，虽然它们不是唯一的例子。

一、铁的生产

我们所有的有关这一时期炼铁资料大多是与东方、中欧和不列颠有联系的。其主要部分位于罗马边界的东面和北面。这一地区有很多炼铁遗址，主要的有波兰中部的霍利克罗斯山、北波希米亚、施蒂里亚、卡林西亚、日德兰、石勒苏益格-荷尔斯泰因和莱茵兰等地，在这些地区出现了重要的炼铁残留物，说明公元 2~6 世纪之间已在加工当地的铁。在罗马占领埃及期间，处于铁器时代的埃及本身的情况似乎并无多大改变，但罗马深入到努比亚却促进了更南面的梅罗伊王国的技术进步。我们知道，位于罗马心脏地带附近的厄尔巴和托斯卡纳两地的伊特鲁里亚人矿区曾经开采过。

已有证据说明，从戴克里先（公元245~313年）时期开始，帝国工场就为军队制造各种武器。根据基督教会的资料，在公元4~5世纪，这样的工场大约有32座之多。并非所有的工场都从事同样的生产，有些工场专门生产某一类型的武器，例如卢卡生产剑和矛头，克雷莫纳生产盾。但也有些工场并非生产单一产品，例如大马士革的工场既生产盾也生产一般武器。鉴于阿拉伯入侵后大马士革已成为剑的代名词，因此制剑的传统看来持续了很长的时间。炼铁原料由古罗马执政官员供应，他们起着商务官的作用，从国内或国外的当地居民那里收购坯铁。

据那个时代记载，大马士革剑因其锋利和剑表面的波纹图案而闻名。这种剑是用乌兹钢制成的，钢材可能来源于中亚或者南印度，但至今已无人能够复制出这种卓越的钢的特性。

在苏格兰的因什图锡尔的古罗马军团堡垒中，发现了大量窖藏铁钉，足以证明罗马供应的能力，铁钉重达5吨以上，包括各种规格的钉约90万枚。由于此堡垒在公元83年建成，公元87年以后不久就已撤离，说明在教会时期以前，供应工作必定是效率很高的。从冶金学观点来看，铁钉的成分或组织没有什么新奇之处。它们与雅典帕特农神庙用来连接石料的铁锔颇为相似，即都是用锻打过的不均质块炼铁制造的。不过它们加工得很好，规格尺寸精确，而且长钉比短钉的碳含量高得多，是有意识这么做的。现在还无法知道这些铁是在哪里生产的，因为它们显然是用低磷铁矿冶炼的，而且镍含量也低。如果这种铁在当时是来自不列颠，那么它们是用船经海路运来的。

二、炉型和技术

和早期铁器时代一样，炼炉基本上可以分为两种类型，竖炉和碗式炉。竖炉除增加了鼓风器外，和早期铁器时代的自然通风即抽风炉几乎没有什么区别。但原始碗式炉的高度和直径则不断增加，直到必须安装一个以上的风嘴口。有迹象表明，在罗马占领区通常都使用出渣口，虽然其他地区并非如此。是否曾用抽风式竖炉的问题，目前还有若干疑点，但大约在公元 1 世纪，下萨克森曾用过一种细高型竖炉。这种类型的炉子曾传播到北日德兰（碳十四测定，公元 100 年±210 年），然后在公元 4~5 世纪传到东英格兰（图 1-6）。这种竖炉高约 1.6 米，直径 0.3 米，有 4 只风嘴，可以鼓风也可以抽风。这类炼炉与波兰同期炼炉类似，但波兰的炼炉稍矮而粗（高 1 米，直径 0.5 米），而且明显是使用鼓风器的。这种炼炉的共同特点是炉的下方设有坑，承接冶炼过程中流出的炉渣。熔渣可能是借炼炉本身对温度和时间状况的调节而自动流出，也可能借助外部力量排出。

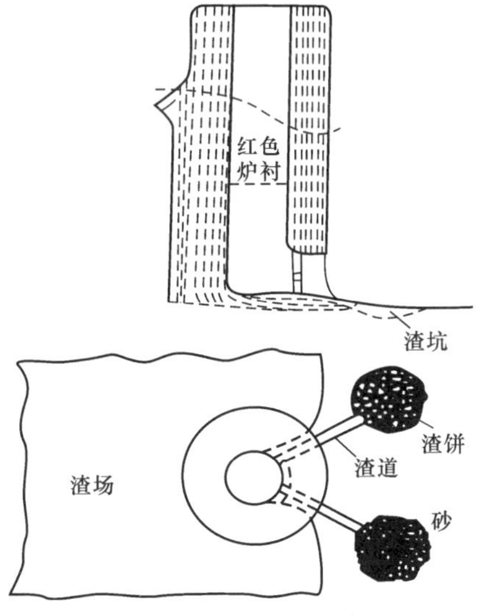

图 1-6　英格兰东部发现的简易竖炉

（来源：《世界冶金发展史》）

萨克森人的炼炉壁薄，每炼一炉，当渣坑放满时，就把炉身移动一个位置，放在新的空渣坑上面。在波兰，渣块允许留放在原地，已经发现了留有这类炼炉底部的整个工场。波兰炼炉的炉壁似乎比萨克森人的炼炉要厚，这可能是他们每次都整复的缘故。总的来说，移动炉体总不如使渣流入炉前或炉边的渣坑待冷却再取走方便。经过改进的碗式炉（图 1-7）也采用这一工艺，并沿用到罗马铁器时代。

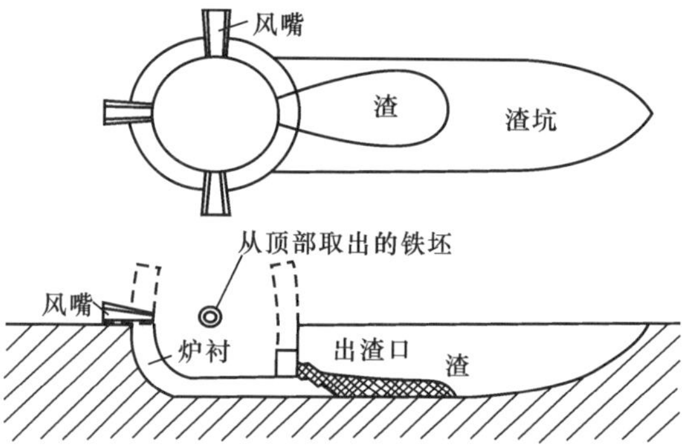

图 1-7　罗马时期的改进型碗式炉

（来源《世界冶金发展史》）

除此以外，技术上就没有别的变化了。产品是不纯的固态金属块，竖炉从炉侧取出，碗式炉则从炉顶取出。这种情况一直保持到中世纪而很少变化，但是“分工”可能是一种进步，当时矿石通常先经焙烧然后与木炭一起装炉，而块炼铁（5~30 公斤）的综合加工则另用一座炉（锻炉）来进行。

罗马时期似乎有比以前更多的废弃的铸铁块，这可能并不是因为事故率更高而是产量更大的缘故，也可能当时对事故的意义没有认识，或者忽视了可锻铁的需要甚于铸铁。渣的成分几乎没有什么变化，但是渣块的数量和尺寸都远非早期铁器时代所能达到的。公元 2 世纪的一处不列颠遗址，放出的渣块重 18 公斤，而日德兰炉（图 1-8）底的重量高达 170 公斤。在法国的艾尔兰特森林有 30 万吨渣，堆成高达 11 ~20 米的渣山。这 30 万吨含铁的炉渣是炼出了 7.5 万吨铁的结果，这

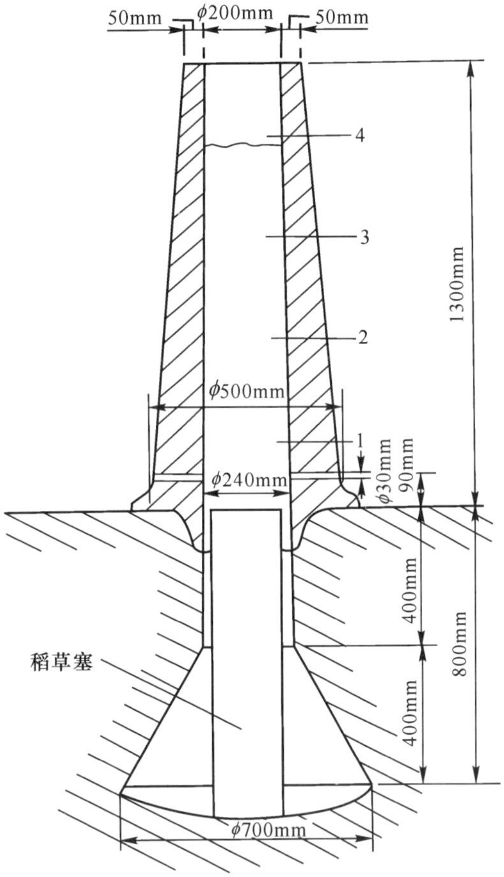

图 1-8　北欧和日德兰发现的井式竖炉

（来源：《世界冶金发展史》）

么多的铁可制造 1500 万～2000 万件重 3～4 公斤的铁制品。现在还不能肯定整个渣堆是否都是罗马时期的，但只要其中有一部分是属于罗马时期的，就能表明该时期的生产规模。如此庞大的废料堆含铁达 30%～50%，无疑要求许多欧洲国家在这以后进行大量的再加工。

三、锻铁技术及铁制品

罗马时期铁坯的规格从 5～6 公斤到 10 公斤不等，前者是仍被沿用于造币的仿锤形铁棒，后者为形状不明的铁坯。可能还有地方部落给罗马工场提供的小型铁坯。这种铁坯可能经过再加工并锻接成达500公斤的构件。内米湖铁锚的4根铁条总重达414公斤，还有许多铁砧，每件重达50公斤，它们也是用小铁坯制成的。

供锻造用的锻炉按作业情况有不同的形状和尺寸。如同我们现在能见到的原始铁工场作业那样，对炉的要求并不复杂，只要在地上挖一个坑并有一只黏土风嘴保证鼓风就可以。已知最大的锻炉可能是科布里奇那座用来锻接澡堂桁条的锻炉。木炭可以放置在四周，风嘴则可以插入需要提高温度以进行锻造或锻接的任何地方，这种方法在进入20世纪以后仍用来制造船尾的骨架。

铁坯的质地当然要比早期铁器时代来得均匀。而不同的碳含量是导致不少人推测碳是有意识渗入的。但实际情况是，根据铁坯被加热部分的碳含量及在炉内与风嘴的相对位置，再加热可能使它脱碳也可能使它增碳。

罗马的多数材料表明，铁中磷含量比早期铁器时代显著减少，这说明当时懂得低磷金属更适合于渗碳处理。但在罗马时期也不乏高磷铁的实例，而且所用的金属多数是碳含量最低的，因而没有碳化。

有关渗碳和淬火硬化方面的知识，当时已得到更加广泛的应用，并且不乏经过正常的渗碳处理后再进行适当热处理的实例。不列颠的两处遗址曾发现一些经过热处理的冷作凿子，一处在斯塔福德郡的沃尔，另一处在诺森伯兰郡海德里恩城墙的切斯特霍尔姆。有一把在时间较靠后的遗址上发现的凿子，其刃口曾经过硬化处理，但由于碳的分布不均匀，使得硬度从579~464HV不等。

四、剑

剑仍然是主要的武器，并且一如所料，制剑技巧日臻完善。在广泛采用铁器时代叠锻和表面渗碳技术的同时，我们开始见到更复杂的技术，而到其后的大迁徙时期，此种复杂技术已被普遍采用。其中之一就是花纹焊接技术，它过去经常与制作波纹装饰的技术相混淆。花纹焊接就是把诸如小带或小丝等条状物或其他小件焊在一起，使武器具有一种复杂而又易于辨认的组织，有人称之为“检验印记”。

早在公元3世纪，花纹焊接工艺在莱茵兰和不勒苏益格-荷尔斯泰因的尼达姆就已问世。应用此种工艺制剑的实例已在波兰和不列颠发现。带和丝须编在一起，然后加热与锻造，有时此项操作要从折叠起始重复地进行。通常把不能焊接的芯料夹在两层花纹焊片中间，有时则把刃口单独焊上。接合方法显然有很多种。花纹有时是为弥补夹渣、氧化物夹杂和焊接带的缺陷而采用的，有时则是因为铁的不同碳含量的需要。

用上述方法制作的制品，其强度明显地比大多数单用叠锻法制作的武器高，其原因现在还不清楚。但是，如果现在把这些制品仔细抛光，那么其组织本身也会令人赏心悦目。同时，该时期手艺高超的工匠在武器制作方面也做了大量的工作，比如这些制品的柄端经常用非铁金属的镶嵌物来装饰。

有些剑在剑身柄端带有冲压的标记，与萨米亚陶器上的陶工印记极为相似，另一些剑则镶嵌着有色金属图案。当然它们主要是在剑的其他部位而不是在剑身上。剑身必须装柄，罗马时期剑的装饰比其后的迁徙时期和中世纪为少。但是，剑鞘通常有用有色金属镶嵌物装饰的铁片，这种镶嵌物在某些剑身上也发现过。

五、其他工具和制品

罗马时期通行的铁工具类型是多种多样的。在底比斯发现的一组亚述人的工具，为我们提供了某种高标准的概念，而这种标准正是前罗马时期要达到的。因此，当发现罗马时期已具备现今使用的各类手工具时（可能不包括木螺旋），是不必惊奇的。例如我们看到了铁制细刨（就像在现代五金店内可买到的一样）、匙头钻（不过不是麻花钻）和非常复杂的锁合装置。但是，现代的剪刀可能用经过硬化处理的钢制成，而罗马时期的同类产品看来并未经过表面渗碳。

罗马的边界从下莱茵延伸到多瑙河三角洲，其北面的部落无疑与罗马有过密切接触。他们或者与罗马人贸易，为罗马的军事工场提供加工用的铁坯和其他半成品，或者从罗马取得材料。在波兰东南部发现的罗马钱币的窖藏和打有印记的铁剑就是这种贸易的实例。铁剑的镶嵌物和组织与不列颠南希尔兹发现的剑几乎完全一样。

在罗马时期，波兰的铁加工业显然是非常活跃的。曾对在遗址中发现的多数工具作了金相检验，证明它们与在别处发现的罗马材料一样，而采用的技术是各不相同的。在克拉科夫附近发现了一处窖藏，23 把小刀和凿中，有 6 把经过淬硬处理，硬度介于 433~724HV 之间。此外，在西里西亚的一组工具则没有经过淬火的迹象。这有助于从罗马世界内部来提供证据，并表明早期铁器时代的传统仍继续存在，虽然掌握铁器碳化和硬化工艺以制出优质工具的铁匠人数正在不断增加。

除了罗马世界外，我们还掌握北欧和东方的大量情况，但对于其他地区则知之甚少。中国的铁器时代无疑一直是稳步发展的，公元 6 世纪就已生产出重达 25 公斤的大型铸铁像。在印度次大陆，铁冶金术必定已达到与欧洲相同的发展阶段。它提供了制造大型锻铁柱和桁条的实例，例如达尔和德里的铁柱，以及科纳拉克寺院用的桁条。所采用的技术与西欧的一模一样，因而我们可以推测，这种技术在那时是很普遍的。

伊朗的波斯波利斯的铁锔以及这一地区其他建筑物的铁锔都已拆下来再加工。建于公元前 292~280 年的罗得岛巨像，是一尊包铜像，肯定有铁骨架。它于公元前 224 年倒塌，并于公元 672 年被砸碎而重新利用。在苏丹，效法埃及的梅罗伊文明，于公元 400 年前后为阿克苏姆王国所毁灭。这是非洲罗马型铁加工业的一项证明。一直到现代为止，无论是东非或者西非，基本上都沿袭着早期铁器时代的传统。

第四节　民族大迁徙时期及中世纪

铁器时代各部落的侵犯，加速了罗马帝国的衰亡。虽然，罗马时代显然已有较多的技术交流，但部落的胜利并非仰仗技术优势。帝国衰落的原因，乃是来自具有发达铁器时代传统的人民对长期建立起来的高度文明不断施加的压力。

因此毫不奇怪，在大迁徙时期，花纹焊制剑的工艺知识传遍了西欧。英国盎格鲁撒克逊人的武器以及斯堪的纳维亚、波罗的海各国的武器，仍沿用罗马时期的技术。在这一时期的初期，技术已趋于完善。小刀和其他工具上常镶嵌有饰物，不管男女都随葬有武器和日常用具。男人用剑和矛头，女人用“编织用的剑”，即花纹焊接的铁剑身。

一、铁的生产

在这一时期的初始阶段，很难发现其炼铁方法与罗马铁器时代或者确切地说与早期铁器时代有什么不同。这一点是可以预料的，因为迁徙的人基本上处于早期铁器时代阶段。铁锭的尺寸显然并没有突然增大，相反已出现的多数铁锭还比我们估计的罗马时期最大铁锭（8 公斤）稍小一些。若干爱尔兰铁锭的重量分别为 5.0 公斤、5.2 公斤和 5.4 公斤。历史资料表明，到公元 1350 年，不列颠铁锭的重量达到 14 公斤。

铁锭的大小，可能更多地是由于锻打和加工处理方面的原因，而不是冶炼方面的原因而受到限制。有些地区的人如瑞典人和斯拉夫人，仍继续生产供制斧形“硬币”的细长铁棒，这种铁棒长 32 厘米。多数国家通常把大铁锭锻制成棒形的小铁条。当时的炼炉主要有两种类型：一种是罗马时期的卧式改进型碗式炉，具有排渣装置，在不列颠发现有不少这种炼炉的实例；另一种是立式改进型碗式炉。

在沙夫豪森附近的巴尔杰霍夫威森发现的炼炉属于立式碗式炉。不过，中世纪早期很可能有过一种炼炉，是从顶部而不像改进型碗式炉那样从侧面取出铁锭的。这种炼炉最后演变为比利牛斯山的卡塔兰敞炉，在英格兰北部，这种炉子似乎一直用到中世纪以后的时期。

迁徙时间较早的人们继续采用简单的碗式炉，另外还有一些其他类型的炼炉，如在泽莱科维斯发现的斯拉夫人的炼炉，最令人感兴趣的问题是罗马某些地区发现的竖炉的命运。有一种细高的萨克森人的竖炉，似乎曾传到英格兰东部，然后趋于灭绝。但是它可能在中欧沿用了很长时间，最后发展为施蒂里亚的高型块炼炉和高炉。

水力的利用，是这一时期制铁技术令人感兴趣的另一个问题。有许多规模较小的生产工场位于溪流附近，但溪水显然并未用作动力源，原因之一是要求发出 300 公升/分钟的空气流量所需动力并不大，用手动工具就能轻易地达到。原因之二是这些工场的财力显然都很小，而开发水力耗资相当大。因此，水力在冶金方面的应用，必须与它在非冶金方面的应用如谷物的碾磨相竞争。与鼓风相比较，非冶金方面是用水力的大户，因而在西方是优先考虑非冶金方面的需要。但是在东方即中国，却发展了冶金用鼓风机械，它是使中国获得优势地位并可能是早期采用铸铁传统工艺的原因之一。

在不列颠，可供参考的水力机械有 5000 多台。根据英格兰 1086 年的土地记录记载，有时租金的若干部分是用铁来偿付的，遗憾的是现在还没有可靠的文件或考古资料来证明。不列颠在公元 1408 年以前、意大利在1440年以前，曾把水力用于冶金工艺，即熟铁吹炼炉。据相关资料记载，意大利到1463年才把水力用于高炉。据认为匈牙利到13世纪开始把水力用于鼓风器。

在欧洲，只有修道院或主教才有充足的资金投入到炼铁工业中去。炼铁工业的大规模发展仰仗于宗教机构的兴起。因此，达勒姆的主教于1408年建立了不列颠第一座利用水力的熟铁吹炼炉，鉴于没有涉及锻锤，我们不妨假定此是用水力鼓风。一旦鼓风器用上了水力，就可能生产出大型铁锭，因为水力锤可能用来作砸碎铁锭的工作。此外，由于采用水力鼓风器，极有可能进行连续作业，从而能使用高炉。除中国以外，确实还没有发现过有关手动鼓风高炉的资料，根据这种装置要求连续作业的特点，除暂时发生故障时有可能采用脚踏式水轮外，估计是不会用手动鼓风的。

在探讨高炉的早期发展阶段之前，我们先得说一说熟铁吹炼炉的情况。最晚在15世纪初时就已开始利用水力，铁锭的重量增大到100公斤以上。大铁锭要砸碎，然后在一种英格兰叫做辅助炉的二次炉中再加工，这种炉很像矮型熟铁吹炼炉，不过其操作是间歇性的。

在欧洲，19世纪的卡塔兰炉是熟铁吹炼炉的极限状态设计。这种从顶部出锭的矮型吹炼炉几乎是一种通用的炉型，在谢菲尔德附近、在迪斯特里克特湖和挪威都见到有这种炼炉，炉高1米。例外的情况是在施蒂里亚发现的炼铁炉，炉高3~5米，系侧面出锭。瑞典奥斯蒙德的炼炉高约2米，对于顶部出锭来说似乎显得太高。非洲和东方部分地区在此期间几乎都是采用高炉的吹炼炉。

二、高炉

高炉在欧洲的应用和发展是钢铁冶金史上最令人感兴趣的课题之一。中国应用高炉比欧洲早得多，但这并不表明欧洲没有独立的起源。

另外，欧洲应用高炉的时候，正值东西方建立了良好的联系，而欧洲当时所需要的，就是对铸铁予以有效的利用。在罗马时期，铸铁只是偶然性地生产出来，试验业已表明，只要木炭和矿石的比例相当大，就有可能用 2 米高的吹炼炉炼出铸铁来。

当然，在军事方面是需要铸铁的，因为锻铁不适于制炮。最早的炮是用熟铁板箍在一起制成的，出于种种原因这种炮并不成功。用青铜制炮倒是好得多，但青铜比较少而且价格比铁贵。不管有关铸铁的观念起源于何方，但有一点对武器制造者来说是一清二楚的，即用铸铁制造武器更合适，而且能整件地制出耐压性能良好的武器。

在 15 世纪的某个阶段，对发展高炉身或矮炉身吹炼炉以制造铸铁炮的要求是相当强烈的。第一座有充分资料证明的高炉，是意大利费列宙的一座炼炉，它显然是被设计用来把熔融金属排入水槽或水沟内，以制造粒状铸铁的。这种铁绝不可能用来制炮，它极大可能像日本所用的工艺那样，是与熟铁混合以制造钢的。16 世纪和年代更靠后的高炉，似乎更多地采用水平鼓风而不是垂直鼓风。年代更后的波斯高炉与此类似。早在公元 1313 年，中国炼炉所装备的鼓风器，也采用水平鼓风。我们必须承认，无论是铸铁的观念还是若干技术细节都是从东方传到欧洲的。

从技术上看，高炉和熟铁吹炼炉的主要区别，在于铁水和炉渣是从炉的底部排出的。对于一座规定高度（约 2 米）的炼炉来说，所要求的主要变化是提高燃料和矿石的比例，以创造更多的还原性气氛和使铁渗碳，从而使铁的熔点从 1535℃降到 1200℃左右。但是在上述条件下，由于铁被还原出来，炉渣变得很稠，流动性差。早期的冶炼工匠可能已经发现，某种矿石比其他矿石有更好的自熔性，即能造出流动性更好的渣来。它们可能混有相当数量呈化合状态的石灰。对于上述早期炼炉，添加石灰石可能是不合适的，因为它不容易溶解，但石灰石也可能经过破碎。上述发展的结果，就是要求有一个最低为1300℃的工作温度，以便造出能流动的石灰质渣。对于某些吹炼炉来说，这个温度完全能达到，因而不存在什么问题。

随着时间的流逝，人们可能发现采用比以前更高的炉身，让燃料在剧烈还原的气氛下停留更多的时间，能节省燃料。炉容加大以后，可能发现需进行连续作业，而在吹炼炉内进行的间歇性作业方式则完全不行了，因为将消耗过多的热和材料，每出一炉铁就停炉，在经济上是不合算的。此外，稳定地供水显然比量多而不稳定的供水更加重要，因而流量稳定的小溪显然比流量不稳定的大河更符合需要。对于那些因夏季干旱而降水可能中断的地区，则建立水池来调节水量。因此，一座高炉一旦开炉冶炼，其作业时间就一直延续下去，直到炉衬损坏需要更换新炉衬，或者水、木料和矿石的供应中断才会停下来。

三、波纹和花纹焊接工艺

公元 7 世纪开始了阿拉伯人的征服时期，大马士革钢遂闻名于西方世界。这里我们必须阐述一下，崭新的波纹工艺与用于制剑和制钢的比较陈旧的花纹焊接工艺之间的联系。在中世纪编年史的某个时期，大马士革曾是印度钢进入西方的一个地点。这种钢可能就是后来叫做“乌兹钢”的那种钢，它通常是一神高碳铸钢，平均碳含量在 1.6%左右。如果把这种钢的小钢坯锤打成薄带钢，就会产生某种表面脱碳现象，而当把这些薄带钢在很低温度即 700℃焊接在一起时，碳不易扩散，结果就形成一种不均匀结构，与花纹焊产生的结构相似。作为一种补充的方法，还可以使原始钢坯中的磷发生偏析，在很大程度上能得到相同的效果。这样在其后的低温加工中，可以控制碳的分布状态。如同我们已在罗马时期的实例中看到的那样，花纹焊与波纹工艺的区别，在于原料是用的低碳铁，并用精巧的方法把铁带绞合起来。

无论是波纹工艺或花纹焊接，两者都是为解决同样的问题，即强度和碳含量更高的钢的脆性问题。这在制剑中比较明显，如果强度高而硬，剑就易折断，如果韧而软，就会弯曲。日本的制刀工匠也遇到同样的问题，到公元10世纪末，他们已逐渐形成一种稍不同于花纹焊的工艺，把碳含量不同的若干钢片焊在一起，制成复合的单刃刀身，然后进行最终热处理。刀身的低碳铁芯被三片质地比较均匀的高碳钢包在里面，所有这四片钢料在红热状态下用锻接法焊合在一起。这是其后西欧在工业革命以后非常通用的“剪切”钢的先导。然后这种复合刀身用黏土包起来，加热到约800℃，快速去除刃口附近的泥壳，使刃口淬火，或者在空气中冷却。黏土壳能降低单刃刀身的刀芯和刀背的冷却速度，以达到淬硬梯度，刃口的硬度最高，刀芯的硬度相当低，但具有需要的韧性。

花纹焊和波纹工艺之间可能没有实质性的差别，有一些权威学者认为，波纹工艺是以乌兹钢的钢锭于凝固过程中形成的组织为基础的，但是中世纪乌兹钢钢锭的组织究竟是怎样的，还不能肯定。我们所有的所谓“乌兹钢”的许多知识，是根据19世纪殖民地官员带回欧洲的钢锭得来的。在此时期似乎至少有两种乌兹钢。第一种是把锻铁和木料放在坩埚中加热，直到熔化后凝成形状与坩埚内腔一样的钢锭，称作萨勒姆法。这种钢的总碳含量大约为1.6%，钢锭看来相当粗糙，但具有化学上均匀的渗碳体和珠光体组织。海得拉巴地区采用第二种方法，坩埚用耐火黏土制造。此种耐火土系风化的花岗岩，并混以稻壳。坩埚内既不装木炭也不装木料。坩埚放在圆形的木炭炉内加热，空气由设置在炉顶附近的4只鼓风器向下吹送，加热持续24小时。

波纹工艺和花纹焊接原则上一样。为了得到所需组织而采用的方法可能包括：焊接熟铁片、焊接表面脱碳的钢片、焊接渗碳的熟铁、混合碳含量最高和碳含量低的材料，或者混合不同钢种和陨铁，以及渗入铸铁粉层成高碳钢粉层。重要的一点是应保持最低的工作温度，否则就会发生完全扩散，乌兹钢的应用就是焊接脱碳钢片或不均匀坯材的一个实例，至今还没有确凿的证据来说明凝固过程中基于偏析而形成的组织，但特别对于磷含量高的钢种来说，是有可能形成这种组织的。许多水纹花纹是锻造工艺的副产物，但它可以被认为是由于采用形状适当的工具进行局部加工而干扰了正常花纹和再次把受干扰材料锤平的结果。

四、其他类型的军用铁制品

当然，剑并不是所要讨论的唯一军用装备。公元 1066~1080 年制成的贝叶挂毯，就显示了诺曼时期典型的军用武器装备类型。首先，头盔系用薄铁片制成，除了铆接的护鼻外，其余部分通常是用整块铁片制作的。维京人墓葬中常见的盾上浮雕，像头盔一样是用整块铁板仔细地在小铁砧上敲打出来的。战斧与木工用的斧头在设计上大不相同，它们通常称为“八”字斧。战斧通常用若干片低碳铁叠起来制成。在埃塞克斯的斯特拉特福发现的一把战斧，是公元 850~950 年这一时期的典型产品。晶粒流线与斧刃相平行，斧銎由扁舌搭在斧身的一面再予焊接而成。

箭头通常是铁的，但到 14 世纪用钢包尖。刺棒一类的尖刺通身镀锡，因为这是最容易的防锈方法。在这些方面，采用花纹焊接工艺的延续时间比制剑长。威斯特摩兰的肯特梅发现的一柄 11 世纪的短剑就是一个例子。剑身长 34 厘米，宽 3. 6 厘米，有人字形花纹。在雷丁发现了另一柄剑，剑刃系含碳 0. 45%，经过球化处理的钢，硬度达 219HV。

最后，让我们来看铠甲。铠甲是很贵重的，在战斗激烈进行的时候，伤员身上的铠甲很快就被剥下来。从希腊时期出现盔甲或胸甲以来，护体的盔甲一直沿用了下来。此种盔甲显得比较僵硬，到罗马时期改为拼合式盔甲，最后改为鳞片式即鳞甲式盔甲。这种盔甲把小黄铜片或小青铜片紧扣在一起，然后缝合在布料或皮革的衬里上。铠甲或鳞甲式盔甲大约始见于1世纪的下半叶，它开始是一种大小相等经过精细加工的黄铜或青铜圆环结构，可能用拉拔的铜丝制成，硬度达175HV。冲制的圆环与由线绞结的圆环成排地交替连接，这一时期也采用铁铠甲，整体焊接的圆环与绞结的圆环交替连接。中世纪的铠甲有时是用钢做的，但熟铁做的铠甲已经相当结实了。当铠甲本身遭到破坏时，那么外来的打击必定是致命的。绞结的圆环用拉拔的铁丝或钢丝制成，洞眼是活动的，结头用熟铁丝制造。

大约在公元1250年，铠甲开始由片式盔甲所取代，但它仍继续使用到19世纪。15世纪下半叶和16世纪的欧洲铠甲，多数都有绞结的圆环。对若干片式盔甲样品进行的冶金学鉴定表明，约公元1400年的意大利护体盔甲系熟铁组成，表面经轻度渗碳，包含有铁素体、珠光体和晶界渗碳体。15世纪后期，盔甲用钢而不用熟铁制造。有一件盔甲的整个剖面表明，其表面曾经过慢速淬火，使铁素体和角状珠光体留在中心。约为公元1550年的德国盔甲，则变动于含有球状珠光体的渗碳熟铁和已脱碳的高碳钢之间，看来要保持材料的最佳组织就很难使它具有满意的形状。

五、钢

中世纪生产的大部分钢似乎都含有大量的硫。由于硫会显著降低碳的渗透速度，因而含硫的铁不适用于渗碳法制钢。钢是一种贸易商品，从生产适宜铁矿的地区进口铁，再炼成钢，有时则进口成品钢。我们知道，只要有合适的矿石，就有可能用熟铁吹炼法直接炼出铁碳合金来。中世纪的钢都是靠渗碳法及以后的层叠法制成的。钢在当时的确很昂贵，需节省着用（只用于必要的地方），因此当时很多产品是包钢的，或者把钢焊接到熟铁上。

早期的金属工匠必须自制工具。雕刻工具用全钢制造，用锉刀锉成所需的形状，再加热后淬硬。有些锉也用全钢制造，但另一些则用铁制造再“包”上钢。它们先得锻造成型，用磨石磨平，然后用锤头两端带刃的锤子“切割”或者用凿子凿出细纹。为了提高硬度，用由 2/3 牛角灰和 1/3 盐组成的混合物作为硬化剂撒布，然后在炉内加热到红热状态，再用水均匀淬硬。

另一种制作方法是把工件抹上猪油，用山羊皮裹住，外面再涂上黏土，烤干，然后放进炉内加热。这样，把山羊皮烧成碳和氮的化合物，当工件渗碳后立即去除黏土壳并淬火。据说，还用山羊尿淬火，但从未提到过回火，因而可以认为碳含量不是很高，所以不用回火。

六、日常生活所用的铁制品

多数农用金属制品都是熟铁的，有时则用金属制造木质工具的刃口。有人认为犁铧可能是钢质的，即在最易磨损的地方焊上一层钢以提供磨损表面的寿命，但这一点尚未得到证实。铁匠可能制造小刀和其他带刃的工具如长柄大镰刀。到 13 世纪已经有专业分工的迹象，出现刀具工这一工种。小刀很少用全钢制造，因为太昂贵了。在铁的刀背上焊上钢刃，这种工艺提供了多种多样工艺特色。差不多每一个铁匠都有他们自己的技术特点。

若干迁徙时期和中世纪制品含有很薄的高砷层（砷含量超过 1%），一柄斯堪的纳维亚剑和北欧海盗斧的刃口，已验明有这种含砷层。剑和斧都是用两块金属（铁或者钢）接合起来的。当铁在锻炉内加热时，所含的砷就跑到铁的表层氧化皮的下面来。因此，当铁匠把一块钢焊接到铁上，以制造坚硬的切割刃口时，他就把含砷金属层也带进去了。由此而形成的“白线条”，在成品的组织中通常是显而易见的，并把制造工具的不同金属层的接合处显示了出来。

七、中国和日本的铁

中国的制铁业直到公元 11 世纪才有充分的文献来证明。在用煤炼铁方面，中国显然是自给自足的。11 世纪初叶，用北宋各矿山开采的铁矿生产的铁，年产量已达 125000 吨，这接近于欧洲 1700 年全年的产铁总量（估计为 150000～185000 吨）。虽然多数省份都有丰富的铁矿藏，但分布显然是不均衡的。炼铁业仿佛是按照罗马的样式组织起来的，设有雇用大量人工的工场。据估计，当时有多达 36 处冶炼场，每场约 100 人从事采矿、燃料准备和冶炼。一座炼炉可能年产 15 吨铁，每吨铁消耗约 2.5 吨矿石、3 吨燃料。100 名工匠每年可产铁约 500 吨。

按着这样的速度来炼铁，显然木炭很快就会供应不足。因而到公元 1078 年后，煤理所当然就成为主要燃料。用坩埚冶炼铸铁和钢的工艺曾采用无烟煤为燃料，因为烟煤对它是不适用的。中国的坩埚比印度坩埚大得多，一次可装 12 公斤矿石、数量大致相同的无烟煤和一些熔剂。一座敞炉可容纳 64 个坩埚，周围装 1.2 吨无烟煤。所得铸锭重 4.8～6.6 公斤，可以经过精炼成为生铁和钢。

日本的制铁业与中国的模式有所不同，其“塔塔拉”法用单一的炼炉，只要一次操作就能同时炼出铸铁、钢和熟铁来。这种炉仅能用一次，在放出铸铁后，就把炉砸碎，然后把混有钢和熟铁的“炉底”取出来，一炉可炼多达 4 吨的金属。

第五节　中世纪之后的冶金术

这一时期大致从公元 1500 年开始，它为公元 1700 年左右从西欧开始的把煤用于冶铸工艺的工业革命奠定了基础。一是16世纪，即文艺复兴时期后期，这个阶段的主要特点是需求增加和知识普及；二是17世纪，此时各种新思想正付诸实践，在欧洲许多人口稠密地区，正致力于用煤和焦炭而不是用木炭充当冶金燃料。

在不列颠，已成为问题的燃料恐慌，由于开辟了美洲殖民地而暂时得到缓和。在欧洲某些地区，已证实木材资源可满足中等水平的冶金生产的需要，以木炭为基础的冶炼工艺，能继续用到19世纪初期。在不列颠之后是法国、荷兰和德国，大约从1720年开始，用增加焦炭炼铁比重的方法解决了燃料问题。对于冶金工作者来说，这标志着工业革命的开始。

一、炼铁

到16世纪，除了伊比利亚半岛外，高炉已扩展到西欧的绝大部分地区。其推动力全在于军事的需求，因为民用的需要是熟铁，熟铁可以用块炼法得到而成本较低。例如对于一座2.5米高的炼炉来说，熔炼铸铁所需燃料和矿石的比例要比块炼法高，但所造的渣含铁低。投资和所需燃料的增加，超过了矿石成本的降低，尤其熟铁是属于最终产品，而铸铁还要继续消耗燃料。

铸铁炮比青铜炮便宜得多，从某些方面来说比青铜炮要好，因此建造高炉是为了铸炮，其费用主要靠铸炮来清偿。剩余的铸铁送至精炼炉吹炼为熟铁。以后随着炉体的加高，燃料的使用效率提高了，高炉在一些先进国家中遂成为生产全部铁的正规生产工艺。但是就熟铁而论，如同延续使用奥地利的高炉身、熟铁吹炼炉和西班牙的块炼炉一样，其优越性是微不足道的。

1517年，高炉首次被描述。可能建在阿登地区，它是一座方石头结构，用砂石作内衬，炉后有两具大型皮鼓风器，用水轮驱动，矿石经过清洗、焙烧然后装炉。不加熔剂，而加入附近出产的木炭。炉渣不能流动，须用铁钩钩出。铁水注入圆形铸范内，铁锭送至精炼炉精炼，最后送入加热炉，锻造成长铁捧。炉的寿命约为 2 个月。

佛兰芒画家画了一幅早期高炉的图，时间相当于公元 1511～1550 年，地点为波旁。炼炉装料台约有 4.6 米高。与波旁的炼炉一样，风口设置在炉的侧面而不是后面。在 1496～1520 年之间，纽布里奇、斯蒂尔福奇和英格兰的苏塞克斯韦尔德开始使用高炉，最近已在斯蒂尔福奇发现了炉基。

这里有必要讨论一下高炉的演变情况。在不列颠，根据现有的资料，自罗马时期以后高炉身的块炼炉就废弃不用了。到 1500 年，仅有两种类型的炼铁炉，即直接用矿石生产熟铁的块炼炉和生产铸铁的高炉。至于欧洲大陆的情况则更为复杂。原始的块炼炉发展成为高炉身的块炼炉，这种炼炉在必要时也能生产铸铁，这时它就成为熔炉。根据其所炼金属的特性，通常用鼓风炉来指早期的熔炉。竖炉的炉身矮，它可用作高炉的炼炉或熔炉。熔炉逐渐变高而成为加高的炼炉，最后发展为高炉。

差不多所有早期的炼炉在外观上都是方形的，而且都用石块砌筑，这种炉型在有些地方一直沿用到 19 世纪。从苏塞克斯一座年代为 1636 年的炼炉后墙可以看出，石砌的炼炉曾用木条加固，但不久就用铁条来加固了。但最大的变化是炉的内型。早期鼓风炉和块炼炉的截面是方形的，各面是平行的，如同冶炼有色金属的德国小型鼓风炉一样，16 世纪锡格兰竖炉的外径约 4.5 米，内径 1.7 米，而 1542 年潘宁格列奇的英国炼炉的炉基外径为 5.2 米，内径为 1.2～1.5 米。当然，在炉内还要砌上炉衬，做成一个面积不超出 0.3 平方米的炉缸。事实上，我们并不确切知道这种俯角小而浅的炉膛问世的时间，但约在 1550 年，锡格兰的鼓风炉（加高的炼炉）看来就具有这种炉型。

16 世纪的高炉在两侧各开一个口，一个是风口，另一个是出铁口。由水轮带动的两具鼓风器靠四轮的作用把风轮流压入炉内。水轮大而窄，通常是上行式的。它所要求的功率并不大，可能不超过 1 马力，只使用直径 3 米、宽 0.3 米、转速 6 转/分钟、水耗 1.7~2.5 立方米/小时的水轮就能办到。重要的是连续作业的问题，这一方面是由于高炉这类大型石砌结构，耐不住包括吹炼作业在内的频繁加热和冷却；另一方面在于这种大型设备的间断作业会浪费大量的热。波旁的一座年代为 1517 年的高炉，其炉龄达两个月，它与块炼炉不一样，是昼夜不停地连续作业的。这种作业经常要求建一座巨大的蓄水池，以弥补降水量少时的不足。

16 世纪中叶的高炉，大约每 6 天（一个冶炼期）只能出 4~5 吨铸铁，一座高炉贮存不了这么多的铸铁。由于受到容积的限制，遂发展出早期的双炉，例如苏塞克斯伍恩的双炉。1549 年的这种高炉能生产出重 2200 公斤的铁炮铸件。

连接炉身的炉底座内衬，在每期炉龄结束时都要更新。因此，绝大部分高炉都建有与炉底座分开的自撑式炉身，炉底座从炉底建造，向上在炉腹处与炉身相接。最早的高炉基本上都属于这一类型，而且一般是方形的。我们知道，若干 17 世纪的高炉仍保持着使两个截头方锥体在炉膛处接合的传统，但是在那时炉底座已有改为圆锥形的，以防止炉料积聚在死角上。事实上，从科德伊赛尔的高炉（约 1650 年）上我们可以看到建炉者所遇到的难题，就是如何更好地把圆锥形的炉底座与方锥体炉身相接。

若干 16 世纪的高炉大体上由三部分组成，方形的炉缸、上大下小的方锥体矮炉腹和方锥体炉身。在作业过程中，炉缸和方锥体炉腹逐步变为一个整体：炉缸的宽度限制在 0.30 米，看来是便于用一只风嘴操作。风嘴只是一根直径 5 厘米的铁管，砌插在炉子侧面的锥形砖或砌口中。此砌口与出铁口一样，做成拱形的，以便与鼓风器的出风口接上。鼓风器长 3.6~6 米，风嘴设置在炉底上方约 0.30 米处，铁水和渣面就以风嘴平面为限。

最早的高炉铁水可能是在侧面打一个洞直接从方形炉缸内放出来，待铁水放完后用黏土堵上。到 16 世纪中叶，在冶炼有色金属的炉子上出现了前炉，这种方法很快就用到了高炉上，设置了水冷铁轴件和堵头。此法有效地扩大了高炉容纳铁水和渣的能力，并把出铁口从最热的部位移出适当的距离。

公元 1600 年以后，可资引用的资料更多了。在不列颠，还保存着三座高炉，另有两座高炉的炉基也已发掘出来。炉的规格显然增大了。在潘宁格列奇，炉子基底的面积为 5.1 平方米；而在沙普莱波尔，基底面积已是 7.2 平方米。据推断，高度已从 6 米增加到 9 米。在苏塞克斯兰怕赫斯特的一座高炉，炉高达到 8.4 米。这显然是一座窄炉缸矮炉腹型的高炉，炉的外部已修成上小下大的锥度，以减少炉身上部的砌筑量。大家都知道，这种炉型一直沿用到 17 世纪。

虽然公元 1710~1720 年英国已开始引进焦炭冶炼法，但仍继续建造若干木炭高炉。德比郡墨尔本的一座高炉建于 1725 年，大约在 1780 年停炉。此炉看来是属于直炉缸矮炉腹型的，另一座是约克郡洛米尔的高炉，1761 年开炉，炉腹角为 80 度。

在欧洲高炉的发展过程中，我们了解到两种基本炉型的竞争情况。能见到这两种炉型的实例：矮炉腹型高炉（在约翰乔治城，与波希米亚交界的萨克森境内）和高陡面炉腹型高炉（这种炉型常见于不列颠）。矮炉腹型高炉曾受到过批评，说它陈旧，构造也有不合适之处。这种高炉想必难于建造和维护，但在波希米亚，到 19 世纪仍有人主张用这种炉型。

欧洲某些地区仍继续采用 16、17 世纪的木炭高炉，并且沿用到

19世纪，直到由于木炭稀缺和价格昂贵，迫使它们停炉，或者改用焦炭。但是，这一时期的大多数高炉都太小，用焦炭作业不经济，最后只好停炉。也有个别的例外，如北兰开夏巴克巴罗的一座木炭高炉，一直用到1920年，以后曾短时期用过焦炭，到1966年才停炉。

二、远东的高炉

中国应用铸铁在先，持续发展的话，发展形成高炉是不成问题的。但是到明朝（公元1368~1644年）一切发展似乎都停了下来，而这时欧洲则在稳定大规模地发展。1900年左右，江西的高炉仍只有1人多高（1.8~2米），可倾转30度，以便出铁。采用黑菱铁矿一类的矿石和焦炭，每天可生产铸铁600公斤，硫和硅的含量都高。云南的传统高炉（1879年）高3.3~3.7米，砖石结构，每天能生产铸铁800公斤。此高炉没有陡面的炉缸，角度为80度。由于炉子顶部（炉颈）的直径并不缩小，从这个意义上说，这种高炉没有炉腹。

这种在东方长期保持的高炉传统并不局限于中国。菲律宾在1903年冶炼铸铁的高炉其外观正是中国明朝绘画中的炉型。炉顶的内径由0.7米增大到0.82米。炉内高1.8米，和云南的高炉一样，风嘴在炉后插入，稍稍向下倾斜。从炉底到38毫米大的风嘴口仅10~15厘米。风嘴用优质耐火土制作，外径15厘米，长80厘米。炉用晒干的耐火土建造，有时则用砖，有时用整块大石制作，但炉底附近采用优质材料。

三、块炼炉的发展

高炉的推广并不是将块炼炉废弃不用。部分原因是当时使用的大部分金属仍然是熟铁，而熟铁之所以需要是因为它的可加工性好。这就意味着需要另一道工序——精炼，把生铁炼成熟铁。精炼时要再消耗木炭，并耗损 1/4~1/3 的铸铁。从理论上说，造成铸铁损失的是炉渣，而渣可以放回炉内冶炼。但渣块一般很笨重，而且精炼炉离高炉较远，因此实际上是行不通的。在大多数国家中，用直接冶炼熟铁的方法来生产大部分可加工铁还是合算的。

早在公元 1074 年，圣加伦就有高炉身的块炼炉。在奥地利和若干其他国家高炉的一些发展，也曾用来改进块炼炉，到 15 世纪已经演变成高炉身的块炼炉。它与高炉一样高（3 米），但由于降低了燃料矿石比，生产的是熟铁而不是铸铁。由于无需另外花钱去精炼，因此所生产的每吨可加工铁就比较经济，但是操作方法更加复杂。到 15 世纪，用高炉身块炼炉，每天能生产熟铁块即铁坯 400 公斤，而不是块炼炉的 90 公斤。为了把铁块从炉内取出，首先得把鼓风器撤走，然后把炉子的前面打开，用绞车把铁块拉出来。

与高炉一样，此种炉子的截面最早是方形的，炉的侧面是平行的。但以后演变为“D”字形，炉身也变成上小下大。随着高炉的不断改进，两步法即间接冶炼法的不利因素随之减少，到公元 1750~1767 年间，施蒂里亚现有的全部高炉身块炼炉都改为高炉。不列颠和西班牙，以及欧洲大陆的某些地区，在高炉得到推广后仍继续使用块炼炉，其原因可能是想投资建造效率更高的熟铁吹炼炉。在欧洲，这类炼炉直到 19 世纪初才废弃不用。在纽约州的北部，可能更晚才停用。在挪威和瑞典，大约到 18 世纪末以前，一直采用一种叫做奥斯蒙德（上等铁）的冶炼法。这种方法采用像高炉身块炼炉一样的炉型，铁块必须从炉侧的大口中取出。

四、精炼和热锻

精炼是使生铁转变为熟铁的第一步，其目的是把铸铁中的碳含量（通常是 3%~4%）降低到很低的程度，通常为小于 0.05%。如果铸铁含有硅，也要脱硅，精炼作业是使铸铁熔化并在风嘴前氧化，并为此目的而把高炉铁水铸成沟铁、铁锭和块铁。公元 1750 年左右有一条沟铁约重 500 公斤，使用时必须砸碎成小块。块铁较小，是专门浇铸供精炼用的。

目前已知有两种精炼方法。德国、奥地利和意大利的大部分地区都用一座敞炉，整个精炼过程都进行锻打。比利时、卢森堡、法国和不列颠用两座敞炉，第一座是精炼炉，用来做脱碳作业，第二座炉用来贮备大多数再加热的铁块供锻打之用，因此命名为锻炉，是从法语动词“锻造”来的。这种使用两座敞炉的操作法通常叫作瓦龙操作法。看来此法经过了改进，得以在锻炉内烧煤而把木炭节省下来。在操作过程的最后阶段，由于燃料和铁之间的接触区为还原性气氛，因此烧煤节炭是可能的，还能减少硫含量回升的危险。

单炉操作显然采用得最早，它由块炼炉发展而来。当铸铁内的杂质氧化以后，由于不定形铁块即半成品铁块要用锤锻打若干时间，使精炼过的金属继续留在同一炉内凝固是一种浪费。即使在采用瓦龙操作法时，也利用精炼炉底上炉渣的余热来使半成品铁块再加热。新的铁锭则放置在炉子上部风嘴附近进行氧化处理，以后的全部再加热工序都在锻炉内进行。

到 17 世纪，精炼炉一般与锻炉联合作业，此外还用水力锤同时进行“锻打”作业。精炼结束前，把不定形铁块锻打成厚的方形“半坯”，然后返回精炼炉再加热进行第二次锻打，制成一端呈哑铃形的铁棒（即大粗头），此端比叫作小粗头的另一端大得多。然后把铁坯送至热锻工场，首先使小粗头加热，并锻打成铁棒，接着分两次锻打大粗头，中间要进行加热。

锻炉与精炼炉大不一样，它的作用仅限于加热，不涉及化学变化，因此可以烧煤。它的炉床比精炼炉大得多，其上方为加热区，制成多孔蜂窝状。炉由少量燃料、渣和黏土制造，整个炉子像一座马弗炉。加热区比精炼炉大得多，由燃料在风嘴前氧化和隔焰多孔墙的燃烧产生热量，并把热量向下辐射到工件上。据估计，炉内温度可达1400~1450C°。精炼炉与锻炉在构造上很相似，两者都需要用铸铁板，精炼炉的造渣比锻炉大得多，这主要是由于精炼作业具有氧化的特性。在此过程中金属耗损的总量高达1/3。锻炉渣的成分与精炼炉渣相似，不过经常发现有用煤的情况，因为渣的硫含量高。这种渣排入地面上的凹坑中，结成一面平另一面凸的渣块。而那些带着浇道块的渣块，通常称作“火腿骨”，重25公斤。公元1591年，约克郡里瓦尔克斯的高炉给两座精炼炉提供了总重量达200公斤的炉底板。

五、钢的生产和应用

中世纪的钢用渗碳法或直接用块炼法生产。大多数国家在用钢方面是很节约的，因为低磷和低硫的钢必须用纯木炭铁冶炼，而这种铁经常得从斯堪的纳维亚国家进口。当然，钢主要用于制造刃具，如剑、刀和长柄大镰刀。可以采用精炼法炼钢，要在铁完全脱碳前就停止冶炼。为了精炼，要把铸铁铸成平板或扁条然后再精炼。生产57小桶钢（每小桶=330公斤）要消耗27.5吨铸铁板，回收率相当于70%。

渗碳法曾是主要的炼钢法。我们可以看到，这一时期从单件工具在锻炉内局部渗碳到在专设的工厂内用渗碳法大量生产钢的变化。瑞典铁显然是比较理想的炼钢材料，但有时瑞典钢本身是进口的。在不列颠，则从俄国进口木炭生铁和钢以补不足。

渗碳作业在大型的窑内进行。在窑内，铁棒和木炭交替叠装在渗碳箱内。这些箱或盒必须用取自斯托布里奇地区的优质黏土制造，用煤烧窑。渗碳钢通常要用层叠法多次处理，以便使碳在截面上的分布梯度均匀，从而逐步把钢变为刀具钢和“双剪”。即便这样做，钢本身往往还是太脆，而且由于价格高，有时只用于内层，两面贴上熟铁片，例如长柄大镰刀就是这么做的。显然，花纹焊在当时仍非常流行，在长柄大镰刀和日本剑之间，并无原则性的不同。在西班牙托莱多延续到公元 1733 年才停止使用的传统制剑术，在 19 世纪又重新流行起来。这方面的例证是在一条比斯开铁芯上用硬质黏土粉助熔，接上了两根瑞典钢棒。

六、钢制品

钢主要用来制作剑身和刃具。经过渗碳的钢是不均质的，因而根据其外观称之为“泡钢”。制作一把剑要加热 20 次，作为第一步，然后用手工锻打成器，以后用适当形状的锤锻出沟槽。加热的温度必须能使钢内的碳大量扩散到心部去。剑身涂上肥皂，加热到暗红色，然后插入水槽淬硬，水温 14~24℃。剑身保持 15~20 度角，从剑尖到剑根淬硬。插入水中后，使剑保持水平状态，并缓慢地上下摆动直到冷却，随后进行回火，加热到浅紫色。

17 世纪已形成大量钢剑生产的技术。多数剑在当时是供民用的，但爱尔兰的战争使他们忙于制造军用武器，而且一度成了一个繁荣的行业。

七、铁铸件

这一时期高炉生产的绝大部分铸铁，是供锻炉炼成熟铁用的，但是在里瓦尔克斯，1591~1592 年间并没有造炮，有 3.5%的铸铁用于制造各种铸件了。它们包括供精炼炉和锻炉用的铁板、铁砧、铁锤和轴罩。这些铸件就在炉旁浇铸。在浇铸大型铸件如炮时，则建造双炉。炮是这一时期最大的铸件。炮弹是另一种军用铸铁件，看来有相当多的炮弹是在炉边浇铸的，用铸勺从水冷铁铸件和堵头之间的前炉中舀取铁水浇入范中。由于在舀取铁水时必须停风，因此用来浇铸炮弹的金属量受到了限制。

这一时期初，铁斧已开始取代青铜斧，不过直到科尔布鲁克代尔时期（1707年以后），铁斧一直是厚壁的。大约直到这时为止，全部生铁都是用高炉生产的，因为反射炉或有焰炉还没有用于生产铸铁。

铸铁术来源于铸钟术。早先铁炮是围着用“芯铁”加强的型芯浇铸的。一般认为，铸铁是不可锻的，其脆性经常使它的用途受到限制。但是，脆性的大小在很大程度上要根据铁的纯度和制品的几何形状而定，例如若干早期的铸铁加农炮弹的强度就很高。一般认为在1671年之前，英格兰詹姆斯一世的孙子鲁伯特王子创造了使铸铁变得可锻的方法，即控制石墨化的程度使白口铸铁成为可锻铸铁的方法。但是在中国，由于在铸铁方面的卓越技能，早在汉代实际上就已经掌握此法了。

事实上，在西欧再次创造可锻铸铁的是法国人雷奥米尔，他曾于公元1722年叙述了这一方法，为此建造了大型的砖窑式炉。炉高约2米，颇似渗碳炉，要求把装炉的铸件加热到950~1000℃之间。为了提供中性气氛和“黑心”铁，他使铸铁在骨灰中加热。他也使铸铁在氧化铁（氧化铁屑）中加热，以提供氧化气氛，并从而提供“白心铁”。当然，可锻程度是相对的，这种铁的变形并不很大，因此它实际上比不上熟铁。

第二章　18 世纪~20 世纪钢铁工业发展

第一节　工业革命时期的钢铁

工业革命时期是一个技术革新和创造层出不穷的时代，亨茨曼的坩埚技术只是这个时期众多发明中的一项。工业革命起源于 18 世纪的英国，其对世界范围内的制造、贸易和社会各领域产生了巨大影响，当时铁在工业领域独领风骚。而到 19 世纪末，钢成为新的霸主，成为现代世界位于核心地位的金属材料。

工业革命和现代钢铁生产开始于树木的短缺。在 18 世纪前，英国钢铁工人用木炭加热炉子并在炼铁过程中添加木炭作为碳化原料。但随着农业和工业的发展，木材日益短缺。工人们开始用由煤制成的焦炭为反射炉提供燃料，这种加热炉通过炉壁和炉顶反射热量来提高熔炼温度。

英格兰什罗浦郡（Shropshire）的铁桥，是世界上第一座拱形铸铁桥（见图 2-1）。该桥于 1781 年竣工，使用至今。

一、炼铁业向采用焦炭和煤过渡

用煤炼铁这个问题，在罗马时期就已经提出来了。我们知道，罗马时期煤已用于各种工业项目而且显然也适用于炼铁。在 17 世纪末以前，煤普遍用于炼铅和炼铜，而在其他工业中如玻璃工业用煤也很广泛。

图 2-1　世界上第一座铸铁桥（英格兰什罗浦郡铁桥）

（来源：《钢铁白皮书》，世界钢铁协会 2012 年）

1709 年，亚布拉罕・达比（Abraham Darby）把高炉内用焦炭炼铁的技术推向了成熟，产品可用于制作铁锅和水壶。这项新技术提高了产量，从而导致对煤炭和焦炭的更多需求。

据记载，希罗普郡的科尔布鲁克代尔的一座鼓风炉于公元 1709 年 1 月 4 日送风，不过烧的是焦炭。这是一种革命性的步骤，其最重要的原因是鉴于这样一个事实，希罗普郡煤田容易开采的煤层（接近露头的煤层）含硫低（0.50%~0.55%），结焦性好，这在不列颠是少见的。因为有的煤含硫高，有的煤能炼出好焦但反应能力低，而有些希罗普郡的煤不仅能炼出反应能力高的好焦，而且硫含量低。现代高炉所用的焦炭，其硫含量比这高得多（1%~2.5%），但它采用高碱渣来处理，而高碱渣只有采用热风和大风量才能做到。

焦化并不总能大量地降低硫含量，因为在焦化过程中，硫以二氧化硫的形式损失，是与碳氢化合物的损失相平衡的。损失的重量根据焦化方法的不同而相异，由 35%到 70%不等，早期炼焦炭与炭窑烧木炭一样，用堆烧法在露天进行。不列颠的纽卡斯尔地区大约于 1765 年开始炼焦。

二、高炉的发展（1700~1850年）

改用焦炭对高炉的尺寸，特别是对炉子的高度必然有很大的影响。另外，在此期间还发生了其他一些变化，对木炭高炉具有相当大的影响。1720年以后，低硫焦炭已被证明是一种实用的燃料，但这显然并不表明到处都可改用焦炭。首先，并非所有的煤都是炼焦煤，有些煤并不焦化，在加热时膨胀，它们也适用于高炉。某些地方木炭仍然很丰富，例如一些木炭铁器制造商在建炉时就得到长期供应木炭的保证。但是，对于人口密度高的国家，要靠木炭来增加铁的产量是不容易的。不仅民用燃料需要大量木料，而且为了提高农业产量也在大量砍伐森林。

不列颠的一个地区（约克郡），迟至1761年仍有木炭炉投入生产，然而公元1752年马里普特建的炉子却是烧焦炭的。马里普特是坎伯兰郡的一个偏远地区，被认为是富产木炭的地方。事实上木炭铁器制造商不断在偏远地区如用北兰开夏赤铁矿的北苏格兰寻找燃料丰富的新地区。1729年在因弗戈雷、1753年在博纳韦和法因湖都有木炭高炉投入生产。在威尔士的布雷肯和多维，1720年和1755年分别有新的木炭炉开炉。1725年另有一座木炭炉在英格兰中部（墨尔本）投产，显然该炉到1780年左右才停火。

18世纪下半叶，其他欧洲国家曾派出参观人员到英格兰观察炼铁业采用煤和焦炭并以此获利。它们采用煤或焦炭来冶炼，在某种程度上说明了对木炭资源的压力在增加。瑞典人和法国人首先参观了不列颠焦炭炼铁的新技术。瑞典人虽然从英格兰进口少量煤，但实际上并不存在燃料问题。他们感兴趣的主要是焦炭炼铁的新技术对他们向英格兰出口会有什么影响，以及想了解一下有什么新成果他们可以采纳应用。

高炉的尺寸在整个 18 世纪内一直在增大。英格兰高炉的尺寸从 1651~1652 年开始增长。到 1794 年，俄国在涅夫扬斯克的高炉已增高到 13.5 米。由于木炭的力学性能差，看来炉的高度受到了限制，但更可能是由于当时的鼓风设备不足，因而有许多早期的高炉尚未达到最大高度。

不列颠和法国这个时期应用焦炭则能加大高炉的尺寸，因为焦炭的强度大，足以承担加入炉料的重量。只要有足够的动力，威尔金森的气缸鼓风器就能提供充足的风，这就要求增加投资。水力资源常满足不了增长的需要，唯一的办法就是用蒸汽机。马里普特的高炉是公元 1752 年建造的，准备用焦炭作燃料。高炉到加料台的高度为 11 米，容积为 57 立方米。与差不多同时在洛米尔（15.7 立方米）建造的木炭炉相比，它的尺寸有了很大的增长。显然皮革鼓风器已不需要，于是威尔金森在 1777 年提供了一套新的气缸鼓风器。水轮每分钟运行 5 转，轮轴有 8 个凸轮，推动一只气缸，这样每分钟可作 40 个冲程，相当于每分钟送风 170 立方米。

我们对这一时期建造高炉的材料比较熟悉。当然有些地区要比另一些地区更加落后，而且继续采用早先的设计。奥地利福尔登格地区采用简陋的石结构，由两个底面相接的截头圆锥体组成。此种炉型设计既可用作高炉石块炼炉，也可用作熔炉。炼炉全由相同的石块建造，没有专门的炉衬。科林思特雷巴克的炼炉（1758 年）也属于此种类型，不过更细高一些。更先进一些的高炉具有单独的炉衬，而且在炉体和炉衬之间留有空隙，中间填以砂子。炉底和炉缸通常用耐火砂石砌筑，但是大约从公元 1750 年开始用砖砌炉身（马里普特从 1752 年开始，洛米尔从 1761 年开始）。索杜福斯的一座瑞典高炉是用精工模压的渣砖砌筑的。我们推测炉体通常用铁条或木架加固，在韦尔德于 1636 年建造的一座高炉后墙的画像上，可见到这种木架。

为了直接从炉下排水和在开炉后使湿气得以从炉体中逸出，曾采用了精巧的措施。从拉尔维克炼炉中，可看到所采用的排水措施，而从德比郡里尔本的炼炉（1725~1780 年）残体中可看到精巧而复杂的腔室，它们位于炼炉石砌体和加衬间的砖层内。炉体和炉衬之间充填砂子，在一定程度上可以帮助排气和防止事故，但显然曾发生过事故，因而在这方面更加小心从事。

（一）高炉炉型

就炉的内部形状而论，其确切的形状看来并不很重要。除非是成对建造的双炉，否则没有两座炼炉是一样的，它们总是有差异。有些炉为矮胖型，炉高和炉腹之比较小；有些炉为细高型。1777 年达比二世在科尔布鲁克代尔为艾恩布里奇生产铸件而扩建的第二座炼炉就属于矮胖型。

在洛米尔，像若干 17 世纪的炼炉一样，炉腹和炉缸是一体的，不过多数建炉者宁愿采用炉缸、炉腹和炉身三部分按各种比例分开的做法，这种炼炉的内部向炉顶都做成一定的斜度。不过倾斜的角度差别很大。偶尔也能见到呈椭圆形的炼炉，这种炉造起来很难，但其平滑的炉衬到 19 世纪末最后公认为标准的炉衬。这基本上已是现在的炉型，炉底直径约 10 米，炉高约 30 米。

（二）17~18 世纪的高炉

炉子的最大高度一直在不断增加，从 1650 年的约 7 米高增加到 1800 年的 13.5 米高。但是较小型炼炉的高度，如奥地利的炼炉，其高度仍保持不变。看来木炭能承受相当于 13.5 米的料线高度的炉料，这说明早期炼炉的高度受到限制，并不是因为木炭的强度而是风压问题。炉子的形状，如高径比，在整个 17~18 世纪几乎没有变化，一直为3.7左右。但是到18世纪末，炉腹角有很大变化，17世纪末采用陡坡炉腹，角度约75度，以后采用小角度炉腹，角度仅50~60度。这看来是由于经济上的原因，想在炼炉原先的高度和炉底直径不变的情况下扩大炉子容积。

（三）19世纪的高炉

18世纪末~19世纪初的焦炭高炉继续在增加高度、扩大容积，到1850年已达到14~15米高，高径比没有变化，仍为3.7左右，炉腹角比较小，平均约57度。

1850年以后，有一种恢复到早先高径比的倾向，但炉高尺寸仍继续增大。由于小角度炉腹内衬的磨损，似乎又重新发现了早期陡边炉腹的优点。由于偶然发现宽炉喉优点很多，其中包括容积可更大，炉喉也在变化。19世纪60年代，炉子的料线高度也在不断增长。到1930年，料线高度已达20米。这样炉子的总高度达到30米左右。这个高度一直稳定地保持到现在，高径比维持在3.6，陡边炉腹角为80度，从而使炉底直径达到10米。

虽然1850~1870年间建造的炉子，倾向于恢复到炉腹角为70~80度的陡炉腹，但要在旧炉壳内达到这样的角度是不容易的，除非是炉腹向上推至炉半腰1/3处，这使得炉腹趋冷和黏性炉料下降不均匀，因而一度采用炉腹风嘴以造碱度大的炉渣。

虽然炉的尺寸加大了，但高径比仍保持不变，在3.0~3.6的范围内。随着鼓风机的改进和高速率鼓风成为常规化，大约到1880年前，对于炉底直径为6.7米的高炉，风口的数目已增加到6只，到20世纪40~50年代则增加到14只。现代炉型理论表明，炉腹角不应小于75度，炉腹高度（最大直径）不应超出总有效高度（从风嘴到料线）的15%。风口通常置于离炉缸底部2米的地方，风口之间的间距为1.5

米。炉身的锥度最好为8厘米/米，约为1/12。除非炉子的各项比例合适，否则炉子的总高度和容积一般并不表示产量大，为了达到合适的比例，炉缸直径是考虑的出发点。现在炉缸的直径已逐渐从9米增加到11.5米。

当时高炉发生的另一变革是使炉前封闭起来。虽然敞开的炉前部加上水冷铸铁件和堵墙使得操作困难、费力，但从理论上说，这样有可能对炉缸底部的全部区域加以利用。不过实际上是难以做到的。固态的结集物如结块有可能排除，但是否能做到这一点还是个问题。1867年，封闭式炉前部设计获得专利，现在已成为所有高炉的标准系统。炉缸基本上呈圆形，在砌体上开两道口子（流出口），用适当的黏土堵塞。出铁时把出口打通，凝固的铁块现在用氧气喷枪烧掉。出渣口和出铁口径向配置，互相分开50度以上。可能有两个以上的出渣口，它们设置在出铁口上方约2.5厘米处。这有利于使炉底更简化，操作更方便。但是堵口泥要经过适当的配制，以便于排除。

三、钢的生产和应用

这里的“钢”指的是有明显碳含量的铁，并非现在通常所说的钢，后者主要是低碳的“软”钢——相当于现在的熟铁。在18世纪初，不列颠的钢是从瑞典和俄国输入的，钢的价格大致是棒铁的3倍。其中部分钢是用渗碳法和层叠法生产的，部分钢直接从精炼炉冶炼。我们知道，在圣加伦高炉身块炼炉冶炼的金属中，有一部分被分离出来当钢用，日本人也从他们的直接冶炼过程——塔塔拉法中分离钢。

在施蒂里亚和蒂罗尔，由于采用白口铸铁，加大风口的倾角以及其他一些措施，钢可能已成为精炼炉的主要产品。这也是瑞典和比利时采用的主要方法。另一种途径是用块炼炉直接生产含碳铁，不过块炼法此时已是逐步消亡的工艺，除了比利牛斯和科西嘉，差不多整个西欧已不再用这种工艺。但是在北美的新英格兰各州，至 19 世纪此法仍非常流行，虽然看不出有用此法炼钢的打算，也许是炉渣的分离问题对此有妨碍。对于大量生产的剑和锉，也采用成品的碳化处理，但大多数钢是用优质熟铁棒经过渗碳而制得的。

（一）渗碳钢

在瑞典和俄国，丰富的煤资源当然会导致用煤来取代早先用价格昂贵的木炭和木柴来进行渗碳处理。瑞典采用带 3 个箱室的炉子把熟铁炼为钢。箱室长 2 米，炉子要加热 6~7 天。使 450 公斤铁转化为钢要消耗 100 吨木炭。为了降低材料的成本，有若干煤是从英格兰输入的。

渗碳炉烧煤根本没有什么困难，因此到 18 世纪烧煤渗碳很快就成为不列颠制造粗钢的唯一方法。进口的木炭棒铁含渣和磷比较少，因而是最好的原料。谢菲尔德有两种渗碳炉型，都采用瑞典铁。一种是单箱室的小型炉，另一种是双箱室炉。双箱室炉很闻名，谢菲尔德和纽卡斯尔地区至少都各有一座这样的炉子。谢菲尔德的炉子是砖砌的，有一个宽 3.7 米的拱形炉室，里边安放砂石箱室。箱内可装截面尺寸为 7.5 厘米×1.3 厘米的扁铁 4~5 吨，层间撒上木炭末，箱室用铁屑和细砂的混合料封住。在下面炉箅上燃烧的煤火的热量，经适当的管道传至箱室。由于铁已很好地保护起来，因此炉气中的硫不会对铁起作用。炉温达 900℃以上，并持续 5 天。由于碳和金属中残留的氧起反应，扁钢条在处理过程中会稍稍膨胀。因此把由此而形成的材料称为“泡”钢。以后泡钢要在锻炉内再加热，经过层叠并加工成适当规格的棒材处理的结果并不很均匀，表面含碳 1%，中心则含碳极少。经过锻打后的钢具有带状结构，沿着层叠层间的接缝处有残余的炉渣。显然，1740 年的钟表匠亨茨曼，不愿用这种钢而愿意用质地更加均匀的坩埚钢是有道理的。

关于是谁引用了坩埚铸钢的生产，我们并不确切知道。但我们知道，1765年谢菲尔德地区一般不用坩埚炼钢，此法仅局限于炼制要求精细的最后加工的钢，例如高质剃刀、小刀、某种钟表弹簧和钟表用小锉等。

钢的熔化需6小时，然后浇入铸铁范，铸成重约10公斤的钢锭。这种钢与某些印度钢（乌兹钢）的唯一不同之处是印度钢的熔化和冷却时间较长。这样，可以在凝固过程中改善粗粒组织和提供更多的时间在坩埚内外进行碳扩散。到19世纪下半叶，坩埚炼钢法已成为全欧洲和俄国制造大型钢铸件的标准方法。它作为生产某种合金工具钢的方法一直沿用到20世纪，不过现在已由高频炉所取代。

（二）搅炼钢

1850~1880年间，有相当数量的钢是用经过改进的搅炼法生产的。一旦知道了铸铁和熟铁之间的不同是由于碳含量的不同，这就有了明确的概念。但是用搅炼法难于把残留的碳含量控制在通常钢的碳含量范围内，即含碳0.5%~1.2%，直到1823年左右这一炼钢法才趋于成熟，可以在欧洲大陆应用。不列颠直到1851年才在布拉德福德附近的下穆尔铁厂采用此法。为了获得最大的延性，钢必须熔化采用铸造的方式。

1898年以前，克虏伯家族积极地从事搅炼钢的生产，在欧洲大陆已取得相当成功。由于生产搅炼钢比生产熟铁要求有高得多的技能，因而给工人偿付额外的津贴。由于碳含量难于控制，因而它在产品中的含量是不一样的，当时把生产的钢材分为三个等级，A级含碳0.9%~0.75%，B级含碳0.75%~0.65%，C级含碳低于0.6%。生产A级和B级钢能获得额外津贴。生铁的磷含量必须低，有相当数量生产的钢用作熔化的原料供铸造钢件用。

就搅炼钢内溶解的杂质而论，其质量显然是高的，但是它与熟铁相似，确实含有炉渣。未再加工的搅炼钢可用作车厢的弹簧，但多数搅炼钢要再熔化，以便使其质地均匀。因此，搅炼钢与传统的坩埚钢的竞争比之与熟铁的竞争更为激烈，但是随着引进新的“软”钢，用搅炼炉来生产软钢已无必要，搅炼法就被逐渐废止了。

四、鼓风机和热风

除了东亚和非洲的若干早期工场外，炉子的鼓风全都采用手风琴式鼓风器，这种鼓风器要求很好的保护和维修，而且它的初期投资也很高。中国的活塞式风箱和日本的塔塔拉式活页式风箱更优越，但奇怪的是在西欧手风琴式鼓风器的换代却用了很长时间。东亚使用的木制活塞式鼓风器，用挖空的树干充当气缸。同时采用的还有罐式鼓风器，在黏土罐的顶部蒙上皮革。这种罐式鼓风器还传到了非洲。

直到出现了蒸汽机，欧洲才考虑更换手风琴式鼓风器。这显然是因为老式的皮革鼓风器强度低，不适应利用这一新的能源，而气缸生产本身也表明可以用黄铜或铸铁来生产合适的鼓风用气缸。早先在水力充足或置办蒸汽机的资金不足时，这类气缸通常用水轮机带动。不列颠于1760年把气缸式鼓风机用到高炉。1776年，威尔金森把蒸汽机应用到斯塔福德郡的布朗斯莱和南威尔士的唐拉斯两地的气缸式鼓风机上。布朗斯莱的鼓风机是一种草缸风机，用一台瓦特蒸汽机带动。在雷诺的素描簿上，我们见到更为复杂的双动式鼓风机图样，并附有调压器。据信这是大约于1790年为科尔布鲁克代尔的霍斯海工厂设计的。

19世纪末以前，高炉的风压最高可达4磅/英寸^2（27千帕），这使得若干铁器制造商可以不用热风烧原煤来炼铁。有些炉子仍采用单风口鼓风，但多数炉至少开两个口供插入风口之用。但是，1802~1813 年德比郡高炉使用两只风口，对向地置于炉的两边。在这之前，我们还没有确凿的证据说明实际上用过多于一只风口的情况。

风口主要是铁皮的，但偶尔也有铜制的。用冷风操作时无需水冷却，在砖或石砌体中皆有风口拱，铁管的两端就嵌封在其中。由于采用带调压器的鼓风气缸，使风量增加而且更加稳定，同时简化了风口设计。早先在使用皮革鼓风器和某些早期形式的气缸鼓风器时，每一只风口中还必须插入两只喷头。

18 世纪末，高炉正常风压通常在 1 磅/英寸^2（6.7 千帕）以下，但斯塔福德郡在 1832 年风压增加了一倍，达 1.75 磅/英寸^2（18 千帕），而到 1870 年左右，风压达 4 磅/英寸^2（27 千帕）。现在，风压已超过 20 磅/英寸^2（130 千帕）。1870 年左右，艾索姆的梁式鼓风机让位于直接作用的立式蒸汽机。而到 20 世纪，则采用多种机械来鼓风了。

另一个巨大的进步当然就是采用热风了。采用热风的历史仍然是很奇怪的，当时某些铁器制造商有一种感觉，即炉况在冬天由于鼓入的风更冷而变得更好。正如内尔逊（J. B. Neilson）在公元 1825 年指出的那样，冬天炉况好是因为夏天吸入的湿气总量更高，他曾建议用生石灰来使风干燥。

有若干证据说明，内尔逊在 1828 年获得专利以前，人们已在锻冶作业中采用热风。据说在 1795 年和 1799 年间，威尔金森在他的某个高炉上曾短时期用过热风。这种说法是有根据的，而且他在那里也可能取得了成功。但是，现在还没有证据能说明在那里或别的地方继续使用热风的情况，而威尔金森的公司在 1836 年就倒闭了。

热风专利权所有人内尔逊在煤气工业上颇有经验，而且也很有科学教养。他所作的热风实验主要是增加风的体积而不是温度。但他意识到他得到的好处并非他的初衷，他得到许可在克莱德铁厂的一个高炉上用一只熟铁箱（1.2 米×1 米×0.6 米）进行试验。铁箱在外部加热，把温度升高到 27℃，这就改进了生铁的质量和增加了渣的流动性。以此项试验为基础，他取得了在苏格兰和英格兰的专利。不久以后，又制作了一种改进型装置，使风温达到 140℃，并很快就认识到，需要有一种方法使接触外部热源的面积更大。于是他采用了“管”式炉，此炉由一系列 U 形铸铁管组成，并强制风流在管内通过。

当克莱德铁厂继续试验遭到反对，以及试验对生产有所干扰的时候，别的铁器制造商开始研制各种加热面积更大的管式炉。这导致一场著名的法律诉讼，结果是内尔逊胜诉。到 1831 年，卡尔德铁厂的迪克逊使风温提高到 315℃，并开始用煤替代焦炭来进行冶炼，这有助于利用著名的黑菱铁矿，这种矿石实际上就是煤和铁矿石的混合物。

预热鼓风炉仍有许多问题，这些问题直到考珀在 19 世纪下半叶发明了耐火型蓄热炉才得到真正解决。内尔逊的改进型炉由大量铸铁管组成，这些铸管支撑在一个砖砌的壳体内，由于金属和砖的膨胀不一样，遂使铁管不断破裂。但是，当采用高硅铁时，其好处还是超出它所花的代价的。

采用热风不仅可以烧煤和使操作比较方便，这主要是由于达到了更高温度和造出了碱度更高因而容易操作的渣，而且还可以烧无烟煤。南威尔士和美国就都用了无烟煤。当然也会出现另外一些问题，如风口过热必须用水冷却。曾引用过两种闭合水冷风口设计，其一是斯塔福德郡的空心铸铁风口，这种风口早先曾在提纯炉上用过；其二是康丁即苏格兰风口，这种风口为一根熟铁管和一个铸铁外套，水在夹层内流动。

克莱德铁厂的风压为 2.6 磅/英寸^2（16 千帕），两只风口的直径为 7.6 厘米。1829 年所用炉料为焦炭 260 公斤、焙烧矿石 160 公斤和石灰石46公斤，而1830年的炉料为焦炭260公斤、铁矿石280公斤和石灰石70公斤。1883年的炉料为煤260公斤、铁矿石260公斤和石灰石31公斤。由于用煤和热风，燃料与矿石之比从1.5：1降低到1：1。

五、后期的熟铁吹炼法

作为生产可锻铁即熟铁的方法，熟铁块吹炼法与那些木柴供应充足地区所采用的间接炼铁法相比较，具有很高的竞争力。因此，比利牛斯山卡塔兰炉进行的块炼法一直沿用到19世纪（1840年）。自15世纪水力普遍地用到炼铁业以来，此法基本上没有什么变化，只是熟铁块的重量达100~200公斤，卡塔兰法倾向于用水风筒作为供风的手段。

1851年，瑞典仍少量地生产块炼铁，仅北美大陆曾对此法作了改进。1831年，北美生产的熟铁中大约有10%是用块炼法生产的，到1856年块炼法仍占6%。由于熟铁的总产量已超过50万吨，所以说块炼法的产量是大大增加了。块炼炉是一种用铁板包起来的卡塔兰炉，采用热风，木炭的耗量已降低到每吨粗金属2060公斤，即2.06的“焦”比，比采用间接法生产更好。此外，在生产率方面，比起比利牛斯山卡塔兰炉每6小时生产180公斤熟铁块来，已提高到每3小时136公斤。

第二节　钢铁的大规模应用

亨利·贝塞麦（Henry Bessemer）并不是发明顶吹转炉法炼钢的第一人。这种技术早在古代中国已被使用。美国发明家威廉·凯利（William Kelly）可能受中国古老技术的启发，于19世纪50年代独立开发了这种工艺。后来凯利破产了，贝塞麦则坚持不懈地开发出了应用于生产的工艺。曾有一位英国的制铁专家罗伯特·马希特（Robert Mushet）建议吹走所有杂质后再在铁水中加入碳，最终获得高质量可轧制的产品。

仅用了20年的时间，这些发明家们就奠定了现代钢铁工业的基础。现在，已经能够大量连续地生产出品质优良、外形尺寸稳定的钢材，并大规模应用于各个领域。

此后，钢迅速代替了铁应用于铁路和各种建筑结构，从桥梁到房屋。利用钢能够制造出巨大的动力涡轮发电机等，使得水和蒸汽能够被用来为工业化进一步提供动力，从而开辟了电力时代，图2-2为蒸汽涡轮，图2-3为钢铁和蒸汽为铁路的发展提供了保障。

图2-2　蒸汽涡轮："钢是不可替代的成分"

（来源：《钢铁白皮书》，世界钢铁协会2012年）

蒸汽泵驱动水力发电，即使在枯水期也能为高炉提供动力。焦炭和生铁供应充足，铁逐渐替代了木材成为建筑材料的新秀。1778年，达比的孙子在英格兰什罗浦郡修建了一座著名的铁桥，该桥是那个时

图 2-3　钢铁和蒸汽为铁路的发展提供了保障

（来源：《钢铁白皮书》，世界钢铁协会 2012 年）

代最具创造性的建筑之一，至今仍在使用且完好无损。

同时，钢为动力机械时代提供了许多坚固、锋利的工具。钻头、锯片、刀刃等工具都选择用钢来制造。钢铁应用范围的扩大进一步促进了发明。很快，另一个发明家，亨利·科特（Henry Cort）拉开了一个重要生产工艺的序幕——轧制薄板。

随着工业革命的继续推进，钢铁的需求不断增加。金属材料对于贸易和运输业发展至关重要。如果没有金属就不会有铁路，造船业同样要求更高质量的金属件。作为造船业的供应商，科特开发了两种具有里程碑意义的生产技术来满足造船需求，并分别在 1783 年和 1784 年获得专利。第一项技术是通过搅拌搅炼炉内的熔融生铁水提高铁的质量。这种工艺通过减少碳含量，以提高金属韧性并减少脆性。第二项技术是获得最终产品前的金属轧制。相对传统的锤打工艺，轧制后的金属更有韧性并且强度提高。

由于这些技术的开发和应用，科特为新工业时代所需关键部件的大规模生产奠定了基础，如铁路运输的铁轨。它把轧机厂推向了工业化规模生产，把新开发的板材应用到铁船建造中。

一、钢管和焊接

1815年，苏格兰工程师威廉·默多克（William Murdock）用废弃的步枪枪膛连接成管网，为伦敦的照明系统输送煤气。他的创举开启了钢管时代，如今钢管已成为现代社会建造油、汽和水运输系统等基础设施的基本材料。今天的钢管或是通过中心穿孔生产出来的无缝管，或是延钢管长度方向进行焊接的焊管。曼内斯曼（Mannesmann）斜轧穿孔工艺，开创了无缝钢管生产技术发展的历史。

近几十年来，曼内斯曼斜辊穿孔工艺与皮尔格轧管机被联合使用。曼内斯曼斜辊穿孔工艺是在19世纪末由德国曼氏兄弟（Reinhard Mannesmann和Max Mannesmann）发明。19世纪80年代，当曼内斯曼兄弟在他们的锉刀工厂轧制生产锉刀用的圆钢时，发现当轧辊之间以一定的角度错位布置进行轧制时，铸锭中心就会出现疏松和孔腔。

基于这样的现象，他们大胆地把这种布置应用起来，仅通过轧制工艺就用实心铸锭生产出中空的无缝管。很快他们又改良了轧制工艺，通过采用芯棒提高了穿孔的均匀性并提高了钢管内壁质量。此外，人们对钢管密封性越来越高的要求也推动了焊接技术发展，同时也开发出在焊接时能耐高温并且不开裂也不降低强度的钢种。

二、迈向规模化生产阶段

几个世纪以来，钢因其韧性高以及易于加工出锋利面而备受“追捧”，但其生产过程缓慢并且昂贵。19世纪50~60年代，以贝塞麦工艺等为代表的新技术的不断涌现，让大规模生产成为可能。贝塞麦发现将熔化的生铁放进如蛋状的转炉内，用气泵向铁水中吹入高压空气，而不是等铁水冷却，这样便可让空气与杂质，如碳、锰和硅发生氧化反应。氧化反应进一步提高了铁水温度从而去除更多杂质元素，炉口猛烈地喷溅出钢花，像火山喷发一般。当在半小时内完美地控制并完成这一过程后，铁水便炼成了钢，真正实现了炼钢的快速和节约。可以说贝塞麦工艺是后期工业革命中最具影响的先进技术，它是近100多年炼钢工艺的核心技术。该技术从1856年开始应用后，因其能快速、廉价地进行大量生产而彻底改变了钢铁工业的面貌，图2-4为贝塞麦转炉 。

图2-4　贝塞麦转炉

（来源：《钢铁白皮书》，世界钢铁协会2012年）

同一时期，在英国居住大半生的德国人卡尔·威廉·西门子（Carl Wilhelm Siemens）开发了蓄热式炉。通过回收熔炼过程中产生的废气余热，蓄热室能够产生足够高的温度进行冶炼。1865年，法国的皮埃尔-埃米尔·马丁（Pierre-Emile Martin）结合西门子工艺开发了西门子-马丁平炉工艺。尽管平炉工艺生产速度不能与贝塞麦工艺相媲美，但其能够更为准确地控制温度，因此能够获得更好的钢材质量。

三、新的钢铁之王

19 世纪 50 年代，克里米亚战争在东欧爆发时，贝塞麦建造了一个新的细长炮弹。他把它提供给了法国军队，但当时传统的铸铁大炮太脆而无法开火，只有钢才有更强大的性能来处理受控爆炸。

贝塞麦首创了大量产钢的方法，贝塞麦的炼钢转炉也由此成为了新的钢铁之王，这种炼钢转炉也以贝塞麦的名字而命名。此后，欧洲、美洲都引进了这一先进方法，世界进入了钢铁时代。

18 世纪大规模工业化生产在欧洲遍地开花，拓荒者带着那些最先进的工艺和技术跨洋过海，把工业化带到了北美、日本和世界的其他地方。在那个时期，钢铁并没有大规模生产。但是，它却给那些农业地区带来深远影响。没有一个地区比北美所受的影响更深远，那里的农民开始把一片片处女地变成耕地。

钢铁对美国中西部大开发起到了至关重要的作用。用熟铁制成的犁很容易地拨开那片重质土，一个思维敏捷的青年铁匠约翰·迪尔（John Deere），很快发明了带钢制刀刃的犁。之后的 50 年间，不只在美国还包括欧洲，钢制的犁车和蒸汽驱动的设备改变了农业面貌，开始进入机械化时代。

19 世纪 60 年代，从采矿、炼铁到最终制成成品，美国钢铁的生产经营极为分散，这就会导致最终产品的成本很高。

安德鲁·卡内基（Andrew Carnegie）（见图 2-5）决定建立一个囊括整个生产过程的供、产、销一体化的现代钢铁公司。首先，从技术上讲，成本低廉的贝塞麦转炉炼钢法已经发明。其次，美国的钢铁市场十分广阔，供不应求。第三，在财力上卡内基已拥有数十万美元的股票及其他财产。1889 年，卡内基把他投资的所有公司进行合并，命名为卡内基钢铁公司。

图 2-5 安德鲁·卡内基

（来源：《钢铁白皮书》，世界钢铁协会 2012 年）

卡内基生产的钢铁产量几乎是全美国的一半。其他钢铁公司也开始在全国各地兴起，美国突然成为了钢铁行业的顶峰。1897 年，卡内基聘请了一位名叫施瓦布的工程师担任新任总裁。

1901 年，施瓦布说服卡内基以 4.8 亿美元的价格出售他的钢铁公司。施瓦布的新公司与其他工厂合并成为美国钢铁公司。1873 年，美国才生产了 22 万吨钢材。到 1900 年，美国钢铁产量达到 1140 万吨，超过英国和德国工业的总和。新的美国钢铁公司是当时世界上最大的公司，生产美国三分之二的钢铁。

四、战争与和平的金属

施瓦布又担任了另一家快速发展的公司——伯利恒钢铁公司的总裁。1914 年第一次世界大战前两个月，施瓦布收到了英国战争办公室的秘密消息。英国人希望伯利恒为英格兰建造 4000 万美元的武器，并且不与其敌人做生意。1914 年战争刚刚开始时，美国生产了 2350 万吨钢，比 14 年前生产的钢多了两倍。在 1918 年战争结束时，伯利恒钢铁公司产量再次增加了一倍。战争结束后，美国炼钢业比以往任何时候都更加强大。绝大多数钢铁都来自这两家公司，美国钢铁公司和伯利恒钢铁公司。

接着，钢铁材料进入了汽车、家用电器和食品罐头行业。美国钢铁公司和伯利恒钢铁公司的资产价值要远远高于福特和通用汽车公司。这次钢铁时代的繁荣，又遇到了新的危机。1929 年股市崩盘，随着经济陷入大萧条，钢铁生产也开始放缓。

大萧条之后，争夺金属的战争引擎再次点燃了世界的铸造厂。德国占领了丹麦、挪威和法国的土地，获得了对新铁矿和钢厂的控制权。突然之间，德国能够生产出与美国一样多的钢铁。在东方，日本控制了中国东北的铁矿和煤矿，也成为钢产量大国。图 2-6 为英国 E 级潜艇，是第一次世界大战期间英国舰队的骨干潜艇。

图 2-6　英国 E 级潜艇

（来源：根据网络整理）

珍珠港事件将美国卷入了第二次世界大战，美国政府开始禁止生产钢铁消费品，注意力全部集中到了配给船只、坦克、枪支和飞机的钢铁上。美国工厂每天 24 小时冶炼钢铁，经济开始再次繁荣，很快美国钢铁产量比其他任何国家都高出 3 倍多。第二次世界大战期间，美国制造的钢材比第一次世界大战时多了25倍。

五、现代钢铁之路

即使在战争期间，钢铁业快速发展，但是冶炼钢铁的技术还有待完善。德国科学家和玻璃制造商西门子，在1847年发明了新的技术，他们建造了一个带有小型耐火砖管网的新型玻璃熔炉，可以通过回收发出的热量来延长炉子达到峰值温度的时间。

西门子的玻璃熔炉花了将近20年才开始进入冶金领域。在19世纪60年代，一位名叫马丁的法国工程师建造了一台西门子炉来冶炼铁，再循环的热量使金属液化比贝塞麦炉的时间更长，可以使工人有更多的时间来添加精确数量的含碳铁合金，将材料转化为钢。而且由于额外的热量，甚至废钢也可以熔化。到世纪之交，西门子-马丁工艺，也被称为平炉工艺，已经在世界各地流行起来。

到了20世纪，一位名叫达勒（Robert Durrer）的瑞士工程师找到了更好的方法。他将纯氧气吹入炉内，发现它可以更有效地从铁水中去除碳。他还发现，从上方向炉内吹氧，而不是像贝塞麦转炉那样，可以将冷废钢熔化并将其再循环回到炼钢过程中，这个过程也可以将磷分离出来。该方法结合了贝塞麦和平炉工艺的优点，使得钢铁产量又上了一个台阶，成本也降了下来。

虽然欧洲和亚洲的国家都开始采用了达勒的碱性氧气转炉工艺（见图2-7），但处于行业领先地位的美国钢厂仍然坚持使用西门子-马丁的平炉工艺，并在不知不觉中被国外竞争者追赶上来。

六、不锈钢的诞生

1912年，一位名叫哈力·布雷尔利（Harry Brearly）的英国冶金

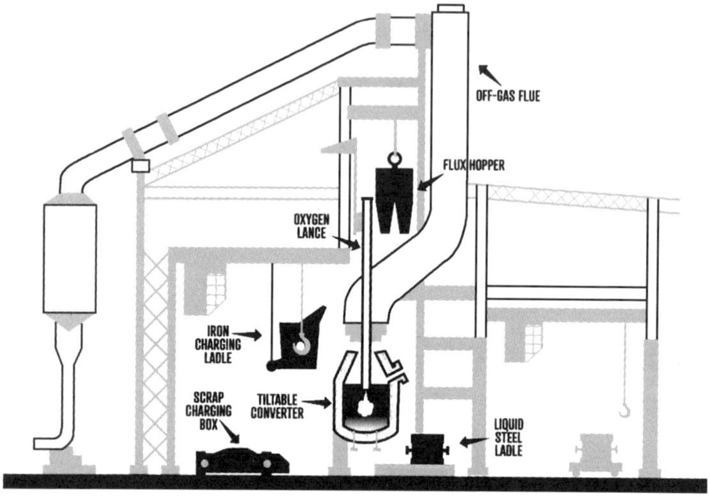

图 2-7　转炉炼钢工艺示意图

（来源：根据网络整理）

学家正在寻找一种方法来延长枪管的寿命。他用铬和钢合金进行试验，发现含有一层铬的钢特别耐酸和耐腐蚀。他开始向一位在餐具生产厂工作的朋友出售钢铬合金，称其为“不锈钢”。

一家名为维多利亚的公司引进了来自英国的新型防腐金属，开始为瑞士军队锻造钢刀，并将这种金属重新命名为 Victorinox。今天，可能很多人的抽屉里都有一款他们的红色小刀。

突然间，不锈钢遍布全世界，防腐、闪烁的金属成为了手术工具和家居用品的关键材料。1959 年，工人们在美国圣路易斯建造了不锈钢大拱门，这座大拱门仍然是西半球最高的人造纪念碑。图 2-8～图 2-11 是典型的建筑钢结构应用。

七、钢铁工业史上的名人

一些主要的钢铁企业始建于 19 世纪初。如弗里德里希·克虏伯（Friedrich Krupp）和其伙伴于 1811 年组建了德国克虏伯公司。到 19

世纪末，克虏伯公司成为欧洲最大的钢铁巨头，目前已与蒂森公司合并为蒂森克虏伯公司。日本新日铁公司（现已更名为日本制铁公司）的历史可追溯到1857年，那一年在日本釜石市用本地制造的第一座西式炉子成功冶炼出钢水。

图2-8 法国巴黎的埃菲尔铁塔

（来源：《钢铁白皮书》，世界钢铁协会2012年）

图2-9 比利时安特卫普中央火车站的钢结构（建于1905年）

（来源：《钢铁白皮书》，世界钢铁协会2012年）

图 2-10　美国纽约布鲁克林大桥（Brooklyn bridge）（建于 1883 年）

（来源：《钢铁白皮书》，世界钢铁协会 2012 年）

图 2-11　一座老式的摩天大楼，建于钢结构高楼还很罕见的年代

（来源：《钢铁白皮书》，世界钢铁协会 2012 年）

安德鲁·卡内基是典型白手起家的企业家。他出生于苏格兰的丹佛姆林，1848 年随家人移民美国。卡内基 13 岁开始工作，每天只挣 20 美分。18 岁时，他被宾夕法尼亚铁路公司聘用，在那里他很快提高了组织管理能力并且学到很多商业知识。1870 年，他建立起卡内基钢铁公司，到 19 世纪 90 年代，这家公司成长为世界上最大并且最盈利的企业。66 岁时，卡内基把公司卖给金融家、银行家和慈善家约翰·皮尔蓬·摩根（J. P. Morgan），摩根对轧机的设计和轧制过程进行了很多改进。卡内基则把他生命的最后时光投入到了公益事业，出资建设公益设施，从图书馆、学校到医院等。其中包括卡内基工学院，现已成为卡内基梅隆大学的一部分。

第三节　20 世纪全球扩张

钢铁时代即将进入 20 世纪之际，炼钢业成为重要产业，科学逐步揭开了钢的神秘面纱。英国科学家亨利·克利夫顿·索尔比（Henry Clifton Sorby），把金属试样放在显微镜下观察，结果引起了一场轰动。正是亨利的探索性研究揭开了钢的秘密，他发现若在铁晶体中渗入少量的碳元素，有助于增加钢的强度。

这也是一个成就伟大企业家的时代。在美国，当约翰·皮尔蓬·摩根买下安德鲁·卡内基的钢铁公司后，于 1901 年组建了美国钢铁公司。1906 年，美国钢铁公司在印第安纳州加里（Gary）建成新工厂，从此也创造了一座城市加里，而加里这个城市名正来源于美国钢铁公司董事会主席埃尔伯特·亨利·加里（Elbert Henry Gary）。摩根向卡内基学会了整合生产工艺的各个环节从而提高生产效率和规模。生产工艺不断改进，平炉炼钢逐渐取代了贝塞麦酸性炼钢，并日趋成为钢铁生产的主流工艺。平炉炼钢生产速度较慢，但这个缺点也正是优点。

工厂化学检测员有充裕的时间进行分析，并在精炼过程中控制金属成分，最终获得强度更高的钢种。

随着对钢的性能更深入的了解，合金钢被越来越广泛地应用。1908年，克虏伯造船厂建造了一艘名为“日耳曼尼亚”（Germania）的366吨重的游艇，船体用铬镍合金制造。1912年，两位克虏伯公司的德国工程师——本诺·施特劳斯（Benno Strauss）和爱德华·莫勒（Eduard Maurer）获得了不锈钢发明专利，然而不锈钢的发明应归功于出生于谢菲尔德的英国化学家哈里·布雷尔利（Harry Brearley，1871~1948年）。

一、战争的影响

20世纪的两次世界大战对钢铁生产造成巨大影响。如其他重工业一样，由于军事装备的需要，在很多国家钢铁制造被收归国有。而且，为了运送部队和军用物资，建造铁路和轮船也需要大量钢材。军用车辆，特别是坦克也严重依赖钢材。从坦克的发明到第二次世界大战结束，坦克壳所用钢板必须具有均匀的结构，即采用滚轧均质装甲（RHA）。而采用RHA的装备已很普遍，成为确定反击坦克武器有效性的标准。图2-12是第二次世界大战期间的苏式T-34坦克。

图2-12　苏式T-34坦克（制造于1940~1958年）

（来源：《钢铁白皮书》，世界钢铁协会2012年）

二、高强度钢

新技术和基础设施的发展，拉动了特定力学性能新材料的需求。全球钢铁企业都开始应对这一挑战，推动创新研发，新钢种层出不穷，极大地拓展了钢的应用领域。人们通过添加一定数量的不同种元素到熔融的铁矿石中，开始生产高强度低合金钢（HSLA）。

油气工业有更为特殊的需求。巨大的管线横穿灼烤的沙漠、冰封的荒野或是浩瀚的海洋，这都需要具备高强度和高韧性，还需要有良好的焊接性能，以避免管线连接处出现薄弱点。这种情况下，HSLA 钢中的锰和其他微量元素保证了所需性能。

三、工业用钢管

20 世纪 60 年代初起，HSLA 钢发展迅速，被用在从桥梁到割草机等各个领域。首先，HSLA 钢比传统碳钢拥有更高的重量与强度之比。一般说来，同等强度条件下，HSLA 钢比普通的碳钢轻 20%~30%。这一特性使得 HSLA 钢尤其适用于汽车制造，确保汽车的强度和安全性能，同时促进轻量化并节约燃料。图 2-13 为典型的工业用钢管，图 2-14 为钢卷。

图 2-13　工业用钢管

（来源：《钢铁白皮书》，世界钢铁协会 2012 年）

钢成为现代社会的基础材料，钢铁工业也成为国与国之间关系的一个焦点。1951 年，法国、西德、意大利和比荷卢经济联盟（Benelux）组建了欧洲煤钢共同体（ECSC）。

欧洲煤钢共同体建立起共同的市场以推动经济增长，促进工业发展和提高生活水平。欧洲煤钢共同体对产品自由流通的关注，是创立欧洲联盟的基础。

图 2-14　钢卷

（来源：《钢铁白皮书》，世界钢铁协会 2012 年）

四、从火到电

20 世纪中叶，炼钢技术获得很大提升。碱性氧气转炉炼钢法和电炉炼钢法成为主要的生产工艺，使得生产过程更高效、更节能，甚至允许生产者把废钢作为原料进行再利用。

在引进新技术的同时，钢铁企业也不断改良现有铸造、轧制技术，生产出符合用户需求的板材、型材。这些革新有的来源于欧洲、美国和俄罗斯，而来自日本和韩国的新兴钢铁企业很快开发了专利技术并引领全世界的钢铁制造商。

有哪些新技术呢？首屈一指的要数氧气转炉炼钢法，实际上是贝塞麦转炉炼钢工艺的升级版，其原理是利用氧气而不是用空气把多余的碳从生铁中脱除。这项技术首先由瑞士人罗伯特·达勒（Robert Durrer）在1948年发明，随后由奥地利VÖEST公司（今天的奥钢联集团）进一步开发。因最早在奥地利城市林茨（Linz）和多纳维茨（Donawitz）进行商业化生产，这项工艺被命名为LD（Linz-Donawitz）工艺。

这种生产工艺最重要的优势是能快速出钢，现代的氧气顶吹转炉（BOF）可以一次装炉350吨铁，不到40分钟可以出钢，而平炉炼钢一个炉次则长达10~12小时。

五、大量废钢二次利用

正是看到这种技术生产速度快、节约能耗，生产商很快从平炉转向氧气顶吹转炉。20世纪60年代，汽车、家电报废产生的废钢以及工业废钢成为重要的、容易获取且价格低廉的原料（图2-15）。那么，如何实现废钢二次利用呢？氧气顶吹转炉的炉料中废钢的占比仅能达到25%。所以，一些创新型的钢铁生产商开始重新采用先前的技术，并对其进行升级。电弧炉（EAF）（图2-16）最早出现在19世纪末，然而直到20世纪60年代，才被用于生产特殊钢及合金。现在，基于废钢的充足供应，电弧炉更适合于大规模生产。与氧气顶吹转炉不同，电弧炉不需要用铁水装炉，可以使用冷态炉料、预热废钢或者生铁装炉。原料装炉时，电极置于炉料下方，启动电弧从而产生足够的高温以熔化废钢。与氧气顶吹转炉相似，电弧炉生产速度也很快，通常不到2个小时。同时，电炉钢厂建设成本较低，这对于战后还处于恢复期的美国和欧洲工业来说是至关重要的。

图 2-15　废钢回收

（来源：《钢铁白皮书》，世界钢铁协会 2012 年）

废钢回收是非常有利可图的，同时也有利于减少温室气体排放、节约能源和资源。

图 2-16　电炉

（来源：《钢铁白皮书》，世界钢铁协会 2012 年）

六、连铸

随着粗钢生产工艺的革新，把钢水倒入模具中进行铸造的新工艺也开始出现。20世纪50年代以前，钢水被注入固定模具中形成钢锭，随后再轧成薄板或其他形状及尺寸更小的钢材。在连铸技术中，钢水通过一套传输系统不断输送到结晶器中，形成连续的金属流。当凝固的钢液从结晶器中脱除后，可以被切割成板坯或者方坯，它们比传统铸锭更薄，更容易轧制成成品和半成品。

就连铸工艺看，钢水从钢包的底部流入中间包，此时钢液的温度在1600℃以下。对整个钢坯进行连续冷却。结晶器由4块水冷铜板组成，钢液在铜板间运动。铸造过程中将形成凝固坯壳，连铸温度约1540℃。此时的钢液尽管炙热，但在用氧枪切割成钢坯时已经凝固。钢坯温度为1000℃，每块钢坯在进入冷床前会先标记。

七、轧钢

生产粗钢并制成铸锭或板坯只是炼钢工业的第一步。这些半成品还需要被继续轧制，减薄并形成一定形状和尺寸。在这一过程中，生产商的不同技术为钢的应用领域带来更多可能。古代的工匠们已经懂得钢的特性不仅依赖于其化学成分，更与加热、冷却、锤打、轧制有关。现代生产商对生产工艺的掌握也登峰造极，今天生产商几乎可以为用户提供他们所要求的所有性能的钢，包括从超强钢到薄如纸的薄板。

轧制板坯或钢锭的复杂工艺从“粗轧”开始。巨大的轧辊经过数个道次的轧制来减少钢坯的厚度。例如，将240毫米厚的板坯先轧到55毫米或更薄。然后，在卷取之前还要完成多个精轧工序。随后，钢坯则进入不同的工艺路线，有些需要酸洗去除氧化铁皮后再冷轧。

热轧（图 2-17）和冷轧工艺不仅能减小钢坯厚度，还可以转变金属中铁和其他元素的晶体结构，这反过来又会影响钢材性能。热轧可增加材料塑性、韧性和耐冲击及耐振动性能，冷轧则能提高硬度和强度。

然而，调整金属力学性能的过程并没有结束。通常情况下，还要进行退火处理，即加热到约 800℃ 后缓冷。例如，冷轧钢经加工硬化后会产生脆性。而退火能软化金属，并保留能使材料加工为成品材的硬度，如汽车零件。其他热处理工艺，例如淬火（快速冷却）和回火（淬火后重新加热）也能进一步精确控制各等级钢的力学性能。

图 2-17　热轧

（来源：《钢铁白皮书》，世界钢铁协会 2012 年）

八、涂层

金属坯通过一对轧辊进行成型后，钢材还需要涂层来防锈和防腐蚀，这对于船舶（图 2-18）、桥梁和铁路用钢尤其重要，因为这些材料要在高温、低温、海水和雨水环境中服役。采用纯锌或锌铝混合层作为涂层的热镀锌工艺已广泛应用。对于用在其他领域的钢材，有的在其表面涂底漆后再涂面漆，或采取防紫外线和防刮擦处理，或做特殊处理，或涂上具有功能性或装饰性的彩色饰面。

从船舶制造到核电站压力容器，钢材都有大量应用，这也是数以百万计的人们信任他们头上屋顶的原因。目前，镀锌波纹屋面在全球已十分普遍。早在19世纪，镀锌工艺已被人们所熟知，但直到20世纪30年代，一种可连续生产镀锌钢的工艺才得以问世，发明者是一个年轻的波兰人Tadeus Sendzimir。此后，他创立的Sendzimir公司也成为了全世界冷轧领域的领导者，还为阿波罗号飞船提供了外壳。

图2-18　一条原油油轮

（来源：《钢铁白皮书》，世界钢铁协会2012年）

九、短流程钢铁厂的兴起

20世纪60年代，电弧炉（EAF）的兴起为短流程钢铁厂的发展奠定了基础，也为钢铁行业带来了显著的变化。传统的基于碱性氧气转炉（BOF）流程的联合钢厂需要高炉提供铁水，这需要巨大的投资。然而，基于电炉流程的钢铁厂则不同。该流程使用废钢、直接还原铁（DRI）或生铁作为原料，生产线的建设成本通常较少，且运行也更简单，因此称为“短流程钢铁厂”。此外，需要的投资成本也较低，这些为新的创业者开辟了道路。

在欧洲，德国企业家和炼钢先驱 Willy Korf 开创了电炉炼钢工业的先河。1968年，他在法国斯特拉斯堡附近莱茵河上的一个小岛上建立了一座电炉厂。仅一年以后，Korf 又将该技术带入美国，在南卡罗来纳州建立了乔治城钢铁公司。

大约在相同时期，美国冶金学家 Ken Iverson 在南卡罗来纳州达灵顿（Darlington）建立了纽柯公司的第一家钢厂。目前，纽柯公司是美国最大的钢铁制造商之一，也是世界上最大的电炉钢生产商之一。

当 Ken Iverson 升任为总裁时，纽柯公司中唯一盈利的部门只有 Iverson 自己运营的钢梁制造部门。然而，在不到两年的时间内，Iverson 就转变了公司的面貌，不仅使公司盈利，而且成为该领域的领导者。事实证明，他对短流程钢铁厂的信念是经得起考验的。而且在此后的16年里，该公司在美国钢铁工业整体衰退的环境中逆势上扬，实现了快速而稳定的发展。此外，Iverson 打破了员工之间的层级结构，强调团队协作，建立基于绩效的薪酬体制，提倡利益共享和社区共建。

公司不仅在钢铁技术发展上占据领先地位，同时在管理结构上的创新也齐头并进，这在当时还引发了一场革命。特别是，公司将短流程技术应用于生产高附加值的钢铁产品，例如用废钢生产高品质的板材。

Korf 和 Iverson 都是行业先驱者。他们采用尽可能高效、灵活的新技术，如连铸和水冷管技术，创立了成功的企业。纽柯的成功还要归功于 Iverson 对人际关系的远见卓识。他引入了一套薪酬体系，该体系在很大程度上依赖于绩效奖金、团队合作和公司忠诚度的提升，以及生产率的提高。此后，有许多公司都效仿他的做法，直到现在全球钢铁企业的董事会，仍在讨论他的思想。图 2-19 为美国阿勒格尼路德卢姆钢铁公司电炉照片，图 2-20 和图 2-21 分别为热钢球和激光切割照片。

图 2-19 美国阿勒格尼路德卢姆钢铁公司的电炉

（来源：《钢铁白皮书》），世界钢铁协会 2012 年）

短流程钢铁厂是一座高效的回收工厂，可将废钢转换成有用的钢材。如今，因其可以节约自然资源或原材料，不仅可获得商业利益，而且对整个地球而言，其重要性都是不言而喻的。然而，直到 20 世纪 60 年代，“可持续发展”的概念才出现。

1970 年，由政治家、学者和实业家组成的一个俱乐部联合出版了

图 2-20 热钢球

图 2-21 激光切割

（来源：《钢铁白皮书》，世界钢铁协会 2012 年）

《增长的极限》一书，当时关于地球能承载人类发展的程度的讨论成为了报纸的头条。荷兰人 Max Kohnstamm 是该俱乐部的一名成员，他曾担任欧洲煤钢共同体高级机构的秘书。尽管报告的调查结果在当时引起了争议，然而，现在全球的政府和行业机构都认为，制造业的未来依赖于能源和资源的高效、可持续利用。1987 年，布伦特兰委员会

(Brundtland Commission）发布的报告《我们共同的未来》中也涉及了类似的主题。

20世纪70年代，欧洲和北美的钢铁工业则整体面临技术落后、产能过剩、不断上升的劳动力和原材料成本价格以及替代材料竞争的困境，如铝和塑料。而在公有制国家，政府不愿意对已经衰退的市场追加投资，这导致了设备和工艺发展的停滞。

到20世纪80年代，世界各地的大型钢铁厂又面临着经济挑战。然而，钢铁行业仍需要寻找未来的发展方式，因此，短流程钢铁厂的建立和私有化的浪潮为钢铁企业开拓了新机会。

最初，短流程钢铁厂只生产低附加值的螺纹钢（混凝土用钢筋）。由于采用小容积熔化室和用废钢作原料生产，他们的产品无法与大型联合钢厂生产的高品质产品相匹敌。然而，随着螺纹钢市场趋于饱和，短流程钢铁厂开发了能生产附加值更高的结构钢的技术。在1987年，纽柯（Nucor）公司率先利用一台电炉和从德国西马克公司(Schloemann-Siemag）引进的薄板坯连铸连轧（CSP）技术生产薄板，能显著减少40~70毫米厚的薄板坯轧至1毫米所需的轧制时间和道次。对于短流程钢铁厂来说，这意味着能以低成本、高效益打入薄板市场。

十、创新范围的扩大

在美国和欧洲相继出现短流程钢铁厂的同时，亚洲也在规模和产能上开始了创新。20世纪60~70年代的日本追求快速增长，紧随其后的韩国研发了大量最先进的集成设备。生产从板卷到涂镀板的高品质板材，产品应用于汽车和家电制造行业。

不同于欧美国家，韩国和日本基本上都没有平炉生产的历史。部分原因是由于日本国内缺乏废钢，于是直接采用了创新的碱性氧气转炉（BOF）技术，建造大型高炉来提供铁水。

日本钢铁制造商大范围地采用了连铸工艺来进一步提高产量和降低成本。韩国也采纳了同样的方式。如今，几乎所有的产能都通过连铸工艺生产。同时，这两个国家都利用计算机技术管理庞大的业务。富士钢公司（Fuji Steel）早在 1962 年就引入模拟计算机，同时，20 世纪 70 年代的微型芯片革命也刺激了电子工业在过程和信息控制中的应用。

生产商利用电子技术可以处理复杂的调度问题，生产范围更广的产品和满足严格的质量要求。现代化也改变了现场生产环境，自动化设备可使工厂更安全、可雇佣更少的工人以提高效率和降低事故风险。图 2-22 为一条钢卷镀锌生产线照片，图 2-23 为货船照片。

图 2-22　一条钢卷镀锌生产线

（来源：《钢铁白皮书》，世界钢铁协会 2012 年）

尽管日本在随后数十年内遭受了经济冲击，却依然维持着在钢铁生产领域中的领导地位，在产量上仅次于中国。韩国延续以往的发展思路，通过研发高效的大型集成设备而成为全球参与者。2011 年，韩国浦项钢铁（POSCO）成为世界第四大钢铁生产商。如今，日本和韩

图 2-23　由焊接钢制造的货船报废前的预期寿命为 25~30 年

（来源：《钢铁白皮书》，世界钢铁协会 2012 年）

国的钢产品和专业技术受到了全世界的追捧，特别是洁净钢、高强钢冶炼、冷轧、涂镀等方面。

在日本和韩国，无论是新建还是现有的钢铁公司都决心创新。1970 年，通过合并八幡厂（Yawata Steel）和富士钢公司（Fuji Steel）创建的新日本钢铁公司，其历史可以追溯到 1857 年。该公司现已成为日本最大的钢铁制造商，并将大量投资用于不断改进生产流程，以确保钢铁生产在可持续发展中发挥作用。

浦项钢铁从 1968 年起才开始真正的发展，当时韩国正处于经济快速扩张时期。到 1985 年，位于浦项的第一家工厂已年产粗钢 910 万吨，位于光阳的第二家工厂也开始投产，现已成为世界最大的钢厂之一。如今，浦项钢铁的全球生产网络已扩展到中国、印度、越南和墨西哥，甚至 20 世纪 60 年代技术领先的日本。

第三章 21世纪钢铁工业发展

进入21世纪以后，世界钢铁工业进入了一个快速增长期，其中中国经济的崛起起到了至关重要的作用，全球钢铁行业出现了高增长、高需求、高供给的“三高”特点。同时行业内的企业并购风起云涌，领先企业的集中度增加。但行业的发展也并不是一帆风顺，在2019年钢铁行业碰到了较大的问题，“规模不经济”的现象开始出现，需要钢铁人探索未来的钢铁发展模式。

第一节 新兴经济体国家成为国际钢铁舞台的焦点

一、21世纪以来主要地区粗钢产量情况

进入21世纪后，全球钢铁工业出现了大发展趋势。2001年全球粗钢产量只有8.5亿吨，到2019年就增加到18.7亿吨，增幅高达120%。

从全球主要区域发展看，2001年以后，以中国为首的亚洲和中东地区成为全球钢铁工业的主要增长地区，而同期发达的欧洲和不发达的非洲钢铁产量都出现了下滑趋势。

亚洲地区2001年粗钢产量只有3.5亿吨，2019年达到了13.3亿吨，增幅高达275%；中东地区2001年粗钢产量1.2亿吨，2019年增长到4.3亿吨，增幅267%；南美洲2001年粗钢产量3.7亿吨，2019

年增加到4.1吨，增长了10.14%；降幅最大的是欧盟，2001年粗钢产量为1.9亿吨，2019年下降到1.6亿吨，降幅15%；大洋洲2001年粗钢产量为7800万吨，2019年下降到6200万吨，降幅22%；非洲2001年粗钢产量为1.5亿吨，2019年下降到1.35亿吨，降幅9%；独联体和北美地区变化不大，2001年和2019年的粗钢产量分别是1亿吨和1.2亿吨左右。

在世界钢铁发展的最近20年中，有两个特殊的年份，一个是2008年，一个是2015年。

2008年四季度发生的国际金融危机，在2009年冲击到了实体经济，导致全球多数区域的粗钢产量出现了一个转折点。除了亚洲和中东地区，其他地区的粗钢产量再也未能突破2007年的高峰。2015年则是全球钢铁市场从2012年开始经历了长达4年的全球性去杠杆导致的持续性的价格下跌，成品钢材价格几乎和2008年的铁矿石价格一样，导致全球钢铁企业都处于亏损边缘，很多企业被迫限产，全球粗钢产量环比下降。

如欧盟2007年的峰值产量为2.1亿吨，2009年粗钢产量只有1.4亿吨，2019年粗钢产量为1.6亿吨，萎缩了5000万吨，整体保持下降趋势；独联体国家2007年粗钢产量1.24亿吨，2019年仅1亿吨出头，略高于2009年的产量；北美洲在2007年达到近20年的峰值1.3亿吨，2009年只有0.84亿吨，尽管随后有所恢复，但一直在1.1亿~1.2亿吨之间波动，即使美国通过加征高额关税意图恢复美国的粗钢产量，但是并没有明显的效果。亚洲和中东地区依靠强大的基础建设和高速的经济增长，粗钢产量保持了较好的增长水平，尤其是中东，仅在2015年粗钢产量环比有所下降，其他年份都保持了较好的增长水平。具体各个地区的产量情况见表3-1和表3-2。

表 3-1　世界主要地区的粗钢产量一览表　　（百万吨）

年份	全球	欧盟	独联体	北美洲	南美洲	中东	非洲	亚洲	大洋洲
2001	8510.7	1874.5	977.0	1198.6	373.7	116.9	149.2	3545.3	78.6
2002	9040.5	1882.5	1012.1	1229.5	408.6	124.9	158.1	3949.3	82.9
2003	9710.2	1925.1	1064.7	1261.6	430.5	134.4	162.9	4434.2	84.0
2004	10625.4	2025.2	1133.6	1340.2	458.8	142.5	167.1	5035.1	83.0
2005	11479.8	1956.8	1132.4	1276.3	454.9	152.6	179.6	5991.8	86.5
2006	12501.0	2073.9	1199.1	1314.2	452.7	153.8	187.0	6752.3	86.9
2007	13481.1	2102.6	1241.7	1326.2	482.3	164.5	186.8	7583.9	87.8
2008	13434.3	1987.1	1143.5	1251.4	474.9	166.5	169.7	7840.9	84.2
2009	12387.5	1394.3	976.9	837.7	377.8	177.7	154.0	8118.7	60.1
2010	14334.3	1729.1	1082.0	1115.6	438.9	200.0	166.2	9184.5	81.5
2011	15380.2	1777.9	1126.6	1186.8	481.7	232.3	157.0	9954.8	72.5
2012	15604.4	1685.9	1107.4	1215.9	463.8	249.8	153.4	10271.1	58.1
2013	16504.2	1663.9	1084.1	1189.8	458.2	269.7	159.6	11236.8	55.9
2014	16711.3	1692.2	1060.8	1210.9	450.4	299.9	148.9	11409.9	54.7
2015	16215.4	1663.0	1015.5	1109.4	439.0	294.3	137.0	11142.2	57.2
2016	16291.0	1622.2	1021.1	1106.4	405.9	314.8	131.0	11255.2	58.4
2017	17321.7	1685.2	1012.0	1153.9	441.1	344.8	148.2	12054.9	59.9
2018	18166.1	1676.6	1009.2	1208.8	449.5	380.4	173.9	12780.0	63.4
2019	18699.0	1594.0	1004.0	1199.6	411.6	428.8	135.3	13279.3	61.6

数据来源：世界钢铁协会。

表 3-2　世界主要地区的粗钢产量年环比变化　　（%）

年份	欧盟	独联体	北美洲	南美洲	中东	非洲	亚洲	大洋洲
2001	22.03	1.23	-11.45	-4.44	8.44	7.88	6.82	0.34
2002	0.42	1.52	2.58	9.34	6.86	5.97	11.40	5.51
2003	2.27	5.19	2.61	5.35	7.61	3.05	12.28	1.27
2004	5.20	6.47	6.23	6.57	6.03	2.56	13.55	-1.16
2005	-3.38	-0.11	-4.77	-0.85	7.04	7.48	19.00	4.17
2006	5.98	5.89	2.97	-0.47	0.78	4.12	12.69	0.52
2007	1.39	3.55	0.91	6.55	7.00	-0.11	12.32	1.06
2008	-5.50	-7.91	-5.64	-1.54	1.18	-9.13	3.39	-4.09

续表 3-2

年份	欧盟	独联体	北美洲	南美洲	中东	非洲	亚洲	大洋洲
2009	−29.83	−14.56	−33.06	−20.45	6.73	−9.25	3.54	−28.61
2010	24.01	10.76	33.17	16.18	12.57	7.95	13.13	35.50
2011	2.82	4.12	6.38	9.75	16.15	−5.58	8.39	−11.06
2012	−5.18	−1.71	2.45	−3.71	7.53	−2.29	3.18	−19.91
2013	−1.30	−2.10	−2.14	−1.20	7.96	4.08	9.40	−3.74
2014	1.70	−2.15	1.78	−1.70	11.20	−6.75	1.54	−2.18
2015	−1.72	−4.27	−8.39	−2.54	−1.86	−7.95	−2.35	4.59
2016	−2.45	0.55	−0.27	−7.55	6.97	−4.39	1.01	2.10
2017	3.88	−0.89	4.29	8.67	9.51	13.12	7.10	2.54
2018	−0.51	−0.27	4.76	1.91	10.33	17.36	6.02	5.95
2019	−4.92	−0.51	−0.76	−8.42	12.73	−22.20	3.91	−2.85

数据来源：世界钢铁协会。

二、21 世纪以来主要国家粗钢产量情况

进入 21 世纪以后，世界钢铁舞台的中心依然是中国，从 1996 年算起，连续 24 年雄踞全球粗钢产量榜首。前 10 的榜单保持相对稳定，有 8 个国家长期保持在前 10 的榜单，他们分别是：中国、印度、日本、美国、俄罗斯、韩国、德国、巴西。新进入的是土耳其和伊朗，退出的是意大利和乌克兰，墨西哥曾在 2011~2016 年进入过榜单。

从各大洲看，亚洲长期保持 4 席，中、日、韩、印一直保持前 10 的席位，最近两年，伊朗也进入全球 10 大粗钢产量国家，目前亚洲占据了 5 席；欧洲的钢铁工业明显处于下滑期，近 20 年只有俄罗斯和德国长期保持前 10，乌克兰和意大利逐渐退出前 10，土耳其在 2009 年进入到前 10，目前欧洲占据 3 席；北美洲的美国一直在前 10，在 2011~2016 年墨西哥曾经进入全球前 10 大产钢国，但随后又退出了榜单，目前北美洲依然保持 1 席；南美洲的巴西在 21 世纪一直保持前 10 的名额。

从前10大产钢国的粗钢产量看，2019年前10大产钢国粗钢产量为15.8亿吨，占全球粗钢产量的84.2%，与2001年的71.2%相比，增加了13个百分点。入门产量保持在2000万~3000万吨之间波动。

中国2001年粗钢产量为1.5亿吨，占全球粗钢产量的17.82%，到2019年粗钢产量为9.96亿吨，占全球粗钢产量的53.28%，增加了35.46个百分点。中国一个国家的产量超过了全球其他国家产量的总和。

印度凭借自己强大的人口基数和巨大的国内市场，粗钢产量在近20年保持了快速增长，增速在前10中仅次于中国，2019年粗钢产量为1.1亿吨，相比于2001年的2729万吨，增长了307%，占全球粗钢产量的6%，名次也从2001年的第8名提升到2019年的第2名。

日本在2001~2017年一直处于全球第2，但在2018年被印度超越，随着全球原料的本地化生产趋势越来越明显，日本钢铁企业被迫关停本土的产能以适应新的国际分工的趋势与潮流。2019年日本粗钢产量为0.99亿吨，与2001年的1.03亿吨相比较，下降了3.5%。

美国2001~2013年一直保持第3，但2014年开始位居第4。美国受制造业外迁影响以及钢铁公司竞争力减弱等诸多因素影响，产量保持波动下滑，2019年产量为8793万吨，相比2001年的9010万吨，产量下滑了2.41%。如果没有2018年的美国高额关税的影响，预计产量下滑会更明显。

俄罗斯，2019年排名第5，相比2001年下滑了1位，产量为7157万吨，相比2001年的5897万吨，增长了21.37%。

韩国，2019年排名第6，与2001年保持一致，最好排名为第5；2019年产量为7142万吨，相比2001年的4385万吨，增长了62.87%。

德国，2019年排名第7，相比2001年下滑了2位，2019年产量

3968 万吨，相比 2001 年的 4480 万吨，降幅为 11.43%，是 10 个国家里面产量降幅最大的国家。

土耳其，2019 年排名第 8，土耳其于 2009 年进入世界前 10 产钢国，2019 年粗钢产量为 3374 万吨。

巴西，2019 年排名第 9，最好排名第 8。2019 年粗钢产量为 3224 万吨，和 2001 年的 2672 万吨相比，增长了 20.67%。

伊朗，2019 年排名第 10。2015 年联合国取消对伊朗的制裁后，伊朗粗钢产量开始快速增长，2017 年粗钢产量首次进入世界前 10，2019 年粗钢产量为 3190 万吨，相比 2017 年增长了 32.54%。

三、21 世纪以来主要钢铁企业粗钢产量排名

21 世纪以后，世界前 10 大钢铁企业名单有以下特点：

一是榜单企业名单变化大。不同于国家产量榜单比较稳定，企业里面，只有安赛乐米塔尔、浦项制铁、日本制铁、宝武集团能够一直保持在前 10 榜单里面。但即使这些企业这 20 年也有极大的变化，如 2019 年的宝武集团在宝钢集团基础上增加了武钢集团、八一钢铁、鄂城钢铁等。日本制铁也是在 2012 年由新日本制铁和住友金属工业合并而来。

二是欧美钢铁企业全面退缩。2001 年的时候，欧洲有 4 家钢铁公司，包括安赛乐、英荷克鲁斯、蒂森克虏伯和里瓦，日本有新日铁、日本钢管和川崎制铁 3 家；中国、印度和韩国各 1 家；而到 2018 年的时候，欧洲仅仅剩下 0.5 个，减少了 3.5 个（安赛乐米塔尔，安米作为一个国际性公司，其实也不能完全算作一个欧洲公司）；中国 5 家，增加了 4 家，分别是宝武集团、河钢集团、沙钢集团、鞍钢集团和北京建龙；日本 2 家，减少了 1 家；韩国 1 家，保持不变；印度 1.5 家增加了 0.5 家。北美的美钢联和纽柯在 2002~2006 年度曾经进过世界

前10，但2007年以后，再也没有北美的钢厂能够进入世界前10。

三是前10的门槛大幅提升。2001年的时候，第10名的日本川崎钢厂的产量仅仅为1330万吨；到2019年，第10名的北京建龙粗钢产量就达到了2789万吨，门槛翻了一番还多。2001年，粗钢产量第1名的安赛乐为4310万吨；到2019年，粗钢产量第1名的安赛乐米塔尔为9250万吨。并且安赛乐米塔尔是唯一一个钢厂产量曾经超亿吨的钢铁企业。2001年前10大钢铁企业粗钢平均产量为2118万吨，2005年增加到2982万吨，2010年增加到4217万吨，2015年回落到4195万吨，2018年又增加到4629万吨。

四是并购风起云涌。通过20年的世界钢厂排名可以直观地看出来世界钢铁企业的并购此起彼伏。如安赛乐和米塔尔都曾经登过世界第一的宝座，2006年合并以后，成为产量超亿吨的巨无霸，是第二名的3倍产量还多；宝钢集团在近些年合并了同样为世界前10的武钢集团，并且随着宝武集团并购步伐的加快，预计宝武粗钢产量将会打破安赛乐米塔尔1.16亿吨的最高纪录；日本制铁是2012年的新日本制铁和住友金属工业公司合并的；JFE也是由曾经的世界前10的日本钢管公司和川崎制铁合并而来。可以说，2018年的榜单企业基本都经历了一次或几次大的行业并购，才形成了现有的企业规模。

五是规模不经济正在困扰钢铁行业。尽管钢铁企业越做越大，但在钢铁下游采购半径逐步缩短，原产地标准的变化，钢铁企业投资门槛和技术的准备降低，规模效应带来的成本降低正在逐步被高昂的管理成本所抵消。安赛乐米塔尔自从2008年以后产量再也未能突破1亿吨，并且整体经营状况日益严峻；新日铁本想通过并购实现规模效应，但从最近几年的运行效果看，并不理想，新日铁准备大面积关停国内的生产企业和车间，规模不经济的难题正在困扰着世界钢铁头部企业。

四、21 世纪主要产钢国家和地区电炉钢比例

钢铁工业工艺路线主要有两种，一种是从煤炭、铁矿石开始的长流程工艺，另一种则是以废钢、热压铁矿、直接还原铁为主要原料的短流程工艺。长流程企业在历史发展过程中，把大型化、集约化和专业化优势发挥到登峰造极的地步后，其负面效应和潜在风险也迅速膨胀起来，并逐步走向反面。例如，随着高炉技术不断发展，其有效容积不断扩大，单位造价逐步下降，利用系数节节上升，焦比和成本频频降低，大高炉的经济性明显优于小高炉。然而，随着炉体继续扩大，炉内料柱压力急剧增高，从而对焦炭强度、炉顶压力和鼓风强度以及对炉衬的材质等均提出越来越高的要求。所有这一切都导致高炉造价、焦炭成本以及鼓风费用等急剧升高。实践证明，高炉并非总是越大越经济，在一定条件下，当容积超过一定极限时，其经济性开始变坏。世界各国开始注重短流程工艺的发展。

从全球来看，短流程工艺的市场份额不升反降，2001 年全球平均电炉钢比例为 33.5%，逐步下降到 2018 年的 28.8%，18 年间下降了 4.7 个百分点。在主要的产钢国家和地区里，电炉钢的比例总体处于一个上升趋势，只有中、日、韩的电炉钢比例是下降过程。

欧盟 28 国，电炉钢维持在 40%左右，在 18 年间变化不大。

独联体国家 2019 年电炉钢比例为 27.2%，相比 2001 年的 12.6%，增加了 14.6 个百分点。

美国 2019 年电炉钢比例为 68%，相比 2001 年 47.4%，增加了 20.6 个百分点。

巴西电炉钢比例长期维持在 20%略高一些，主要因为巴西是全球最大的铁矿石生产国，电炉钢的优势并不明显。

伊朗 2019 年电炉钢比例为 90.8%，相比 2001 年的 68.9%，增加

了 21.9 个百分点。

中国 2019 年电炉钢比例为 11.6%，相比 2001 年的 15.8%，下降了 4.2 个百分点，是主要钢铁生产国里面比例最低的，并且在 2013 年和 2015 年电炉钢比例仅仅只有 5.9%。中国电炉产量比例低，一个很重要的原因在于中国钢铁产量是近 20 多年发展起来的，钢铁蓄积量远低于其他国家，加上中国拥有丰富的煤炭资源和相对匮乏的电力资源，使得其电炉产量偏低，从而也导致全球电炉产量比例的下降。

日本 2019 年电炉钢比例长期维持在 25%左右。

韩国 2019 年电炉钢比例为 33.4%，相比 2001 年的 43.6%，下降了 10.2 个百分点。

印度 2019 年电炉钢比例为 55.1%，相比 2001 年的 36.5%，增加了 18.6 个百分点。印度是全球采用直接还原铁-电炉工艺的国家，主要是印度缺少高质量的焦炭导致的。

土耳其 2019 年电炉钢比例维持在 70%左右。

世界主要产钢国家和地区电炉钢比例见表 3-3。

表 3-3 世界主要产钢国家和地区电炉钢比例 (%)

年份	全球	欧盟28国	独联体	美国	巴西	伊朗	中国	日本	韩国	印度	土耳其
2001	33.5	41.1	12.6	47.4	20.2	68.9	15.8	27.6	43.6	36.5	64.8
2002	33.7	41.1	12.1	50.4	20.2	70.3	16.7	27.1	45.2	37.7	68.8
2003	33.5	40.7	13.3	51	21.2	71.2	17.6	26.4	44.8	39.9	68.6
2004	32.9	41.2	14.6	52.1	22.8	73.5	14.7	26.4	43.9	43.8	71.5
2005	31.9	40.7	16	55	22	73.8	11.8	25.6	44.1	54.1	70.8
2006	31.7	42.6	17.7	56.9	24.4	77.5	10.5	26	45.7	55.9	73.5
2007	31	42.8	19.9	58.1	23.9	80.8	9.2	25.8	46.5	58.5	75.2
2008	30.8	43.5	22.4	58.1	23.5	80.1	9.1	24.8	43.6	60.2	73.8
2009	28.8	43.9	22.4	61.8	24	81.7	9.7	21.9	43	63.2	70.1
2010	29.4	41.1	22.1	61.3	23.7	82.1	10.4	21.8	42.1	65.3	71.7

续表 3-3

年份	全球	欧盟28 国	独联体	美国	巴西	伊朗	中国	日本	韩国	印度	土耳其
2011	29.5	42.6	22	60.3	23.4	82.6	10.1	23.1	38.5	67.3	74.1
2012	28.8	41.8	24.8	59.1	23.4	85.1	8.9	23.2	37.6	67.8	74
2013	25.4	39.9	23.6	60.6	25.1	86.9	5.9	22.5	39	57.1	73.3
2014	26	39	25.9	62.6	23.2	83.3	6.6	22.2	33.8	57.5	68.8
2015	25	39.3	26.5	62.7	23.2	85.1	5.9	22.9	30.4	57.1	65
2016	25.6	39.6	26.2	67	20.2	87.8	6.3	22.2	30.7	57.9	69.9
2017	27.5	40.4	26.8	68.4	21.5	89.5	9.3	24.2	32.9	54.5	62.2
2018	28.8	41.5	27.2	68	21.6	90.8	11.6	25	33.4	55.1	61.1

数据来源：世界钢铁协会。

五、变化中的钢铁工业

新兴经济体钢铁行业的发展成为焦点，因为城市化和工业化进程中需要大量钢铁。1967 年世界钢铁协会成立时，美国、西欧和日本的钢产量占世界总产量的 61.9%；到 2000 年，这个比例下降至 43.8%；在 21 世纪初，随着中国的崛起加速了这个比例的下降趋势，并从 2011 年起，新兴经济体生产和使用了超过 70%的钢材，而中国就占 45%左右。这种转变的趋势很有可能在其他新兴经济体得以延续，如印度和东南亚国家联盟（东盟）、中东和北非地区（MENA）。

第二节　世界主要钢铁公司

一、中国宝武

中国宝武由原宝钢集团有限公司和武汉钢铁（集团）公司联合重组而成，于 2016 年 12 月 1 日揭牌成立。2019 年 9 月 19 日，中国宝武对马钢集团实施联合重组。中国宝武注册资本 527.9 亿元，资产规模超8300亿元，是国有资本投资公司试点企业。2019年，中国宝武继续保持行业领先地位，实现钢产量9522万吨，营业总收入5566亿元，利润总额345.2亿元，经营规模和盈利水平位居全球第一，位列《财富》世界500强第149位。

中国宝武以“成为全球钢铁业引领者”为愿景，以“共建高质量钢铁生态圈”为使命，以“诚信、创新、协同、共享”为价值观，致力于通过改革和发展，构建在钢铁生产、绿色发展、智慧制造、服务转型、效益优异等5方面的引领优势，打造以绿色精品智慧的钢铁制造业为基础，新材料产业、智慧服务业、资源环境业、产业园区业、产业金融业等相关产业协同发展的格局，形成“亿吨宝武”“万亿营收”能力，打造若干个千亿级营收、百亿级利润的支柱产业和一批百亿级营收、十亿级利润的优秀企业。

钢铁制造业以“引领全球钢铁产业发展”为目标，着重体现规模、技术、效益引领，通过行业重组整合提高产业集中度，积极推进智慧制造，成为世界一流的碳钢、特钢、不锈钢精品钢材制造服务商。实施绿色、精品、智慧、成本、规模经营战略。

新材料产业聚焦先进制造业发展和大国重器之需，重点推进新能源、海洋工程、航空航天等领域所需的镁、铝、钛等轻金属材料、特种冶金材料、金属包装材料及碳基、硅基和其他无机非金属材料产业化，提升高性能金属材料领域的差异化竞争优势。

智慧服务业以大数据、云计算、人工智能技术为基础，打造数字化设计与咨询服务和工业装备智能运维服务业务，构建基于钢铁和相关大宗商品的第三方平台，为钢铁生态圈提供全生命周期智慧制造和服务的整体解决方案。

资源环境业聚焦主业所需的矿产资源的开发、交易和物流业务，创新商业模式，构建全供应链的世界一流的矿产资源综合服务平台。

依托城市钢厂的装备、技术和资源优势，以产城融合、城市矿山开发和资源综合利用为方向，形成专业化的行业和产城融合的环保产业。

产业园区业以盘活集团存量不动产资源为出发点，通过与外部优势企业合资合作，打造新型产业园区，助力城市经济转型升级，保障老钢铁基地转型中员工新的职业发展，支撑钢铁生态圈建设。

产业金融业要打造专业化、市场化、平台化的产业金融服务体系，为钢铁生态圈提供供应链金融和资产管理等服务，进一步发挥产业公司的金融业务服务实体经济发展的功能和优势。

中国宝武坚守产业报国初心使命，共建高质量钢铁生态圈，推进“一基五元”战略业务布局和“三步走”的总体安排，加快实现“亿万千百十”战略目标，为成为全球钢铁业引领者、开创国有资本投资公司建设发展新局面而不懈奋斗。

二、河钢集团

作为世界最大的钢铁材料制造和综合服务商之一，河钢以“建设最具竞争力钢铁企业”为愿景，致力于为各行各业提供最具价值的钢铁材料和工业服务解决方案。目前，河钢已经成为中国第一大家电用钢、第二大汽车用钢供应商，中国核电、海洋工程、建筑桥梁用钢领军企业，在MPI中国钢铁企业竞争力排名中获“竞争力极强”最高评级，是世界钢铁协会会长、中国钢铁工业协会轮值会长单位。

近年来，河钢树立全球、全产业链理念，推进“钢铁向材料”“制造向服务”的转型升级，形成钢铁材料、新兴产业、海外事业与产业金融深度融合、高效协同的格局，努力成为具有世界品牌影响力的跨国工业集团。

在做强做优钢铁材料的同时，河钢以钢铁产业链条纵向延伸、横向拓展为主线，大力发展战略性新兴产业，面向上下游企业提供工业技术、工程技术、数字技术、工业贸易、产业金融等多元服务，积极培育新的战略支撑点和效益增长点。按照“全球拥有资源、全球拥有市场、全球拥有客户”的定位，河钢加快实施全产业链全球化布局，先后收购并成功运营南非最大的铜冶炼企业——南非矿业、全球最大的钢铁材料营销服务商——瑞士德高、塞尔维亚唯一国有大型钢铁企业——斯梅代雷沃钢厂，形成“四钢两矿一平台”的海外格局。目前河钢直接或间接参股、控股境外公司70多家，控制运营海外资产超过90亿美元，商业网络遍及全球110多个国家和地区，成为我国国际化程度最高的钢铁企业。

三、塔塔钢铁

塔塔钢铁股份有限公司，简称塔塔钢铁（Tata Steel Limited），于1907年由多拉贝吉·塔塔（Dorabji Tata）创立，现时董事长为拉坦·塔塔，总经理为Hemant M. Nerurkan，负责塔塔集团旗下钢铁业务。

塔塔钢铁总部位于印度马哈拉施特拉邦孟买。现在全球经营生产及销售各类钢材产品，包括板钢、长钢等产品，主要在中国、美国、英国和印度运作。塔塔钢铁为全球第12大钢铁生产商，粗钢产量达到2350万吨，为当地最大的私营钢铁商。现在孟买和伦敦证券交易所上市，员工数量达到81600人。

塔塔钢铁在2012年美国《财富》杂志全球500强企业排名为401位。而最为瞩目是在2004年以4.864亿新加坡元收购国民钢铁股份有限公司，以及在2007年以120.4亿美元收购当时上市公司的柯以斯集团（塔塔钢铁欧洲前身），成为首家印度企业收购国际企业一分子。

塔塔钢铁在东部奥里萨邦建立了第二座绿色钢铁厂，设计产能800万吨，2016年第一阶段300万吨产能投入使用。塔塔钢铁拥有并经营铁矿，通过不间断的原材料供应来帮助塔塔钢铁保持成本竞争力和生产效率。

塔塔钢铁公司是欧洲第二大钢铁生产商，粗钢生产能力超过1210万吨，在2007年收购Corus之后，塔塔钢铁在欧洲大陆开始开展业务。塔塔钢铁集团在荷兰的艾默伊登和英国南威尔士的塔尔伯特港有两个综合的（基于高炉的）炼钢厂，主要产品是带钢和板材。欧洲的其他工厂生产各种特殊钢、超纯重熔钢以及各种轧制和涂层产品。

塔塔钢铁集团2004年开始在东南亚的运营，收购了新加坡的Nat Steel。2015年，收购了泰国钢铁制造商Millennium Steel的大部分股权，从而加强了塔塔钢铁集团在东南亚的业务。

2018年6月29日，蒂森克虏伯同意与印度塔塔钢铁（Tata）合并旗下的欧洲钢铁业务。合并后的“蒂森克虏伯塔塔钢铁公司”（Thyssenkrupp Tata Steel）总部设在荷兰，成为欧洲第二大钢铁业者，仅次于安赛乐米塔尔（ArcelorMittal）合资公司，拥有34家工厂，员工达48000人，两家公司在合并后的公司中各持一半股份。

2019年5月10日欧盟委员会否决蒂森克虏伯和印度塔塔钢铁合并旗下的欧洲钢铁业务的计划。

四、韩国浦项

韩国浦项钢铁公司（POSCO）成立于1968年4月1日，为全球最大的钢铁制造厂商之一，也是韩国十大财团之一。作为韩国第一家综合性钢铁厂，浦项制铁可年产4100万吨粗钢，并在全球53个国家和地区开展生产和销售业务。POSCO分别在韩国浦项市（Pohang）和光阳市（Kwangyang）设有完善的工厂，生产各种先进的钢铁产品，包括热轧钢卷、钢板、钢条、冷轧钢板、电导钢片和不锈钢产品等，被美国Morgan Stanley投资银行评定为“全球最具竞争力的钢铁制造商”。POSCO凭借其在急剧变化的全球商业环境中的技术竞争优势，锐意成为21世纪的全球领先钢铁制造商。

浦项制铁公司是韩国政府为了使象征现代产业和国家实力的钢铁行业能够自立而成立的。它拥有位居世界第一的年产量1600万吨的光阳钢铁厂和位居世界第二的年产量1200万吨的浦项制铁厂。

浦项制铁公司在韩国企业中，作为继三星、现代、LG、SK、现代汽车、韩进之后的第七大企业，自从创立以来，一直承续着黑字经营的传统，没有出现过一次赤字，其卓越的创收能力在世界钢铁业界出类拔萃。

韩国政府于2000年10月将浦项制铁公司实行私营化，收回资金3兆8899亿韩元，与其间的投资额2205亿韩元相比，年均投资收益达16.7%，是韩国政府建立以来政府投资中收益率最高的。浦项制铁公司于1994年在纽约证券交易所上市，接着又于次年在伦敦证券交易所上市，现在外资股东达60%以上，被认为是韩国具代表性的绩优公司。

浦项制铁公司在国内有13个子公司，在中国、泰国、越南、缅甸、美国、委内瑞拉、巴西、加拿大、澳大利亚等9个国家，设有34个钢铁厂、原料加工厂、销售公司等。

浦项制铁公司通过不断的创新和技术发展，继续为人类发展做出贡献，并已成为世界上最具竞争力的钢铁制造商。它将继续成为一家经久不衰的公司，树立其管理理念，并受到人们的信赖和尊重企业，共同打造更美好的未来。

五、中国台湾中钢

中国钢铁股份有限公司（中钢）位于中国台湾高雄市，成立于1971年12月，粗钢年产量约1千万吨，主要产品为钢板、条钢、线材、热轧、冷轧、电镀锌钢卷、电磁钢卷及热浸镀锌钢卷等钢品，以及钛基/镍基合金。产品主要销往中国大陆、中国香港、日本、东南亚。

中钢是一家勇于创新、执行力强的公司，以“追求成长，持续节能环保及价值创新，成为值得信赖的全球卓越钢铁企业”为愿景，积极落实“团队、企业、踏实、求新”的中钢精神，以及“增进社会福祉、落实实际绩效、发挥群体力量、讲求人性管理”的中钢经营理念，除持续深耕钢铁本业外，亦致力协助下游相关产业升级，提升整体产业国际竞争力。

2013年因生产维护及永续经营绩效优异，荣获世界钢铁协会（World Steel）唯一颁发的Leading Company奖并获选道琼斯世界永续指数（DJSI）产业领袖（Industry Leader）企业，2017年获选富时社会责任指数（FTSE4Good Emerging Index）成分股。另外，公司也于2014~2018年间，获DJSI及RobecoSAM评选的国际钢铁业的产业领袖（Industry Leader）、金奖（Gold Class）及银奖（Silver Class）企业等荣誉，显示中钢在研发创新、生产维护以及善尽企业社会责任等方面，成就深受国际肯定。

中钢为发挥经营综效，进行多角化经营，目前转投资事业共有26家，业务范围涵盖钢铁核心、工程事业、工业材料、物流事业以及服务投资等五大事业群，形成“中钢集团”，并将中钢集团定位为“总部设于中国台湾，以亚洲为核心，集钢铁与材料、工程及服务、矿业与资源的重环保与节能的集团”，朝向资源节约与环境友好的全球卓越钢铁企业努力。

六、安赛乐米塔尔

安赛乐米塔尔目前为全球第二大钢铁企业，最早可追溯为米塔尔1976年在印度尼西亚成立的钢铁公司。2002年2月，欧洲三大钢铁制造商法国 Usinor、卢森堡 Arbed 和西班牙 Aceralia，宣布以换股方式合并，合并后成为阿塞洛钢铁集团。总部位于卢森堡的阿塞洛公司主要产品包括扁平材、长材、不锈钢等，应用于汽车、建筑行业、家用电器、包装业以及普通行业。2006 年 3 月中文译名改为安赛乐钢铁集团。2006 年，当时世界排名第一和第二的安赛乐和米塔尔合并，成立了当时世界上第一个钢铁巨无霸企业，并且从 2006~2018 年一直占据全球钢铁产量第一的头衔。2019 年年末，在 18 个国家有工厂，客户遍及全球 160 个国家及地区，共有员工 191248 人。2019 年生产了 5710 万吨铁矿石，能满足 52%的自身需求。2019 年生产了 8980 万吨钢材，外运量达到了 8450 万吨。共有 197 个商标，超过 600 个在用的专利，2019 年共发布了 42 个新产品，全球有 11 个研究中心，100 个正在研发项目，并在世界各大市场及发展中国家都设有工厂。安赛乐米塔尔深知，其在业界的地位赋予它独特的责任，因此铭记下一代的需求，致力于制定全球公认的标准。

安赛乐米塔尔在汽车、建筑、家用电器以及包装等领域的全球各主要市场占据领先地位，拥有先进的研发与技术以及丰富的原材料资源和强大的销售网络。整个集团在欧洲、亚洲、非洲和美洲的 27 个国家设有分支机构，业务范围覆盖所有主要的新兴钢铁市场与成熟钢铁市场，期望在快速发展的中国和印度市场谋求一席之地。

七、日本制铁

日本制铁公司（原新日本钢铁公司）是日本跨国公司，是日本最大的钢铁公司，也是世界大型钢铁公司之一，总公司设在日本东京。日本制铁公司前身是于 1897 年建成的官营八幡制铁所。它不仅是日本制铁公司的发祥地，还是日本钢铁工业的发祥地。

日本制铁公司 1934 年 2 月由官营的八幡制铁所和民间的轮西制铁、

釜石矿山、富士制铁、东洋制铁、三菱制铁、九州制铁6家合并组成。1950年分成八幡制铁、富士制铁两家钢铁公司和日铁轮船公司及播磨耐火砖公司。1970年3月，八幡、富士两家公司合并，诞生了新日本钢铁公司，简称新日铁。2012年10月，新日铁和住友金属工业公司合并，新公司名为新日铁住金公司，成为当时日本最大和世界第二大的钢铁生产商。2019年4月，新日铁住金公司更名为日本制铁公司。

日本制铁公司的产品包括：钢轨、工型钢、圆钢、冷轧钢板、热轧钢板、镀锡板、镀锌板、各种钢管、合金钢、不锈钢、铣铁、各种钢坯、化学制品、炼铁用成套设备、各种产业机械。此外，设有一个工程事业部，专门为国外钢铁企业提供技术资料，开展帮助设计、建设和改造钢铁企业的业务。产品除供应日本国内外，还向世界100多个国家出口。在海外建立了数十家子公司，并且参与了中国宝山钢铁总厂的建设。

在公司钢铁生产业务方面，日本制铁公司发展了先进的加工程序，能够大幅度地提高生产率和生产量，降低能源消耗。通过采用先进的技术知识，日本制铁公司仍然在发展一系列的艺术级的产品。

除了钢铁制造之外，日本制铁公司也在发展其他的业务领域，这些领域包括工程、城市规划、有色金属、化学工业、电子、信息系统。

八、蒂森克虏伯

蒂森克虏伯公司是由两家公司构成的，其一是1891年成立的蒂森公司，其二是于1811年成立的克虏伯公司，皆是钢铁厂。早在20世纪80年代，两家工厂已经开始有过合并之谈判，并有过多次合作。1997~1999年间，两家公司用了两年时间完成合并。在普鲁士和德意志第三帝国崛起的过程中，克虏伯公司的军工产品等重工业品功不可没，因此两次世界大战时，该公司总是处于风口浪尖之上。而蒂森公司，则一直为各国的汽车工业提供零部件和其他技术，如在意大利的都灵就设有工厂，提供汽车机械等技术。

目前蒂森克虏伯共有包括钢铁、汽车、电梯、工厂技术和材料服务五大板块。2019 年蒂森克虏伯销售收入为 420 亿欧元，员工 162372 人，在 78 个国家和地区有业务，息税前利润 8.02 亿欧元，净利润亏损 2.6 亿欧元。

随着经营日益困难，蒂森克虏伯加快了各个业务板块的重组速度，持续推动已经开始的战略调整。该战略的核心是将公司转变为具有精益管理模式和结构清晰的投资组合的高性能“公司集团”。将来，公司的业务将分为两类：一类是蒂森克虏伯将自行发展或与合作伙伴共同发展的业务，另一类是寻求集团现有业务以外的发展道路。蒂森克虏伯公司首席执行官马丁娜·梅尔兹（Martina Merz）表示“蒂森克虏伯将在转型中变小但变强。”

根据每个业务的潜力，做出了以下投资组合决策：根据自身的市场地位和竞争实力，蒂森克虏伯认为材料服务和工业组件（锻造技术和轴承）具有持续良好的发展潜力，这部分业务将来将继续自行运作。战略调整完成后，蒂森克虏伯将成为拥有高效、独立业务、强大的伞形品牌和最精简控股的公司集团。未来，蒂森克虏伯总部将首先负责公司治理、投资组合和投资（资本分配）决策。

九、美国钢铁公司

美国钢铁公司成立于 1901 年，总部位于宾夕法尼亚州匹兹堡，是一家综合性钢铁生产商，主要生产业务在北美和中欧，年粗钢生产能力为 2200 万吨。为汽车、家电、集装箱、工业机械、建筑以及石油和天然气行业生产各种增值钢板和管状产品。

美国钢铁公司董事会于 2018 年 7 月批准了一个新战略，其中包括三个关键成功因素：赢得最具吸引力的市场、降低成本曲线和提高人才曲线。

首先，将通过对客户的投资，专注于最具吸引力的钢铁市场，重点是创造差异化、创新和增值的解决方案，帮助客户取得成功。

第二，降低成本曲线。努力改善财务业绩和强劲的资产负债表，能够降低成本，从而从先进技术中实现运营改进。加大设备投资，以提高生产效率和能力，包括在北美板材市场持续多年的振兴努力。

第三，希望通过为员工提供成功所需的培训和资源来投资，从而提升人才曲线。并且形成一种强力的文化：问责制、公平和尊重是基础，所有形式的高绩效和多样性都受到重视和赞扬。

十、纽柯公司

美国纽柯钢铁公司（Nucor）是一家以短流程炼钢工艺为代表的钢铁公司。1966 年进军钢铁行业以来，产业规模不断壮大，并连续 49 年实现盈利。

纽柯的历史可以追溯到 1905 年，其前身是一家汽车公司。1955 年与核子顾问公司合并成立美国核子集团。1962 年收购了生产钢梁的 Vulcraft 公司，为了保证原料经济可靠供应，1966 年美国核子集团开始涉足炼钢业务。1971 年美国核子集团正式更名为纽柯。

纽柯涉足钢铁业的最初原因只是为了满足自身生产的需要，随着外部需求的增加，不断通过新建设备以满足外部需求。进入 21 世纪，纽柯公司不再满足于依靠自建项目扩展自己的业务，开始以收购、合资建厂等方式继续发展壮大自己的生产能力。目前，纽柯是美国第一大钢铁生产商。2015 年拥有 22 家“废钢—电炉炼钢”短流程钢厂，年产能达 2881 万吨。其中：薄板生产厂 5 家（产能 1310 万吨），中厚板生产厂 2 家（产能 290 万吨），结构钢生产厂 2 家（产能 370 万吨），棒材生产厂 13 家（产能 911 万吨）。

为了促进钢铁主业的发展，保障经济可靠的资源供应，纽柯积极发展废旧资源回收及循环利用。目前，纽柯是北美地区最大的废旧资源回收商。2012 年，纽柯拥有 500 万吨/年的处理废钢能力，平均 4 秒钟就可以拆解一辆 SUV。不仅如此，纽柯还大力发展熔融还原铁，目前拥有 250 万吨的直接还原铁产能。

2017~2018 财年，纽柯创造了 23.6 亿美元和每股 7.42 美元的新收益记录。从 2017~2018 年，纽柯宣布计划进行超过 20 亿美元的计划资本投资，包括在佛罗里达州和密苏里州建造螺纹钢轧机，以及对现有钢厂进行重大扩建和升级。

第三节 主要原料市场情况

一、“长协”定价机制

（一）“长协”定价机制的发展

铁矿石属于大宗商品中的黑色金属类。大宗商品定价方式主要有两种：一种是对于发达期货市场的成熟品种来说，其价格基本上由最著名的期货交易所标准期货合约的价格决定。例如国际铜价主要是由 LME 铜期货价决定的；美国芝加哥期货交易所（CBOT）的大豆期价和玉米期价是全球大豆和玉米买卖的定价标准；天然橡胶的国际贸易价主要参考的是日本东京工业品交易所（TOCOM）的天然橡胶期价。另一种是对于不成熟的期货品种或者尚未得到广泛认可的初级产品来说，其价格由市场上的主要买方和卖方谈判进行交易。

铁矿石定价在初期即属于第二种情况。在 20 世纪 60 年代之前，铁矿石海运贸易极少。随着日本经济高速增长，钢铁行业迅速崛起，而日本本国又严重缺乏铁矿石资源，需大量进口；同时，澳大利亚在发现皮尔巴拉地区丰富矿石资源之后，开始出口铁矿石。双方一拍即合，铁矿石开采项目周期长，需要大量资金，日本出资开发矿山，澳大利亚将开采出的铁矿石出口日本，既保证了皮尔巴拉矿山项目的资金，又保障了日本对铁矿石的需求。双方签订长期合同，通常是 15~20 年，前 5~7 年的铁矿石价格不变。之后巴西卡拉加斯矿山大规模开发，巴西成为日本第二进口国。

日本钢企非常注重与矿山的长期合作，逐渐形成了成熟的交易规则，也就是这里要说的“长协”定价机制。“长协”定价机制下形成的价格称为国际市场公开价或年度基准价，是由矿山与钢企每年进行谈判确定的下一年铁矿石交易价格。初期是众多钢厂联合与矿山谈判，各国反垄断法出台后，便改为选出代表性企业与矿山谈判。由于地理位置不同导致的海运费差异，最终产生亚洲价格和欧洲价格。

“长协”定价机制有四项基础原则：

（1）年度合同定价：价格谈判一年一次，每年第四季度开始下一矿石年度的谈判，矿石年度起止时间为当年 4 月 1 日至次年 3 月 31 日。合同价格确定后不受下一年现货价格波动影响。

（2）首发-跟风：第一场谈判达成一致的首发价格，为全年定价标准，其余各谈判方接受。

（3）同品种同涨幅：对矿石品种确定价格，适用同一涨跌幅，而不考虑同品种矿石品质的差异。

（4）离岸价：谈判确定铁矿石离岸价，不包括海运费等其他费用。

历年铁矿石“长协”价格谈判情况见表 3-4。

随着 21 世纪以来基建行业高速增长，而国内铁矿石资源有限且品质较低，铁矿石进口需求日渐扩大，中国从 2003 年起已成为世界第一大铁矿石进口国，从这时起，中国钢企决定加入到世界铁矿石价格谈判中去。

表 3-4 历年铁矿石“长协”价格谈判情况

年度	亚洲市场			欧洲市场		
	定价时间	定价企业	涨幅/%	定价时间	定价企业	涨幅/%
1991	1991/1/30	Hamersley	7.93	1991/1/13	CVRD-TKS	7.95
1992	1991/12/17	Hamersley	-4.9	1991/12/17	CVRD-TKS	-4.9
1993	1993/1/13	BHP	-11	1992/12/22	SNIM-Usinor	-13.47
1994	1994/2/8	Hamersley	-9.5	1994/2/8	Hamersleu-TKS	-6.77
		Robe River	-14.5		CVRD-TKS	-9.5
1995	1994/12/20	BHP	5.8	1994/12/20	SNIM-Usinor	5.8
1996	1996/1/25	BHP	6	1996/1/29	CVRD-TKS	6
1997	1997/1/21	BHP	1.1	1997/1/29	Hamersleu-Corus	-1.94
1998	1998/1/21	BHP	2.82	1998/1/21	CVRD-TKS	2.82
1999	1999/2/16	Hamersley	-11	1999/2/19	CVRD-TKS	-11
2000	2000/2/29	Robe River	4.35	2000/2/27	SNIM-Usinor	5.42
2001	2001/3/26	Hamersley	4.3	2001/3/20	CVRD-Riva	4.31
2002	2002/5/31	BHP	-2.4	2002/5/29	CVRD-TKS	-2.4
2003	2003/3/21	Hamersley/BHP	8.9	2003/5/19	CVRD-Arcelor	8.9

数据来源：网络信息整理。

2003 年年底，宝钢在中国钢铁工业协会和国内主要钢铁企业的推举下成为中国钢铁企业的谈判代表，首次正式参与国际铁矿石价格谈判。但当年并没有发挥重要作用，新日铁主导了 2004 年的铁矿石谈判，率先与澳大利亚的必和必拓公司达成了 18.6%涨幅的首发价格。

2005 年 2 月 22 日，新日铁分别与淡水河谷和必和必拓敲定了 71.5%的涨幅，这是谈判历史上涨价幅度最大的一年。其中必和必拓公司要求补偿运费差价，宝钢成功说服其放弃。

2006 年的铁矿石价格谈判异常艰难，历经 7 个多月，最终巴西淡水河谷与德国蒂森克虏伯敲定 19%的涨幅，高于市场预期。宝钢认为此价格没有考虑到中国因素，要求继续谈判，经过一个月努力未果，只能接受。

2007年，宝钢与淡水河谷谈判，以涨价9.55%获得首发价，这是中国钢铁企业首次确定国家铁矿石价格，但还是未能抑制价格上涨的趋势。

纵观中国参加谈判历程，由于中国国内钢铁企业集中程度低、生产能力参差不齐，未能形成有效的“集体行动”，不能对三大矿山产生足够影响，反而形成对生产方的依赖，在谈判中始终处于被动。

(二)“长协”定价机制的崩溃

2008年，新日铁与淡水河谷达成两种铁矿石基准价格的协议，其中南部铁精粉涨65%，卡拉加斯粉矿涨71%。同时，力拓公司对亚洲钢厂出售铁矿石时征收海运费，用到岸价（CIF）取代了离岸价(FOB)，以获得更高的利润。“同品种同涨幅”和“离岸价”原则被打破。

2009年，受金融危机的影响，国际铁矿石呈现供大于求的局势。新日铁与力拓集团达成降价32.94%的协议。中国与澳大利亚的FMG公司进行谈判以改变局面，并最终以FMG公司的毁约结束2009年的铁矿石谈判。个别钢铁企业接受了澳大利亚矿山的指数化价格。“首发-跟风”原则被打破。

2010年，力拓、必和必拓和淡水河谷均弃用年度铁矿石定价机制，从第二季度开始使用更加灵活的指数定价机制。同年，淡水河谷表示，不再宣布定价，并与全部客户达成协议，建立铁矿石季度价格机制，并以中国现货市场价格指数为基准。“长协”定价机制彻底瓦解。

二、指数定价

“长协”定价机制崩溃后，铁矿石指数定价方式成为市场普遍接受的基准。国际主流指数定价来源有三个：普氏能源资讯（Platts）的普氏指数（Platts Iron Ore Index）、环球钢讯（SBB）的TSI（The Steel Index）指数和英国金属导报（me_ x_ tal Bulletin）的MBIO（MB Iron Ore Index）指数。指数编制以中国主要港口铁矿石现货价格为基准。2011年普氏能源资讯收购了环球钢讯集团，下面主要讲普氏指数。

普氏铁矿石指数采集的价格为中国主要港口的铁矿石CFR（成本+运费）现货价格。使用普氏能源资讯在线通信工具eWindow收集市场询价、报盘和交易信息。但其数据样本多为“活跃”参与现货交易的小规模钢企和贸易商，而不是矿山和大型钢厂，不具代表性。此外价格编制方式也不透明，有垄断嫌疑。

普氏能源资讯母公司为麦格劳-希尔金融（McGraw - Hill Financial），是一家提供全球资本和商品市场评级、价格与分析的机构，标准普尔也是其主要业务。股东构成中，资本世界投资者、美国先锋集团、贝莱德等金融机构持有众多全球能源、矿产资源巨头公司的股份。比如资本世界投资者持有花旗银行的股份，而三大矿山中，力拓、必和必拓股东排名前几位均有汇丰、摩根大通、花旗银行等大型金融机构。巴西淡水河谷由巴西国有资本Valepar公司控制，其前10大股东中，美国先锋集团、道富公司、贝莱德机构信托公司。这3名股东持有麦格劳-希尔的股份。

由此可见，铁矿石市场博弈背后真正的主导力量是金融资本，不仅向矿山提供实际的资本支持，投行提供的分析报告也创设了信用，为三大矿商融资起了决定性作用。国际金融资本与生产资本的紧密结合使得三大矿商牢牢掌控着铁矿石定价权。

三、世界三大矿山简介

（一）力拓

力拓最早可追溯到1873年。西班牙政府将一铜矿卖给了由苏格兰企业家休·马西森（Hugh Matheson）带领的欧洲财团。当年，力拓公司开始了矿山的运营，建设了新的加工厂，引进了新技术，于1877~1891年间该矿成为了世界第一的铜矿资产。由奥克兰·坎贝尔-格迪斯（Auckland Campbell-Geddes）爵士领导的新任管理团队开始集中力量拓展西班牙以外的多元化经营。在奥克兰爵士的带领下，力拓公司开展了一系列合作项目和新技术研发工作，同时进行了新矿的勘探与开发。1956年，力拓与美国Kaiser Aluminium公司以50：50合资成立联邦铝业公司（又称Comalco），开发大型铝土矿矿藏韦帕（Weipa）。2000年，力拓收购了Comalco所有股权。1966年汤姆·普莱斯铁矿（Tom Price）开始投入运营，该矿隶属于哈默斯利（Hamersley）铁矿，位于西澳皮尔巴拉地区。皮尔巴拉现已成为力拓铁矿石的世界一流矿区，汤姆·普莱斯铁矿正是该地区首个铁矿石运营项目。1989年，力拓以43亿美元收购英国石油公司工业矿物业务，是当时两家英国公司间规模最大的收购。经过这次收购，力拓成为世界最大的铜生产商之一，并在铁粉和钛白粉原料生产方面获得世界领先地位。2008年开始，力拓实施开拓性“未来矿山”计划，以新一代技术实现更高效、更有成本竞争力的智能采矿，同时进一步降低环境影响，提高安全系数。到目前为止，“未来矿山”计划的项目包括：位于珀斯的远程运营中心，负责监管1500公里之外的皮尔巴拉运营状况；无人驾驶卡车、无人驾驶火车的广泛应用，以及地下开采技术的提升与开发。

（二）淡水河谷

巴西的淡水河谷公司（Vale of Brazil，简称 Vale，全称 Companhia Vale do Rio Doce）是世界上最大的铁矿石（矿砂）生产和供应商，也是美洲大陆最大的矿业公司，被誉为巴西“皇冠上的宝石”和“亚马逊地区的引擎”，私营跨国公司，全球铁矿石价格谈判的主要谈判方之一。

巴西淡水河谷公司成立于 1942 年 6 月 1 日，除经营铁矿砂外，还经营锰矿砂、铝矿、金矿等矿产品及纸浆、港口、铁路和能源。该公司于 1997 年 5 月 7 日开始推行私有化并大举兼并铁矿砂企业。2000 年年初，淡水河谷不仅收购了 SOCOIMEX 公司，还收购了萨米特里矿业的全部股份。巴西铁矿砂资源极为丰富，占全球总储量的 6.5%，为世界富铁矿第一生产大国。

现在，淡水河谷铁矿石产量占巴西全国总产量的 80%。其铁矿资源集中在“铁四角”地区和巴西北部的巴拉州，拥有挺博佩贝铁矿、卡潘尼马铁矿、卡拉加斯铁矿等，保有铁矿储量约 40 亿吨，其主要矿产可维持开采近 400 年。

淡水河谷公司业务经营额在世界各国家和地区所占比重为：欧洲 29.0%，巴西 27.5%，中国 12.4%，日本 8.9%，美国 4.4%，亚洲其他国家 4.8%，世界其他国家 13.0%。

淡水河谷公司在世界设有 5 个办事处，其中 1994 年在中国设立了办事处；在 15 个国家和地区有业务经营和矿产开采活动；在中国进行了投资项目；在 2 个国家正在进行项目可行性研究。

淡水河谷公司矿产开采开发规划是着眼全球，其中包括：在委内瑞拉开采煤、铝矾土、铜、铁和钻石；在秘鲁开采铝和铜；在智利开采铝和铜；在阿根廷开采钾、铝和铜；在加蓬开采锰；在莫桑比克开采煤、铝和铜；在安哥拉开采钻石、铝、铜、钾和铁；在巴西开采铝、铜、镍、白金族矿、锰、钻石、高岭土和铝矾土；在蒙古开采铝、铜和煤；在中国开采煤、铜、铝和铝矾土。

（三）必和必拓

澳大利亚必和必拓公司（BHP Billiton Ltd. ——Broken Hill Proprietary Billiton Ltd.），是以经营石油和矿产为主的全球著名跨国公司，已发展成为全球第一大资源公司。该公司在全球20个国家开展业务，主要产品有铁矿石、煤、铜、铝、镍、石油、液化天然气、镁、钻石等。在2003~2004财年度，该公司实现净收入340.87亿澳元，名列澳大利亚十大企业名单之首。2004年8月26日，该公司宣布其市值达583亿美元。必和必拓在澳大利亚、伦敦和纽约的股票交易所上市。

BHP公司的矿山位于澳大利亚西部皮尔巴拉地区，分别是纽曼、扬迪和戈德沃斯。这三个矿区的总探明储量约为29亿吨，铁矿石的年产量为1亿吨。

四、世界炼焦煤市场

世界炼焦煤资源占全球煤炭资源总量的10%，约为11400亿吨，约有1/2分布在亚洲、1/4分布在北美洲、其他地域占1/4。储量最多的俄罗斯，几乎占据了世界炼焦煤资源的1/2，中国炼焦煤储量占世界的1/3。中国是炼焦煤第一生产大国和消费大国，澳大利亚是炼焦煤出口最多的国家。全球焦煤供应增量主要来自中国和澳洲，年均增速为5.2%。考虑到中国整合、澳洲供应恢复后步入扩产通道，加拿大、蒙古、独联体国家产量略有增加。

根据世界煤炭协会数据，2013年全球焦煤供应达9.82亿吨，同比增长3%；而全球焦煤需求9.48亿吨，同比增长1.7%，焦煤供需格局由紧张转为宽松。未来全球炼焦煤供应量将会进一步有所增加。

首先，整体而言国际炼焦煤供给高度集中，出口量最多的国家是澳大利亚和蒙古。澳大利亚作为当之无愧的龙头老大，占全球炼焦煤供应总量的60%，可采煤炭储量909亿吨，且其炼焦煤资源煤质好（低灰、低硫），是国际炼焦煤市场的主要供应国家，供应量占全球炼焦煤贸易量（2.6亿吨）的半壁江山（52%）。据澳大利亚联邦产业部发布的《资源和能源季报（四季度）》数据显示，2015年炼焦煤产量1.93亿吨，同比增长5.3%，出口1.87亿吨，同比增长0.5%；2016年炼焦煤产量1.95亿吨，增长0.9%，出口1.93亿吨，增长2.7%。2019年澳大利亚煤炭产量为5.59亿吨，较2018年增长0.3%。

而近年来的后起之秀——蒙古国，是全球煤炭资源最集中、最丰富的地区之一，被称为“煤矿业的沙特阿拉伯”。蒙古的煤炭总储量约为1623亿吨，且大部分为炼焦煤，煤层埋藏浅、厚度大、易开采；近年来随着政府对煤矿及铁路等基础设施的投资建设，蒙古国焦煤的产能增长迅速。数据显示，2019年蒙古煤炭产量累计为5083.4万吨，同比增加82.5万吨，增长1.7%；煤炭出口3660.4万吨，主要出口到中国，同比增加33.9万吨，增长1%，较2016年相比增幅为83%。

其次，第二梯队的美国、加拿大、俄罗斯、印尼等供应国，储量丰富、煤质稳定，对国际市场的供应量持续稳定增加。美国煤炭资源丰富，占世界储量的1/4，且资源分布较均衡，年产焦煤量约0.7亿吨，其中80%用于出口，但考虑到美国炼焦煤开采成本较高，产量和出口量会进一步收缩，出口量会减少600万吨。美国能源信息管理局发布的一组数据显示，2015年美国煤炭产量大约为9亿吨，同比下降10%，这是自1986年以来的最低水平。2019年美国煤炭产量为6.4亿吨，较2018年下降2.5%。

加拿大炼焦煤储量丰富、品质良好，近年来出口到中国的量逐年递增。俄罗斯煤炭储量丰富，炼焦煤资源不仅储量大且品种齐全，主要出口到日、韩及中国东北地区，近年来中国的沿海地区及西北地区成为俄罗斯炼焦煤的潜在用户。据俄罗斯联邦能源部统计数据，2015 年俄罗斯煤炭产量为 37167.5 万吨，同比增加 1445.7 万吨，增长 4.05%；出口煤炭 15141.6 万吨，同比减少 46.4 万吨，下降 0.3%。2019 年俄罗斯煤炭产量为 4.39 亿吨，较 2018 年产量基本持平。

第四章　西欧主要国家钢铁工业发展

第一节　英国钢铁工业发展轨迹

英国作为工业革命的发源地，钢铁工业对这个国家的重要性不言而喻。正是18世纪钢铁生产技术的突破，为英国工业革命的发生奠定了坚实基础。得益于工业革命的深入发展，促进英国钢铁生产技术不断改进，为英国钢铁工业和其他工业的发展注入强劲动力，使英国成为“世界工厂”。随着英国钢铁生产技术发展的停滞，英国钢铁工业逐渐衰落，被美、德等国赶超，大英帝国逐渐失去昔日“日不落帝国”的风采。纵观英国钢铁工业的发展历程，可以看作是英国从崛起到衰落的一个缩影。

一、近代钢铁工业的起源

（一）铁器时代的钢铁产品与技术

英国冶铁业早期主要采取以木炭为燃料的生产技术，因此产业规模始终无法扩大，至1720年产铁仅1.7万吨。到1760年，英国发明家詹姆斯·瓦特设计的蒸汽机问世，意味着人类终于可以将机械大规模应用于生产活动。机械生产极大地提升了社会生产力，同时对钢铁行业也起到了积极的提振作用。无独有偶，冶铁业的燃料从木炭开始转向焦炭，蒸汽机的应用提升了鼓风炉的风力，使能源运用更加充分，也提高了生铁生产质量。工业革命让英国冶铁业完成了从小作坊到机械工厂的转变，英国铁产能得以快速提升，到 1806 年铁年产量已达 26 万吨。

1709 年，亚伯拉罕·达比最早利用煤化焦炭成功地冶炼出生铁。他在什罗普郡科尔布鲁克代尔地区租用了一个废弃的鼓风炉，该炉于 1709 年 1 月 4 日重新送风开炉，炼焦炭并获得成功，之后他在该地区设厂炼铁。选择该地区是因为什罗普郡煤田接近露头煤层，煤的硫含量较低，结焦性好。

1742 年由英国人亨茨曼（B. Huntsman）（图 4-1）首先应用坩埚炼钢。他将渗碳铁料切成小块置于封闭的黏土坩埚中，在坩埚外面加热，铁料继续吸收石墨中的碳而熔化成为高碳钢水，浇铸成小锭后锻打成所需的形状。图 4-2 为伦敦新闻画报展示的大约 1740 年锻造厂的铁匠。钢在坩埚中熔化时，石墨碳还能起还原剂作用，发生以下还原反应：

$$C+FeO = CO+Fe$$

$$2C+SiO_2 = 2CO+Si$$

图 4-1　本杰明·亨茨曼

（来源：《钢铁白皮书》）

图 4-2　锻造厂的铁匠

（来源：《钢铁白皮书》，伦敦新闻画报，大约 1740 年）

钢中氧可以去除，各种夹杂物也能从液态钢中上浮去除，所以钢（工具钢）的质量优于当时的各种金属材料，可用来制造加工金属材料的工具。坩埚法是人类历史上第一种生产液态钢的方法，但是生产量极小，成本高。

亨茨曼的发明起源于钟表弹簧。作为钟表匠，亨茨曼并不满意来自德国的钢质零件，因此他着手自己制作零件。值得一提的是，当他第一次与谢菲尔德的刀具商谈及坩埚钢时，刀具商没有采纳他的工艺。而当他们无法阻止亨茨曼把坩埚炼钢技术输出给法国制造商时，英国刀具商才最终同意采用这项技术。

1815 年，苏格兰工程师威廉·默多克（William Murdock）用废弃的步枪枪膛连接成管网，为伦敦的照明系统输送煤气。他的创举开启了钢管时代，如今钢管已成为现代社会建造油、汽和水运输系统等基础设施的基本材料。

（二）钢铁技术革新奠定英国霸主地位

18~20 世纪，英国钢铁工业飞速发展，钢铁生产技术的进步是其中关键的因素。钢铁作为基本的物质原料，深刻地影响着其他工业部门，乃至整个英国经济的发展。钢铁生产技术的进步为英国从一个偏于一隅的岛国一跃成为世界最强大的工业国注入了强劲的动力。

18 世纪至 19 世纪末，英国钢铁技术的飞速发展与那个时代所处的大环境密不可分。工业革命促进了技术的进步和社会生产力的飞速发展，使人类得到新的动力来源，从手工工具转到动力机械，实现机械化生产，及由农业社会向工业社会的转变。在这一过程中，钢铁工业作为影响最大的工业部门之一，其技术的发展过程也不可避免地受到工业革命的影响。铁作为生产工具不可或缺的物质源料，对整个工业革命的发展也起着至关重要的保障作用，钢铁技术的进步从根本上对工业革命的发展起着推动作用。可以说钢铁技术的进步与工业革命是相辅相成的。

工业革命最突出的成就就是机器逐渐取代了手工工具。而机器的发展则来源于新的动力，蒸汽动力逐步代替了人力、畜力、水力和风力等原始动力。原始动力容易受到自身能力和天然条件的制约，而蒸汽动力则不受那些条件的限制。可以说，蒸汽机的发明是工业革命的核心标志。蒸汽机的发明和改进使钢铁工业摆脱了对水力的依赖，高炉和锻锤不再受水力条件和水流大小的限制。高炉可以在一年之内不停地熔炼生铁，不用在河流干涸的时候被迫停工。蒸汽机性能的不断提高，动力输出越来越足，这样高炉就可以得到更加充足的鼓风，建造更高更大的高炉就不再是幻想，蒸汽锻锤就可以锻造更多更厚的锻铁。蒸汽机对于推进钢铁技术的变革有着直接而深远的影响。

另外，蒸汽机还被大量用于煤矿排水，这对于改善采煤环境、提高煤炭产量有着至关重要的作用。自 18 世纪中期以后，钢铁工业一直都是煤炭需求的大户。采煤工业的发展使煤炭产量不断上升，解决了钢铁工业曾困扰一时的燃料问题。充足的燃料供应使英国的焦炭高炉数量猛增，钢铁产量不断增加。1830 年，250～300 座鼓风炉已有 65 万～70 万吨的铁产量。为了提高生产效率、降低煤炭的消耗，钢铁工业的技术改进也成为了必然趋势。采煤工业从侧面促使钢铁技术不断进步。在拿破仑战争结束的时候，大不列颠是欧洲国家中拥有最现代化、最时兴的炼铁工业的国家。一方面由于它使用煤作为原料，另一方面由于它在制铁的各个阶段以蒸汽机代替了水力。

如果说，蒸汽机和采煤业是钢铁技术发展的主要推动力，那么铁路的发展和造船工业的进步则是钢铁技术进步的重要牵引力。因为，铁路和造船都需要大量钢铁，这使得钢铁需求量猛增。为了满足需求，钢铁工业就必须进行技术改进，提高产量。

1814 年，斯蒂芬森制造了世界第一台真正意义上的蒸汽火车，1830 年通车的利物浦—曼彻斯特铁路标志着公共铁路线的诞生，人类开始进入到快速发展的铁路时代。1838 年，英国运行的铁路不足 500 英里，之后形成建设铁路热潮，到 1850 年发展成 6000 英里。铁路的快速发展伴随着对铁轨需求量的飚升，这就需要消耗大量的生铁。在 19 世纪 40 年代中晚期，英国有 18%的生铁被用于转变成铁路公司需要的锻铁，这其中包含了 30%的国内市场。在 1848 年，国内和国外需求总量占到总产量的 30%～40%。欧洲大陆的铁路建设热潮也促使英国生铁主要用于铁轨，出口贸易的繁荣，无形中带动了生铁产量的提高。造船工业在 19 世纪也得到了日新月异的发展，技术的革新使钢铁大量运用到造船业。早在 1787 年，英国中部就开始以铁代替木材来造船。1819 年，第一艘有记载的全铁壳结构驳船“坎贝尔号”在苏格兰下水。1877 年，英国皇家海军舰艇“彩虹女神号”在彭布罗克造船厂下水，这在造船业中通常被看作是钢船时代开始的标志。造船业这一系列的变革，都对钢铁产生了巨大的需求，造船业在 19 世纪中期开始稳固而快速的发展，也使其成为钢铁需求的第一大户。20 世纪早期，英国的造船业吸收了转炉钢和平炉钢总产量的42%。

另外，铁路和造船业的发展也促使钢铁工业结构的转型，直接带动了钢铁技术的变革。19世纪中叶，铁路迅速发展，铁轨铺设对铁的需求量猛增，搅炼炉已经在19世纪40年代随着铁路用的金属巨大需求而变得非常重要。随着钢产量的扩大，作为这种新金属的第一重要消费者，在19世纪70年代，英国完成了钢轨代替铁轨的转变。造船业用钢取代铁的时间相对较晚，但发展迅速。1880年，英国登记的造船用钢增加量为3.8万吨，而造船用铁则增加了48.7万吨。5年以后，铁仍然是主要的造船原料——30.8万吨铁对18.5万吨钢。1890年，整个形式发生了逆转，造船工业的用钢量增加了91.3万吨，而用铁量只增加了4.6万吨。钢取代铁成为19世纪后半叶钢铁技术变革中最为重要的趋势之一，

在英国，还有一个技术变革趋势也与铁路和造船紧密相关，表4-1为钢船和铁船建造吨位。转炉钢虽然生产成本低廉，但钢质量相对较低，主要用于钢轨的生产。平炉钢由于可以利用大量废钢，有成本下降的空间，且平炉钢质量较均匀，适合于对生产规格要求较高的工业部门，造船业就是其中之一。在19世纪末，随着生产标准的提高和铁路建设的趋缓，对转炉钢的需求大减。相反，英国的造船工业发展更为迅速，对平炉钢的需求有增无减。因此，英国首先完成了平炉钢取代转炉钢成为主要生产原料的转型。在19世纪末，英国的贝塞麦转炉钢产量为182.5万吨，而平炉钢则达300万吨以上。

表4-1　钢船和铁船建造吨位（1880~1887年）　　（吨）

年份	钢船建造吨位	铁船建造吨位
1880	35373	459994
1881	42407	666724
1882	125841	851075
1883	166428	933774

续表 4-1

年份	钢船建造吨位	铁船建造吨位
1884	132457	661201
1885	165437	290429
1886	267000	214233
1887	4675792	111535

来源：《论近现代英国钢铁生产技术的发展》第 57 页。

随着工业革命的深入，机械制造逐步发展，这为英国钢铁工业的机械化生产提供了强有力的保障。在 19 世纪末 20 世纪初，新工业部门的产生对钢铁的要求更高，这促使钢铁技术同样要发生变革以适应新的需求。在这一背景下，合金钢的出现成为了历史的必然。合金钢的特殊性能正好满足了汽车、飞机制造、切削工具等新工业的要求。电力工业的进步和制氧技术的出现，为现代化的钢铁生产技术奠定了基础。

钢铁工业作为物质原材料供应部门的特殊地位决定了其对工业革命有着巨大的影响作用，钢铁技术的进步是其巨大影响的根本所在。蒸汽机的轰鸣推动着历史的车轮在向前进，以蒸汽机为代表的一系列新的技术成就推动着工业革命的飞速发展。采煤业和钢铁业是蒸汽机最好的推动者。煤为蒸汽机提高动力所需的燃料，钢铁业则为蒸汽机提供各个部件所需的原材料。钢铁技术的进步也为蒸汽机的改进提供强大的助力。瓦特早期使用的蒸汽机的性能并不令人满意，其中重要的原因是使用的汽缸不够精密。1774 年，正是威尔金森工厂制造出令人满意的铸铁汽缸，才使瓦特的蒸汽机得以广泛的应用，促进了工业革命的深入开展。

早在工业革命开展以前，钢铁业已经开始一些变革，这为之后的工业革命做了技术上的准备。1709 年，达比最早利用煤化焦炭成功地冶炼出生铁。之后几十年的探索，使用煤化焦炭生产生铁成为了必然的趋势，这样促进了对于煤的大量需求。采煤工业作为工业革命的基础性部门，它的发展离不开钢铁业的大量需求，钢铁技术的进步正是其中的根本原因。铁路于 1600 年后不久出现在英国的煤矿中。在 18 世纪结束前，英国的矿山和冶铁厂普遍使用了铁路。有时它们只供厂矿内部运输之用，如达比铁工厂里就有铁路 20 英里；有时地理条件把厂矿与港口或运河隔开，就建造铁路使它们相互连接，如格拉摩根郡的彭伊—达郎铁厂就有一条 9. 25 英里的铁路通往水路交通线。铁厂使用的铁路对于促进后来铁路交通线的发展起到了启示促进的作用。

钢铁技术的进步使钢实现了大规模生产，并出现了合金钢，这为铁路、造船业和其他工业的发展带来一次变革，促进了工业革命的发展。钢轨的寿命是铁轨寿命的 15～20 倍，具有更换成本上的优势。炼钢技术的进步使钢轨的价格不断下降，铁轨所具有的价格优势不断在消失。

在 1867 年，钢轨与铁轨的价格比为 2. 65∶1，1870 年为 1. 50∶1，1875 年为 1. 16∶1，钢轨取代铁轨成为必然。这一点在炼铁业中也得以体现，在一度把搅炼法叫做威尔士炼铁法的威尔士，熔铁炉已将近绝迹。15 年前这几个郡都曾经是铁轨业的主要所在地。从它们放弃熔铁炉中可以看出钢轨的胜利。“等到铁完全被淘汰之后，应该把钢看作是铁路最适当的材料。”造船工业得益于钢的大量生产而制造出全钢壳的远洋轮船，这种轮船很快就取代了木质大帆船成为了英国远洋运输的生力军。钢的良好特性使钢船越造越大，载重量不断提升，这样带来了远洋交通运输上的一次飞跃。

以工业革命为契机，以先进的钢铁技术为基础的英国成为了最先进的资本主义国家。1870 年，英国生铁产量占世界生铁产量的半数以上，是美国铁产量的 3. 5 倍，是德国铁产量的 4 倍以上，是法国铁产量的 5 倍以上。

（三）英国钢铁技术落后导致钢铁工业衰退

到19世纪末20世纪初，英国逐渐失去了其“世界工厂”的地位，逐渐被美国和德国赶超。究其原因，生产技术在各个工业部门的落后是一个很重要的因素，钢铁工业也不例外。自从托马斯发明碱性转炉炼钢法之后，英国就再没有有影响力的技术革新。相反，美、德却不断发展新的技术，在钢铁生产机械化方面远远走在了英国的前面。英国钢铁制造商固步自封、保守的态度使其在技术上远远落后于美、德同行。一位钢铁联合会的官员这样形容道：“这个国家的高炉所有者十分保守，他们有一堆的理由来搪塞你不去花钱，除非他们看到某个新方法已经有人去做，而且获得了成功。”这样的态度使英国在技术层面上的落后全面而且巨大。

1906年，英国有119个超过500马力的燃气轮在建或建成，总计80000马力。在德国则有350个燃气轮，总计有385000马力，其中有很多燃气轮达到2000马力或以上，而英国只有一个这样的燃气轮。1895年，德国每个高炉的周产量为550吨，到了1905年则上升到850吨，而同年英国高炉的平均周产量才刚刚达到550吨。1905年，英国高炉的平均年产量为27500吨，到1909年，这一数字也不足30000吨，而同年的美国高炉的平均年产量约为100000吨。钢铁技术的落后使英国钢铁行业逐渐丧失优势地位，在20世纪初被美、德赶超。到1913年，美国的钢铁产量占到世界产量的40%，而英国只有10%。德国则成为了世界最大的钢出口国，继美国之后的第二大产钢国。

先进的钢铁技术曾使英国一度领先于其他资本主义国家，成为最早出现工业革命并率先完成工业化的国家，工业革命的发生也促进了英国钢铁技术的变革。而后，钢铁技术的落伍则使英国在新的工业革命中不再独领风骚，英国也再无往日“日不落帝国”的辉煌。

二、英国钢铁工业发展的几个阶段

（一）钢铁工业高速发展成就“世界工厂”地位

受早期技术限制，1720 年英国生铁年产量仅 1.7 万吨。随着焦炭炼铁技术和蒸汽机的发明，英国钢铁业实现了从小作坊到机械工厂的转变，1806 年生铁年产量已达 26 万吨。

19 世纪 20 年代，生产水平高速发展，而作为消费主体的工人阶级的消费能力并未得到迅速提升，生产和消费之间的偏差引发了第一次经济危机。英国最先受到影响，在短短十几年内工业产业规模缩减超过一半，政府收支也出现较大缺口。为解决消费不足的问题，英国选择了两种最直接的方法：一是海外淘金——19 世纪英国对外移民占欧洲对外移民总数的 36%，通过淘金补充财力的同时，也缓解了国内失业的压力；二是战争贸易——如鸦片战争，除获取大量赔款外，英国还在中国获得了大量经商权，将国内过剩的生产压力倾销于国外。通过这两种方法，英国平安地渡过了第一次经济危机，而钢铁行业在满足贸易需求的同时，迎来了第二次变革。

（二）工业革命后期被美国、德国超越

19 世纪 50 年代，英国贝塞麦发明转炉，使低成本大规模炼钢成为可能。受益于此，英国生铁和粗钢产量一度占据世界总产量的 1/2。第二次工业革命将电气引入生产，提升了生铁炼钢的效率。新兴产品如汽车、飞机等陆续投入产线，加之英国传统造船业稳步扩张，进入 20 世纪英国年产钢已超 500 万吨，产量变化如表 4-2 所示。

表 4-2　20 世纪交接英国生铁、粗钢、煤炭产量和船只吨位走势　（万吨）

年代	年均生铁	年均粗钢	年均煤	船只吨位
1885~1894	759.3	302.5	17560	52.5
1895~1904	877.8	468.2	21780	66.5
1905~1913	982.4	651.0	26780	75.9

数据来源：《The British Economy Since1700》。

从 19 世纪后期开始，英国粗钢产量增速逐渐放缓。截至 20 世纪初期，整体产量已被美国、德国超越，见表 4-3。

表 4-3　20 世纪交接英、美、德粗钢产量对比　（万吨）

年份	英国	美国	德国
1871	33.4	7.4	25.1
1875	71.9	39.6	37.1
1880	131.6	126.7	62.4
1885	191.7	173.9	120.2
1890	363.6	434.6	216.2
1895	331.2	621.3	394.1
1900	498.0	1035.2	664.6
1905	590.5	2034.5	1006.7

数据来源：世界钢铁工业协会-钢铁统计。

整个 19 世纪，英国钢铁工业的技术水平都处于世界领先地位。焦炭炼铁、坩埚钢、转炉、平炉都创始于英国。然而英国钢铁被美、德超越，主要有三方面原因：一是设备使用，英国由于早期煤炭资源储量较丰富而未能重视使用效率，直到 1905 年才开始大范围使用新式的炼焦炉；二是原料价格，随表层富铁矿石储量下降，英国炼铁原料成本上涨；三是经济结构，20 世纪初传统工业是英国经济结构的主体，同时其自身发展依赖外部经济。英国出口贸易量居全球第一，制造业出口占总出口量的 67%，英国工业部门发展中老式企业比例大，新兴工业部门发展缓慢，国内工业发展后劲不足，见表 4-4。

表 4-4　19 世纪末 20 世纪初英、美、德出口对比　（万吨）

国家	年份	制造业出口	总出口
英国	1899	1.33	1.98
	1913	1.97	2.56
美国	1899	0.42	1.66
	1913	0.85	2.48
德国	1899	0.78	1.12
	1913	1.73	2.41

数据来源：《Britain in 1868~1914》。

第一次世界大战前后，英国粗钢产量一度高达 987 万吨。战争同时也给英国的传统工业带来了巨大的打击，粗钢产量在战后逐年递减，1926 年英国拥有 427 座高炉，只有 147 座在运转，产量也下降至 400 万吨。此后，经历了短暂的回暖，1929 年生产与消费的矛盾再次爆发，一直持续到 1933 年。期间世界工业生产水平大幅倒退，英国粗钢产量在 1931 年再次回落到 500 万吨水平。

（三）20 世纪 40~70 年代经济制约钢铁发展

第二次世界大战结束后，以美元为中心的布雷顿森林体系形成，英镑作为国际货币公信力下降。这对英国外贸造成了部分负面影响，同时战后产生的债务问题加剧了英国国际收支平衡问题。

在经济不景气的环境下，钢铁业率先做出技术突破，1946 年在兰开郡的拉莫尔钢厂（LwMaor）建立了世界第一台实验型连铸设备。第二次世界大战后初期，英国钢铁业并不存在重组与效率低下问题，同时英国钢铁业劳资记录非常良好，钢铁产量逐年递增。然而受经济制约，至 1950 年英国粗钢年产也仅提升至 1655 万吨。

此后，围绕钢铁部门国有化与私有化的争议在 50 年代蔓延。1948 年工党执政下议会通过了钢铁国营法案，工党希望通过国家对资源的调配使钢铁生产合理化。但由于钢铁行业利润水平一直不错，保守党和私营业主则认为钢铁行业应该追求利益最大化而不是生产合理化。

1951年工党政府在阻力下实现钢铁国有化，仅仅过了两年，丘吉尔执政的保守党政府就通过了去国有化的钢铁法令。法令实施后，英国政府投资兴建钢厂，一定程度上改善了英国钢铁行业布局过于分散的问题。此后至60年代，英国钢铁产量稳步上升，到1970年英国粗钢产量达2855万吨。

进入70年代，英国钢铁发展陷入了瓶颈期，其中最主要的影响来自于原料供给。英国铁矿资源以贫矿为主，至1970年少量富矿已基本开采殆尽。英国1970年内矿产量有1201.9万吨，然而到1976年内矿产量仅为458.5万吨。此外，英国大部分煤田的表层已开采完毕，优质煤资源储量大幅下降，开采煤炭成本较前期有所增加。1970~1976年英国铁矿自产量和进口量见表4-5。

表4-5　1970~1976年英国铁矿自产量和进口量　　（万吨）

项目	1970年	1971年	1972年	1973年	1974年	1975年	1976年
自产量	1201.9	1022.8	904.9	710.4	353	448.9	458.5
进口量	1991.5	1747.3	1735.1	2291.8	1976.7	1578.3	1858.9
合计	3193.4	2770	2640	3002.2	2329.7	2027.2	2317.4

数据来源：《钢铁统计》。

诸多经济学家认为，从20世纪60年代后期开始英国经济开始走向衰落，从钢铁行业上看也亦如是。虽然60年代后期钢铁产量逐年提升，但整体并未展现长足的发展力。

1967年，通过兼并21家钢铁企业，英国钢铁公司成立（British Steel）。该公司产量占全国的70%以上，成立意图为整合资源并扭转钢铁业的颓势。英国钢铁公司在1973年曾提出10年计划，通过扩大投资规模、改善并升级旧厂设备在1983年使公司产量达到3700万吨。

然而1974年工党的再次执政，对10年计划形成了极大的阻力。工党内阁以创造富裕工人阶级为导向，倡导公有化和提高福利并削减军事、研究创新等开支，这间接造成了全国生产效率低下的局面。因此，英国经济在20世纪70年代后期恶化，通货膨胀和失业率问题严重。经济、原料供给等两方面问题让英国钢铁行业寸步难行。

当1979年保守党再次执政时，经济、传统工业上的遗留问题亟待解决。政府曾一度对钢铁行业进行资金扶持，但整体形势并未好转。于是淘汰落后产能、提高产品附加值、促进私有化成为80年代钢铁行业的主旋律。据海关统计显示，自1980年后英国粗钢年产量再也没有突破过2000万吨。

（四）经济全球化后竞争力不足被放大

20世纪90年代世界经济全球化，外贸规模扩大的同时也意味着传统制造业将面临来自更多国家企业的竞争。由于英国人工成本较高，钢铁作为传统制造业很难在与发展中国家的竞争中保持优势。1990年后，英国制造业、工业增加值占GDP的比重一路走低（见图4-3）。

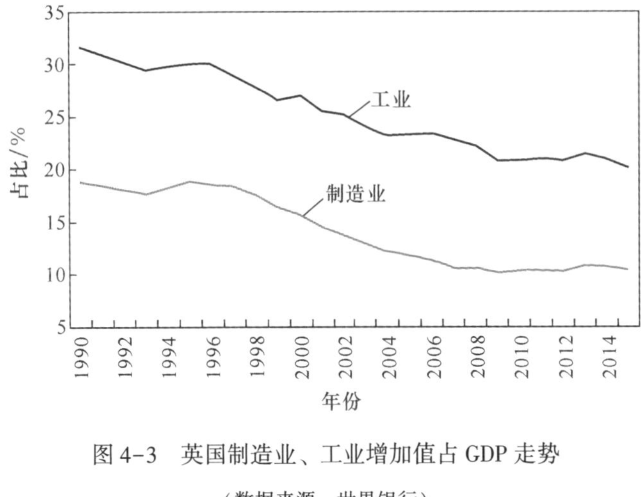

图4-3 英国制造业、工业增加值占GDP走势

（数据来源：世界银行）

除外来竞争，英国自身对钢铁的需求也没有出现增长。1990年粗钢表观消费量和人均表观消费量分别为1637万吨和284.4千克，2014

年两数值则分别为 1184.2 万吨和 184.1 千克（见图 4-4）。需求的不足也注定了英国钢铁行业的衰落。

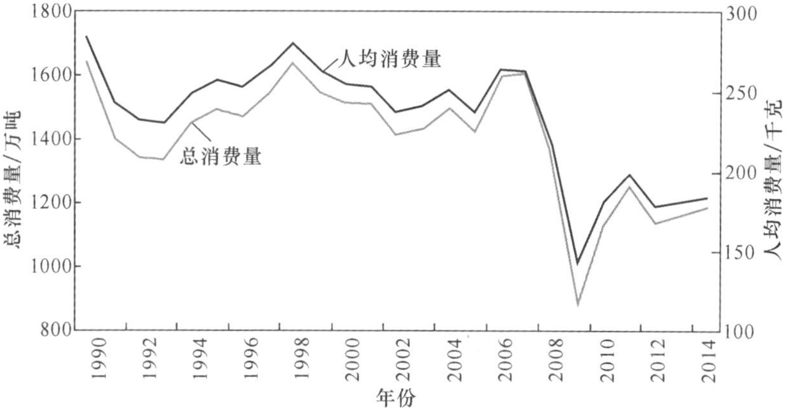

图 4-4　英国粗钢表观消费量

（数据来源：中国联合钢铁网）

1999 年 1 月欧元区诞生，促进了一批跨国企业兼并重组的进度。1999 年 10 月，英国钢铁公司与荷兰霍戈文公司合并（Koninklijke Hoogovens）成立康瑞斯集团（Corus Group），并一度成为世界第四大钢铁集团。但好景不长，由于成本较高的原因，康瑞斯公司始终在竞争力上稍显劣势，盈利能力难以提高。2007 年，康瑞斯最终被塔塔钢铁（TATA Steel）收购。

三、英国钢铁业在未来的走向

纵观英国钢铁业，其发展屡次在扩张时机未能获得足够的经济支撑。钢铁行业需要大量的资金投入，同时需要消费力的推动。早期英国研发出相对先进的冶铁技术时，应用技术的冶炼设备并没有得到迅速的推广。同时，由于国家经济结构偏向传统行业，在财政上大量依赖对外贸易，没有及时增加对新兴部门的投入力度。

新兴部门发展推动对钢的需求，由于英国经济架构没有发生明显变化，使其错过了19世纪末的迅速扩张机会。而美国、德国则借助新兴产业发展的势头，分别完成了美国钢铁公司（US Steel）的组建和西门子钢铁制造厂（Siemens）品牌的打造。第二次世界大战结束后，虽然连铸技术的应用使行业提高了整体生产效率，但由于国际上英镑的结算公信力下降，其国内经济受到影响，牵连到对钢铁行业的投资，英国钢铁再次失去扩张良机。

此后工党与保守党关于国有化与私有化的进退问题延缓了钢铁行业复苏的速率。而20世纪70年代原料供给的短缺则让英国钢铁竞争力出现真正意义的大幅下降。由于福利较高导致人工成本难以下降，逐渐开始依赖进口原料导致生产成本走高，同时由于先前错失扩张机会而不能令钢铁行业在短时间内通过增加产出来压低边际成本。

20世纪80年代对钢铁行业的整合、淘汰过剩产能及提高产品附加值，并没有从根本上扭转英国钢铁竞争力不足的问题。至90年代经济全球化后，由于其地理位置的特殊关系，向其他欧盟国家出口钢材要同时面对来自独联体、亚洲国家企业的竞争，而受新兴国家市场的冲击，英国本土钢铁竞争力已进一步下降。

与跨国企业的兼并重组没有让英国钢铁业获得长期的实力提升，2007年塔塔公司的收购也只能延缓其钢铁制造的衰退速度。2014年美国结束量化宽松，全球消费力的收紧则加速了英国钢铁业的衰败。

在未来几年，投资者需要接受一个现实，基于目前英国钢铁行业的竞争力和全球消费能力收紧的事实，任何对英国钢铁行业的投资都很难在短期内获得令人满意的回报，甚至要承受一部分亏损，图4-5为1998年以来英国钢材进口量走势。

塔塔公司宣布出售资产后，利百德集团（Liberty Steel）首先收购

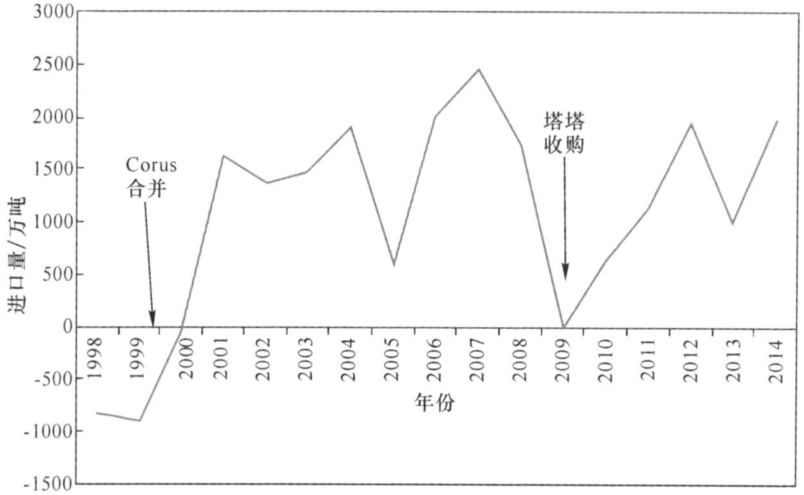

图 4-5　1998 年以来英国钢材进口量走势

（数据来源：中国联合钢铁网）

了塔塔在苏格兰的两处资产，利百德在收购后发表声明称他们看重的是苏格兰地区钢铁的长期发展而不是眼前。而塔塔在英格兰地区的资产几经波折最终于 2020 年 3 月被敬业集团收购。

如果资产长期无人接盘，英国政府可能不得不收购部分钢铁资产，并将其纳入国有化。这意味着英国政府很可能需要承担资产带来的债务问题和运营亏损，这与目前保守党的立场不符。

然而对英国钢铁行业来说，与其在现阶段追求盈利，可能不如被纳入国家战略层面会更好。曾经阻碍其钢铁行业扩张的国有化政策，在目前可能是较为有效的应对方法。在第二次大规模经济危机时，苏联通过计划调控逆向而行，一举成为世界强国。

而对现在的英国，其钢铁行业需要面对整体竞争力下降的事实。如果英国政府可以通过国有化，将国内生产最大化地用于国内需求，将很有可能把钢铁行业亏损面减少到最低。不过话说回来，既然英国脱欧已经发生，钢铁国有化又何尝不可呢？

第二节　德国钢铁工业发展轨迹

钢铁工业在德国现代国民经济体系中拥有重要的地位，也是德国的优势产业之一。2019 年，德国粗钢总产量达 3970 万吨，占欧盟 25 国粗钢总产量的四分之一，位居世界第六。钢铁工业不仅构筑了德国汽车及配件工业、机械工业和农业的基础，也是占德国外贸出口比重较大的优势产业。纵观德国钢铁工业发展历程，从公元前 1 世纪德国境内炼制生铁的记录，到 19 世纪初由搅炼法引入开启的钢铁工业序幕，再到 1895 年赶超英国成为欧洲最大产钢国，再到近现代钢铁工业崛起，德国走过了一条不平凡的道路。

一、德国钢铁工业发展历史

根据炼铁技术的发展及德国钢铁业工业化进程的延续，德国钢铁工业的历史可分为以下 4 个阶段。

（一）钢铁产品出现

第一阶段，公元前 1 世纪至 19 世纪。据可考史料记载，从公元前 1 世纪起在德国境内就有了炼制生铁的记录。12 世纪出现了木炭高炉炼钢法，实现了铁矿石熔炼。当时所炼制粗钢的碳含量较高，仍不具有锻造性。这一阶段的炼钢业因生产力水平所限，基本以家庭作坊的形式出现，产量极低，尚未真正进入工业化阶段。德国早期的钢铁生产如图 4-6 所示。

（二）第一次工业革命推动工业发展

第二阶段，1811~1914 年。工业革命的兴起，各种新的生产交通

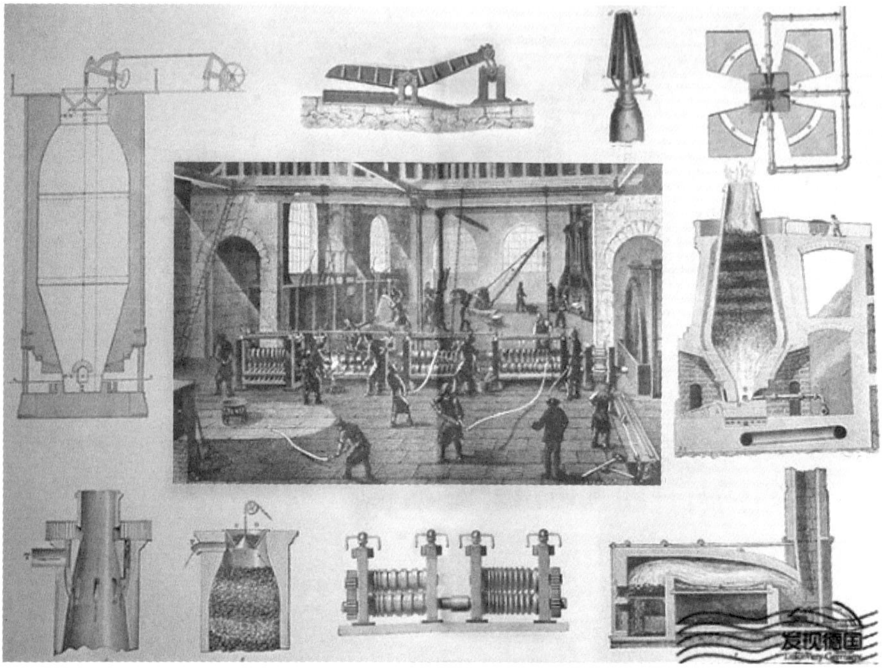

图 4-6 德国早期的钢铁生产

（来源：搜狐网 https：//www. sohu. com/a/160438233_ 660047）

工具的发明对钢材需求量急速增加，直接推动了钢铁工业的发展，各种新式炼钢法也纷纷问世。19 世纪初搅炼法（Puddel-Verfahren）被引入德国，开启了德国现代钢铁工业的序幕。

众所周知，作为工业革命发源地的英国早在 19 世纪 30～40 年代就已经完成了工业革命，法国和美国等国也紧随英国之后，于 18 世纪末相继展开了工业革命。相比之下，由于深受分裂割据的困扰，德国却直到 19 世纪 30 年代才在工业革命浪潮的冲击下，迟缓地开始了它的工业革命步伐。

发源于英国的工业革命浪潮首先波及的是德国西部地区，而且来此办工业的起初也是英国人。例如，著名的英国企业家科克利尔兄弟在欧洲大陆建立起混合型的企业，在比利时建立起炼铁厂、煤矿和锻压厂的同时，在普鲁士也建立起了示范性企业。英国人因此成了包括德意志在内的“欧洲大陆的老师”。在德意志地区，较早涉及工业革命的是一些著名的私人企业家。在威斯特法利亚，弗里德里希·哈尔科特就建立起了炼铁厂和炼铜厂，并投资于运河和铁路建设，推动蒸汽船只的使用。

几乎与此同时，弗里德里希·克虏伯在靠近鲁尔地区的埃森建立了德国第一家钢铁厂。当时的埃森（日后成为德国著名的重工业城市）尚没展示出有什么发展前途，因此，克虏伯此举实有先见之明。当然，从整体上看，在 19 世纪 30 年代以前，德国受第一次工业革命的影响还是微弱的。

1811 年，阿弗瑞德·克虏伯（Alfred Krupp）在埃森（Essen）建立了德国历史上第一家铸钢厂，随后在鲁尔区（Ruhrgebiet）各类炼钢厂纷纷建立。1850 年普鲁士地区钢铁业的雇员数已多达 13500 人，产量突破了 21 万吨。

与工业革命早期的其他资本主义国家一样，德国的工业革命也是从纺织工业开始的。同时在第一次工业革命中，铁路建设对德国的工业扩张起了决定性的作用。从以纺织业为中心的轻工业迅速转向以铁路建设为重点的重工业，通过铁路建设来带动其他工业部门的发展，可以说是德国在工业革命中后来居上的一个极为重要的原因。

德国一些实业家和政治家早在 19 世纪 20 年代就提出过铁路建设问题。实业家弗里德里希·哈尔科特从 1825 年起就在宣传他的铁路计划。作为关税同盟创办者的普鲁士财政大臣冯·莫茨也曾经考虑过从莱茵河到威悉河之间修建一条铁路，以避免荷兰人在莱茵河上征收通行税。巴伐利亚国王路德维希还为修筑铁路之事专门派人到英、法、比利时等国进行调查。

1827~1832 年，德国人已修建了一条从林茨到布德威斯之间长达

79英里的用马作牵引的铁路。而德国第一条真正的用蒸汽动力作牵引的铁路，即从纽伦堡到菲尔特之间长达6公里的铁路，直到1835年才开通。德国铁路建设的一个重要特点是，到1840年为止，私人企业一直在唱主角。在此以前修建的如前文提到的纽伦堡至费尔特、柏林到波茨坦、莱比锡到德累斯顿等铁路，几乎都是私人投资。

必须强调的是，铁路建设给德国其他工业行业以直接而巨大的推动作用。由于铁路建设对钢铁、机车等的需求，从而大大地刺激了德国钢铁、煤炭以及机器制造工业的发展。

在19世纪以前，德国的煤炭资源很少得到利用，其冶铁业一直采用木炭冶炼和手工操作的古老方式经营着。随着工业革命的展开，焦煤取代木炭成为冶金业的燃料。到1847年，在普鲁士的227个熔铁炉中已有32个使用煤炭进行冶铁。因此，1815年以后，作为莱茵工业区核心的鲁尔煤田开始得到有效开采。到40年代，德国的一些矿井已开始运用机械采煤。对煤炭的需求使煤产量扶摇直上。1820年，德国的煤产量仅120万吨，1830年仅140万吨，而1840年则猛增至260万吨，1850年更增至670万吨。

在同一时期，德国的冶金工业也得到较大发展。1824年，德国的冶金工业中开始采用搅拌法炼铁新技术，第一座搅炼厂在拉塞尔施泰因建成。1833年以后，萨尔区、萨克森、拿骚和西里西亚的冶金厂都改用了搅炼法。新技术的应用使德国的铁产量得到提高。1823年，德国的生铁产量仅4万吨，1830年为12万吨，1840年增到17万吨，1850年达到21万吨。

铁路建设对钢铁的需要，带动了煤炭、钢铁等重工业的快速增长。对此，我们可以直接从它们的产量增长中得出结论。1850~1870年间，德国的煤炭年产量从670万吨猛增至3400万吨，生铁产量由21万吨增加到了139万吨，大大超过了每10年翻一番的速度。

1879年是德国钢铁工业发展史上的一个重要年头。对外，当时的德国政府开始对生铁的进口征收关税，对本国的炼铁企业进行保护。在钢铁企业内部，出现了新的托马斯碱性转炉炼钢工艺，为利用当时德国境内的富磷铁矿进行大规模炼钢生产开辟了途径。随着这种碱性转炉炼钢法的出现，钢铁企业的结构也开始出现了变化，炼钢企业纷纷建立自己的高炉，改变了过去那种炼铁、炼钢、轧钢等生产工艺互相分离的现象。由于托马斯炼钢工艺更适合德国的国情，酸性炼钢法开始衰退。到19世纪80年代中期，托马斯炼钢法已经成为当时最重要的冶炼手段。

德国钢铁工业的布局，在19世纪后期迅速向鲁尔地区集中。该地区的钢铁企业发展之初，主要是考虑到这里的煤炭资源丰富。而在1880年之后，由于生产规模不断扩大，鲁尔区的铁矿石不能够满足这些企业的要求，而必须在很大程度上依靠外地的矿山，继而又转向依靠从国外进口矿石。这样，为解决运输问题，莱茵河提供了得天独厚的水运条件，加上丰富的煤炭资源，鲁尔区作为钢铁工业基地的优越性就更加突出了。德国钢铁工业的进步，显示了其重大的成就。1895年，德国的钢产量第一次超过了英国。从那时起直到1944年，德国的粗钢产量在世界上一直保持第二位。从1834年到1913年，德国的生铁产量从11万吨增加到1830万吨，粗钢产量从基本上是空白发展到1890万吨。

从1811年到1914年这100年之间，德国钢铁工业经历了跳跃式的发展，到第一次世界大战前行业雇员总数达44万余人，生产效率提高了25倍之多，奠定了德国工业强国的基础。

（三）世界大战期间的德国钢铁工业

第三阶段，1914~1945年。德国发动两次世界大战，其钢铁工业也进入了垄断扩张阶段。经济垄断与政治独裁相结合及钢铁工业的全面军事化，成为这一时期德国钢铁工业发展的两大特点。

在第一次世界大战期间，由于战争的需要，德国钢铁工业保持了较高的产量，1917 年产粗钢 1660 万吨。

第一次世界大战以后，作为战败国的德国在政治、经济和社会形势方面的变化，深刻地影响了钢铁工业。由于新的边境划分，德国的钢铁企业康采恩失去了西南地区和西里西亚地区的生产基地。这时候的德国已经不再占有具有重大价值的铁矿资源，加上德国于 1919 年被迫取消了对从邻国进口钢铁的关税，使得资本、资源都短缺的德国钢铁工业面临的形势更加严峻。

在 1925~1926 年经济危机时期，西方国家重新对钢铁的进口实行征税，一些战胜国在第一次世界大战后又开始给德国企业以贷款。为了解决失业问题，德国政府又采取了一些措施大力鼓励企业发展，这些都在一定程度上对德国钢铁工业的恢复和发展起到了促进作用。这个时期，德国钢铁工业的集中更加突出。出于企业发展的考虑，老设备、老企业被大量关闭，企业布局向少数设备先进、经济效益高的企业集中。与此同时，各钢铁企业也加强了对市场的共同分配。

1924 年 1 月，成立了“德国粗钢共同市场”，该组织统治了德国国内的钢铁市场直至 1944 年。为了调节资本主义国家钢铁工业的国际竞争，1926 年和 1932 年，德国又与其他资本主义国家一道，分别组织了“国际粗钢共同市场和国际粗钢出口共同体”，在调节各国的钢铁生产和出口方面发挥了一定的作用。各种政治和经济措施，保证了钢铁产品的价格和利润的稳定。到 1929 年为止，德国钢铁工业出现了高涨的景象。

20 世纪 30 年代初期的世界性资本主义经济危机，宣告了这种暂时性高涨的结束。尽管德国的钢铁企业力图通过调整价格来保住市场，进而维持开工，但收效甚微。北美市场以其反倾销关税阻止了德国钢铁向这一地区的出口，英国于 1931 年对本国货币贬值并于 1932 年设立了高关税，这些给了德国钢铁工业以沉重的打击。1932 年，德国的钢产量只达到 1926~1927 年之间平均年产量的四分之一，就业人数比 1927 年下降了 60%。

随着希特勒法西斯 1933 年 1 月 30 日上台，德国走上了军国主义道路，经济也开始畸形发展，钢铁工业又开始复苏。由于国内的铁路、公路和军事工业等对钢材的订货急速大量的增加，使钢铁企业的开工率很快恢复。德国从 1936 年开始的四年计划中，为钢铁工业规定了需达到并保持年产量 2300 万吨的目标。为了减少进口矿石的外汇消耗，需要增加国产贫矿的开采与使用量。1937 年，基于萨尔茨吉特地区的铁矿资源而建立了“帝国企业股份公司”，这就是现在的“萨尔茨吉特钢铁公司”的前身。在这几年当中，德国钢铁工业的产量逐步增长，自 1935 年萨尔地区重新划入德国版图以后，年产量很快超过了历史最高水平。

第二次世界大战期间，德国的钢铁工业陷入困境，一方面为保证法西斯战争的需求而扩大生产，但同时又无法解决原材料和技术人员短缺的问题。战争后期，盟军的空袭破坏了德国的大部分工业区，特别是钢铁工业集中的鲁尔区。随着 1945 年春季德国法西斯的战败，德国的钢铁工业进入了瘫痪状态。

总之，客观上两次世界大战刺激了德国钢铁工业的井喷式发展，到 1945 年第二次世界大战结束前，德国钢铁总产量已经达到了惊人的 6700 万吨。

（四）战后钢铁工业发展

第四阶段，第二次世界大战后至今。第二次世界大战后期盟军对德国本土的钢铁工业基地鲁尔区进行了大规模的轰炸，基础设施损毁率高达 80% 以上，战后初期德国钢铁工业生产能力已不足战前的 20%。随着德国分裂，东部地区的部分产钢设备被搬迁到苏联地区，西部地区则在美国马歇尔计划的扶持下开始复苏。为了防止德国军事实力的再度膨胀，西部占领国管理委员会一方面通过了钢铁工业“脱钩”决议，即瓦解战前存在的垄断型钢铁企业，避免钢铁工业与政界的关系过于密切；另一方面则全面支持钢铁工业的战后重建，1952 年在法国的倡议下成立了欧洲煤钢联盟，监控并确保德国钢铁工业有序发展。到 1957 年联邦德国的粗钢总产量已经恢复至第二次世界大战前 1600 万吨的水平，1974 年联邦德国的钢产量则达到了历史最高纪录的 5300 万吨，成为联邦德国经济复兴的重要标志之一。

二、德国钢铁产业政策

（一）德国政府的钢铁产业政策沿革

第二次世界大战之后，作为战败国和欧洲煤钢联盟的成员国之一，联邦德国政府以联盟条约框架为基础制定钢铁工业的产业政策。其产业政策沿革按时间划分可以分为三个阶段：

1952～1974 年。在欧洲煤钢联盟成立之后，联邦德国的钢铁工业走出了战败的阴影，获得了平等发展的契机。这期间联邦德国钢铁工业的发展遵照了煤钢联盟内部市场自由化的总原则，宏观层面上将具体产业决策权提升至联盟层面，微观层面上减少对企业具体生产经营活动的干预。政府的自由市场经济原则使联邦德国钢铁工业在注重产能扩张的同时，忽视了产业结构的升级与改造，从主观上导致了以后 20 年联邦德国钢铁工业的全面衰退。

1975 年至 20 世纪 90 年代中期。受 1974 年出现的全球性石油危机的影响，从 1975 年起联邦德国钢铁工业出现衰退迹象，产量急剧下降。欧洲煤钢联盟条约中明确规定的国家不允许对钢铁工业实行补贴的禁令被屡屡打破，联邦政府也开始以各种名目对钢铁工业实施补贴，甚至动用联邦资金介入大型钢铁企业的生产经营活动。到70年代末，联邦政府的影响力已经扩散到一半以上的钢铁企业内部。从1980年秋季起煤钢联盟决定实行为期5年的钢铁生产配额制度，并公开放弃了政府不得对钢铁产业进行补贴的禁令。生产配额及国家补贴造成了市场调控作用的失灵，大量中小企业因失去生产配额而破产，大型企业则在国家补贴和配额保护下市场竞争力日益下降，钢铁行业的衰退一直持续至90年代中期以后。

20世纪90年代中期后至今。钢铁行业长达20年的衰退，使德国政府意识到过多的干预及政府补贴并不能促进钢铁工业的发展，只有按照市场规律消除剩余产能，并依靠企业自身力量实现行业整体的升级才能使钢铁工业走入良性发展的轨道。从90年代中期后，德国联邦政府就停止了各类事实上针对钢铁工业的补贴，回笼原先介入钢铁企业生产的资金，开始实行对钢铁工业市场力量调节为主、政府宏观调控为辅的产业政策。

（二）德国政府对钢铁工业的现行政策

联邦经济与技术部（BMWI）工业政策司工业分管司六处是德国钢铁工业联邦层面的政府管理部门。目前，德国国内及欧盟内钢铁市场已完全自由化，德国政府已不再对钢铁工业实行微观层面上的监控及产业指导，也不再制定具体的产业政策，更多的是通过宏观调控来维护产业的健康发展。而随着欧盟的扩大和WTO谈判的深入，维护德国钢铁工业在双边和多边贸易谈判中的利益成为了德国政府新的工作重点。联邦经济与技术部的工作重点包括以下三个主要层面：

一是宏观调控层面。德国政府推行的保持本国区域竞争优势的总体战略，例如坚持可持续发展的国家财政政策、加强社会保障体系的建设和企业税改革减轻企业负担等具体措施，改善了德国工业的投资环境，客观上也使钢铁工业收益颇多。从 2005 年起，德国钢铁工业的投资额开始上升，尤其是作为非德国企业的安赛乐米塔尔钢铁公司（Arcelor Mittal）已投入巨资扩建其位于不来梅和东柏林 Eisenhüttenstadt 的炼钢厂，2006 年安赛乐米塔尔钢铁公司在德粗钢产量已达 820 万吨。

二是欧盟及世贸等多双边层面。在 WTO 框架下，联邦经济与技术部代表德国钢铁工业的整体利益，积极参与多种形式的多双边谈判，消除双边钢铁贸易壁垒，防止它国钢铁产品倾销及不合理的配额制度，实现世界钢铁贸易的自由化。同时在欧盟东扩的进程中，联邦经济与技术部也以德国钢铁工业利益为出发点，积极开展与入盟候选国家展开磋商，克服其在入盟后可能产生的钢铁贸易不正当竞争行为，保护欧盟内部钢铁贸易的正常秩序。此外，联邦经济与技术部还力求参与与德国钢铁工业发展相关的国家或者国际能源和环保框架协议的制定，例如二氧化碳排放交易（Emissionshandel）和欧盟化工产品法规制定。

三是科研层面。联邦政府并不向钢铁工业提供针对行业本身的科研资金支持，但各个企业可以根据自身需要和具体的科研项目向不同机构及组织申请研发资金。目前，联邦政府推行的高科技战略中与钢铁工业关系较为密切的是“新材料科技研发基金”，从 2006 年至 2009 年，联邦政府提供了 4.2 亿欧元的研发支持经费。

三、现代德国钢铁产业发展

钢铁工业在德国现代国民经济体系中拥有重要地位，也是德国的优势产业之一。钢铁工业不仅构筑了德国汽车及配件工业、机械工业和农业的基础，而且是德国外贸出口比重较大的优势产业。

（一）发展现状

德国是欧盟最大产钢国，占欧盟28国粗钢总产量的近四分之一，位居世界第七。行业企业总数近100家，员工总数约9.5万人。2013年德国粗钢总产量4260万吨，工业销售额近500亿欧元，其中德国最大钢企蒂森克虏伯钢铁公司粗钢产量就达1250万吨。经过长期市场整合，产业地域分布也较为集中。前5强企业的年粗钢总产量占行业全年总产量的80.8%。就冶炼技术而言，目前德国主要采用转炉炼钢法（占目前粗钢总产量的68.1%）和电弧炉炼钢法（占目前粗钢总产量的31.9%）。德国不仅是钢铁生产大国，也是钢铁贸易大国，其出口一直保持生产总量的50%左右，对欧盟国家的出口约占出口总量的3/4。对欧盟以外的出口基本保持在每年500万吨左右；同时，德国的钢铁进口规模与出口量大致持平，53%的钢需求通过进口满足。欧盟国家是其主要进口来源国，占进口量的85%。近两年，面临产能过剩、价格下降、成本上升、经营困难等问题。

德国钢铁工业呈以下主要特点：

一是生产区域集中。德国钢铁工业区域化生产在能源、原料、物流及市场优势上突显出来。在德国政府推行的工业区域化优势政策的背景下，已经建成了以传统钢铁产区——鲁尔区为依托，以杜伊斯堡（Duisburg）为核心城市，覆盖北威斯特法伦州（Nonlreihn-Westfalen）、巴符州（Baden-Wiirtenburg）和萨尔州（Saarland）的钢铁生产中心。目前该区域集中了德国钢铁工业前15强企业的大部分炼钢厂，年粗钢产量已占全德总产量的54%。

二是产品结构的专业化与企业组织结构高效化。一方面，钢铁巨头利用其规模优势保持在粗钢生产领域的垄断地位，而中小型企业则需依靠其较为灵活的创新体制和经营理念，将主营产品定位于贴近企业生产需求的特种钢材领域，以产品的高附加值赢得企业的生存空间。另一方面，德国钢铁企业已与德国汽车、机械、桥梁和铁路等钢材需求量较大的行业建立起了新型合作伙伴关系，将自身定位由传统的原料供应商转换为产品生产过程中的系统合作伙伴，根据相关行业企业产品结构的调整及时调整自身产品的研发和生产，使生产更加贴近市场需求。

三是综合利用及可持续发展。目前，钢铁企业主要从促进钢铁业的循环经济发展和改进冶炼技术两大方面着手使钢铁业发展更符合可持续发展的长远目标，并实行严格的行业废气减排自律原则。一方面，在炼钢过程中产生的800万吨高炉渣和600万吨废钢渣的92%被再加工利用；另有500万吨炼钢粉尘成为水泥生产的原材料，仅此一项就减少二氧化碳排放500万吨。另一方面，积极改进冶炼技术。目前德国的高炉—转炉流程所需能耗和废气排放都已接近理论最低值，新工艺的研发已经成为钢铁工业科研的重要任务。研发方向由传统的高校、行业协会和企业条块分割的局面转变为产学研一体化模式。

四是产品技术优势大、竞争力强。为保持德国钢铁工业在世界市场上的竞争力，德国在钢铁加工、新材料开发和应用途径开发中投入了大量资金和人力，制定了具有战略意义的“钢铁2030”行动计划，并参与了欧洲钢铁技术研发平台。从20世纪90年代开始，德国钢铁工业陆续研发并应用了垂直弯曲钢组件再引、动态“软降碳”工艺、高速铸造技术、二次冷凝动态可控技术、直接钢带锻造技术和3D在线凝固可控技术等多项具有国际先进水平的钢铁生产及加工工艺。最具竞争力的主要有高强度及超高强度钢材的冶炼及加工技术、热轧钢成型及钢材接缝技术两大领域。目前德国钢铁工业面临的主要问题是资源能源约束日益突出和节能环保压力大。

（二）发展趋势

德国在科技含量较高的特种钢领域优势显著。虽然受金融、经济危机影响，短期内钢铁业有所收缩，但长期来看仍具有很强竞争力。

一是产业结构面临新调整。德国钢铁工业将利用本国汽车、机械等传统优势产业的支撑，重点发展科技含量较高的特种钢产品，提高产品的附加值，进一步削减剩余产能。

二是改进电炉生产工艺。目前德国大部分粗钢产量来自能耗与二氧化碳排放量较高的高炉—转炉工艺，其能耗与排放值已接近理论最低值，改进空间不大。为此，德国钢铁工业协会将在未来几年内促进电弧炉炼钢法的产品及项目研发，重点转移至技术含量与产品附加值都较高的轧钢及特种钢产品，以保持德国钢铁工业的整体竞争力。

三是政策调控钢铁工业健康发展。目前，德国国内及欧盟内钢铁市场已完全自由化，德国政府已不再对钢铁工业实行微观层面上的监控及产业指导，也不再制定具体的产业政策，更多的通过宏观调控来维护产业的健康发展。

第三节　法国钢铁工业发展轨迹

一、法国钢铁工业发展概况

法国是一个历史较长的钢铁生产国。早在14世纪前就使用木炭炼铁。14世纪起开始用高炉炼铁。1769年在洛林地区首次使用焦炭炼铁。自1863年开始采用贝塞麦炼钢法和1864年开始采用平炉炼钢之法，钢铁工业发展较快。到1869年生铁产量达到138.1万吨，钢产量达到11.1万吨。1929年法国铁矿石产量曾达到5050万吨，生铁产量达到1036万吨，钢产量达到971.7万吨。其后资本主义世界发生了经济危机和第二次世界大战，法国钢铁工业遭到严重打击。大战结束时，钢产量降到166.6万吨。

第二次世界大战以后，利用“马歇尔计划”，在政府巨额低息贷款的资助下，法国钢铁工业获得了大量投资，更新设备，建设新厂。从1946年到1975年实行的6个五年计划中，钢铁工业的投资总额达440多亿法郎，特别是1970~1975年的第六个五年计划中，投资额达到200多亿法郎，比1966~1970年的第五个五年计划增加了68%，其中轧钢设备投资占投资总额的44%。1974年法国钢产量达到历史最高水平，达到2702.4万吨，与1950年的870万吨相比增加了2倍，1975年钢的生产能力已达到3450万吨。但是，由于过去投资的重点放在新建和扩建敦刻尔克等少数几个大工厂上，有些中型老厂未得到及时改造，有占总生产能力20%~25%的陈旧设备，主要是平炉和托马斯转炉仍未得到更新。

1975年资本主义世界经济危机使法国的钢铁工业受到了严重打击，钢产量大幅度下降，1975年比1974年钢产量下降了20%，钢铁价格下跌，设备得不到充分利用，开工率仅为65%。加之日本、东欧等国钢铁向法国廉价推销，竞争激烈，更使得法国钢铁工业难以摆脱困境。1976年开始，在汽车、建筑、家用电气业等方面生产回升的影响下，钢铁工业稍稍上升，钢产量达到2300多万吨，居世界第7位，欧洲第3位；按人口平均产量为417公斤/人，居世界第14位。自1960年以来，钢产量的年平均增长率为3.7%，增长速度比较缓慢。

基于石油危机后出现了钢铁生产能力过剩及利息负担过重的问题，法国于1977年提出了钢铁工业改造规划，1981年又提出了钢铁工业国有化措施，其中于齐诺尔和萨西洛尔两大企业集团首先实现了国有化。1982年又制定了第二次钢铁工业改造规划，1984年对此进行了进一步修改，称之为“新计划”。实行新计划以后生产协调，产量按计划发展，基本改变了连年亏损状态。此后，为了进一步协调生产，加强经营管理，按照“新计划”进行调整，按地区建立基层权利。1987年以来，将某些特殊钢公司和优质钢公司合并经营，同时关闭了某些经济效益不大的小厂，并把一些小型转炉改为电炉，这样减少了粗钢产量，提高不锈钢生产比例，以适应对粗钢消耗量逐渐减少的趋势。

自1975年以来，欧洲共同体钢铁工业一直不景气，处于危机境地，而法国钢铁工业的困难更大。1975年和1976年连续出现了25亿和22亿法郎的赤字。为了挽救处于困境的钢铁工业，法国政府进一步加强了对钢铁工业的介入。从1977年9月开始实行新钢铁计划，对两大钢铁财团分别贷款8亿和5亿法郎；由财政、商工、工业、劳动四个部派代表组成“钢铁工业再建监察组”，对贷款的使用情况进行监督。

这次新计划的着眼点是更新陈旧设备，把现有钢铁厂改造成现代化企业，以恢复法国钢铁工业的竞争能力。因此法国放弃了原来的扩大生产能力的方针，将1980年计划产钢能力降低到3150万吨，比1976年的计划削减了250万吨，也就是将生产能力为650万~750万吨的平炉和托马斯转炉全部拆除，建设400万~500万吨氧气转炉和电炉。

1985年法国对粗钢的消耗量降至1450万吨，从业人员也由此而削减了46.1%，其中东部地区更是削减达57%。法国钢铁工人总数为10.33万人，技术人员和职员5.04万人。工人中外籍工人占25%。法国钢铁工业以国内市场为主，有30%的钢材供出口，其中向共同市场国家的出口占出口总量的50%左右。

二、法国钢铁原燃料概况

1980年以前，法国约30%的铁矿石依靠进口，自1981年以后，由于洛林地区的铁矿石产量降低，使得矿石进口量增至50%，其铁含量为50%~60%。

就法国的铁矿资源看，已探明的铁矿储量为81亿吨，但几乎全部是含铁30%左右的贫矿，富矿很少。其铁矿石主要来自洛林地区和西部地区，其铁含量不到35%。

法国的洛林地区位于比利时、卢森堡、德国和瑞士交界处，包括默兹、孚日、摩泽尔和墨尔特-摩泽尔4省，面积2.35万平方千米，占全国面积的4.3%。莫林地区直到1766年才成为法国的一部分，1871年普法战争后，德国吞并了这个地区，第一次世界大战后归还法国，1940~1945年再度被德国吞并，战后又回归法国。

洛林高原是法国矿产资源富集区，其中铁矿是其最重要的矿产资源，分布在摩泽尔河以西，自南锡至卢森堡，南北长112公里、东西宽19公里的地带内，储量达77亿吨，占全国铁矿总储量的95%左右，是西欧最大的铁矿区。洛林铁矿为高磷贫矿，主要是褐铁矿，含铁28%~32%，含磷平均为0.6%~0.8%，含氧化钙较高。矿床分布集中，埋藏较浅（90~120米），开采方便。

1976年法国产铁矿石4518.1万吨。开采的铁矿石大部分供本国钢铁工业使用（占67%~70%），其余出口到比利时、卢森堡和联邦德国等国。同时，法国也从国外进口富矿（主要是从非洲和南美进口），特别是60年代中期以来，进口量逐年增加，每年进口约1500万吨富矿。1976年，富矿进口已达1380多万吨。由于矿石为非强磁性的，所以只宜于重选或浮选，只适合采用高强度干法磁选，选矿粒度为315微米，精矿品位为40%。

由于洛林铁矿石品位低、磷含量高，为了提高其生产能力，尽量降低成本，因此洛林矿区矿山设备更新非常快。1956年已普遍采用液压凿岩台车，后来又发展了电动液压和胶轮行走凿岩台车。由于机械效率提高，坑下工人劳动生产率从 1960 年的 16.02 吨/工班，提高到 1974 年的 45.95 吨/工班；生产成本从 1960 年 83.96 法郎/吨降到了 1974 年的 63.52 法郎/吨。

法国的废钢资源较为丰富，除自给以外，还大量出口，其出口量仅次于美国，是一个较大的废钢输出国。

法国煤炭资源贫乏，炼焦煤更少。洛林地区摩泽尔河以东的煤田是法国最大的煤田，其储量占法国总储量的 1/2 以上，是德国萨尔煤田的延续，其开采条件比北部煤田有利，煤质较好，可以炼焦。随着第二次世界大战后能源结构的不断调整，20 世纪 60 年代以来，法国原煤产量逐年下降。1957 年，原煤产量为 6000 万吨，达到最高峰；1973 年降至 2911 万吨，减产一半，煤矿工人由第二次世界大战后的 30 多万人减到 5 万多人。特别是从 1980 年以后，法国的炼焦煤远远满足不了需要，90%依靠进口，其中 10%~20%由欧洲共同体进口，70%~80%由第三世界国家进口。1990 年，法国原煤产量为 1289 万吨，自给率不足 1/2，成为仅次于日本的第二大原煤进口国。这一时期，法国钢铁工业用的焦炭和炼焦煤几乎全靠进口。焦炭年需要量约为 1000 多万吨，炼焦煤年需要量为 700 多万吨；焦炭及炼焦煤主要是从德国、美国、波兰等国进口。

三、法国钢铁工业布局

法国的钢铁工业主要分布在东部和北部地区。1974 年，这两个地区的粗钢产量占全国产量的 85% 以上，1980 年以后，其比例约占 70%。

法国钢铁工业首先是在东部洛林地区发展起来的。早在法国大革命前，洛林高原地区就利用当地的铁矿和森林发展冶金业，有冶金厂 100 多个。工业革命时期，洛林的铁矿开采和工业化较晚，钢铁工业发展缓慢。1881 年，使用托马斯冶炼法和吉尔吉克斯特冶炼法以后，洛林铁矿的开采进入飞跃阶段，1881 年前最高产量为 300 万吨，1990 年为 544. 8 万吨，1929 年达 5000 万吨。由于洛林铁矿品位低又缺少水上运输，铁路运输费用高，因此多就地发展高炉和钢厂。从 1900 年开始在洛林钢铁业中采用托马斯炼钢炉后，洛林成为集中的钢铁工业区。1938 年洛林的粗钢产量为 420 万吨，占全国总产量的 68%。但直至 1950 年，洛林地区没有建造过新的高炉。第二次世界大战以后，法国重点恢复和发展基础工业，使得洛林地区的钢铁、煤炭生产有了很大发展。1945~1960 年间，洛林地区的铁矿石产量增加了 3 倍，生铁产量增加了 2 倍，煤炭产量增加了 1 倍。整个洛林地区提供了全国 3/4 的铁、2/3 的钢、35%的煤炭。冶金工人数由 50 年代初的 7 万多人，增加到 60 年代初的 9. 5 万人，成为全国工人就业人数比重最高的地区之一。

为了充分利用海运的有利条件和节省焦炭消耗，法国在北部的北海沿海和南部的地中海沿海建立了两个大型钢铁联合企业，矿石靠进口，生产普通钢。

法国东部和北部为普通钢产区，产量占法国全国产量的 80%以上。主要有两大集团：塞希洛（SACILOR），又名洛林钢铁集团；于齐诺尔（USINOR），又名北方钢铁集团，再加上两个中型钢铁集团夏底荣和诺曼蒂公司，共占法国钢产量的 90%。

法国中部的克勒索和圣太田地区成为特殊钢中心。因为这里有阿尔卑斯山丰富的水电资源可以利用，便于发展电炉炼钢，所以 90%的感应炉、60%的电弧炉都在这个地区。不锈钢的生产占总产量的 95%，轴承钢占 93%。1976 年特殊钢产量为 320 多万吨，占法国总产量的 14%，法国有些特殊钢在国际上是很有名的，如抗硫化氢钢、耐海水钢。生产特殊钢的两个主要大公司是克勒索-卢瓦尔集团和尤金钢公司。

钢管生产主要集中在瓦鲁莱克公司，其产量占全国的 3/4。该公司也是欧洲第二大钢管垄断企业。

四、法国钢铁工业的优化升级

法国目前钢铁生产主要集中在温得尔–西德洛（Wendel–Sidelor）和于齐诺尔（USINOR）两大财团。这两家的钢产量占全国总产量的 70%以上。温得尔–西德洛财团是 1968 年由温得尔、西德洛和莫瑟拉纳三个集团合并而成的。该财团拥有索拉克公司（SOLLAC）65%的股份和萨西洛公司（SACILOR）的全部股份。于齐诺尔财团是 1966 年由于齐诺尔和洛林–埃斯科两大公司合并而成的。

1970 年法国两家最大的特殊钢厂合并成立了克鲁索–卢瓦尔优质钢、特殊钢联合企业，隶属于克鲁索–卢瓦尔（Creusot–Doire）财团。法国共有 48 个大小特殊钢厂，其中属于克鲁索–卢瓦尔财团的较大的特殊钢厂有 12 个，其产量占全国特殊钢总产量的 60%以上。

到 80 年代，法国钢铁企业经历不断进行技术改造和多次重组合并，目前法国于齐诺尔钢铁集团成为法国主要的钢铁企业，产量占法国总产量的 90%以上，其余产量由安赛乐米塔尔法国公司和其他特钢企业贡献。

法国于齐诺尔钢铁集团由原于齐诺尔（Usinor）钢铁公司索拉克钢铁公司（Sollac）、萨西洛尔钢铁公司（Sacilor）等骨干企业组建而成。其中各企业发展历程如下：

于齐诺尔钢铁公司敦克尔克钢铁厂是于齐诺尔钢铁公司所属各厂共同集资建于沙滩海岸上的大型钢铁厂。该厂的第一炼钢厂是 1962 年投产的。3 座 120 吨转炉（后扩容到 160 吨），是当时世界上吨位最大的转炉钢厂。1972 年该公司建成第二炼钢转炉厂，主要装备有：喷吹

CaC_2 铁水脱 S 装置，3×220 吨转炉、三台板坯连铸机和 RH 真空处理。年产钢量达到 800 万吨，成为于齐诺尔公司的主力钢厂，在国际上也很有名。在 80 年代的激烈竞争当中于齐诺尔公司的几个老厂相继关闭，敦克尔克钢厂以其低成本、优质、高生产率使于齐诺尔公司保持其有实力的竞争地位。

索拉克（Sollac）钢铁公司是集中改造的另一成功典型。索拉克公司（洛林炼钢连轧公司）以生产薄板为主。20 世纪 70 年代初该厂的炼钢设备包括 4 座 60 吨 LWS 转炉、1 座 100 吨 Kaldo 转炉、4 座 300 吨平炉。这是由于该公司在不同年代为增加炼钢能力逐渐扩大规模而形成的。这些炉子的冶炼周期、炉产量相差很大，无法采用连铸技术。到 70 年代中期该公司已难以适应钢铁行业的竞争。该公司将改组后的炼铁生产集中在方什（Fensch），炼钢集中在塞黑芒日（Seremange）。炼钢厂的主要设备包括 1 套喷吹 CaC_2+Mg 粉脱硫装置、2 座 240 吨 LWS 转炉，2 台 240 吨 Asea-SKF 钢包炉和真空脱气装置、2 台板坯连铸机（后改 1 台为大方坯连铸机），轧钢集中在弗劳行日（Florange）。索拉克钢厂主要生产冷轧薄板、镀锡、镀铬钢板、重轨钢坯和轮胎钢丝钢坯。该厂年产钢 300 万吨，其镀锡板的质量在国际上有很高的声望。现有 Gandrange 钢厂的钢轨生产任务转到索拉克的 Seremange 钢厂，该厂保持了钢轨的高质量水平。改造后的索拉克钢厂是欧洲先进的钢厂之一。

如萨西洛尔（Sacilor）集团的 Gandrange 钢铁厂是由洛林地区的洪巴（Rombas）、希埃（Chiers）等几个小钢厂联合建立的。这几个小钢厂的炼钢设备都是 25~50 吨的底吹转炉和顶吹喷石灰粉转炉。轧钢产品主要是长型材。当时，这几个钢厂都不具备改造成现代化大型钢厂的条件。于是，决定建立新的 Gandrange 钢厂。其主要炼钢设备为 2 座 260 吨 OLP 转炉、2 座 260 吨 Kaldo 转炉、2 座 260 吨钢包炉、1 台

260吨真空脱气装置和2台6流大方坯连铸机（年产钢400万吨）。所生产的钢坯供轧制钢轨、大断面型钢和大口径管坯，副产品为钢渣磷肥。改造后的萨西洛尔钢铁公司在国际上知名度很高，所生产的重轨供应法国高速铁路，行车速度可达300公里/小时。

索里梅（Solmer）厂是萨希洛尔集团与北方钢铁集团共同出资在马赛附近的Fos-Sur-Mer建立的大型钢铁厂。其第一期工程为2座2000立方米高炉、喷吹CaC_2铁水脱S装置、2座300吨转炉、1套CaS-OB装置、2台板坯连铸机及热连轧厂。年产钢410万吨。原料由国外进口。该厂所生产热轧板卷供法国南部地区用户，并有部分产品出口。该厂的技术经济指标长期在欧洲转炉钢厂保持领先地位，环保情况良好。

五、法国钢铁工业的产量变化

1970年以前，法国的粗钢大部分是托马斯转炉钢和平炉钢，1971年以后，氧气转炉得到迅速发展。1970~1985年氧气转炉钢的比例从29%提高到80%。1982年以后基本依靠氧气转炉炼钢，而托马斯转炉、平炉及其他炼钢炉基本停产。同时，采用先进的设备、技术来发展特殊钢生产。从产量上看，自20世纪80年代以后，法国粗钢产量的涨跌幅度不大。1982年产量为1840万吨，1983年为1758万吨，1984年为1900万吨，1985年为1881万吨，1986年为1767吨；2007年产量为1930万吨，2008年为1790万吨；受2008年金融危机的影响，2009年法国钢产量跌至21世纪的历史最低点，年产1280万吨，2010年恢复年产1540万吨，此后法国粗钢产量稳定在年产1500万~1600万吨。

近年来，得益于2014年法国公共消费扩张，法国钢铁市场总量在经历了2013年的停滞后，2014年稳步温和增长。但此次存在着诸多对欧洲区域经济表现产生不利影响的因素，包括建筑部门面临的持续困难、高失业率和主要来自中国的廉价产品。2014 年法国钢铁市场的总收入为 113 亿美元，2010～2014 年的复合年变化率（CARC）为 -0.3%，法国钢铁市场产量复合年增长率为 1.2%，2014 年达到 1610 万吨。为了防止外国钢铁进口的大量涌入，欧盟于 2015 年 5 月对中国、日本和其他外国生产商征收了高达 35.9%的临时关税，为期 6 个月。2014 年以后，法国钢铁市场整体下滑，2017 年是例外，当时市场大幅增长。2018 年法国钢铁市场总收入为 103 亿美元，2014～2018 年的复合年变化率（CARC）为 -3.6%。法国钢铁市场预计短期内不会复苏，因为二氧化碳排放税将导致钢铁产量下降。

第五章　美国钢铁工业发展

美国是世界上头号的资本主义国家，也是一个立国较短的国家。自 1776 年发表《独立宣言》成立美利坚合众国以来，美国建国仅仅 200 多年。美国钢铁工业得益于其自然和历史条件，逐步奠定了资本高度集中、基础实力雄厚、以大型钢铁联合企业为主体的优势，并曾作为美国经济三大支柱产业之一，在其国民经济发展各个阶段发挥了重要作用，也对工业化发展起到重要的支撑。但也局限于资本主义经济的痼疾，不能不依附于国内外市场，随百业的盛衰而沉浮。纵观美国钢铁工业的发展，可以清楚地看到它既有强大的外表，也有脆弱的内涵。

第一节　美国钢铁工业发展的先天优势

一、自然地理

美国位于北美洲大陆，东临大西洋，西滨太平洋，北接加拿大，南靠墨西哥及墨西哥湾。所属阿拉斯加州位于北美洲西北部，夏威夷州位于中太平洋北部。总面积 9363000 平方千米，海岸线总长 22680 千米，良港多在大西洋沿岸。东部有阿巴拉契亚山脉，山脉与大西洋之间有狭窄的山麓高原和沿海平原。山脉以西为阿巴拉契亚高原。在阿巴拉契亚山脉和西部的落基山山脉之间是广袤的平原区，南部为密西西比河及其支河冲积成的冲积平原。西部是属科迪勒拉山系的海拔

3000米以上的落基山山脉，美国的大河全部发源于此。主要河流有密西西比河，以密苏里河为源，纵贯平原中部，全长6262千米，是世界上最长的河流。此外，还有科罗拉多河、哥伦比亚河、俄亥俄河、波托马克河、特拉华河、哈德逊河等。东北部有著名的五大湖，即：苏必利尔湖、休伦湖、密歇根湖、伊利湖和安大略湖，它们是世界上最大的淡水湖群。邻近大湖区的五个州，即：宾夕法尼亚州、俄亥俄州、印第安纳州、密歇根州和伊利诺伊州，构成了美国的钢铁工业中心。

大湖区构成美国钢铁工业中心的有利条件主要是靠近原料基地。这个地区有苏必利尔湖沿岸的大铁矿，储量近80亿吨，约占美国全部储量的80%。在宾夕法尼亚州有储量丰富的炼焦煤，在伊利湖附近有石灰石矿。此外，水陆交通便利，铁矿石可以利用大湖水运，直接送抵沿湖各厂；运费低廉，这个地区还靠近销售市场。匹兹堡和沿湖地区是机器制造工业、汽车工业和金属加工工业发达地区，也是钢铁产品的重要销售市场。由于具有以上发展钢铁工业的优越条件，因而形成了匹兹堡、芝加哥、克利夫兰、底特律和布法罗五大钢铁基地，构成美国钢铁工业的骨干力量。

南部亚拉巴马州利用本地铁矿石和肯塔克的焦煤，建设了加兹登厂等，形成了南部地区的小钢铁中心。第二次世界大战期间，在西部犹他州的杰尼瓦和加利福尼亚州的丰塔纳建设了两家小型钢铁厂，加上原有小厂，形成了西部钢铁基地。

在已探明的矿物燃料量中，美国煤的储量最大，石油及天然气较少。按热值计算，煤占82.5%，石油及天然气仅占9.8%。推定的远景储量也大致与这一比例相当。美国煤的全部储量中，有66%是烟煤，其中5%是低挥发分煤。据美国矿业局估计，按目前的技术开发水平，可采烟煤量为1360亿吨，其中大部分集中在东部地区。美国炼焦煤的特点是黏结性好，高挥发分煤比例大，有些地区煤的硫含量偏高，但大部分炼焦煤的灰分低。冶金用煤的灰分低于 8%，冶金焦灰分在 9% 左右。这样的灰分比，在世界各国中是比较低的。

二、社会制度及政治环境

美国是世界上头号资本主义国家，也是一个立国较短的国家。自 1492 年哥伦布到达美洲以后，欧洲殖民主义国家即开始向北美移民。1620 年，当时的英国清教徒因避教祸，乘一艘叫“五月花”的船只来到美洲，在北美的大西洋沿岸陆续建立了 13 处殖民地，残酷驱赶和屠杀土著居民印第安人，并从非洲掳掠来大批黑人充当奴隶。1775 年，这些殖民地的人民发起了反对英国殖民统治的战争，由乔治·华盛顿担任起义殖民地军总司令，于 1776 年 7 月 4 日发表《独立宣言》，宣告成立美利坚合众国。美国的建国历史至今才不过 244 年，从 1776 年后的 100 余年里，为了适应资本主义发展的需要，通过购买、攫取和侵占等手段，使领土扩大到 1776 年的 10 倍，形成了今天的 50 个州。

在美国独立战争前的 200 多年里，美国只有小规模的冶铁业。1645 年，第一座炼铁炉始建于马萨诸塞州的沙吉士（Saugus），随后向中北部各州缓慢发展，用木炭、无烟煤、烟煤和焦炭，将本地区铁矿石还原成铁。早期的炼铁炉用石块砌筑，外形像一个截棱锥体，直到 19 世纪初才被内部衬砖、外部为圆柱形铁壳的炉型所取代。19 世纪 30 年代开始采用鼓风加热后，产量得到较大、较快的提高。早期的一座炼铁炉日产量不过 2~3 吨，到 19 世纪中期已达到 30~40 吨。当时炼钢年产量只有 1 万吨左右。

三、资源优势

（一）美国的铁矿资源

美国铁矿资源具有“储量大、品位不高，分布集中，行业垄断性强，生产量大、进口量大”四大特点。2008年美国地质调查局和BP世界能源统计显示：美国铁矿石储量为69亿吨（约占世界总储量的4.3%），基础储量约为150亿吨，（约占世界总量的4.1%）；按金属含量计，铁矿石储量达21亿吨，基础储量达46亿吨，平均铁含量降至20%~30%。80%的铁矿石来自苏必利尔湖西北岸和南岸，平均品位31%，其中以密歇根州和明尼苏达州的梅萨比地区铁矿最为重要。

克利夫斯自然资源公司是美国最大的铁矿石开发商。现在美国铁矿石基本由三家公司控制，除克利夫斯自然资源公司外，还有美国钢铁公司和安赛乐米塔尔集团。

美国每年需从10多个国家进口超过1000万吨铁矿石，且进口量呈逐年下降趋势，主要进口来源国为加拿大和巴西。除进口外，美国国内年产铁矿石5000万~6000万吨，并有部分铁矿石出口。2000~2007年美国都是铁矿石净进口国家，2008年小幅净出口（见表5-1）。

表5-1　2000~2008年美国铁矿石产量和出口量

年份	2000	2001	2002	2003	2004	2005	2006	2007	2008
产量/万吨	6309	4578	5150	4848	5470	5430	5290	5240	5300
出口量/万吨	615	561	675	677	848	1178	827	930	1116
进口量/万吨	1568	1065	1245	1250	1176	1299	1147	939	924
净出口量/万吨	-953	-504	-570	-573	-328	-121	-320	-9	193
净出口量/产量×100/%	-15.11	-11.01	-11.07	-11.81	-5.99	-2.23	-6.05	-0.17	3.64

来源：美国钢铁工业产业布局浅析. 冶金管理，2011（1）.

（二）美国焦煤资源

美国是世界第4大焦煤生产国（焦煤年产量5000万吨左右）、第5大焦煤消费国（年消费量2000万吨左右）和第3大焦煤出口国（年出口焦煤3000万吨左右），同时年进口焦煤200万吨左右。美国焦煤产量和出口量见表 5-2。

表 5-2 美国焦煤产量和出口量 （百万吨）

年份	2008	2009	2010	2012	2015	2018	2020
产量	63	45	65	82	90	94	102
进口	2	1	2	2	2	2	2
总计供应量	65	46	66	84	92	96	104
需求	20	16	22	25	27	28	31
平衡	45	30	44	59	65	68	74
出口	39	37	44	59	65	68	74
欧洲	25	19	21	28	30	30	28
加拿大	3	2	3	4	4	4	4
南美	7	7	9	12	14	15	17
其他国家	3	9	12	16	17	19	24

来源：美国钢铁工业产业布局浅析. 冶金管理，2011（1）.

北美焦煤市场集中度较低，市场竞争激烈。阿尔法煤炭公司、梅西能源公司、沃尔特能源公司、爱国者煤炭公司和克里夫斯能源公司是美国五大焦煤供应商。2008 年五大供应商的产量占美国总计焦煤产量的 66%。美国的主要煤炭生产中心集中在阿巴拉契亚地区、伊利诺伊盆地、波德河盆地和其他西部地区。弗吉尼亚州西南部是美国第二大产煤区，盛产低、中、高挥发性优质焦煤，具有低硫的特点，海外用户、特别是欧洲和南美的用户对该地区的焦煤需求旺盛。

2005 年以来，美国焦煤产量持续增长，2008 年达到 6300 万吨的高点后出现下滑。2009 年受金融危机的冲击，国内和出口需求减弱，导致焦煤产量降至 4500 万吨。国内焦煤需求量仅略高于焦煤产量的三分之一，其余产量都用于出口。在经历 2008 年的小幅下降之后，2009 年美国粗钢产量大幅下降 35%，使得焦煤供应商向焦炭厂的焦煤发货量也大幅减少 31%。据美国能源署的数据，2009 年美国焦煤供应商向焦炭厂的焦煤发货量从上年的 2200 万吨降至 1500 万吨。然而，进入

2010年，美国焦煤产量持续增长，主要是基于其国内金融危机期间闲置的高炉都在二季度恢复生产，2010年下半年钢铁企业的焦炭消费量恢复至正常水平。

焦煤需求增长滞后于焦炭产量的复苏。由于闲置炼焦产能的成本较高，使得焦炭生产商不得不维持一定的产能利用率，一直持续到2009年年底以后。其间，钢厂减产，优先消耗焦炭库存。到2009年年底，美国囤积的焦炭库存量相当于6个月的钢厂消耗量，因此到2010年下半年焦炭库存量也难以降至合理水平。以往，美国焦煤供应商向国内炼焦厂供应焦煤2300万~2500万吨，每年还需要进口200万~300万吨，以满足国内焦炭供应的不足。

从总体上看，美国钢铁工业在资源禀赋方面具有较为明显的比较优势。首先，美国发展钢铁工业有着较为有利的资源条件，有着丰富的铁矿石资源，品位也非常高，矿山工业发达，原料和燃料有充足的供应。如阿巴拉契亚山区有丰富的炼焦煤，苏比利尔湖西部有丰富的铁矿（目前富铁矿已趋枯竭，但含铁22%~35%的贫矿储量巨大)。其次，美国发达的铁路和水运，为钢铁工业发展提供了便利的交通运输条件。1910年美国的铁路里程即达到近40万公里，是世界上铁路里程最长的国家。铁路的大量修建与钢铁工业的发展密切相关，一方面铁路建设需要消耗大量钢材，刺激了钢铁工业的发展；另一方面，完善铁路交通网为钢铁工业的原料、燃料和产品的运输提供了便利的交通条件。同时，美国五大湖地区的水运和海运也为钢铁工业的发展起到了巨大的促进作用。

第二节　美国钢铁工业发展历程

美国钢铁业历史悠久，最远可追溯到17世纪20年代，第一个铁工厂在弗吉尼亚的詹姆斯敦建立，不过钢铁产业真正的高速发展和产量的大幅提升则开始于19世纪60年代。美国钢铁业的发展大体可分为5个阶段。

一、钢铁工业“起飞”阶段

美国钢铁工业自1868年就开始了现代化进程。1868~1880年工业革命时期，美国战后资本主义经济急速膨胀，大规模兴建铁路对钢铁工业的发展产生巨大的拉动作用。在此期间，美国钢铁产量以年均40%左右的速度增长。至1880年美国工业革命完成，钢铁产量从2万吨激增至127万吨，使美国钢铁工业具有了庞大的生产能力，并且产品品种齐全，产品质量好，生产技术比较先进。

（一）经济背景

1860~1880年期间，美国经历了南北战争和战后的重建，资本主义快速发展，并以当时最高水准完成工业化，各种现代化产业高速发展，如钢铁、铁路、机械等，并逐渐向垄断资本主义过渡，成为世界头号工业大国。

（二）技术推动产业发展

大量新的技术和更高效的钢铁冶炼法的应用，为钢铁产量的大幅提升奠定了基础，极大地促进了钢铁业的发展。美国第一家连续批量生产转炉钢的工厂于1864年始建于密歇根州的怀安达特（Wyandotte）。这种称作酸性转炉法的炼钢工艺是继英国贝塞麦工艺之后出现的。当时对这种炼钢法是否为美国人威廉·凯利（William Kelly）首创，曾引起过激烈争论。两个人都在各自的国家申请过专利，而凯利的申请经美国判定有优先权。这场争论在1866年经转炉学会通过一个折中方案，由贝塞麦与凯利共享专利，始得解决。随后，采用这种炼钢法的厂家迅速增加，到 1876 年已建成 13 家转炉工厂，1880 年全美转炉钢产量增加到 100 多万吨，从而奠定了美国钢铁工业的基础。

（三）美国的铁路大发展推动钢铁产量提升

美国早期生产的钢，几乎全部用于生产迅速取代铁轨的钢轨。例如，1870 年就有 3.5 万吨钢轧成 2.8 万吨钢轨。1880 年钢轨产量达到 80 万吨，共耗用美国当年 90 万吨转炉钢产量的 82 万吨以上。

19 世纪 80~90 年代，美国全力修建横贯国土的铁道干线，钢轨需求量一直居领先地位。除生产钢轨外，还需要为制造车厢和机车提供钢铁材料。当钢产量于 1890 年增加到 340 万吨时，开发了其他方面的用途。芝加哥市于 1884 年用建筑钢材兴建了世界上第一幢 10 层摩天大楼，蓬勃兴起的建筑工业成为钢产品的新用户。美国海军将 40 艘战舰换装钢壳船体，大湖上的大宗货物改用钢制货轮运送，造船工业成为钢产品的另一家大用户。到 19 世纪 90 年代中期，美国的钢产量超过英国，跃居世界首位。

二、钢铁工业“成长”阶段

1881~1920 年初期工业化过程中，美国钢铁产量以年均 10%的速度增长，比英国、德国、法国等欧洲国家都要快。1920 年美国粗钢年产量达到了 4700 万吨。

（一）产业快速发展

第一次世界大战之后的经济高速发展时期，美国实现了由自由资本主义向现代资本主义的转变，并步入了经济大国的行列，走上了对外经济扩张的道路，1916 年成为世界最大的资本输出国。工业发展是这一时期的主题，机械制造、钢铁、食品、化学、橡胶、石油、造船、电力和汽车等行业支撑起了美国的经济。

20 世纪的前 20 年，美国钢铁的产量增长了 4 倍，从 1901 年的 1141 万吨达到 1920 年的 4700 万吨，主要是由于新技术和转炉炼钢法的大范围应用。1901 年，美国钢铁公司成立，控制了美国当时 60%的钢铁产量。钢铁产业依然遵循资源式布局，集中在美国东北部以及北部五大湖地区，明尼苏达州和密歇根州是最主要的铁矿石产地，五大湖的水路运输便利成本低。

（二）钢铁联合企业的出现

随着钢铁工业的发展，建设包括高炉、转炉、平炉和轧机在内的工厂，所需资金已达到无法由个别企业家可以承担的地步，从而推动了许多小厂家的联合，用钢铁联合企业取代那些各立门户的小生产经营。钢铁厂家减少，生产规模扩大。

1889 年，有 5 家独立的钢铁厂家以 2500 万美元资金在芝加哥组成美国第一家钢铁联合企业——伊利诺伊钢公司，这在当时被当成是“美国钢铁工业历史上未曾发生过的一件重大事件。”一家报纸曾作出以下的报道：“全世界都不曾见到过，把这么多的资金和设备集中到一家生产企业手中，由一家新公司加以控制。其深远影响虽然一时难以看清，但可以肯定地说，影响将是十分巨大的。芝加哥出现的这种合并和统一，今后必将为东部的转炉钢生产厂家所效法。”

这一预言，于 1890 年被匆忙组成的按当时的标准可以称得上是大型钢铁企业的联合行动所证实。其中最大和力量最雄厚的一家，是卡内基（Carnegie）钢公司。这家公司与其说是合并，不如说是通过兼并和吸收由卡内基公司拥有股份的其他几家碰到财政问题的钢铁厂组成的钢铁联合企业。卡内基钢公司的资金总额达 3.2 亿美元。

第二次最大的联合行动，是在伊尔伯特 H. 格里法官的指导下，利用摩根（Morgan）财团的股份组成的联邦钢公司（Federal Steel Co.）。它囊括了伊利诺伊钢公司，拥有资金 1 亿美元。还利用摩根财团的股份成立了一家生产美国 70%左右钢管的国家钢管公司（National Tube Co.）。另外有一家由原来独立经营的 25 家工厂联合组成的美国桥梁公司（American Bridge Co.）。

由其他企业家组成的莫尔（Moore）公司，兼并了 8 家独立品牌钢厂，组成一家生产一般钢产品的国家钢公司（National Steel Co.）。另有由 38 个独立生产单位组成的美国镀锡板公司（American Tinplate Co.），用外购钢生产薄板的美国薄板公司（American Sheet Co.），生产容器箍和棉花打包用窄带钢的美国箍圈公司（American Hoop Co.）。还有由一位知名企业家约翰 W. 盖特斯（John Gates）组建的、生产美国 75%线材的美国钢及线材公司（American Steel and Wire Co.）。

1900 年，国家钢管公司和美国钢及线材公司大量购进卡内基钢公司的钢，决定组建自己的粗钢生产能力。面对自己的经营将受到损害的形势，安德鲁·卡内基宣布要兴建一家钢管厂和一家线材厂，与两家公司展开竞争。同时还扬言要在西马里兰州之间修一条铁道联络线，自东海岸延伸到哈里斯堡（Harrisburg），并将卡内基钢公司所属联合铁道（Union Railroad）从匹兹堡向东延伸。这条铁道将与宾夕法尼亚铁道（Pennsylvania Railroad）展开货运竞争，有可能引起一场价格战。

这一场将出现在资金雄厚和力量强大的卡内基钢公司与力量有限的几家公司之间的殊死竞争和铁道价格战，促使 J. P. 摩根和格里法官于 1901 年组织成立美国钢铁公司（U. S. Steel Corp）。该公司包括了卡内基钢公司及摩根财团的公司，还有莫尔及盖斯特的股份、洛克菲勒财团的苏比利尔湖联合矿山（Lake Superior Consolidated Mines），拥有14亿美元的资金，成为当时世界上最大的一家钢铁联合企业。

到20世纪初，美国的钢铁工业为适应国内需求而进一步迅速发展。现在的许多大型钢铁联合公司，在1899~1905年间即已形成。其中包括前身为菲利浦薄板及镀锡板公司（Phillip Sheet and Tinplate Co.）的国家钢公司（National Steel Co.）、杨斯敦薄板及钢管公司（Youngstown Sheet and Tube Co.）、过去是美国轧机公司（American Rolling Mill Co.）的阿姆科钢公司（Armco Steel Corp）、20世纪初迁到现址的内陆钢公司（Inland Steel Co）、前身为1899年组建的共和铁与钢公司（Republic Iron and Steel Corp）的共和钢公司（Republic Steel Corp），以及在1860年因经营铸件亏损严重而改组的伯利恒钢公司（Bethlehem Steel Corp）。现在已与共和钢公司（Republic Steel Corp）合并成林-蒂姆科-沃特（Ling-Temco-Vought），即LTV公司的琼斯-劳林钢公司（Jones-Laughlin Steel Corp），其前身可以追溯到1852年。

多次合并，高度集中，曾经是美国钢铁工业生产发展史上的一大特点。当1973年、1974年美国的粗钢产量达到全盛巅峰期时，10家大型钢铁联合企业的粗钢产量约占全国总产量四分之三以上。其中，年产钢量超过500万吨的公司有8家。在10家钢公司中，除内陆钢公司只经营一家钢铁联合工厂以外，其他各公司均由大小不同的钢铁厂组成，工厂分布于全国各地。例如，当时的美国钢公司拥有13家钢铁厂。伯利恒钢公司由8家钢铁厂组成。印第安纳、格里和雀点厂，是当时美国最大的钢铁联合工厂，年产粗钢分别为730万吨、700万吨和600万吨。

三、钢铁工业“震荡”阶段

1920~1955年工业化中期，美国钢铁产量以年均7%的速度增长。1953年突破了年产钢亿吨大关，在世界范围内长期处于遥遥领先的地位。

（一）经济背景

这一时期美国经历了三次经济萧条，尤其是1929年的大萧条，对美国的冲击很大，包括钢铁行业。而罗斯福为重振经济推出新政，标志着现代资本主义发展的成熟。第二次世界大战使美国成为最大受益国，奠定了美国战后称霸资本主义世界的基础。美国这一时期的投资主要集中在电子、合成材料、核能等科学技术方面，受第二次世界大战的刺激，军工相关产业也有大幅提高。

多灾多难的25年，先后发生了三次经济危机和一次世界大战，美国钢铁产量震荡向上，最低降至1932年的1500万吨，最高是1944年接近9000万吨。每次经济危机，受需求减少的影响，钢铁的产量都会大幅下降，随后逐渐恢复。第二次世界大战推动了对钢铁需求的大幅增长，钢铁公司不得不被动扩大产能，而且促进了钢铁技术和产品档次的提高。

（二）战争与和平的金属

1914年第一次世界大战刚刚开始时，美国生产了2350万吨钢，比14年前生产的钢多了两倍。在1918年战争结束时，伯利恒钢铁公司产量再次增加了一倍。

战争结束后，美国炼钢业比以往任何时候都更加强大。绝大多数钢铁都来自这两家公司：美国钢铁公司和伯利恒钢铁公司。

接着，钢铁材料进入了汽车、家用电器和食品罐头行业。美国钢铁公司和伯利恒钢铁公司的资产价值要远远高于福特和通用汽车公司。

这次钢铁时代的繁荣，又遇到了新的危机。1929年股市崩盘，随着经济陷入大萧条，钢铁生产也开始放缓。

珍珠港事件将美国卷入了第二次世界大战，美国政府开始禁止生产钢铁消费品，注意力全部集中到了配给船只、坦克、枪支和飞机的钢铁上。

美国工厂每天24小时冶炼钢铁，经济开始再次繁荣。很快，美国钢铁产量比其他任何国家都高出三倍多。第二次世界大战期间，美国制造的钢材比第一次世界大战时多了25倍。

战争结束后，美国解除了对钢铁消费品的禁令。钢铁产品大量出口到世界各地。

四、钢铁工业“战后”阶段

1956~1980年工业化完成和以后的时期，美国钢铁产量以年均0.5%的速度微幅增长。1973年，美国年产钢达到13680万吨，是目前为止美国钢铁工业历史上最高的产钢纪录（见图5-1）。

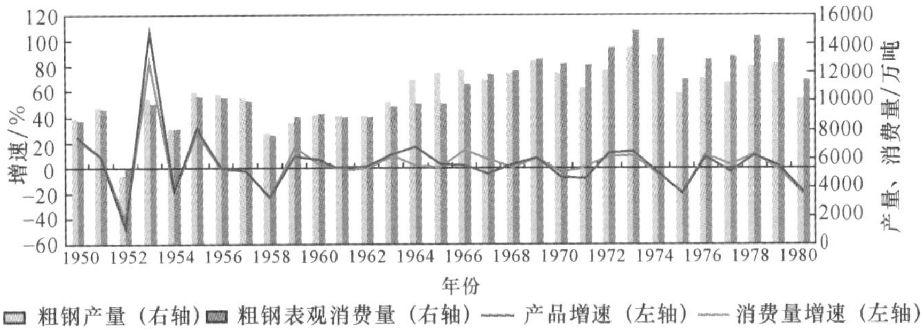

图5-1 1950~1980年美国钢铁供给和消费情况

（来源：美国电炉炼钢进入成长期的驱动因素分析. 冶金经济与管理）

第二次世界大战后美国钢铁业平稳发展，产量波动式上涨，投资不断增加，虽有新技术的诞生，但没有得到足够的重视。工会崛起，导致了钢铁业成本的逐渐高企。受朝鲜战争、越战等刺激，钢铁产能不断增长，利用率受经济影响大多数在80%上下波动，最高达到100%。1948年国会通过法案，取消基点定价，采用市场定价，不过钢铁公司仍可以通过涨价提高利润。

在产能利用率上，美国钢铁业供给端于1969年率先达到阶段性的顶峰，领先产量顶峰4年，此后呈现缓慢下降趋势，直到20世纪80年代中期。在钢材供给的补充上，1969年产能利用率下降后，钢材净进口量出现了大幅增长，大量海外钢材进入美国，造成美国钢铁产量的下降快于消费量，这也是20世纪70年代初美国宏观经济中制造业竞争力下降的实证。

1955~1980年美国钢铁工业产能利用率和进出口情况见图5-2。美国钢铁工艺结构占比情况见图5-3。

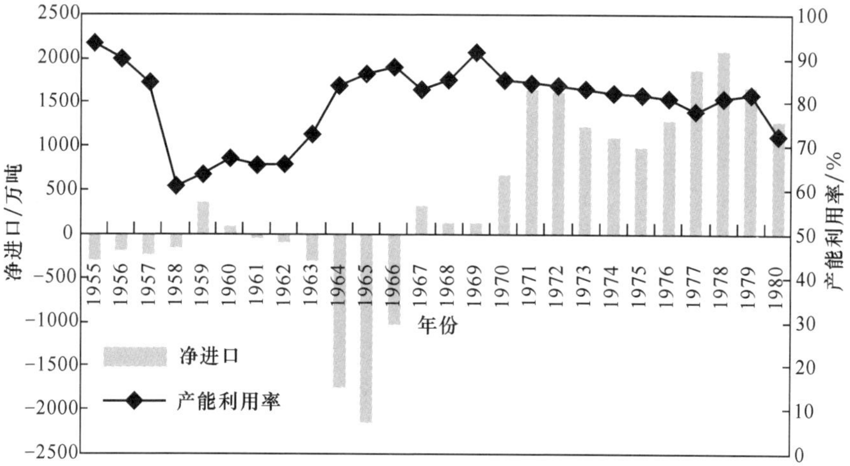

图5-2 1955~1980年美国钢铁工业产能利用率和进出口情况

（来源：美国电炉炼钢进入成长期的驱动因素分析. 冶金经济与管理）

如果以粗钢产量增速、表观消费量增速、产能利用率数据及各种工艺结构粗钢产量占比来分析，1960~1980年美国钢铁产业供给体系有以下特点：

阶段一（1960~1965年）：产量和消费量都保持增长，钢材有较大比例的出口，粗钢产能利用率攀升；通过大力普及转炉炼钢，美国钢铁供给体系具有较好的竞争力。

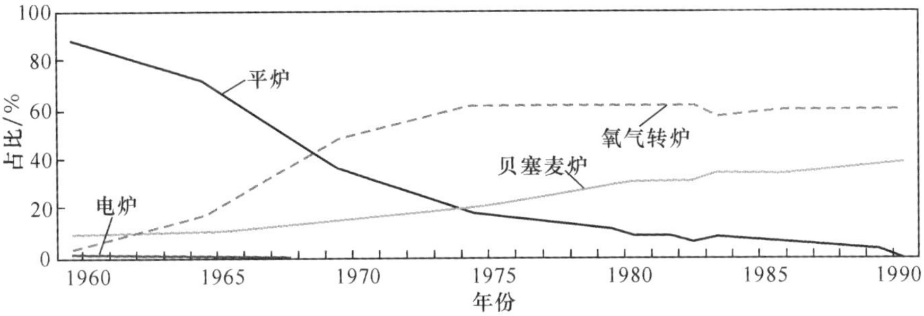

图 5-3　美国钢铁工艺结构占比情况

（来源：美国电炉炼钢进入成长期的驱动因素分析. 冶金经济与管理）

阶段二（1966～1969 年）：产量和消费量都保持增长，产量增速低于消费量增速，开始有少量钢材进口，粗钢产能利用率攀升；尽管继续普及转炉炼钢、加快淘汰平炉，但美国钢铁供给体系的竞争优势已不明显。

阶段三（1970～1973 年）：产量和消费量保持增长，产量增速低于消费量增速，大量海外钢材进入美国市场，产能利用率出现下滑；虽然转炉炼钢继续增长，但增速开始放缓，同时加速平炉淘汰、引入电炉，美国钢铁工业供给已表现为缺乏竞争力。

阶段四（1974～1980 年）：产量和消费量下降，产量下降速度大于消费量，产能利用率继续下滑并逐步见底；通过稳定转炉、加速淘汰平炉、快速普及电炉，稳住了美国钢铁供给体系持续下滑的竞争力。

整体看，在美国工业化后期钢铁供求见顶的前后 20 年中，美国钢铁在海外出口的冲击下，通过不断引入新工艺技术、淘汰旧工艺技术，持续优化供给体系，维系其竞争力。快速导入电炉就是为应对 20 世纪 70 年代初美国钢铁工业竞争力持续下降局面、稳定其下滑趋势的手段。

五、钢铁工业“衰退”阶段

自1973年达到峰值后，美国粗钢产量开始滑落，再也没有恢复到这一水平。可以说，在20世纪70年代以前，钢铁工业一直是美国经济中的重要支柱产业；20世纪70年代以后，钢铁工业已演变为美国经济中的重要基础产业，一直受到美国政府的贸易保护。因此，钢铁工业有美国经济的“晴雨表”之称。

（一）大发展后的衰退

成本上升、技术落后、日本钢铁业的兴起等原因造成了美国钢铁业在20世纪70~80年代的滑坡和衰退。经历了一段困难和痛苦的转型期，大量的钢铁厂被迫关闭，勉强维持的也不得不大规模裁员，产量逐年减少，进口逐年增加，尽管80年代后期钢铁业开始恢复，不过速度缓慢。工业化结束及产业结构转型，美国钢铁工业退出国内主导产业地位。

经历过70年代的衰退，80年代的痛苦转型后，美国钢铁终于在90年代进入了一段相对平稳的恢复和发展时期，受国家政策扶植，出现了钢铁业衰而不退的现象。

尽管这一时期的钢铁需求相对比较稳定，但是对钢铁公司来说，并不是一段“好时光”，很多传统的大型钢铁公司相继破产，一些新兴的小钢铁公司也无法继续经营下去。目前美国最大的三个钢铁生产公司是美国钢铁集团、米塔尔钢铁集团和纽柯钢铁集团，共占据美国钢铁产量的60%以上。美国钢铁集团80年代经营主业一度转移至石油化工，后于2001年剥离非钢铁相关资产；米塔尔钢铁前身是国际钢铁集团，被欧洲企业收购后改名；纽柯钢铁集团是唯一一个一直坚持在钢铁市场且能保持持续增长的美国本土钢铁企业。

（二）大发展后错失技术改造时机

众所周知，第二次世界大战期间及其后一段时期，美国的科学技术和国力都发展到称雄世界的地步。1950 年钢产量几乎占全球的一半，独霸天下。1973 年达到最高年产量 13860 万吨，在世界钢产量中，虽然仍居榜首，但所占比例已下降到 20%。这是因为日本、欧洲、苏联及第三世界国家在战后重建中都得到了发展。1970 年各主要产钢国钢产量比例中，美国占 20%，苏联占 19.4%，日本占 15.6%，英国、法国、联邦德国占 16.2%。世界市场已不是由美国一家控制了。在此期间，美国钢铁工业除份额比例下降外，在好几个重要方面也已出现不妙的端倪。

一是钢材出口锐减。1955 年各主要钢材出口国家钢材出口量占世界出口贸易量的比例，欧共体为 53.4%，美国下降到 14.2%，日本为 6.6%，美国仍不失为钢材出口大国；但 10 年后的 1965 年，欧共体为 50.5%，日本为 16.1%，美国仅 3.8%；1976 年，欧共体为 40.4%，日本为 28.6%，美国仅 1.9%，已微不足道。

二是进口量急剧增加，主要是从欧共体和日本进口。仅就日本来说，美国在 1955 年便从日本进口钢材 200 万吨，1965 年上升到 450 万吨，1970 年又上升到 580 万吨。到 80 年代初，虽然美国采取了迫使各国接受钢材输美的限额，但外国进口钢材还是夺走了美国国内钢材市场 20%的订单。

三是美国的技术装备与当时的日本、欧共体相比明显落后了。1955 年美国钢产量为 10300 万吨，都是属旧一代钢厂生产的，其中平炉生产 90%，电炉生产 7%，贝塞麦炉生产 3%。到 1973 年生产能力增加到 1.5 亿吨，新增加的 4700 万吨能力，基本上是新转炉钢厂和新电炉钢厂。其产量构成比已变为转炉 62%、电炉 20%、平炉 18%。可见美国钢铁工业对技术改造还是做了一些努力的，不过因为包袱太重，没有解决多大问题而已。

以上仅就炼钢方法而言，如果进一步分析整体装备水平，情况就更差了。我们知道新一代钢铁技术的兴起在50~70年代，其主要表征为转炉、连铸、大型高炉、高速连轧机。1977年日本转炉构成比例为81%，美国仅62%；1978年日本连铸比为47%，美国仅13%；大型高炉的建设，美国大于2000立方米的高炉仅占生铁总产量的2%，而日本则占52%。在这种技术差距的条件下，美国钢材的生产成本比日本高出10%~15%，美国无法占上风。

这种技术和装备落后的状况，乃是因为美国在1955~1975年20年的钢铁技术大发展的关键时刻，未抓技术改造所造成的恶果。他们没有从根本上改组和调整钢铁工业，实现现代化改造，以降低钢材生产成本，导致钢铁工业严重衰退，最终出现1979~1984年的全面危机。1984年开工率下降到40%，钢产量仅6000万吨。由于关厂，钢铁职工从44.5万人减少到24万人。

（三）前期挽救措施受阻

美国钢铁工业20世纪60年代初还处在上升时期即已初露败象。60年代中后期至70年代，面临外国钢材大举入侵的严重形势，他们采取了两项措施，力图挽救这一支柱工业。一是采取贸易保护政策，限制进口数量；二是看到本身的弱点在于装备技术落后，着手进行现代化改造。然而都因遇到了困难，没能奏效。60年代中期及以后，美国先后执行过“进口钢材限额”“自愿限制协议”以及反倾销诉讼法、抵制关税法等，但都遭到进口国的抵制，未达目的，进口量一增再增，1978年达到18%。与此同时，现代化改造亦因资金匮乏而受阻。

在此情况下，1977年年初，美国政府派出钢铁小组进行调查，提出著名的《所罗门报告书》。该报告书提出的第一个措施就是以最低成本制定价格的方案。这个方案以生产效率高的日本到岸价格计算，即（生产成本+运输费+保险费）±5%，在美国销售时，低于这个价格，要按倾销论处。他们认为这个办法比直接限制进口数量、违反关贸总协定巧妙，一是可以避免数量限制，维持贸易自由体制；二是可以根据对贸易价格的判断，迅速采取反倾销控诉，同样起到限制作用。这个办法执行后，美国各大钢厂不断起诉外国的倾销，遂招致外国的报复，结果损害了美国国际贸易的形象和信誉。长期的钢铁贸易大战给美国整个对外贸易带来不良影响。同时，国内钢材用户要出高于国际市场的价格购置钢材，也颇有怨言。两年以后的 1979 年年底，里根政府宣布停止执行，恢复“自愿限制数量”的办法，一直执行至今。

《所罗门报告书》的第二个要点，围绕促使企业筹集资金进行技术改造提出四项措施：缩短设备的折旧期（从 18 年缩短到 15 年）；经济发展局向中小企业贷款 5 亿美元；放宽环保的规定标准；通过减税法案。这几项措施对企业的技术改造都是有利的，但是由于美国政府长期忽视技术改造，积重难返，这点优惠最终只是杯水车薪，挽回不了败局。

在此困境下，1980 年年初美国钢铁协会发表《处在十字路口的美国钢铁工业》，明确提出只有加速改造才能挽救败局，建议政府每年投资 70 亿美元，进一步减税和采取必要的贸易限制措施，把国内钢铁产量恢复到 1. 36 亿短吨，同时美国国家科学基金会的一份研究报告支持钢铁协会的论点，提出大致相同的建议。但是这几条执行起来，诸多困难，例如资金投入，实际每年只有 10 亿美元，使美国 1980~1984 年在困境中挣扎，处于徘徊观望、一筹莫展之中，1984 年惨退到 6000 万吨钢。

（四）推进结构改革和技术改造恢复竞争力

20世纪80年代前期的实践说明，贸易保护主义解救不了钢厂的困难，要恢复竞争能力，只有从钢厂自身做起。美国充分吸取了多年来的经验教训，1984年起采取有力措施，狠抓技术改造和结构改革。

在结构改革方面，美国采取了三项措施，大见功效。

一是关闭老旧钢厂。1974～1984年间，因设备老旧，亏损较多，无力改造的高炉钢厂，被关闭的总生产能力约达7000万吨之多，有的厂技术装备比鞍钢还要强一些，也被关闭了。

二是努力增加电炉钢厂的能力。美国电炉钢技术是领先的，经济上也能站住脚。据近年统计，高炉钢厂钢材平均成本为484美元/吨，而电炉钢厂棒材每吨成本只有295美元，具有竞争能力。政府提倡把资金都向电炉钢厂投放（其建设费用只有高炉钢厂的一半），所以发展很快。到1989年全美国生产钢9752万吨，其中电炉钢的比例已达到36.8%，这一比例还在增加，他们预计1995年可能达到45%。政府鼓励各企业向电炉投资，使之具有更强的竞争能力，科研部门也把研究方向转到电炉方面来。

三是利用外资和国外技术，改造高炉钢厂。对高炉钢厂，美国自己无力改造，投入远远不能满足改造的需要。70年代末以来，洛杉矶和底特律两个钢厂引进外资和技术进行改造的实践都取得较好的效果，企业由亏损变为盈利，许多人主张高炉钢厂都可以照此办理。但也有人反对，认为把产权交给外国人，弊多利少。美国国会为此组织了专题调查，几经辩论的结果是利多弊少，肯定了两厂的经验。于是外国厂商蜂拥而至，日本的五大钢铁公司无一例外，都搞合资改造老厂，到80年代末已大见成效。

在高炉钢厂技术改造实现现代化方面，美国是集中力量干的。为了缓解改造的资金紧张问题，美国政府决定引进技术和资金，放松环保标准，制定减税政策，钢铁工厂折旧率进一步从 12 年缩短到 5 年。这些政策在美国钢厂快速彻底地进行现代化改造方面起了很好的推动作用。技术改造的目标明确，不再增加钢的产量，限制在 1 亿吨以下，重点放在提高质量、降低成本、增加品种方面，促使各钢厂竞相采用先进技术和装备，有些项目政府还直接拨款资助。5 年间钢厂面貌发生了重大变化，出现了生机。连铸比从 1980 年的 20%上升到 1989 年的 70%，成材率从过去的 75%上升到 1989 年的 83%，开工率达到 94%~95%。这使美国钢材进口在过去 5 年中每年减少 6%，而出口每年上升 46%，1987 年首次重新向日本出口钢材。1990 年钢材出口总量达到 430 万吨，1991 年超过 600 万吨。能大量出口的原因是成本下降，1990 年每吨高炉钢厂钢材的生产成本为 484 美元。同期日本的生产成本为 552 美元。因此，美国政府喘过气来，要求各进口国按一般国际通例，谈判订立多边钢材贸易协定，代替 1993 年 3 月到期的"自愿限额协定"，推进美国钢材的出口。后来欧共体各国的钢铁公司，因美国钢材的进口日增，考虑以"倾销罪名"投诉，情况真正发生了逆转。

第三节　美国钢铁工业技术发展路径及推动因素

转炉、平炉和电炉是钢铁生产史上三大主流炼钢技术。1886~1973 年，美国钢铁产量位居世界第一，先后经历了平炉炼钢、转炉炼钢和电炉炼钢占主导的三个时代，其钢铁冶炼技术的变化也代表 20 世纪世界冶炼技术的改进。

一、美国电炉的快速发展

电炉炼钢最早是在 1906 年引入美国的，当时主要用于特殊钢生产，年产量在10万吨左右。第二次世界大战期间受军工装备用特殊钢需求激增的影响，电炉出现阶段性快速增长，但随着第二次世界大战结束又出现萎缩。1954年，ALTAsteel在阿尔伯塔投资建设第一家以生产常规性碳钢产品为主的电炉钢厂，电炉工艺开始向普钢市场导入。但相比20世纪50年代初才引入美国的转炉炼钢工艺，从引入之时转炉钢产量就开始高速增长，并一直延续到20世纪70年代初，在这期间电炉的发展态势始终被转炉压制。20世纪70年代初，以德国人Kerof在南加州投资建设了首个以电炉工艺为核心的minimill工厂为开端，电炉生产普碳钢进入加速发展阶段（见图5-4），到1980年全美共建成30家以电炉工艺为核心的minimill工厂，2007年全美电炉炼钢产量创下新高，达5700万吨，此后市场份额持续上升，2016年美国电炉钢占比达67%。

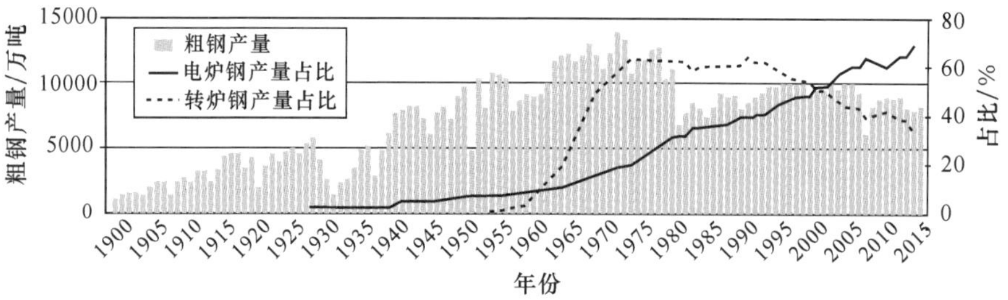

图5-4　美国电炉发展历程

（来源：美国电炉炼钢进入成长期的驱动因素分析. 冶金经济与管理）

从美国钢铁发展历史上看，炼钢电炉化是大势所趋。1936年，美国成功建立了当时世界上最大的100吨炼钢电炉，20年后几十家小型电炉钢厂陆续在美国的钢材消费区域如雨后春笋般出现，电炉炼钢开始缓慢发展起来。从数据上看，美国的电炉钢比自1965年开始加速提升，1960~1965年美国的电炉钢比以年均0.4%的增速小幅提升，1965年美国的电炉钢比为10%，到了1970年，电炉钢比已经达到15.2%。70年代后随着工业化进程的结束和第三产业的兴起，美国粗钢年产量呈稳中有降的趋势，从数字上看年产量稳定在 8000 万~9000 万吨，然而电炉钢的比重却在上升。时至 2016 年，美国电炉钢比为 67%，占据主导地位。

二、宏观经济背景

美国在 20 世纪 70 年代完成工业化后，其经济增速维持在中低速水平。1970 年前后美国 GDP 增速基本维持在 0%~5%的水平，工业在国民经济体系中占比已下滑到 32%左右。从制造业的产业结构链条来看，在下降过程中，上游采掘业和中游制造业呈高度相关的下降趋势，且采掘业领先下滑（见图 5-5）；但下游的固定资产投资则保持稳定，与制造业出现了分化趋势。从工业生产者指数来看，20 世纪 70 年代初其与国内投资趋势出现分离；这期间美国经济体系中制造业链条的上下游结构出现比例失衡，需求端相对稳健，供给端出现收缩。

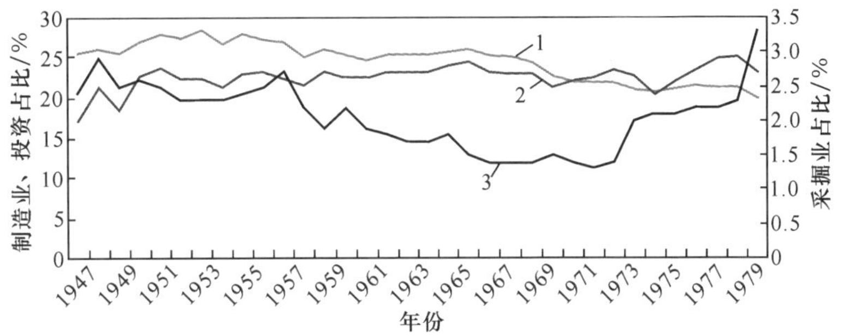

图 5-5　美国国民经济体系三大结构趋势

1—制造业在 GDP 中占比；2—投资在 GDP 中占比；3—采掘业在 GDP 中占比

（来源：美国电炉炼钢进入成长期的驱动因素分析. 冶金经济与管理）

从美国进出口贸易数据来看（见图 5-6），20 世纪 70 年代初开始，美国转变为商品的净进口国，全球化浪潮开启带来全球商品贸易额的高速增长，大量海外商品进入美国，冲击美国的制造业，包括钢铁制造在内的美国制造业在国民经济体系中占比开始失衡。这也反映了在全球化贸易的推动下，单个国家产业结构体系出现演变，相对竞争优势成为决定该国在全球产业分工中地位的重要因素；美国制造业在该阶段竞争力已下降，包括钢铁在内的许多产业的供给体系无法具备比日本、欧洲更具优势的竞争力，导致海外产品不断侵占美国市场。

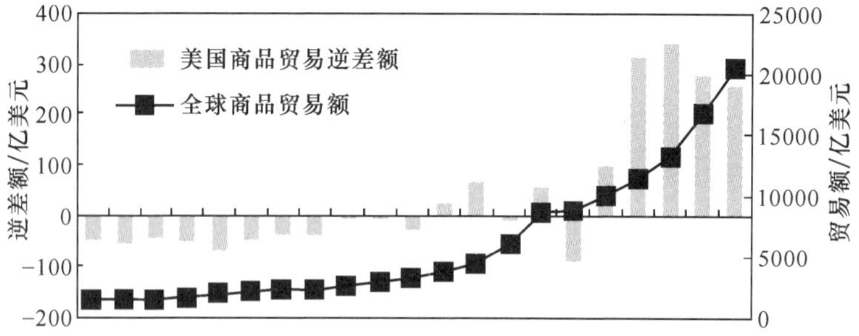

图 5-6　美国进出口及全球商品贸易情况

（来源：美国电炉炼钢进入成长期的驱动因素分析. 冶金经济与管理）

另外，在1970年、1972年美国国会先后通过了《清洁空气法》和《清洁水源法》，制定了更严格的污染控制体系，进一步提升了包括钢铁在内的传统制造业的环保成本；加之1973年中东石油危机爆发，导致能源价格大幅飙升。同一时期环保成本和能源成本的上升进一步削弱了美国制造业的竞争力。

总体来看，20世纪70年代初的宏观经济背景是全球化浪潮的开启，改变了美国制造业在全球的竞争地位，再加上同时期国内环保和能源成本的上升，进一步削弱了美国制造业的竞争力，导致其丧失了对美国下游市场的把控。

三、相关配套支撑体系

从1860年开始工业化到1970年，美国钢铁工业经过100多年的发展，国内废钢积蓄量已较高；并且从20世纪60年代开始，围绕构建废钢回收体系的举措已经全面铺开。1965年联邦政府制定了《固体废弃物处置法》，明确规定了处置各种固体废弃物的相关要求，1976年该法更名为《资源保护及回收法》，明确了包括废钢在内的废弃物管理由单纯的清理工作向分类回收、减量及资源再利用的综合性管理转变；同时，在此期间大型废钢回收企业开始全国布局。1963~1970年，全美最大的废钢处理企业 DJJ 建立了 9 个回收点、6 个废钢堆场，年破碎量翻了一番。受此影响，1965 年社会废钢产量爆发性增长（见图 5-7），环比增加 400 万吨，此后社会废钢年产量维持在 3500 万吨的水平，到 1972 年社会废钢产量再次提升到 4500 万吨的级别。

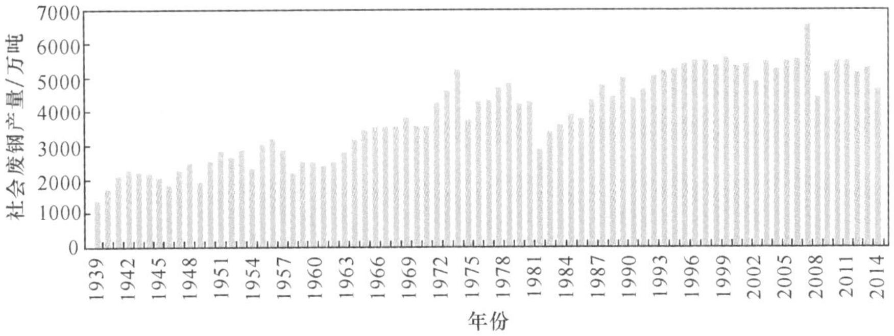

图 5-7 美国社会废钢产量情况

（来源：美国电炉炼钢进入成长期的驱动因素分析. 冶金经济与管理）

同时，平炉的加速淘汰也进一步加速释放了废钢供给。1960~1980 年，平炉产量减少 6700 万吨，期间转炉钢增加 5700 万吨，电炉钢增加 2100 万吨。根据石家瑞编译自《钢时代》杂志的数据，20 世纪 70 年代美国平炉入炉料的 50%为废钢（其中约 70%为自产废钢、30%为社会采购废钢），氧气转炉炉料废钢比为 23%，假设电炉钢铁料耗为 1100 千克/吨，可推算出 20 年间 4 个阶段平炉淘汰带来的废钢增量情况（见表 5-3）。

1960~1969 年，平炉释放的社会废钢在满足转炉需求外，能提供给电炉的废钢量并不多。但在 1970~1973 年，合计废钢增加量已远超出转炉可吸纳量，完全能满足电炉需求。废钢产量增加叠加粗钢产量下降，从 1970 年开始废钢比（社会废钢产量与粗钢产量之比）出现上升。在整个上升期间，废钢价格保持在较低水平（见图 5-8）。废钢作为炼钢生产的原料，其成本优势逐步显现。

表 5-3　美国废钢增量情况　（万吨）

年份	平炉释放的社会废钢量	社会废钢增加量	废钢合计增加量	转炉增产吸纳的废钢量	电炉吸纳的废钢量
1960~1965	-107	966	859	407	545
1965~1969	443	336	779	764	596
1969~1973	360	799	1159	509	795
1973~1980	412	-372	41	-338	345

来源：美国电炉炼钢进入成长期的驱动因素分析. 冶金经济与管理。

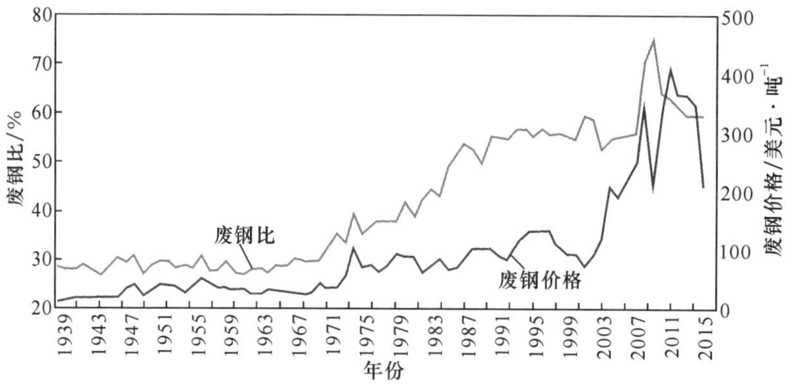

图 5-8　美国废钢比及废钢价格情况

（来源：美国电炉炼钢进入成长期的驱动因素分析. 冶金经济与管理）

第二次世界大战后，美国电力工业高速发展。从美国能源署公布的数据来看（见图 5-9），1949~1973 年发生石油危机时，美国电力装机容量保持着年均 8.5%的增速，丰富的电力供应，带来低廉的电价，1949~1970 年美国电力的综合能源价格始终维持在 0.3 美元/百万热值的水平。

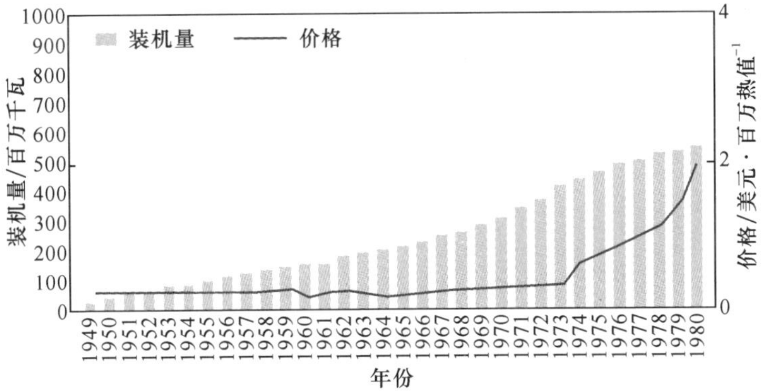

图 5-9 1949~1980 年美国电力供应情况

（来源：美国电炉炼钢进入成长期的驱动因素分析. 冶金经济与管理）

20 世纪 70 年代初，美国电炉快速发展最重要的支撑是废钢可获得性增加，不仅有社会废钢总体供应量的增加，也有平炉淘汰释放的废钢，由此产生大量便宜的废钢，加之廉价的电力供应，进一步驱动电炉工艺在美国快速成长。同时，电炉相关配套技术的成熟（1961 年开始配备大容量变压器、1965 年连铸技术从欧洲引入美国、1971 年 LF 精炼炉的推广、电炉功能细化等），进一步提升了电炉的生产效率和工艺质量，加速了电炉的规模化。

美国政府高度重视并支持钢铁工业发展。工业化过程中，各个产业都处在高速增长过程中，作为基础性行业的钢铁工业在产业构成中发挥着重要作用。它既要满足大规模基础设施和基本建设的需要，又要为装备工业、机械工业、耐用消费品制造业提供各种高质量、高档次的钢材产品，以提高这些行业的技术水平和产品档次。因此，为了促进工业进步，各国只有通过大力发展钢铁工业，增加钢铁工业的经济规模，生产高质量、高技术钢铁产品，才能充分满足国民经济各部门对这种基础原材料的需要。如果不能实现钢铁自给，那么就需要花费大量的外汇进口钢铁产品，这对本已经资本稀缺的工业化进程来说，会加剧其他行业的资本紧张状况，提高钢铁产品需求行业的投入成本。从整个国家的宏观经济来看，这是一种不经济的选择。美国政府在第二次世界大战前后一直把钢铁作为战略性资源来对待，对钢铁工业给予必要的政策支持。通过大力发展本国的钢铁工业，实现钢铁工业的规模经济效应，提高钢铁企业的生产规模和技术、产品档次，从而提高了国民经济整体效益和质量。

保持钢铁工业的技术进步。在早期比较重视新技术的引进和采用，并在此基础上加以发展和创新。美国的资本主义发展尽管比英国和法国晚得多，但是在其工业化初期，就充分利用了国外的先进技术成果，如炼焦、热风炉、平炉、型钢轧机、镀锡薄板等技术都是从英国引进的。引进以后又加以改进，创造出许多新工艺和新设备。

规模化生产。在生产体制上，实现企业联合化和专业化并举的发展模式，发挥了不同产品种类的规模经济优势。“钢铁大王”安德鲁·卡内基是第一个在钢铁加工中充分利用新技术的规模经济优势的企业家。1867 年，他在匹兹堡建立了一座庞大的一体化的贝塞麦钢轨用炼钢厂，该厂在长达 10 年的时间里一直是世界上最大的炼钢厂。到 20 世纪初，匹兹堡轧钢厂每年用人只有 1800 人。随着产量的增加，成本及价格大幅度下降，同时也给钢铁生产带来了巨大的利润。因此，美国开始组建起巨型的公司，把炼铁、炼钢、轧钢等工序集中在一起，联合企业的形式成为钢铁生产中的基本形式，其中美国钢铁公司成为当时世界最大的工业公司。与此同时，在产品的生产上，这些联合企业却趋向于专业化，从而减少了机械设备的种类，便于采用先进的技术和合理的经营管理，提高了规模经济的效率。在 1935 年，至少有 44 个美国钢铁厂的生产能力超过 40 万吨，是当时英国最大钢铁企业斯图尔特-劳埃德公司的两倍，其中美国有 18 家企业的钢铁生产能力超过了 100 万吨。

运用资本的手段实现规模经济。钢铁工业是规模经济比较显著的行业，需要筹集大量的资本进行设备的更新和新技术的开发，因此发展钢铁工业最需要建立现代股份公司制度以满足上述要求。在工业化过程中，美国政府鼓励发展大规模的制造企业，企业之间的兼并、重组经常发生，只要有生产上的需要，有实力的大公司就会义无反顾地去收购所需公司。这种体制环境，客观上有助于钢铁企业利用钢铁工业的规模经济优势，发展一体化的钢铁企业。

第四节　美国钢铁工业布局上的演变

一、资源型布局

美国钢铁工业发端于东北部的大西洋沿岸，最初是利用当地木炭和小铁矿发展起来的分散小厂。随着木炭被无烟煤代替，冶金中心向西迁移到靠近无烟煤产地的伯利恒和斯克兰顿一带。焦煤炼铁技术推广以后，其中心继续西移，转移到生产焦煤的匹兹堡地区。匹兹堡在近代产业史上曾被称为美国的“钢都”。20 世纪初，苏必利尔湖区的铁矿开发以后，在沿湖地带又兴起了许多新的钢铁工业中心，比如芝加哥、底特律、克利夫兰和布法罗等，在全国最大的钢铁消费区——北部的大西洋沿岸，也建成了大规模的钢铁厂。

二、消费型布局

第二次世界大战期间和战后，美国钢铁工业呈现出向沿湖、沿海消费区域集中的趋势，新建钢铁厂大部分分布在芝加哥地区和大西洋沿岸，匹兹堡地区的地位则相对大大削弱，有些钢厂甚至倒闭。其主要原因是：钢铁生产所需要的煤和铁矿石等原料可以通过廉价水运的方式异地获取。由于是大规模运送，钢铁企业还可享受低运价的优惠，而通过铁路运送钢材的运价却很高。20 世纪 50 年代以后，苏必利尔湖区富铁石产量在不断减少，从加拿大、委内瑞拉等国进口的优质廉价铁矿石数量却日益增加。为了便于铁矿石进口，美国在沿海地区新建了门恩斯港钢铁厂和费尔利斯钢铁厂，扩建了巴尔的摩附近的斯伯罗斯伯特钢铁厂。电炉炼钢的比例在不断提高。电炉炼钢需要消耗大量废钢铁（在美国约占 2/5），而废钢主要来自钢材消费区。20 世纪 50 年代以后，美国在钢材消费区兴建了几十家小型钢铁厂，它们以废钢为原料，在消费区炼钢，并轧制当地需要的钢材，目前小型钢厂生产了美国全国 20%左右的钢材，这对平衡钢铁工业的布局起到了重要作用。

第五节　美国钢铁工业“衰而不退”

美国的钢铁工业在经过了 20 世纪初期、中期的高速发展之后，从 20 世纪 70 年代开始陷入了衰退的境地。从 20 世纪 80 年代开始，美国钢铁工业已经退出美国国内主导产业的地位。衰退的表现形式：一是钢铁工业的增加值在美国 28 个制造行业中一直处于平均水平之下；二是进入 20 世纪，虽然保持了 10 年的增长，但钢铁企业所承担的负担较高，无法与进口钢材进行竞争。原因有如下几方面因素。

一、美国国内钢材需求总量发生变化

一国的钢铁产品的消费需求状况，影响着该国钢铁产业的国际竞争力，即国内需求是提高钢铁产业国际竞争力的源动力，国内需求状况的不同会导致各国竞争优势的差异。随着美国工业化的实现，美国经济对大型钢铁产品需求量的增长速度明显放慢。如 1900 年，机器制造业在西进运动中飞速发展，铁路就业人口跃居美国首位；到 1940

年，汽车业已追至第二位；到1980年，信息业上升至第三位；到1990年信息业终于取代汽车业成为美国就业人口最多的产业。20世纪末，美国信息产业的年增长率已相当于其他传统产业的3~5倍。由于产业结构的变化，钢铁的需求总量、需求结构也发生了相应的变化，所以美国钢铁的生产量趋于平稳，而不会达到之前的高产出。

二、20世纪60年代和70年代美国钢铁工业竞争力明显下降

20世纪60年代和70年代美国钢铁工业的国际竞争力明显下降，突出体现为以下几点：

（1）设备投资周期没有与技术进步同步，导致生产设备老化。美国钢铁工业投资的第一次高峰是在第二次世界大战后的50年代和60年代。LD转炉、连铸、大型高炉、计算机控制轧机等钢铁工业现代化技术是在20世纪60年代、70年代进入实用阶段，由此导致美国钢铁工业的设备投资和国际上钢铁工业技术革新不同步。与此相反，日本及部分欧洲国家则是同步将这些钢铁工业新技术进行应用与创新。

（2）设备结构落后，特别是轧制加工工序当中有相当多的设备无法满足用户的“小批量、多元化”需求。

（3）为了防止罢工，提高了工人工资，导致成本中工资比例提高。

（4）美国钢铁企业在出现困境时，选择了“多元化”的发展道路，导致投资资金等多种资源的分散。

（5）20世纪70年代，美国国内由于反托拉斯法严格执行，美国没有出现同日本一样强有力的钢铁联盟、产业研究会等业界团体，加之早期企业的兼并和重组方案也没能通过议会审核，导致美国工业在产业调整方面缺乏有效的执行力及灵活性，直接影响了美国钢铁企业对落后产能的淘汰及新产能的形成。

三、日本钢铁工业的崛起加速了美国钢铁工业的衰退

美国钢铁企业在20世纪60年代以前，以其完善的公司组织结构、钢铁厂和单个生产设备的规模大、经济规模合理而著称，并在这方面长期保持了领先地位。但从20世纪60年代起，其他国家和美国在这方面的差距正在缩小，日本开始在某些方面已经超过了美国（主要是在工资和基建成本方面）。随着技术的进步，世界范围内钢铁工业燃料的消耗在大大降低，美国五大湖和内陆地区的钢铁企业原有的资源优势在50年代后逐步消失。另外，大规模海运成本的降低，使得在沿海地区兴建大型钢铁企业成为更具有优势的一种产业布局选择，这也使沿海建厂的日本钢铁企业在产品价格方面更具有竞争力；而且日本钢铁工业是“外向型”产业，即钢材产量的30%左右用于出口，美国是其重要的出口国，这也使美国钢铁工业直接面对日本钢铁工业的竞争，而美国钢铁产品成本要远远高于日本钢铁产品的成本，从而使美国钢铁企业失去竞争优势。可以说，自20世纪70年代起美国钢铁企业在技术创新、技术应用、设备投资、生产规模等方面开始落后于日本钢铁工业。

四、借助贸易保护措施给美国钢铁工业提供发展的空间

美国长期以来认为自己的经济体制是世界上最自由的，其他国家的工业或多或少都会得到政府的保护。伯利恒钢铁公司董事长早在1968年就对股东们说过：“在世界上，我国的钢铁工业是唯一完全私营的钢铁工业。不论在哪个国家，不管是发达国家还是发展中国家，都把钢铁工业看作是政府政策的左膀右臂，并接受政府的资助，或者这些企业部分或全部地归国家所有。这样，这些外国政府一直采取旨在保护国内市场的措施，限制进口并鼓励钢铁出口。近年来的趋势如

果任其继续自流的话，那么国内钢铁工业将遭受严重削弱，从而威胁到国家的安全”。基于这种认识，在形势迅速恶化时，美国钢铁工业通常会把许多困难及问题的症结归为不同国家的工业体制，并将其上升为政治问题，借助政府的保护性政策措施，躲避外国钢铁企业的竞争。美国政府迫于钢铁企业的强大压力，会对美国的钢铁贸易进行干预。1969 年，在美国政府的支持下，美国钢铁企业与欧洲、日本的钢铁企业就自愿限制进口钢材达成了一致协议。2002 年迫于国内钢铁企业的压力，美国布什政府启动 201 条款对美国的汽车制造商和其他钢铁用户征收高额的关税来制裁企业从国外进口钢铁，以求救助长期不景气的国内钢铁产业。从长期来看，保护主义措施对美国钢铁工业发展的作用是弊大于利。

美国政府对钢铁工业一直给予必要的扶持。如政府为保证国防用钢和在尖端金属材料研究及应用方面的领先性，将一些重点钢铁企业的研究和开发工作纳入到国防预算当中加以保护，并以此支持美国钢铁工业在核心技术上的领先性。

20 世纪 80 年代以后，美国进入后工业化时代，以信息技术为代表的现代产业逐步替代制造业成为美国竞争力的核心。但同时应看到，伴随着信息产业的迅速发展，美国钢铁企业进行了大规模的管理及技术改革，通过高技术的扩散和渗透，促进钢铁工业有效地实行技术革新、结构重组，在更高层次上进行生存与发展。近几年，美国钢铁工业的经济效益在不断提高，竞争能力有所改善，粗钢年产量一直保持在 9000 万吨左右。可以说，美国的钢铁企业重新成为世界钢铁技术革命中心与工艺改革的领先者，美国钢铁工业伴随着美国经济结构的调整，做到了“衰而不退”。

第六章　俄罗斯钢铁工业发展

第一节　苏联时期的钢铁工业

一、十月革命前的钢铁工业

沙皇俄国早在17世纪30年代就在中央区开始建立钢铁工业。18世纪，沙皇俄国为了增强军事实力，开始在乌拉尔地区发展炼铁工业。从18世纪30年代到19世纪初，俄国的炼铁生产一直居世界首位。

后来，因受农奴制度的束缚，俄国的钢铁工业曾一度停滞不前。工厂主因有大量的廉价劳动力，就不想改进技术和提高生产效率，如高炉采用热鼓风和用焦炭代替木炭等技术，都大大落后于西欧。这样一来，19世纪上半叶，俄国钢铁工业的发展非常缓慢。

1861年农奴制度废除后，俄国钢铁工业发展速度较快。在1861~1913年间，铁产量增长了12倍，钢产量增长了2倍。在19世纪末期，俄国钢铁生产的增长速度加快。这主要是，一方面在全俄整个工业上升的同时，俄国南部乌克兰顿巴斯的大型煤矿和克里沃罗格的大型铁矿得到了大规模开发，为加速钢铁工业发展创造了有利条件。另一方面，当时大规模修建铁路、建造车辆，加上其他工业的发展，需要大量钢铁，从而促进了钢铁工业的发展。

在这种情况下，沙皇政府采取了对外开放政策，鼓励外国资本家在俄国投资兴办钢铁企业，并大力引进西欧的先进技术，首先使乌克兰地区的钢铁工业得到了迅速发展。到20世纪初，乌克兰拥有17座较大的钢铁厂，成为俄国的主要钢铁生产基地。到1909年，乌克兰的铁产量已占全俄的69.5%。1913年是沙皇俄国钢铁产量最高的年份，但低于美国、德国和英国，居世界第四位。

第一次世界大战爆发，使俄国钢铁工业的发展受到了影响，钢铁产量连续下降。到1917年，钢产量由1913年的479万吨降到309.8万吨，铁产量由464万吨降到302万吨，钢材产量由350.9万吨降到244.6万吨。

二、十月革命至苏德战争期间的苏联钢铁工业

十月革命胜利后，苏联经历了三年内战，钢铁工业遭到严重的破坏。1920年苏联钢产量只有16万吨。在实行新经济政策后的国民经济恢复时期，钢铁工业得到迅速恢复，1927年钢产量为358.8万吨，但仍未达到十月革命前的最高年产水平。

苏联从1928年开始执行国民经济发展第一个五年计划（1928~1932年）。当时，落后的钢铁工业与国家经济建设迅速发展的需要不相适应。为了改变这种被动局面，苏共在第十六次党代表大会上决定建立乌拉尔-库兹巴斯煤炭冶金基地，并注意把钢铁工业布局向东推进。在“一五”期间，建成投产的钢铁厂有：乌拉尔的马格尼托哥尔斯克钢铁公司（俄马钢）和西西伯利亚的库兹涅茨克钢铁公司（库钢）。同时对乌克兰原有的钢铁企业进行了大规模的技术改造和扩建，并开始动工兴建亚速钢铁公司和扎波罗热钢铁公司。“一五”期间，用于钢铁工业的投资为27亿卢布，其中约10亿卢布用于建设新厂。至1932年，苏联共有钢铁企业28个，钢产量达到592.7万吨。由于新建的钢铁企业仅部分投产，原有企业正在进行技术改造，因此“一五”期间的钢产量没有达到原计划规定指标。

在“二五”计划（1933~1937年）开始时，钢铁工业落后于国民经济发展的问题仍然很突出，所以苏共第十七次党代表大会决定进一步发展钢铁工业。“二五”期间建成投产的钢铁企业有：亚速钢铁公司、扎波罗热钢铁公司、克里沃罗格钢铁公司、新利佩茨克钢铁公司（俄新钢）、第聂伯罗特殊钢厂以及一些钢管厂和铁合金厂。同时对一些原有钢铁企业继续进行技术改造和扩建，增加了生产能力。“二五”期间，用于钢铁工业的投资为93亿卢布，其中53.7亿卢布用于新厂建设。1937年钢产量达到1772万吨，基本满足了国防工业和机械制造等工业发展的需要。

“三五”计划（1938~1942年）只执行了三年半，至1941年6月德国法西斯入侵苏联而中断。“三五”期间，重点发展了特殊钢生产，在此期间建成了新塔吉尔钢铁厂。

苏联经过战前三个五年计划奠定了钢铁工业的基础，在1928~1940年间新建钢铁厂17个。苏德战争前的1940年，苏联钢产量达到1831万吨，仅次于美国和德国，居世界第三位。

三、苏德战争期间苏联的钢铁工业

苏德战争期间苏联的钢铁工业遭受了重创，全苏被破坏的生产能力，铁占68%，钢占58%。在这种情况下，有一部分钢铁生产设备和人员迁移到乌拉尔、西西伯利亚、哈萨克斯坦和中亚地区。

在苏德战争时期，乌拉尔和西西伯利亚的钢铁工业得到了大力发展。从德国法西斯占领区迁出的设备，大部分都安装在乌拉尔和西西伯利亚。乌拉尔和西西伯利亚的铁产量，从1940年的423万吨增加到1945年的667万吨。1941~1945年，俄马钢新建平炉5座，新塔吉尔钢铁厂新建平炉4座，同时这两个厂还改造和扩建了轧钢车间，加大了轧钢生产能力。这个时期，新建了许多钢铁厂。

通讨大批扩建和新建钢铁厂，苏联东部地区的钢铁生产能力迅速增长。在1941~1945年间，东部地区新建高炉10座，年产铁能力为244万吨；平炉23座，年产钢材能力为162万吨，电炉14座，年产钢能力为16万吨；转炉两座，年产钢能力为20万吨；板钢和型钢轧机16套，年产钢材能力为122万吨；轧管机5套，年产钢管能力为28万吨。这些设备大部分集中在乌拉尔地区。因此，乌拉尔成为苏联战争时建立起来的主要的钢铁工业基地。

为适应战争的需要，各钢铁企业重新组织生产，改革生产工艺。据统计，俄马钢在战争开始的一年半内，就掌握了40余种新型合金钢的生产技术，优质钢材比重从战前的9.7%增加到70%~75%。乌拉尔其他钢铁厂也生产了上百种新型优质钢材。

苏联钢铁工业曾经是卫国战争的支柱。当时钢铁工业的发展和技术进步，在取得卫国战争胜利中起到了极为重要的作用。苏联进行反法西斯卫国战争所需要的武器和装备都是靠自己的钢铁生产的。

四、美苏冷战期间苏联的钢铁工业

苏德战争后期，苏联就迅速组织力量恢复和重建被破坏的钢铁工业。到1945年年底，马凯耶夫卡钢铁厂、耶纳基耶沃钢铁厂等都恢复了生产，但各厂的生产能力与战前相比还相差很远。1945年乌克兰的冶炼和轧钢能力，仅恢复到1940年的23%和29%。

苏联从1946年开始执行国民经济发展第四个五年计划（1946~1950年）。在“四五”计划期间，钢铁工业的主要任务是恢复和重建乌克兰钢铁工业基地，同时修复其他地区的钢铁企业。1948年钢产量恢复到战前最高水平，1949年铁产量恢复到战前最高水平。1950年钢产量达到2730万吨，仅次于美国，居世界第二位。

从“五五”计划（1951~1955年）起，苏联钢铁工业开始走向高速度稳步发展的新阶段。在“五五”计划的头两年，苏联钢铁生产以每年10%的速度增长，1953年钢产量达到3800万吨，1955年达4500万吨。在这个时期，苏联非常重视矿山的发展，增加铁矿建设投资，使铁矿石生产能力成倍增长，以保证钢铁生产高速度稳步发展的需要。同时强调改造和扩建原有企业，使原有企业的生产能力不断增加。俄马钢和库钢等大型企业在“五五”计划期间通过改造和扩建后，生产能力增长一倍以上。年产钢100万吨以上的大型钢铁厂由6个增加到12个，其中俄马钢年产钢量达到500万吨以上，占当时全苏钢产量的十分之一。“五五”期间新建的钢铁企业有切列波维茨钢铁公司和奥尔斯克-哈里洛沃钢铁公司。

“六五”计划（1956~1960年）是苏联钢铁工业高速度发展的第二个五年计划。在“六五”期间，钢材的品种得到了发展，生产技术得到了有效提高，低合金钢生产增加16倍左右，各种合金和高效钢材，如不锈钢、耐热合金钢、冷轧薄板、硅钢、小型材、大口径焊管、钢丝绳等都成倍增长。同时，新技术、新工艺、新设备的研究与应用步伐大大加快。50年代初发明创造的连铸机已在工业上应用，并采用了高炉富氧鼓风和平炉氧气炼钢等新技术。下塔吉尔钢铁公司于1961年建成投产100~140吨氧气转炉车间。高炉大型化初见成效，1000立方米以上的高炉生产的铁占铁的总产量一半以上。五年内钢产量增加2000万吨。

“六五”计划执行三年后，于1959年苏共“二十一大”提出了七年计划（1959~1965年），规定要加速发展钢铁工业，要以西伯利亚和哈萨克斯坦的铁矿为基础，建设第三个钢铁基地，同时要发展中部和南部地区的原料基地。七年计划期间，卡拉干达钢铁公司和西西伯利亚钢铁公司相继建成投产。与此同时，俄马钢、克里沃罗格、新利佩茨克、切列波维茨克等钢铁公司也进行了较大规模的改造和扩建。

七年内新建和改建投产的主要设备有：高炉 51 座、氧气转炉 15 座、电炉 15 座、方坯初轧机 6 套、板坯初轧机 2 套、钢坯连轧机 4 组、轧管机 19 套。1965 年铁产量达到 6620 万吨，平均每年增长 380 万吨，钢产量达到 9100 万吨，平均每年增长 516 万吨，达到了七年计划规定指标。

“八五”计划（1966~1970 年）标志着苏联国民经济进入了新的发展阶段，首次提出在增加品种和提高质量的前提下，增加产量的发展方针，进一步强调生产集中化和采用新的技术装备。钢铁工业的重点开始转向加速技术进步和提高生产效率的方向发展。其主要做法是：优先发展高效钢材生产，向品种和质量要钢；大搞更新改造；充分发挥科学技术的进步作用；大抓节能和提高成材率；大力挖掘现有生产潜力。

“八五”期间，动工兴建和建成投产的主要设备有：高炉 7 座（其中 2700 立方米的 3 座），大型电炉 4 座，连铸机 16 台，各种型钢和板钢轧机 15 套，轧管机 14 套，还有炼焦、烧结和球团等设备。高效钢材生产得到进一步发展，如电镀锡板增加 50%，电镀锌板增加 60%，热处理强化钢材增加 80%。为适应石油和天然气工业发展的需要，新建大型伏尔加钢管厂并于 1969 年投产，同时对哈尔齐兹克钢管厂进行了大规模的扩建。1967 年苏联钢产量首次突破 1 亿吨，1970 年达到 11588. 6 万吨，年平均增长率为 5%。

“九五”计划（1971~1975 年）在苏联钢铁工业发展史上具有重要的意义。苏联钢产量从 1971 年开始超过美国，居世界首位。“九五”计划期间用于钢铁工业的投资，比“八五”计划增加 67. 7%，主要用于改建和扩建原有企业，建造现代化的高效大型设备和提高机械化、自动化水平。发展重点由提高产量继续转向增加品种和提高质量，并决定改变生产结构，实行停建平炉和发展氧气转炉与电炉的方针，同时要加快设备大型化的速度。“九五”期间建成投产的设备有：大型高炉6座（其中5000立方米级的1座）、大型氧气转炉12座、大型电炉15座、各种轧机35套。1975年苏联钢产量达到14132.8万吨，平均每年增长508万吨。

“十五”计划（1976～1980年）期间，苏联钢铁生产增长速度下降。1970～1977年平均增长率为3.4%，其中1975～1977年仅为1.7%。从“十五”计划开始，苏联把以加速科技革命为中心，全面提高效率和质量的集约化经营作为发展总方针。苏共二十五大强调，“十五”计划是质量和效率的五年计划。在这个方针指导下，“十五”期间优先发展了高效钢材的生产，涂（镀）层钢材增长26%，冷弯钢材和周期断面钢材增长一倍左右，A－Ⅱ优质钢筋增长3.3倍，真空处理钢材增长75%，高精度钢材增长20%以上，研制成功800多个新品种，使钢材品种规格（不包括钢管）达到8400多个，钢种2300多个。由于只顾数量、不顾质量的“传统和习惯势力”的影响，“十五”期间在改进产品质量方面没有取得多大进展。

“十一五”计划（1981～1985年）是苏联钢铁工业持续低速度发展的五年。1981年和1982年都未完成生产计划，主要生产指标停留在“十五”计划水平。“十一五”计划规定，要根本改进产品质量，进一步发展高效钢材生产，到1985年成品钢材产量要达到11700万～22000万吨（实际只完成10800万吨）。“十一五”期间，钢铁工业的技术进步不快，品种增加和质量改进的幅度不大，未能满足国民经济发展对钢材的需要。尽管投产了一批大型的现代化高效设备，使钢铁工业的技术水平有了进一步提高，但整个冶金系统的技术改造进行缓慢，没有完成技术更新计划，以致造成目前仍然使用大量陈旧设备进行生产的局面。例如，还在陈旧设备上生产将近30%的铁，65%的平炉钢，46%的钢材，50%的耐火材料。

“十二五”计划（1986～1990年）定的主要任务是，在加速科技进步、加速技术改造和完善生产管理系统的基础上，提高经济效益和加快发展速度。为此，要大力采用科技进步成果，加速现有企业的技术改造，改善生产结构，改进产品质量，发展高效钢材生产。到1990年，要在不增加炼铁生产并降低焦炭消耗的前提下，将成品钢材产量增加到11600万~11900万吨。为满足国民经济各部门的需要，要生产板材5000万吨，低合金钢材2000万~2100万吨，热强化钢材1500万~1600万吨，并研制成功500个以上的新品种。要继续大力发展石油管、管道用大口径焊管以及各种涂（镀）层钢管的生产，必须满足石油和天然气工业发展的需要。

第二节　苏联解体初期的钢铁工业现状

一、苏联解体前的钢铁工业实力

1991年以前，苏联的钢铁冶金装配实力较为雄厚（见表6-1），在主要冶炼产品产量（见表6-2）方面在世界上均占有主导地位。

表6-1　1991年苏联主要钢铁冶炼装备情况

设备名称	数量/台	设备名称	数量/台	设备名称	数量/台
烧结机	175	高炉	124	热轧机	239
焙烧机	44	平炉	284	冷轧机	35
炼焦机	172	氧气转炉	46	钢管轧机	130
焙烧石灰石用炉	268	电弧感应炉	435		

表6-2　钢和生铁的产量　　（万吨）

国家	1970年	1975年	1980年	1985年	1990年
苏联	8950/11600	10300/14100	10720/14800	11000/15500	11020/15400
日本	6800/9330	8690/10230	8700/11140	8060/10500	8000/11030
美国	8330/12210	7250/10820	6320/10340	4580/8180	4980/8870

二、苏联解体后俄罗斯的钢铁工业

苏联解体给钢铁工业也带来了较大的影响，俄罗斯钢铁工业最初几年采取的是生存战略。1991 年俄罗斯钢产量为 6387.7 万吨，约占世界粗钢产量的 8.2%，仅次于日、美、中，居世界第 4 位；1995 年钢产量为 5159 万吨，约占世界的 6.8%，仍居世界第 4 位。苏联解体后俄罗斯的主要钢铁工业主要集中在乌拉尔、中央区和西伯利亚三大钢铁工业地带。乌拉尔钢铁工业基地有 30 多个钢铁厂，是全俄最大的钢铁基地，以生产特种钢和优质钢而闻名。乌格尼托哥尔斯克钢铁公司是该钢铁基地的核心，年产钢 1500 万吨，是全俄最大和世界著名的钢铁企业。中央区钢铁工业基地是当时正在形成的钢铁工业基地，该基地有 10 多个钢铁企业，其中新利佩茨克钢铁厂最大，年生产铁、钢各 800 万吨以上，是全俄第二大钢铁企业。西伯利亚钢铁基地是原苏联在 20 世纪 30 年代建设乌拉尔-库兹巴斯煤炭冶金工业基地过程中形成的新型钢铁工业中心，年产铁和钢各 1000 万吨以上。

1991 年苏联解体后，俄罗斯的钢铁生产仍具有一定的设备能力。属于俄罗斯的钢铁企业仍有 13 个，其中年产钢 600 万吨以上的有 5 个：年产钢 1000 万吨的俄马钢，年产钢 900 万吨的新利佩茨克，年产钢 750 万吨的新库兹涅茨克，年产钢 640 万吨的切烈波维茨和年产钢 655 万吨的下塔吉尔。从设备能力看，仍有烧结机 79 台，焙烧炉 13 台，金属化球团炉 4 台，高炉 62 座（其中大于 2000 立方米的高炉有 14 座），平炉炉床面积 12640 平方米（占苏联的 57.7%），氧气转炉 20 座。俄罗斯每年仍能生产出含铁 55.48%的商品铁矿石 10444 万吨、烧结矿 7094.8 万吨、氧化球团矿 3130 万吨。

苏联解体初期俄罗斯高炉装备情况见表 6-3。

表 6-3　苏联解体初期俄罗斯高炉装备情况

容积/立方米	数量/座	产量/吨	占比/%
<500	11	175778	3.25
501~1000	5	22874	1.93
1001~1500	24	834747	33.72
1501~2000	17	1029196	12.13
2001~3000	12	1645316	33.23
3001~3200	2	2682948	9.03
>3200	1	3981555	6.71

俄罗斯的 40 座 1500 立方米以下高炉均建于 1950 年以前，其中小于 500 立方米的高炉为 19 世纪建成投产的。俄罗斯 60%的生铁是在 2000~5000 立方米的大型高炉上冶炼出来的，大型高炉的经济技术指标普遍较好，设备自动化程度也相对较高，其中切烈波维茨的 5 号高炉炉容为 5580 立方米，为当时世界高炉容积之冠。

苏联解体初期，俄罗斯前八大钢铁企业粗钢产量之和占全国总产量的 83.6%。虽然苏联转炉炼钢始于 1956 年，但发展较慢，到 1990 年转炉钢只占 35.2%，而全世界的转炉钢在 1980 年年底已占钢总产量 76.8%。同时这 8 个企业中只有两个企业炼钢工艺全部为氧气炼钢。俄罗斯的电炉炼钢发展情况见表 6-4，10 年来建设 100~150 吨的电炉 4 座，其功率为 750~850kV · A/t。

表 6-4　俄罗斯钢铁企业炼钢能力

能力/万吨	企业数量	1990 年的粗钢产量/万吨
>1000	2	2978.2
500~1000	4	3113.2
300~500	2	852.3
100~300	4	585.9

续表 6-4

能力/万吨	企业数量	1990 年的粗钢产量/万吨
50~100	4	319.1
20~50	11	363.9
<20	7	60.5

三、俄罗斯钢铁企业的私有化

苏联解体造成的政治经济危机使俄罗斯各部门间传统合作关系受到严重影响，支付能力的下降使机械制造、国防、能源和建筑等部门对钢材的需求量锐减。俄罗斯钢铁工业受国防部门的影响尤为显著，专用钢材的产量大幅度下降。上述原因造成俄罗斯钢铁企业开工严重不足，生产能力仅为 60%~70%。尽管俄罗斯钢铁企业通过大量出口钢铁产品来维持企业的生存，但由于钢铁产品的技术含量低、档次不高以及产品的竞争力并不强，只能通过价廉取胜。因此，在苏联解体后的很长一段时间内，俄罗斯钢铁工业的经济效益不佳。

20 世纪 90 年代初，俄罗斯钢铁企业全面实行私有化。其私有化方式大致为：企业股份的 20%归国家所有，51%以股票形式分配给职工，其余 29%面向社会发行。企业通过股东大会选举产生董事会，并由董事长任命的总经理对企业进行管理。

苏联时期形成的 7 家大型制管企业——车里雅宾斯克钢管厂、第一乌拉尔新钢管厂、伏尔加钢管厂、北方钢管厂、塔干罗格钢管厂、辛那尔钢管厂和维克松钢管厂重组为三大钢管制造集团，即钢管冶金公司、车里雅宾斯克钢管公司和联合冶金公司，主要生产石油天然气用管、机械工业用管、建筑用管和一些专用管，约占俄罗斯钢管总产能的 70%以上。

私有化后的俄罗斯钢铁企业，通过发行债券和公开募股等方式，成功实现了在国内外资本市场上的直接融资，为俄罗斯钢铁工业的进一步发展和崛起筹集到宝贵的资金。而大量资金的投入使俄罗斯钢铁企业的工艺技术装备发生了质的飞跃，基本上接近国际领先水平，高附加值产品的比重逐年提高。

第三节　两次金融危机期间的俄罗斯钢铁工业

一、1998 年金融危机时期的钢铁工业

1998 年金融危机后，俄罗斯的钢铁工业受国民经济转好及货币贬值的影响开始复苏，许多钢铁企业由过去的生存战略转向发展战略。2000 年全世界的钢铁产量为 8.5 亿吨，其中中国钢产量为 1.25 亿吨，日本为 1.06 亿吨，美国为 1.03 亿吨，俄罗斯为 0.59 亿吨，德国为 0.47 亿吨。

1998 年 8 月的金融危机虽然对整个国民经济造成了巨大的灾害性影响，但同时也使俄罗斯的钢铁在国际市场上具有了很大的价格优势，给俄罗斯钢铁企业的出口带来了高额利润的机会。从 1998 年 8 月至 1999 年 12 月，俄罗斯国内钢铁原料价格几乎上涨了 50%~200%，而同期的钢铁出口价格按卢布计算的话则上涨了 350%。此外，在钢铁价格上涨的同时，俄罗斯钢铁出口的数量也在微幅的上扬，1997 年为 2500 万吨，1999 年上升为 2800 万吨。许多出口钢铁的企业都赚得钵满盆溢，整个钢铁行业的经济状况也大为好转。

据统计，1999 年俄罗斯的钢铁行业的利润为 14 亿美元，钢铁行业一跃成为高利润的行业。有些公司的利润高达 30%~40%。例如，北方钢铁公司 2000 年的钢铁销售额为 590 亿卢布，利润为 240 亿卢布，超过了 40%。所有出口的钢铁产品中热轧钢板的利润最高，为 50%~70%，其次是初轧钢坯，为 40%~60%，型材的利润是 20%~

30%。到了2000年情况略微发生了变化，货币贬值带来的高额利润时期很快就接近了尾声。但是俄罗斯的钢铁生产仍保持着上升势头，据俄罗斯冶金专家分析，2000年的钢铁生产量比1999年提高了15%。同时，亏损企业也减少到22%，而1998年有48%的企业亏损。

促使钢铁产量提高的因素主要有：俄罗斯的钢铁工业是出口外向型行业。国内需求的锐减迫使许多生产厂家把自己的产品推向国际市场，以至于目前俄罗斯的钢铁出口量占到了生产总量的60%以上，达到甚至超过了一些欧盟国家的水平。俄罗斯的型材和钢管的出口量位居世界第二（仅次于欧盟），2000年为2790万吨。国内对金属产品的需求增加，2000年国内钢铁的销售量比1999年提高了45%，其中机器制造业对钢铁的需求就比前年提高了15%。由于前几年俄罗斯钢铁企业都注重出口创汇，导致国内钢铁产品供不应求。2000年钢铁企业开始注意开拓国内市场，供货量大幅增加，超过了需求量的20%。仅从钢管和型材的销售就可以看到，1999年的销售量为1940万吨，2000年则猛增至2610万吨。

钢铁企业的高利润也为员工带来了较大的实惠，使该行业成为俄罗斯当时收入较高的行业之一。仅以北方钢铁公司为例，该公司员工的平均月工资达到了7000卢布（俄罗斯的教授工资也只有3000~4000卢布），公司的各项福利和基金也得到了较有力的保障。同时，钢铁企业的高利润也提升了这些企业在金融市场的地位，许多钢铁公司的股票市值在当时翻了一番甚至更多。

二、21世纪初俄罗斯的钢铁工业

（一）生产状况

2000~2007年，除2001年冶金工业生产指数出现负数以外，其余年份的生产指数都为正。这说明该行业保持了持续增长的态势，但就增速而言，各年呈周期性波动。2000~2001 年增速下降最多，这主要是因为 1998 年金融危机过后的影响还未完全消除。就各年份和具体产品而言，2006 年，主要冶金产品的产量与 2002 年的水平相比增长了 10%~20%，其中钢管和涂层铁皮增长最快，增长率分别为 52%和 70%。2007 年冶金和金属制品生产比 2006 年同期增长 2%。其中，成品轧材生产增长 2.4%，钢管生产增长 10.2%，铁矿石生产增长 2.4%，焦炭生产增长 3.5%。钢产量达到 7240 万吨，比 2006 年同期增长 2.2%；铁产量达到 5150 万吨，与 2006 年同期相比则下降了 1.6%。

（二）冶金工业财务状况和价格政策

2007 年，冶金工业盈余为 7800 亿卢布，比 2002 年增长近 8 倍。其中，黑色金属冶金工业为 4300 亿卢布，增长 10.2 倍；有色金属冶金工业为 3500 亿卢布，增长 6.2 倍。2008 年，冶金工业盈余出现大幅下降，为 5725 亿卢布，比 2007 年下降近 27%。从整体看来，冶金工业在俄罗斯工业部门中保持了较高的利润率，2000~2007 年，黑色冶金企业平均利润率为 23.1%，有色冶金企业为 33.2%。2008 年，黑色冶金企业利润率下降为 15%，有色冶金企业下降至 26%，但与加工工业中的其他部门相比，冶金工业的利润率还是比较高的。

俄罗斯冶金工业企业之所以能够保持如此高的利润率，并非主要由于技术水平和劳动生产率高于其他国家，而是冶金企业进行了垂直一体化，一体化公司控制原料和初级产品的价格（矿石、焦炭、生铁、钢和毛坯等的价格）和企业内部的工资水平、折旧率等。由于垄断的市场结构，垂直一体化公司采取了分割市场的销售政策，将一部分金属初级产品用于出口。当国际市场为竞争的环境时，俄罗斯钢铁公司只能获得正常利润；而国内市场由于分割了一部分供给，造成金属初级产品供给不足的现象，这样一体化公司就可在国内市场上获得比不分割市场条件下更高的利润。同时，由于金属初级产品供给不足又会造成原料供给不足的假象，使一体化公司有理由进一步提高原料价格。

上述过程就是一体化公司通过价格政策，将产生于市场条件下的费用重新分配，获取超额利润的过程。因此，价格政策是决定冶金工业企业财务状况的主要因素。然而，俄罗斯国内金属原料和初级产品价格的上涨意味着金属深加工和机器制造业成本的提高，不利于高附加值的机器制造业等的发展，也不利于产业结构的高级化。事实证明，2008 年之前，在原材料和初级产品价格上涨、卢布升值等因素共同作用下，俄罗斯机器制造和金属加工业的供给已不能满足国内的需求，进口呈逐年上升的趋势。

（三）进出口发展状况

2000~2007 年，俄罗斯冶金工业的进出口大体保持了快速增长的势头：出口额从 167 亿美元增加到 521 亿美元，增长了 2.12 倍；进口额从 40 亿美元增加到 172 亿美元，增长了 3.3 倍；进口增长快于出口。2008 年，由于受主要出口对象国需求下降以及一些国家海外扩张的影响，俄罗斯冶金工业的贸易环境出现轻度恶化情况：出口额下降至 460 亿美元，下降幅度达 11.7%；进口额却略有增长，增加了 3 亿美元。

2009 年，由于危机进一步演化，冶金和金属制品生产继续下滑，2009 年上半年，铁矿石产量下降 21.6%，成品轧材下降 28%，钢管下降 30%。截至 2009 年 10 月，冶金工业生产同比下降了 19.2%。尽管受金融危机影响，全年增长都为负，但是从月度看，增长率有回升的趋势，这也体现了俄罗斯冶金工业在危机中的复苏迹象。

三、2008 年金融危机时期的钢铁工业

2008 年，俄罗斯冶金工业企业共有 1.8 万家，就业人数为 115 万人。从产值上看，冶金工业产值占俄 GDP 的 5%，占工业产值的 18%，产品出口额占总出口额的 14%。从税收贡献看，冶金工业占国家纳税额的 5%。从产业关联上看，冶金工业消费了整个工业 28%的电力、5.4%的天然气、10%的石油和石油制品，使用铁路运输载重总量的 23%。

从国际比较的角度看，2005 年俄罗斯钢产量居世界第 4 位（前三位分别是中国、日本和美国）。2008 年以来，受国际金融危机影响，俄罗斯钢产量有所下降，由 2008 年上半年的 3840 万吨降至 2009 年上半年的 2630 万吨，世界钢产量也相应地由 6.975 亿吨降至 5.374 亿吨。俄罗斯始终保持了约世界 5%的产量，世界第 4 的位置未变。

2008 年，俄罗斯冶金工业的发展可明显划分为两个阶段：2008 年上半年冶金工业基本上保持了增长的势头；从 2008 年 6 月开始，由于源自美国的金融危机已演变为全球危机，并且正向实体领域侵蚀，俄罗斯也没有幸免。冶金工业增长率在 2008 年 6 月出现了大幅下滑，在之后的 7~10 月期间，基本上接近零增长。综合 2008 年全年，由于上半年保持了一定的增长势头，冶金和金属制品生产与 2007 年同期相比仍增长了 1.7%。

2007 年 5 月俄罗斯能源和工业部制定了《2015 年前俄联邦冶金工业发展战略》，但 2008 年下半年，国际金融危机对俄罗斯实体经济的影响逐渐凸显，冶金工业生产的大幅下滑使俄罗斯政府无法按照《2015 年前俄联邦冶金工业发展战略》中提出的目标和方针实施。因此，俄罗斯政府又在对国际金融危机后该行业发展进行审视和总结的

基础上，于2009年3月重新出台了《2020年前俄联邦冶金工业发展战略》。

第四节　俄罗斯钢铁工业现状

一、俄罗斯钢铁行业资源现状

俄罗斯作为全球十大主要产钢国之一，相对于其他国家在钢铁行业有较大优势，其铁矿资源储量居世界第一位，电炉炼钢成本处于全球较低水平。自2013年以来，俄钢铁产量基本维持在每年7000万吨左右。根据世界钢铁协会数据，2017年俄罗斯钢铁产量达7150万吨，居世界第五，2018年产量达7170万吨，居世界第6位，2019年产量达7160万吨，居世界第6位。

（一）铁矿石

俄罗斯总储量近1000亿吨，已探明的铁矿石储量达560亿吨，均居世界第一，原矿储量250亿吨，平均铁品位56%，铁含量储量140亿吨，居世界第三。俄罗斯的铁矿石占独联体总储量的60%，独联体其余的铁矿石含量分布在乌克兰和哈萨克斯坦。

俄罗斯约50%的铁矿资源分布在储量超过10亿吨的大型铁矿床内。俄罗斯铁矿床多为含铁石英岩型，主要分布在科拉半岛；其次是矽卡岩型磁铁矿床，主要分布在乌拉尔地区、库兹巴斯（西伯利亚）地区、安加拉河流域和南雅库梯地区。俄罗斯的铁矿石平均品位为30%~35%，远低于澳大利亚、印度、巴西等地区出产的品位达55%~60%的赤铁矿。俄罗斯钢铁企业的铁矿石能够自给自足。所有的大型钢铁企业都拥有自有铁矿，部分还拥有自有煤矿。

（二）焦煤

俄罗斯煤炭资源丰富，其探明可采储量占世界总储量的12%，仅次于美国和中国，居世界第三位。预测储量超过6万亿吨，其中焦煤占1/5，硬煤和褐煤各占2/5。大多数已探明的煤田位于东西伯利亚地区和远东地区，这两个地区都有很好的出口位置。俄罗斯煤炭品种比较齐全，从长焰煤到褐煤，各类煤炭均有。其中，炼焦煤储量大、品种全，可以满足钢铁工业之需。

俄罗斯主要的炼焦煤产地有库兹巴斯、伯朝拉、南雅库特和伊尔库茨克热煤田。2012年，炼焦煤产量1亿吨。欧洲和独联体国家（尤其是乌克兰）一直是俄罗斯冶金煤出口的传统目标市场，而俄罗斯新开发矿山和远东地区港口扩建都是为了增加向亚洲市场出口冶金煤。未来，俄罗斯出口到亚洲市场的炼焦煤数量将持续增长。尽管如此，欧洲仍是俄罗斯冶金煤的重要出口市场。2022年，俄罗斯炼焦煤出口量预计将增至2800万吨。基础设施能力有限成为制约俄罗斯冶金煤出口的瓶颈。

（三）能源

俄罗斯的能源成本低。俄罗斯的电力生产成本为世界最低，其电力成本仅为美国的1/2、德国的1/3。因此，俄罗斯的电炉炼钢生产成本也是世界最低的。俄罗斯天然气产量位居世界首位，天然气在氧气转炉炼钢、高炉炼铁以及直接还原铁生产中用量极大。丰富的天然气储量对俄钢铁工业的发展起到了十分有利的促进作用。

由于具有丰富的矿业资源，俄罗斯大型钢铁企业都是上下游垂直整合的钢铁企业。例如，俄车钢的矿业收入占总收入的近1/3，矿业利润占总利润的近2/3，目前已经成为一个矿业企业和钢铁企业；谢韦尔的矿业收入约占总收入的 1/6；俄新钢和耶弗拉兹的原材料基本上能够自给自足。

二、俄罗斯钢铁行业现状

近年来受全球钢铁产能过剩等因素影响，俄钢铁行业产能和产量增长不大。但自 2017 年以来，俄经济的持续平稳复苏带动了国内用钢需求，俄各大钢铁公司产量及营收额均呈增长趋势。俄钢铁行业产能集中度居全球第一位，前 7 大钢企钢铁产量占总产量 80%以上。

俄罗斯钢铁产业主要集中在 4 个地区：乌拉尔地区（占 43%）、中北部地区（占 22%）、中央地区（占 19%）、新西伯利亚（占 13%）。俄罗斯钢铁产能主要集中在俄国内排名前 5 的钢铁企业，分别是：耶弗拉兹集团（Evraz）、谢韦尔钢铁公司（Severstal）、俄新钢、俄马钢、俄车钢。同其他的生产厂家相比，这 5 家企业不仅产销量大，而且拥有从生铁生产到型材生产的全套工艺技术和设备。

俄罗斯一直为钢材净出口大国，每年出口量占总产量的 40%~50%，保持在 2500 万~3100 万吨，主要出口产品为生铁、钢铁板材、板坯、长材等。根据俄海关署统计，2018 年俄金属及制品（除贵金属外）出口总金额达 445 亿美元，黑色金属及制品出口额达 274.34 亿美元。其中，生铁出口 577 万吨，同比增长 19.7%，稳居全球生铁出口量第一位；直接还原铁出口 364 万吨，增长 27%，连续两年刷新历史出口纪录；铁合金出口 81.1 万吨，增长 9.1%；钢铁和型材总出口 3060 万吨，增长 6.5%，为历史最好水平；钢铁半成品出口 1674 万吨，增长 10.6%；钢管出口 246 万吨，增长 14.7%。近两年来俄主要钢铁产品出口均呈积极增长态势，但结构钢、钢绞线和紧固件等黑色金属制品出口量分别为 24.2 万吨、5.8 万吨、3.5 万吨，出口水平较低。

在投资方面，俄大型钢铁企业加强投资、更新技术并不断保持竞争力的意识较强：一是大量投资用于技术开发和改造。俄钢企年均投资额超过 80 亿美元，致力于提高生产效率并开发新产品，其高附加值产品份额不断增长。二是国际并购意识强，俄钢企有明确的国际战略定位，善于在拥有低成本生产优势的本土进行上游或低附加值产品的生产，将高附加值产品生产线建在欧美国家终端应用市场，获取高额利润。三是投资更新基础设施与设备。根据俄钢铁协会数据，俄钢铁行业已于 2014 年前完成了产能更新的主要任务，俄钢企逐步淘汰了部分平炉，改建电炉。在增加钢铁产量的同时也带动了国内对废旧钢铁的需求。

2018 年俄新钢钢铁产量突破历史纪录达 1750 万吨，占俄当年钢铁总产量的 23%，位居俄各大钢铁公司产量榜首，营收额达 120 亿美元。俄新钢主要生产扁板材（占比 82%）及型材（18%），其镀锌板和彩涂板在俄市场占有率分别达 23%和 22%，电工钢市场占有率更高。产能居第二位的耶弗拉兹集团 2018 年钢铁产量为 1302 万吨，同比缩减 7.2%，但营收额增长 18.5%。耶弗拉兹集团主要生产钢铁型材，其钢轨型材在俄市场占有率达 77%。2018 年俄马钢钢铁产量为 1266 万吨，同比缩减 1.5%，但营收额增长 8.9%。俄马钢主要生产热轧、冷轧板材和型材，2018 年其镀锌板产量突破历史纪录达 126.9 万吨，同比增长 11.9%。2018 年俄谢维尔钢铁集团钢铁产量为 1204 万吨，同比增长 2.9%，营收额增长 9.3%。

三、俄罗斯主要钢铁企业

（一）新利佩茨克钢铁公司

俄新钢是俄罗斯最大的垂直一体化冶金公司，也是世界上最高效的钢铁生产商之一，公司钢铁产能每年超过 1700 万吨。《世界钢铁统计数据 2019》显示：俄新钢以年产 1561 万吨粗钢位居世界钢厂第 21 位。

（二）耶弗拉兹集团

俄罗斯耶弗拉兹集团是俄罗斯一家集钢铁冶金、矿山开采和钒产业于一体的大型企业。耶弗拉兹集团钢铁冶金板块主要企业包括下塔吉尔钢铁公司（NTMK）、西西伯利亚钢铁公司（ZSMK）和新库兹涅茨克钢铁公司（NKMK），其长材产品在俄罗斯国内市场占有绝对优势。

铁轨产品约占俄国内市场份额的85%，H型钢产品约占俄国内市场份额的55%，槽钢产品约占俄国内市场份额的40%，螺纹钢产品约占俄国内市场份额的30%。俄罗斯耶弗拉兹钢铁公司是世界钢铁公司中的佼佼者，这主要得益于其投资集中于美国利润较大的钢管业以及国际钒业。2008年，耶弗拉兹与俄罗斯钢管冶金公司（TMK）联手，共同收购SSAB在北美的板材与管材业务，耶弗拉兹为此获得了SSAB-IPSCO在加拿大的业务。IPSCO是北美的主要钢铁企业，产品以石油、天然气与机械用钢为主，由此耶弗拉兹扩大了在北美高附加值钢材市场的影响力。

（三）马格尼托哥尔斯克钢铁公司

俄马钢是俄罗斯产品种类最广的钢铁企业。该公司现有职工57000人，具有年产1130万吨生铁、1750万吨钢和1210万吨钢材的生产能力。2019年俄马钢以年产1246万吨粗钢位居世界钢厂第32位。

近年来，俄马钢对其原有设备进行了现代化的改造，包括新建了3座350吨转炉、2000毫米热连轧带钢轧机和双机架冷轧带钢轧机；引进了年产200万吨的长材轧制设备，使俄马钢长材生产能力由原来的140万吨/年提高到200万吨/年；从奥钢联新订购了年产20万吨涂层线等。

（四）谢韦尔钢铁公司

谢韦尔钢铁公司在1963年建成了拥有炼铁、炼钢、轧钢、焦化车间及选矿厂、烧结厂、热电站的大型钢铁联合企业。该公司具备年产900万吨生铁、1200万吨粗钢和1062万吨钢材的生产能力。公司以板材生产为主，在其生产轧材中，热轧占45%、冷轧占25%、镀锌占10%。《世界钢铁统计数据2019》显示：谢韦尔钢铁公司以年产1163万吨粗钢位居世界钢厂第37位。

俄罗斯谢韦尔钢铁集团近年来开始实施全球化发展战略。2005年，谢韦尔钢铁集团以4.5亿欧元的价格成功收购意大利卢基尼钢铁公司62%的股份，卢基尼钢铁公司的钢产量约为350万吨，是集团高附加值特殊长材和铁道用材的生产中心。2005年，谢韦尔钢铁集团出资4500万美元成功收购了乌克兰的线材生产厂——第聂伯罗金属制品厂，实现了进军东欧市场的目标。

（五）车里雅宾斯克钢铁集团

俄车钢创立于2003年，总部位于俄罗斯莫斯科，全职雇员超过80000人，是俄罗斯最大的不锈钢生产企业。集团的钢铁产品有半成品、碳钢、特殊长条钢、不锈钢扁钢、金属线、锻件与冲压件产品等，铁合金产品有镍铁、硅铁、铬铁等，是俄罗斯最大、最多元化的特种钢材和合金生产商，也是俄罗斯领先的钢筋和卷材生产企业，其产品远销国内外。

在2012年，俄车钢推出了万能轧机的首条生产线，其生产周期与轧机本身相同。该厂的主要产品是长度可达100米的新型导轨，产品具有高耐磨性、耐低温接触和低温可靠性。该生产线于2013年7月全面投入运营。这使俄车钢成为俄罗斯长距离铁轨的主要供应商，能够满足俄罗斯和国外铁路的所有需求，保证了公司在未来几十年里，在所有重大基础设施项目中将占有相当大的份额。

第五节　俄罗斯钢铁工业的海外转移

一、俄罗斯钢铁企业的美国并购之路

2004 年，谢韦尔钢铁成为第一家收购美国钢铁资产的俄罗斯公司。为向美洲国家扩张，2003 年谢韦尔钢铁集团特地在美国注册成立了自己的全资子公司——谢韦尔北美分公司（Sever Stal North America）。2004 年 1 月 31 日，谢韦尔钢铁集团及其北美分公司共同宣布，以 2.855 亿美元收购了美国鲁日工业公司（Rouge Industries）及其从事钢铁生产的主要子公司美国鲁日钢铁公司（Rouge Steel），从而使谢韦尔北美分公司成为美国第五大钢铁企业。谢韦尔北美钢铁公司下属迪尔伯恩厂（Dearborn）、SeverCor 雀点厂和沃伦厂（WCI）。谢韦尔北美钢铁公司主要生产优质扁平材，包括热轧板、冷轧板、电镀锌板、热镀锌板，产品供应汽车制造业、加工服务中心和其他市场。

2005 年，俄罗斯钢铁企业与美国几位钢铁公司的高管合作，特别是与纽柯公司前首席执行官 John Correnti 合作在美国密西西比州建立了年产能为 154 万吨的短流程钢厂，该厂于 2007 年投产，最终该厂成为谢韦尔公司的全资子公司。

俄新钢在 2006 年通过与瑞士杜弗克公司合作成立的合资公司 SIF 公司，收购一家美国公司股份进入美国，后来这家公司命名为俄新钢宾夕法尼亚公司。2007 年 6 月，SIF 公司以 2.12 亿美元收购了年产能为 120 万吨的镀锌板生产企业胜利者钢公司（后改名为沙龙涂层公司）。

2008 年 10 月，俄新钢以 3.5 亿美元收购了美国一家生产热轧卷的

电炉短流程钢铁企业，即贝塔钢铁公司（BetaSteel）。如今，俄新钢是美国市场一家多种带卷生产企业，其产品销给美国空调业、汽车业和钢管业。

俄罗斯耶弗拉兹钢铁公司（Evraz）2006 年 6 月以 1.1 亿美元收购了美国最大的钒企业斯查特卡尔（Stratcor）公司 72.9%的股份，之后成为世界钒市场占有率 23%的龙头企业。2007 年 1 月，该公司又以 23 亿美元收购了美国最大的厚板、钢管与钢轨生产厂家俄勒冈钢铁公司，后者年产 200 万吨高附加值钢材。为进一步强化北美中厚板市场，2008 年 1 月，耶弗拉兹又耗资 5.65 亿美元现金收购了美国中厚板生产厂家克拉蒙特（Clay-Mont）公司，后者年产优质板材 50 万吨。2008 年 3 月，耶弗拉兹与俄罗斯钢管冶金公司（TMK）联手，共同出资 40.25 亿美元收购 SSAB 在北美的板材与管材业务，耶弗拉兹为此以 23 亿美元获得了 SSABIPSCO 在加拿大的业务。由此耶弗拉兹扩大了在北美高附加值钢材市场的影响力。

2008 年 6 月谢韦尔又出资 1.4 亿美元现金收购了位于马里兰州巴尔的摩的美国综合钢厂 WCI，WCI 钢公司年产 120 万吨碳钢扁平材，2008 年 8 月又以 7.75 亿美元收购了 Esmakr 公司，将其更名为谢韦尔惠灵控股公司。

美国能源业的高速发展促使俄罗斯 TMK 公司和耶弗拉兹公司在 2008 年寻求收购北美钢管生产企业，如从瑞典钢铁公司手中收购伊普斯科公司（IPSCO）：TMK 公司收购美国钢管资产（11 家工厂，其中 6 家工厂的炼钢年产能合计为 195 万吨），而耶弗拉兹集团收购加拿大中厚板和钢管资产。

2009 年 9 月，俄新钢以 3.5 亿美元全部现金形式收购了美国热轧钢生产厂家 Beta 钢公司。其总体发展战略是瞄准其关键的欧盟和美国市场，扩大经营品种及对下游市场进行整合。

二、俄罗斯钢铁企业的欧洲并购之路

2005年，耶弗拉兹集团分别以2.40亿欧元和1.37亿欧元收购维特科维策钢厂和PalinieBertoli钢厂。

2005年4月，谢韦尔钢铁集团以4.5亿欧元的价格（约合5.78亿美元）成功收购位于意大利的粗钢产能为400万吨/年，在意大利、法国、英国和波兰等地拥有钢厂的卢基尼钢铁公司62%的股份，并有权在今后将控股比例进一步扩大到70%。两年后，卢基尼家族回购生产钢轨的资产，并使其成为一个完全独立的公司。卢基尼钢铁集团主要生产特殊钢长材，在欧洲拥有的生产企业和加工服务中心共计15家。卢基尼下属两大钢铁企业——Lucchini Piombino公司和Lucchrmi Ascometal公司。Lucchini Piombino公司在意大利拥有Piombino厂、Trieste厂、Bari厂、Condove厂和Lecco厂。Lucchrmi Ascometal公司在法国拥有4家钢铁联合企业、2家冷加工精整中心和1家加工服务中心。同年，谢韦尔钢铁集团出资500万美元，成功收购了乌克兰的线材生产厂——第聂伯罗金属制品厂，实现了进军东欧市场的目标。2010年，谢韦尔钢铁公司收购卢基尼公司剩余所有股份。一年后，谢韦尔钢铁公司将卢基尼公司大部分股份又出售给谢韦尔钢铁公司董事长和大股东。

2006年1月，俄新钢以1.04亿美元收购丹麦Dansteel中厚板钢厂，同年年底该公司又以8.05亿美元与瑞士钢铁贸易商杜弗克公司（Duferco）组建一家合资公司（SIF公司），并拥有该合资公司50%的股份。SIF公司的成立意味着将俄新钢的板坯生产与杜弗克公司在欧洲和美国的下游生产线联系到一起。SIF公司所拥有的钢厂包括位于比利时的板坯钢厂（即年产能为200万吨的Carsid钢厂），5家带钢和中厚板钢厂（即位于比利时的 LaLouviere 钢厂和 Clabecq 钢厂、位于法国的涂层钢厂、位于意大利的 Verona 钢厂和位于美国的 Farrell 钢厂），这些钢厂合计年产能达到 600 万吨。

俄马钢旗下位于土耳其的 Metalurji 公司成立于 2007 年，是俄马钢与土耳其最大的采矿和物流公司 Atakas 集团合资成立的公司，全名是 MMK-Atakas Metalurji 公司。成立这家合资公司的目的是寻求成为土耳其涂层带卷市场的领导者。该公司拥有 250 万吨的热轧卷年产能、75 万吨的冷轧卷年产能，90 万吨的镀锌板年产能和 40 万吨的彩涂板年产能。该公司产能分布在土耳其东南部的伊斯肯德伦和伊斯坦布尔东部的盖布泽。

2010 年一季度，MMK-Atakas Metalurji 公司镀锌板和彩涂板生产线开始生产，但其所用冷轧卷是外购的。2010 年 10 月，该公司冷轧生产线开始运转，但热轧卷也是外购。2011 年 5 月，在该公司伊斯肯德伦钢厂年产能为 230 万吨的炼钢车间和热轧卷生产线投产后，其才生产出第一卷热轧卷。2011 年 9 月俄马钢签署一项协议，以 4.85 亿美元的价格收购 Atakas 集团在 MMK-Atakas Metalurji 公司持有的全部剩余股份，其后，合资公司的名字改为 MMK Metalurji 公司。

2011 年年初，俄新钢对其位于比利时的 Clabecq 钢厂投资 1 亿欧元，建设了一条年产能为 25 万吨的中厚板淬火和回火生产线，以提高其产品进入冰箱、电视机、汽车和能源等市场的机会。

2011 年 4 月，俄新钢以 6 亿美元收购杜弗克公司在 SIF 公司的股份（作为其半成品钢材的一个出口），并全面整合其中厚板和薄板轧制产能，同时剥离闲置的 Carsid 钢厂和以电炉流程生产小方坯和线材的 LaLouviere 钢厂。该公司在海外发展的重点是生产高附加值扁平材和高附加值小众钢材，而欧洲是俄新钢在俄罗斯以外最大的市场，其对欧洲市场每年发货量达到 200 万~300 万吨（在 2009~2012 年占俄新钢总发货量的 20%~25%）。

2012 年秋季，俄新钢在 Dansteel 公司投产一条年产能为 50 万吨的 4200 毫米宽中厚板生产线。这笔 1 亿欧元的投资使得 Dansteel 公司可以生产应用于海上风车和钻井平台的高强度中厚板。

三、俄罗斯钢铁企业海外转移的经验

俄罗斯大型钢铁企业在海外的并购大多是 2008 年全球金融危机爆发以前实施的。在并购之时，正值全球经济高速发展，全球钢需求以及钢材价格也一路高涨，因此从当时的大环境看是开展海外并购很好的一个时机。但是，自 2008 年爆发金融危机后，全球经济发展出现停滞、下滑，进而带动钢铁需求下滑，特别是造成钢材价格大幅下跌，进而使得许多钢铁企业出现亏损，甚至难以为继，不得不变卖资产以求生机。这其中，俄罗斯大型钢铁企业在海外的钢铁企业也难逃厄运，同样也要面对艰难的经营环境并出现大幅亏损。此外，俄罗斯大型钢铁企业在海外的并购主要是在欧美发达国家和地区，而上述地区更是此次全球金融危机的发源地和重灾区，经济增长出现停滞或是下滑，进而带来钢需求和钢材价格大幅下滑，因而俄罗斯钢铁企业受到的影响也更大，亏损也更加严重。

有鉴于在欧美的钢铁子公司长时间亏损，这些曾经雄心勃勃在海外并购的俄罗斯大型钢铁企业纷纷调整其海外发展战略，决定出售和剥离部分资产，特别是那些与公司核心业务协同非常低的资产或是那些在市场竞争中最脆弱的资产，缩小海外规模，减少和控制亏损。例如，2013 年 2 月，俄车钢以象征性的 70 美元将其长期亏损的 5 家钢筋和线材钢厂，即其位于罗马尼亚的 Targoviste 钢厂、OteluRosu 钢厂、

CampiaTurzii 钢厂、Ductil 钢厂和 LaminorlBraila 钢厂出售。出售的目的是其将侧重于在俄罗斯进行采矿和钢铁战略，同时此举也有助于减轻公司的债务负担。此外，2013 年 7 月份，俄车钢继续其从欧洲退出的步伐，出售其位于英国南威尔士纽波特的产能为 150 万吨的 Mir 热氧带卷钢厂（前阿尔法钢铁公司）。

第七章　日本钢铁工业发展

第一节　日本钢铁产业政策的变迁

一、日本战后产业恢复期的钢铁产业政策（1945~1949年）

第二次世界大战使日本的战时经济体系受到了沉重打击，如原有工业固定资产受到严重破坏，原材料及粮食进口渠道被切断，失业率和通货膨胀率高涨，社会经济秩序几乎完全被打乱。因此，战后初期日本经济发展的首要任务是稳定经济、恢复生产，促进有效供给。但是在当时的情况下，单纯依靠市场机制来完成这一任务已很困难。为了建设高效的经济运行体制，符合市场规律的国家干预手段必不可少。

这一时期日本政府主要采取了优先发展煤炭和钢铁两个产业的“倾斜生产方式”。所谓“倾斜生产方式”，一般是指在社会再生产链（特别是工业再生产链）的纵向转移关系中，从对上游产业的最初投入逐步推移到对下游产业投入。其具体做法是：努力增加煤炭生产，并将煤炭资源优先分配给钢铁生产产业，然后再将钢铁产品重点分配给煤炭产业以进一步增加煤炭产量，以这两个基础工业产业相互促进和扩大生产规模为核心，逐步带动整个工业以及国民经济的恢复和发展。

二、日本钢铁产业成长成熟期的产业政策（1950~1973年）

从1950~1973年，日本政府实施了三次钢铁产业合理化计划，推动了日本钢铁产业的振兴与快速成长成熟。

（一）日本第一次钢铁产业合理化计划（1950~1955年）

由于政府补贴、价格管制等政策手段的取消，当时重工业产品，特别是煤炭与钢铁工业产品的高价格成为提高产品出口竞争能力的核心障碍。针对这一问题，日本政府采取了一系列产业合理化政策。所谓产业合理化政策，就是鼓励基础工业通过设备更新和技术改进来提高生产效率，降低成本，日本政府为此制定了《钢铁工业和煤炭工业的合理化施策纲要》（1950年8月）。

此外，日本政府也十分重视平衡协调钢铁产业与其他相关产业的合理发展，于1951年出台了《关于日本产业合理化的方针对策》，1952年又发布了《企业合理化促进法》，明确规定钢铁产业的主要设备为特定设备，而特定设备在第一年购入时可按照购入价格的50%进行折旧，用以减免固定资产税，外汇优先配给钢铁产业等具体政策。该项政策的实施，为钢铁企业设备的更新换代提供了重要的资金来源。此外，还通过合理化措施引导钢铁产业与各相关产业的共同发展，高质量的钢铁产品促进了下游机械制造、造船等产业的迅速发展，而下游产业的快速发展又扩大了钢铁产业的市场容量，钢铁产业与其相关产业形成了良性循环，并对日本整个国民经济的恢复和发展起到了重要作用。

（二）日本第二次钢铁产业合理化计划（1956~1960年）

经过10年的经济恢复，日本已基本结束了战后初期的经济混乱状态，确立了现代市场经济体制。为了推动外向型经济发展及经济的国际化，日本政府明确提出了“贸易立国”的发展方针，一方面对国民经济有影响的缺乏国际竞争力的“幼稚产业”实行保护；另一方面，对具有较大生产潜力但尚处于发展过程中的基础产业继续采取扶植政策，通过发展壮大来参与国际市场竞争。在经济高速增长时期，日本产业政策面临两个重要的挑战：一是随着日本参与国际贸易的程度不断加深，欧美国家要求其贸易自由化的呼声日益强烈，这对日本的贸易保护政策形成挑战；二是随着日本企业积累与竞争能力的增强，企业与政府的对话能力、对话地位不断提高，这使政府干预手段面临企业抵制的挑战。

1956~1960 年间实施的第二次钢铁产业合理化计划，总投资额为 6253 亿日元，是第一次的 4.8 倍。这一阶段发展的重点是：设备的大型化、现代化；政府继续采取保护关税、进口外汇配额制度等非关税壁垒、特别折旧制度、特别优惠减税制度、开发银行优惠贷款等政策手段对产业进行扶持。在大规模增长的投资中，政府直接提供的资金大为减少，世界银行贷款和民间投资迅速增加。

1958 年，日本经济曾短暂遭遇波折，钢铁行业受到冲击。为了恢复行情，在这一期间日本通产省建立了一系列以控制产能、维系产品价格的制度。在 1958 年 6 月出台的《钢铁市场行情对策纲要》和《钢铁工业的公开销售制度》规定下，各个钢铁公司的产量和报价（被称为“自慎价格”）均受到通产省的管制。《钢铁工业的公开销售制度》中规定，各钢铁企业在确定的地点同时出售钢铁产品，由企业与批发商共同决定交易量；对违反通产省指导的生产限量和适当销售价格的企业，通产省有权采取适当的制裁措施。

（三）日本第三次钢铁产业合理化计划（1961~1970 年）

1961~1970 年日本又实施了第三次钢铁产业合理化计划，总投资

32566 亿日元，1960 年和 1970 年钢产量分别达到 2214 万吨和 9332 万吨，连续实现两个 10 年翻两番。这一阶段发展的重点是：扩大产业规模。由于企业竞争能力增强，外部威胁相对减弱，政府逐步放弃外部保护措施，主要利用新建企业审批权等促进设备大型化、利用行政指导方式干预价格及产量。产业扶持政策重心从鼓励扩大投资转向生产组织结构的调整。此阶段中，日本成为钢铁出口大国，基础产业的赶超任务基本完成，确立钢铁工业在国际比较中的优势。

第三次合理化计划的重点是建设现代化的大型钢铁企业。日本各大钢铁集团展开了建厂投资竞赛，争相选择新厂址，建设新的大型钢铁联合企业，进一步扩大生产能力，加强在国内外的竞争地位。涌现出新日铁的名古屋、堺、君津、大分，日本钢管的福山，川崎制铁的水岛，住友金属的鹿岛，神户制钢的加古川等八个现代化的钢铁联合企业，这些企业都是按照当时世界最先进的设备和技术装备起来的，设计能力均在年产钢 1000 万吨以上。这些新建的沿海大钢厂的生产能力约占全部新增能力的 70%以上，构成了日本钢铁工业的骨干。

三、日本钢铁产业衰退期的产业政策（1974~1985 年）

在这一时期，日本经济经历了贸易摩擦、日元升值、第一次石油危机、国内通货膨胀等一系列事件冲击，增长率由高速转为低速，政府产业政策根据国内外环境的变化进行了一系列重大调整，图 7-1 为 1974~1985 年日本粗钢产量及占世界粗钢产量比重。

第一次石油危机（1973 年）后，日本产业结构向资源节约化、高加工度化全面调整，产业发展重心从原材料基础工业向加工工业后移。汽车等高加工产业逐步替代高耗能、高污染钢铁工业的重点发展地位。钢铁产量增长陷入停滞，在国民经济中所占比重下降，粗钢产量在世界粗钢产量占比中整体呈下降趋势。

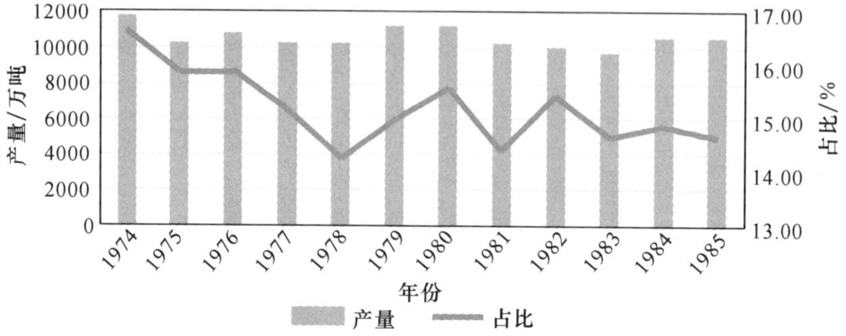

图 7-1 1974~1985 年日本粗钢产量及占世界粗钢产量比重

（数据来源：世界钢协）

为此钢铁工业内部不断调整，主要包括三个方面：大力发展节能技术，降低资源消耗；继续进行产业组织调整，淘汰落后企业；调整产品结构，增加特种钢生产减少普钢产量，提高钢铁产品自身加工度。这一时期日本继续保持钢铁工业国际竞争力和钢铁大国的地位，由政策扶持对象的成长产业变为政策调整对象的衰退产业。

日本政府于 1978 年 5 月制定了《特定萧条产业安定临时措施法》（简称“特安法”）。“特安法”规定平炉电炉炼钢业、炼铝业、合成纤维业、造船业等制造业为“结构性萧条行业”，政府将协助行业处理过剩设备。“特安法”和其他政策条款下，日本政府对过剩行业设备的处理方法包括：（1）设备注册制度，对现有设备和生产品种摸底，限制非注册设备和新增设备的生产；（2）制定准入标准，过剩行业新企业的组建，需要满足一定的产能门槛；（3）淘汰落后设备，新增设备必须首先淘汰一定旧设备；（4）实行政府补偿，政府出资收购过剩设备，然后予以报废；（5）鼓励使用节能设备，由政策性银行提供低息贷款，推广节能设备的使用。此外，政府设立萧条基金，对由于设备报废而产生的借款提供信用保证。

1983 年 4 月“特安法”被废止，随即出台《特定产业结构改善临时措施法》（简称“产构法”），由主管大臣制定“结构改造基本计划”取代原安定基本计划，在计划对象中，追加了包括企业的集约、合并在内的企业协作、设备更新和技术开发的投资。并且，新法在原来信用保证之上，进一步追加了发放各种补贴费和实施优惠税制等措施，用于技术研发。

与“产构法”相联系，“特离法”（行业、地区）也从1983年7月过渡到“新特离法”，主要是稳定就业的特别措施法，其中新增加预防失业的目标，即在失业前实行培训、补贴等援助对策，以保持就业稳定。同时，“企业城下町法”也改为《特定萧条行业关联地区对策临时措施法》，该法重视中小企业对新领域的开拓，追加了对新市场、新技术和这些研发所需人才培训的补贴及贷款等资助手段。

四、日本钢铁产业重建期措施（1986~1999年）

自20世纪80年代中期以来，由于日本国内的经济形势恶化，使得钢铁业不得不进行第四次结构性改革，日本钢铁业称其为“重建期”。各钢铁公司围绕面临的严峻形势，认真地对各自现状进行了分析，分别提出了全新的中期或长期改革方案。可以说，80年代后半期以来是日本钢铁工业改革的关键时期。期间大致分为如下三个阶段：

重建期第一阶段（1986~1992年）。这一阶段为适应日元升值、推进改革和拓展新领域的阶段。但由于泡沫经济崩溃的直接影响，推迟执行改革计划。该阶段的主要内容包括：着手进行生产设备的重组、生产工艺的进一步简化和连续化、定员合理化、积极开发新领域、在技术开发中增加高技术含量的内容、对日元升值采取措施等。

重建期第二阶段期（1992~1995年）。适应日元进一步急剧升值和对泡沫经济崩溃的影响采取的措施。具体包括：精简人员以减少固定费用、对开发新领域进行重新甄别分类。具体实施如熔融还原设备、新炼焦法、新炼钢法等新工艺的开发研究。在该阶段，实施了向国际比价收敛的原则和通过实现产销与研究开发的一体化，确保各钢材品种的竞争力。

重建期第三阶段（1995～1999年）。主要为世纪日本钢铁工业的持续发展打基础。内容包括：为世纪钢铁工业的持续发展打基础，继续进行面向世纪的新技术开发并努力使其向生产转化，对现有设备和技术进行改造和延长其使用寿命，开发超级钢铁和高级钢铁产品，开发环保技术和装备、开发节能技术装备和新技术。该阶段为重建期第一阶段和第二阶段成果巩固阶段，为21世纪钢铁工业的持续发展打下坚实的基础。

第二节　日本钢铁产业的发展成果

一、日本倾斜生产方式的成果（1945～1949年）

日本政府采取两大措施来重点扶持煤炭、钢铁产业的发展。一是在1947年初设置“复兴金融公库”，为煤炭、钢铁等重点产业提供优惠贷款。贷款资金主要靠发行“复兴金融债券”筹集，到1949年3月，共发行1680亿日元，相当于1949年国民生产总值的49.8%。其中，用于重点产业的投资贷款为1320亿日元，相当于上述公债发行额的78.57%。而此贷款的80%都集中于煤炭、电力、化肥、钢铁、海运、纤维等6大重点产业，其中钢铁工业设备投资额达到137亿日元。二是对煤炭、钢铁等重点产业采取价格补贴政策，如当时钢铁生产费用每吨为13500日元，政府将其批发价格压低为3600日元，其差额9900日元则由国家补贴。据统计，1947～1950年间国家对物价补贴的金额达988亿日元，加上1949年、1950年进口铁矿石和生铁的补助金110亿日元，共计1100亿日元，比当期的设备投资总额多7倍。这样使钢铁工业作为基础产业，以较低的产品价格更好地支持其下游相关产业的发展，图 7-2 为 1945~1949 年日本钢铁产量。

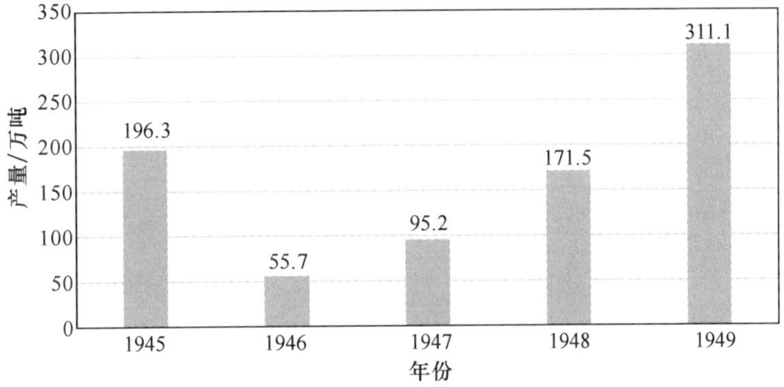

图 7-2　1945~1949 年日本钢铁产量

（数据来源：世界钢协）

在“倾斜生产方式”政策下，日本的煤钢等重点产业得到迅速恢复。从 1946 年秋开始，经过约 3 年时间，到 1949 年 6 月，工矿业生产已恢复到战前水平的 81.6%，其中钢铁已达 80%以上（1930 年日本钢铁产量 228.9 万吨），煤炭接近战前水平，机械工业已超过战前，达到 138%，而这时的食品工业只达到战前的 56%。1949 年日本粗钢产量为 311.1 万吨，为 1946 年的 4.59 倍，这充分说明日本以“倾斜生产方式”为核心的产业复兴政策对其钢铁产业的发展起到了决定性作用。

由于“倾斜生产方式”损害了民间企业的经营自主权而遭到企业的广泛反对，在度过了最初的经济恢复与重建阶段后便退出了历史舞台。“倾斜生产方式”利用了当时能够利用的相对有利条件，其实施是成功的。但由于它过于偏重对量的追求，忽视技术更新和经济效益，而且容忍了通货膨胀的长期化，所以它不能算是现代产业政策，而是应付非常事态的一项临时对策。

二、三次钢铁产业合理化计划及其发展成果

第一次钢铁产业合理化政策的实施，为钢铁企业设备的更新换代

提供了重要的资金来源。此外，还通过合理化措施引导钢铁产业与各相关产业的共同发展。高质量的钢铁产品促进了下游机械制造、造船等产业的迅速发展，而下游产业的快速发展又扩大了钢铁产业的市场容量，钢铁产业与其相关产业形成了良性循环，日本钢铁业的发展从此步入正轨，恢复了元气。在日本经济的高速发展时期，作为工业“粮食”的钢铁业，为日本创造世界经济奇迹发挥了极其重要的作用，成为日本经济的最重要的支柱产业之一，图 7-3 为 1930~1955 年日本钢铁产量。

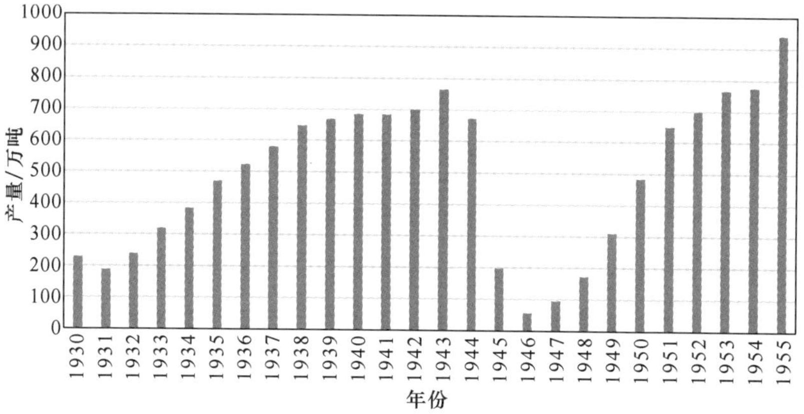

图 7-3　1930~1955 年日本钢铁产量

（数据来源：世界钢协）

1950 年日本政府对重点产业进行设备投资，投资额为 3899 亿日元，1953 年增加到 8007 亿日元，占 GDP 的 11.3%。在此期间钢铁产业计划总投资达 1282 亿日元，比恢复期多 8 倍以上。期间，日本投资重点是增加新设备和对已有设备、工厂进行改造，以期增加生产能力、降低生产成本。如钢铁企业的轧钢部门引进轧钢设备，作为钢铁产业的技术改造重点领域。钢材产品的质量因大量引进先进设备而得到大幅提高，成本降低，竞争能力增强。如 1953 年日本粗钢产量恢复最高水平，达 766 万吨。1955 年钢铁设备生产能力为：炼铁 824 万吨，炼钢 1128 万吨，热轧 1958 万吨。与之对应，日本钢铁工业装备水平及成本控制都取得了明显效果。

战后日本的钢铁业仅用 9 年的时间，由 1946 年的 56 万吨增产至 1955 年的 941 万吨，产量增加 16 倍，比战前顶峰时期的 1944 年的 673 万吨还多出 268 万吨，增幅达 40%左右。但从世界范围来看，1955 年，美国的钢产量已经达到 10617 万吨，排在世界第一，苏联的钢产量为 4527 万吨、德国为 2134 万吨、英国为 2011 万吨、法国为 1259 万吨、日本排在世界第六位。钢铁业如此突出的业绩，首先得益于日本政府制定的产业政策和相关法规。这些政策法规都重点扶持了电力、钢铁、海运和煤炭等四大产业，在税制上实行特别折旧率促进投资，对其试验研究设备及新技术企业化设备进行减免税负，还在融资上给予帮助和关税减免等举措。钢铁产业的兴盛还得益于日本政府实施的“倾斜生产方式”“第一次合理化计划”和“复兴金融金库”等倾向钢铁、煤炭等产业的特殊政策，集中财力引进四大产业的技术装备和工艺及技术改造。另外，1950 年 6 月朝鲜战争时期的“特需”订单，使得日本钢铁产量倍增，1950 ~ 1953 年美国对日本的特需订单是 23. 92 亿美元，占出口总额的 50. 6%，“特需”极大地刺激了日本钢铁产业的快速发展。

第二次钢铁产业化合理计划期间，日本钢铁产业的具体核心是建设氧气顶吹转炉和大高炉，确定了大高炉–氧气顶吹转炉生产体制。日本从奥地利引进了氧气顶吹转炉新技术，新建了 11 座 1000 立方米以上的大高炉。日本钢管的水江、住友金属的和歌山等一大批现代化的大型钢铁厂开始建设。同时从美国引进了先进、科学的企业管理制度，如岗位责任制、班组长制、工程管理制度等。对现代化的大型钢铁企业实施科学管理，使现代化的设备和技术充分发挥了效益。经过这次合理化计划，日本钢铁工业的技术和成本水平均跃居世界前列，国际比较优势已经形成，钢铁产量增加一倍多，劳动生产率增长了两倍多，吨钢成本与欧美国家相比存在较大的优势，钢材质量有了显著提高，钢铁产品出口迅速增长，从而很好地提高了日本钢铁产业国际竞争力。

在第三个合理化计划当中，日本钢铁工业的竞争力有了一个根本性的提高。主要表现在：一是建成了当时世界上容积最大的高炉。水岛厂 3 号高炉容积达 3363 立方米。高炉大型化促使日本的联合钢铁企业的规模得到扩大，自动化程度不断提高，生产成本持续降低。若以百万吨的钢铁厂生产成本作为基准，五百万吨产能的钢铁厂生产成本可以降低 26. 5%，1000 万吨产能的钢铁厂生产成本可降低 35. 5%。二是技术经济指标有了进一步提升。如试验成功并推行了高压炉顶操作和喷吹重油技术，在此期间日本拥有的转炉数量从 13 座增加至 83 座，同期，生产能力从 484. 3 万吨增长至 9148 万吨，增加了 17. 9 倍。转炉在整个粗钢产量中所占比重从 1960 年的 11. 9%上升至 1965 年的 55%，1970 年上升到 79. 1%。淘汰平炉、使用转炉后，不仅效率大大提高，成本也降低不少。据新日铁的资料显示，以日生产量计，转炉的效率是平炉和电炉的 10 倍，转炉的燃料消耗是电炉的 1/18，平炉的 1/7，转炉每小时的生产效率是电炉的 20 倍，平炉的 18 倍，转炉的设备费仅为平炉的 1/2，但是比电炉的设备费用高出 2 倍。1969 年，日本每座高炉日产铁量为 2723 吨，美国为 1465 吨、联邦德国为 1039 吨、英国为 845 吨、法国为 672 吨、苏联为 1644 吨，远远高出世界平均水平 1325 吨。1970 年日本新日铁每吨生铁喷吹重油 47 公斤，焦比下降到 474 公斤，全国平均焦比达 500 公斤，1973 年日本钢铁工业全员劳动生产率为 497. 2 吨钢/(人 · 年)，为同期美国的 1. 43 倍，原苏联的 4. 51 倍。三是钢铁设备实现了国产化。日本机械制造工业已能为钢铁工业提供具有国际先进水平的带钢冷、热连轧机和连铸机等高端设备。四是集成电路的大容量的中央处理计算机在钢铁相关工艺中应用。同时，新日铁在降低能耗、开发节能技术、推广连铸技术等方面，发挥了领军型企业带头示范的作用，带动了日本钢铁工业的全面发展。

三、日本钢铁产业的高速增长（1971~1973 年）

受日本“革新产业体制”政策的影响，1970 年八幡制铁和富士制铁两家公司再次合并，成立了新日本钢铁公司（即新日铁），成为当时世界上最大的钢铁企业集团，年产钢能力达 4600 万吨。这一日本工业史上最大的合并得到了日本政府的支持。新日铁在发展过程中，逐渐成为一个庞大的集团，涉足的领域也逐步扩大到钢铁以外的电子、工程制造、信息等新的领域。这个集团由 209 家公司组成，这些公司中有钢铁冶炼厂 10 家（室兰厂、釜石厂、君津厂、名古屋厂、桥厂、广畑厂、光厂、八幡厂、大分厂和东京厂，其中 5 个厂有高炉）、钢铁加工厂 50 家、工程建设公司 29 家、化工及有色金属和陶瓷生产厂 18 家、电子与信息和大规模集成电路生产厂 14 家、房地产公司 8 家、运输公司 9 家、其他公司 71 家。在这些公司中新日铁公司或全资、或占有一定比率的投资。

从 1956 年到 1973 年，日本钢铁产业粗钢产量翻了 10 倍，年均增长率 15%，而世界粗钢产量增长了 1.4 倍，年增长率仅为 5%。在 1973 年日本粗钢产量达到 11932 万吨，达到有史以来最高点，占世界产量的 17.4%，位列世界第三，图 7-4 为 1956~1973 年日本粗钢产量及占世界粗钢产量比重变化情况。

此时日本钢铁产业的国际竞争力还体现在产品对外输出方面。从 1956 年到 1973 年，日本钢铁产品出口增长迅猛，17 年间翻了近 21 倍，实现年均近 20%的增长，远远高于同期世界钢铁贸易的 8.8%增长速度，占世界钢铁贸易比率也从 4%左右蹿升到近 18%，成为世界

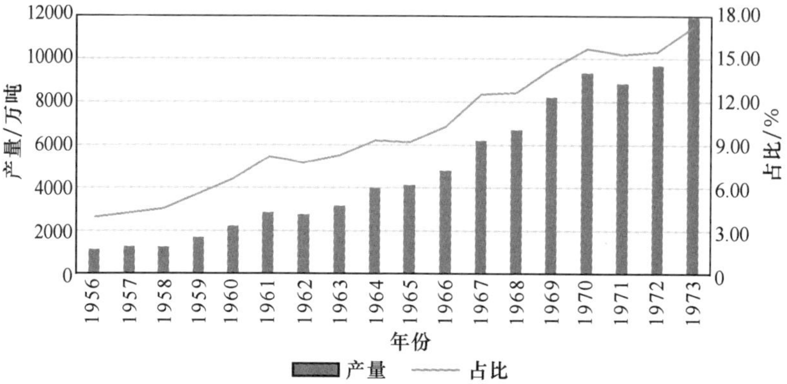

图 7-4　1956~1973 年日本粗钢产量及占世界粗钢产量比重

（数据来源：世界钢协）

上最大的钢铁出口国。

20 世纪 70 年年代后，日本钢铁产业进入成熟期。与此同时，钢铁产业对环境的严重污染，引起了日本社会的高度关注，纷纷要求政府采取措施。社会各界的压力促使日本政府及时调整了钢铁产业政策，转向了集约产业发展政策，注重环保与节能政策的制定与实施，加强节能环保设备的投资力度，引导钢铁业调整钢铁产业布局和产品结构，鼓励钢铁企业信息化和网络化机制的建设，加大人力资本投资，提高产业组织的能效。

1970 年日本国会审议并批准了 14 个与环境保护相关的法律。其中比较有影响的有：《公害基本对策法》（部分修订）《公共水域水质保护法》《工厂废水排放管理法》《废弃物的处理及清扫法》等，通过严厉的立法制止企业污染环境行为。

与此同时，提供优惠贷款支持钢铁企业进行节能环保设备的改造与升级。因一般中小企业很难有资金实力进行环保方面的投资，日本政府积极促进钢铁企业扩大规模，建立“革新产业体制”推动钢铁企业的兼并重组，通过产业集中来提高规模效益，降低成本和有能力进行环境设备投资。

四、日本钢铁产业衰退期的技术发展（1974~1985年）

面对着1973年的经济危机，日本钢铁工业贯彻“技术立国”战略，充分利用当时世界钢铁工业中涌现的各种新技术，全方位的改造日本钢铁工业，以科学技术带动日本钢铁工业的发展。

在炼铁环节，日本钢铁工业大量兴建能耗低、效率高的大型高炉。1978年，日本拥有高炉67座，2000立方米以上高炉39座，其中3000立方米的19座。新日铁大分厂于1976年投产的2号高炉（5070立方米）是当时世界上最大的高炉。同时运用各种技术手段降低入炉焦比，提高高炉机械化、自动化操作水平，充分利用高炉废弃物及二次能源。高炉的大型化促进了烧结机、焦炉等相关设备的大型化。如日本烧结机的宽度由原来的2米增加到7米，最大烧结机面积达600平方米。日本钢管扇岛厂于1976年投产的焦炉高达7.55米。高炉设备的大型化使日本钢铁工业的烧结、炼铁、焦炉在产量、质量、能耗等多项技术经济指标方面居于世界领先水平，1978年日本1吨铁的炼焦比为442公斤，当时联邦德国为517公斤、美国为632公斤，日本是世界上能耗最低的国家。

在炼钢、轧钢环节上，日本钢铁工业利用当时涌现出的氧气顶吹转炉、精炼、连铸、薄板坯连铸连轧、高精度高性能控轧控冷（TMCP）技术、计算机控制、涂镀层和各种表面控制技术、复合层技术等一系列新技术，领先实现了钢铁工业第二代、第三代技术结构和产品结构。1974年，日本的转炉数量多达96座，比美国多出15座，比苏联多出54座，因此生产能力远远高出其他国家。转炉炼钢比高达80.9%，表现最好的联邦德国也只有68.8%、苏联效率最低，只有29%。

20世纪70年代两次能源危机的出现进一步推动了连铸技术发展

和连铸比的提高，如世界连铸比由1970年的6%增加到1980年的30%。日本钢铁工业则在20世纪70年代基本完成了连铸化。1980年日本连铸比已达70.7%，连铸坯产量居世界第一。日本连续铸钢机数多达111座，比最多的美国多出近一半，年生产能力为4018万吨，当时联邦德国的连铸比率为38%，其他国家不到30%，日本高达46.2%，表现最好。1976年日本大部分钢铁企业已有5台以上连铸机，实现了全厂全连铸。

为了提高钢铁产品质量，日本钢铁工业对钢铁工艺系统进行创新性的改造，特别是计算机和机电一体化的大量应用，钢铁工业装备水平明显优化，形成了连续化、自动化的运行模式。该模式既大幅度地提高了劳动生产率，又系统性地提高了产品质量，并使产品质量保持相对稳定，如1981年日本钢铁工业综合成材率达到90%。这也意味着日本钢铁企业管理水平迈上了新的台阶。

五、日本钢铁产业重建期成果（1986~1999年）

日本钢铁产业在政府指导下，充分发挥钢铁产业的自主能动性，自觉地、有步骤地朝着低碳化发展的方向前进。日本钢铁产业在应用和普及信息化、网络化的基础上，推动企业之间的战略联盟和企业内部组织“扁平化”，提高整个产业界的组织效能。

在采取了一系列改革措施后，日本钢铁业有了一些明显的变化。如1997年与1985年相比，高炉数量由54座减至42座，转炉数量由85座减至69座，电炉数量由555座减至458座，连铸机由154台减至148台。其中有些设备也有例外，如年日本第一座直流电炉投产以来，到1997年已增至23座。与此同时，川崎制铁与新日铁相继实现扭亏为盈。

日本1988年、1989年、1990年、1991年、1995年、1997年钢产

量都超过 1 亿吨，其余年份在 1 亿吨以下。在世界范围来看，1991～1995 年连续五年世界排名为第一位，1996 被中国超过，居世界第二，但主要生产工艺的技术水平及节能水平均居世界第一。如日本钢铁企业通过节能使吨钢能耗降低了 20%；为提高生产效率而不断进行技术开发，使人均年产钢达 700 吨。日本钢铁工业不断努力并稳定供给市场以低价而高质量的钢材，从而支持了日本经济和钢铁业本身的共同发展，图 7-5 为 1986～1999 年日本粗钢产量及占世界粗钢产量比重变化情况。

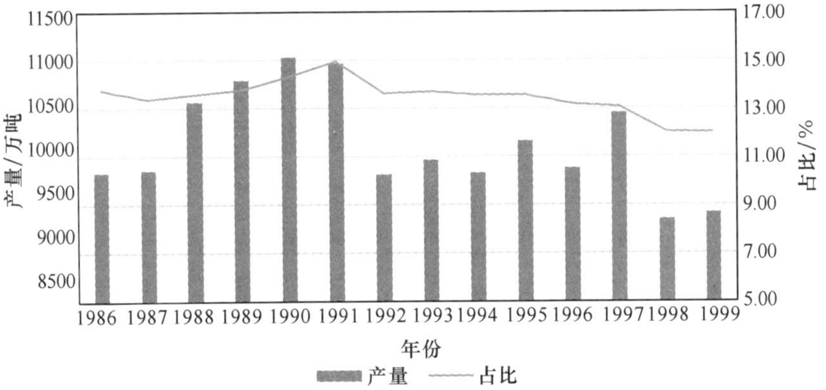

图 7-5　1986～1999 年日本粗钢产量及占世界粗钢产量比重

（数据来源：世界钢协）

第三节　日本钢铁行业的转型

一、经济复苏时期的钢铁行业转型（2000～2007 年）

亚洲经济的迅速发展（尤其是中国经济）及海外资金对于制造业的投资刺激了日本经济。日本制造业钢材消费以年均 4%的速度增长，但建筑业钢材消费由于土木工程投资减少而以年均 1%的速度减少。2002～2007 年，国内钢材需求由 7400 万吨增长到 8600 万吨。

产量持续增长，在2007年达到峰值1.2亿吨，其中1/4用于出口。这个阶段，日本钢铁行业的转型重点是企业重组、产能削减和效率提升。

（一）企业重组

得益于强劲的成本竞争力，新日铁以更低的价格成功地提高了市场份额，其他下游用户跟随低原料成本战略，2000年钢材价格大幅下降。为提高成本竞争力，日本钢管公司和川崎制铁宣布在相邻工厂之间进行运输、设备维护和采购结盟。2002年，日本钢管公司和川崎制铁重组，JFE成立。与此同时，新日铁、住友金属、日本神户制钢和日新制钢以交叉持股和战略结盟的方式在过剩产能利用、紧急响应援助、谈判力提升和物流合作方面进行结盟。日本钢铁行业成本竞争力得到提升。

（二）削减产能

产能削减在企业重组与结盟后真正实施。重组后，日本钢管公司和川崎制铁各有2家工厂实行合并管理，使得新公司摆脱了重复设备。其他公司如新日铁和住友金属，也计划在2003年和2004年关闭部分产线。2007年，日本粗钢产能减少至1.3亿吨，产能利用率上升至90%。

（三）效率提升

2000年代初，进一步削减劳动力的需要有所下降，钢铁企业把发展重点放在既有劳动力基础上的生产率提升上，持续扩大高炉单炉容积以提高生产率。截至2010年，行业内不存在容积低于2000立方米的高炉。由于产量增加，生产率大幅提高。

二、后金融危机时期的钢铁行业转型（2008 年至今）

全球金融危机冲击了包括日本在内的全球经济体。经济衰退期间，建筑业和制造业的钢材消费在开始的两年内急剧下降。2007~2009 年，国内钢材需求从 8600 万吨下降到 5600 万吨。2012 年 12 月，安倍内阁制定了数项经济政策，目的是阻止通货紧缩、增加国家财富。日元贬值带来的钢铁下游行业出口竞争力的恢复也刺激了钢材产量的恢复。2014 年，国内钢材需求增至 7300 万吨。这个阶段日本钢铁行业的转型重点是企业重组、全球化和效率提升。

（一）企业重组和全球化

2008 年后全球钢材需求持续萧条。为提高相对于全球竞争对手的竞争力，2012 年新日铁与住友金属重组。2 家公司旨在通过重组加速全球化战略，加强向全球用户提供解决方案的能力，扩张海外制造和加工基地，以及通过整合管理与制造设备进一步降低成本。此外，新成立的公司通过遍布全球的合资公司扩展全球网络。与此同时，JFE 通过合资扩展海外制造和加工基地。全球竞争力得到提升，包括向全球用户提供解决方案的能力、海外制造和加工基地、成本竞争力。

（二）效率提升

重组之后，新日铁和住友金属通过整合资源和协同获得效率提升，包括关闭部分设备、合并双方各自建设的资源、对于各自业务中的优势领域进行协同。2017 年 3 月，新日铁住金宣布与日新制钢重组，通过设备的重新配置进一步提升运营效率，减少固定成本。更高的产能利用率和效率使得盈利能力有所提升。

第四节 日本钢铁产业的低碳化发展

一、节能技术发展第一阶段（20世纪70年代）

20世纪70年代初，日本钢铁产业节能重点是强化设备的管理、保温、绝热及燃烧管理、设备的高效率运行，通过大力推进连铸工艺，提高连铸比率。各大型钢铁公司相继成立能源管理机构，制定相应的节能目标，建立能源消耗指标体系，完善工艺连续化水平。1973年以前，连续铸造设备只占全部粗钢生产中的21.2%，到70年代末期，其比率突破90%。1979年，日本的钢产量为1亿1175万吨，消耗8169.4万吨标煤，吨钢能耗731公斤标煤，比1973年下降57公斤标准煤。6年期间累计节能效率为约7.23%，其中管理节能比率为55%、工艺连续化节能比率为20%、回收余热余能的节能比例为25%，节能政策初见成效。

二、节能技术发展第二阶段（1979~1987年）

日本钢铁产业节能重点是“脱石油”的技术改造和对工艺流程中余热和余能的回收利用。1982年时，日本实现高炉无油操作，极大提高高炉喷煤的速度和进度。投资建设连铸机、烧结矿余热回收、余热锅炉等设备，大大提高了余热资源回收利用效率。二次能源回收利用率由1980年的28%提高至1987年的33%，吨钢的回收余热指标达到2.512吉焦，约占吨钢投入热能的15%。1987年的钢产量是9850万吨，消耗6886.7万吨标煤，与1979年相比较，能耗降低1282.7万吨标煤，吨钢能耗为699公斤标煤。1979~1987年的8年间，吨钢能耗下降32公斤标煤，工艺连续化技术节能效果占30%，余热余能设备的节能效果占57%，节能效率大大高于第一阶段。

三、节能技术发展第三阶段（1988~2004年）

第三阶段由降低能源的单位消耗量转向提高效益，降低能源成本，进一步完善企业的节能管理体制领域。在此期间，钢材成本中能源成本所占比例由1986年的21%降至1994年的14%。据日本钢铁联盟资料显示，1972年到1996年，日本钢铁工业共在研制节能技术方面的投资超过450亿美元，节能效果处于世界领先水平。

四、21世纪日本钢铁行业的低碳化发展

进入21世纪以来，日本高度重视钢铁产业的低碳化发展，并由多年遵循的“技术立国”向“环境立国”的方向转变，突出强调控制温室气体排放，着手建立完善的绿色生态产业体系和绿色产业支撑链，从原料采购、产品制造、实物流通、市场销售、服务的每个环节都进行精心设计，尽可能地节省资源和能源，降低对环境的影响。

在日本经济团体联合会的统一布置下，各行业制定了以减排CO_2为中心的企业节能环保志愿计划，推动了钢铁工业新一轮节能环保技术的发展。具体措施包括：推广已有的节能技术，同时开发新技术；争取在政府和自治体的协作下扩大钢铁厂对废塑料的利用和低温余热供社会利用；大力开发高强度钢材和低电阻电工钢板等节能钢材；加强节能、环保的国际协作和技术转让，为全球减排CO_2作贡献；重视厂内废钢再生利用并不断采用新技术；为取得ISO140000认证，不断完善钢铁企业环保管理体制。

2006年日本钢铁企业利用国内外关键性标志的节能设备更新本国落后设备，日本钢铁产业联合会（JISF）实施“企业自愿行动-VAP”计划中，提出全生命周期节能减排评价系统的概念（LCA-LifeCycleAssessment），从全生命周期的角度，针对钢铁产业对周边产业以及

民众生活的长期影响进行了重新的综合评价，扩大了对钢铁产业能耗评估范围。

2008 年，日本内阁会议通过了《构建低碳社会行动纲领》，在此基础上设计日本的低碳经济相关政策。2009 年 4 月，日本政府公布了《绿色经济与社会变革的政策草案》，进一步强化日本低碳经济的发展。

2011 年 11 月日本铁钢联盟制定了《钢铁企业自主行动计划书》，2013 年 1 月又制定了《低碳社会实施计划》，作为 2020 年日本国内企业减排 CO_2 目标。2018 年 6 月日本政府颁布了《气候变化适应法》，并于 12 月 1 日开始实施。新法律规定了预防/减轻气候变化影响造成损害的应对措施。2014 年 11 月，日本铁钢联盟创建了到 2030 财年的第Ⅱ阶段，针对减少温室气体排放的自主行动计划。该计划基础构想是三项环境友好型路径，分别是："生态型工艺""生态型产品"和"生态型解决方案"，并与"创新型技术发展"项目相结合。

自 2000 年以来，新日铁住金先后在实际焦炉中推行了焦炉化学原料法回收废塑料，该工艺的主要对象是日本《容器包装回收法》方案下的一般废塑料。新日铁住金在其钢铁厂安装了将废塑料装入焦炉的预处理设备。新日铁住金在其五个分厂（君津厂、名古屋厂、八幡厂、大分厂、室兰厂），回收处理了由地方政府委托给容器和塑料回收协会回收的约 30% 的废塑料，并在七座焦炉上进行回收利用。至 2018 年 11 月，已累计利用废塑料总量达 300 万吨，相当于减排 CO_2 约 960 万吨，避免了约 1200 万立方米的废塑料垃圾填埋处理。JFE 钢铁公司开发出"环境友好型铁水预处理工艺"。该工艺可使脱硫剂在现有的精细条件下（直径≤1 毫米）可以直接添加到铁水中，同时从喷枪中获得高速载气。结果表明，脱硫效率提高了 1.3 倍，同时还减少了 CO_2 排放。

第八章　韩国钢铁工业发展

第一节　韩国钢铁工业的阶段性发展

一、韩国钢铁工业的起步期（1962~1972年）

韩国的钢铁业起步较晚。20世纪60年代，韩国政府开始了重振经济的行动，于1961年实施了第一个五年计划，开始大力发展替代进口的消费品工业。伴随工业化的进程和经济规模的不断扩大，韩国工业对钢材的需求大幅增多，韩国认识到工业化过程中大力发展钢铁工业的必要性。为了支持和鼓励发展钢铁工业，政府专门颁布了扶持钢铁工业发展的法律——《钢铁工业育成法》，并力争实现以石化、机械、钢铁行业为代表的重化工业的进口替代，请求美国等西方国家在金融、科技等方面予以支持，但都未尽人意。1969年拟建韩国最大的钢铁厂浦项制铁一期工程（107万吨产能）时请日本支持，经日方同意后，于1969年9月决定贷款12370万美元，具体技术由八幡制铁、富士制铁和NKK三家负责。1970年初签订正式协议后，于同年4月动工兴建。

由于日方的全面援助，于1971年7月顺利投产。这为后来韩国浦项制铁快速发展打下了基础。在这期间，韩国钢铁总生产能力也大幅增加，由1962年的总产量14.2万吨增长到1972年的18.59万吨，形成了钢铁业的进口替代经济，出口也从1962年的3000吨上升为1972

年的66.6万吨。在设备方面转炉设备等制钢设备和压延设备的年均增长率也分别为20.2%和18.0%。

到1972年，仅仅经过十年的发展，韩国国民生产总值已达304美元/人，第二产业所占比重首次超过第一产业所占比重，上升到33.9%，而第一产业已下降为30.2%。在制造业中，重化工业发展迅速，十年间翻一番，所占比重上升为41.3%。但对韩国来说，为了加速工业经济的发展，提高其出口能力以及出口产品附加值，韩国首先需解决的问题是加快技术设备研发和原材料替代进口，减少对国外技术、原材料的依赖。

二、韩国钢铁工业的跳跃式发展期（1973~1981年）

1973年1月，当时任总统的朴正熙发表了“重化工业化宣言”，成立以国务院总理为首的重化工业促进委员会，制定了“发展重化工业长远计划（1972~1981年）”。计划将钢铁、有色、造船等六大行业定位为“战略工业”，并确定1981年的重化工业产品的比率由1971年19%提高到60%。为实现这一目标，采取了强有力的保护政策，仅1978年，对六个重化工业部门就支援了324亿元的出口利息补助，免去441亿元的直接税，对出口的实际保护率高达16.4%。此外，工业部门凭借差别进口关税和进口限制政策，在国内销售上也得到保护，其实际保护率为35%。

为加速钢铁业的发展，韩国政府从法律和政策层面给予韩国钢铁业支持，并决定建立大型钢铁联合企业。1973年韩国首次建设规模达到103万吨/年的一体化制铁公司，这为韩国钢铁业带来了重大的转折。韩国的支柱工业，如汽车、造船业的迅猛发展。韩国急需大量钢材，浦项制铁当时的生产能力完全满足不了韩国工业发展的需求，最终促成二期、三期、四期工程的投产、竣工。浦项制铁二期（176万吨产能）于1976年投产，三期290万吨产能和四期的300万吨产能分别于1978年和1981年完工。韩国的钢铁设备也具备了转炉制钢850万吨/年，电炉制钢390.2万吨的能力。一年期间，二次加工部门的设备能力增长率为28.4%，最快。其次是炼铁27.4%，同期钢铁生产的年均增长率为17.3%，出口年均增长率为22.5%。韩国钢铁业进入出口导向型发展阶段，钢铁业带来了跳跃式发展。

浦项制铁投产的直接结果就是韩国钢产量的日益升高，这不仅扩大了国内钢材的需求，而且其钢材出口也大幅增长。仅仅十几年，浦项制铁就显示了其国际化钢厂的规模和实力，其钢材产量占韩国钢材产量的一半，其出口比例高达60%。浦项制铁在韩国的领头地位是韩国政府政策支持的必然结果。针对钢铁行业韩国专门颁布的《钢铁工业育成法》中明确指出："除浦项制铁外，其他钢厂不得建设高炉冶炼，只允许建设电炉冶炼。"也就是说，由于韩国政府的政策倾斜，给予了浦项制铁最大的支持就是紧缺的冶炼用焦煤和铁矿石只供浦项制铁使用。

实践证明《钢铁工业育成法》在70~80年代极大地促进了韩国钢铁工业的发展。仅仅十年间，使浦项制铁成为韩国的核心企业，也确认了其在国际上的领头地位，同时又极大地促进了众多低成本、高效益的电炉钢厂的发展。

三、韩国钢铁工业的高速成长期（1982~1991年）

韩国的钢铁工业在20世纪70年代取得了突飞猛进的发展，特别是其产能有了极大的提高。但重化工业的过快发展，导致轻重工业失调、生产能力过剩、结构性通胀等经济问题出现，韩国政府转变发展策略，逐步调整产业结构，大力开发新兴技术产业，力争实现技术立国。调整产业结构，即以产业比较优势为标准，将韩国的产业划分为三个大类，他们之间相互协调发展。第一大类为传统的优势产业，主要包括汽车、石化、钢铁、纺织、家用电器、水泥以及造船等工业，发展的重点为提高产品附加值，减少进口比率；第二大类为韩国重点培育的、发展尚不成熟的主导产业，主要包括计算机、电子、精密化学、机械、材料以及航空等；第三大类为韩国的“未来产业”，他们均属于新兴技术产业，是发展知识技术密集型产业的前提条件，主要包括新材料、生物工程、信息以及新能源等。韩国政府本着技术立国这一基本目标，在进入80年代以后，发展工业经济的重点开始向技术与资本密集型转变。但为了保证工业生产规模的稳定扩大和国内需求，劳动和资本密集型的产业仍处于比较重要的位置。

对于钢铁这样的传统优势产业，要实现由单纯的追求数量、规模向追求质量、效益转变，不断提高行业的技术水平，增加产品的科技含量，通过技术改造升级提高产品附加值，进一步提高产品竞争力。同时，政府决定建立包括纺织、水泥、石化、钢铁、家用电器、汽车、造船等工业在内的产业群，促进产业之间的协调发展。

受政府政策转型和行业自身发展调整的需要，以及美国限制日本钢材进入美国市场的国际市场的有利市场环境，80年代初，韩国钢铁产能持续不断的扩大，而且还专门成立了钢材出口公司——浦项制铁光阳钢厂。光阳钢厂以多且快，好且省为总建设原则，于1985年填海建设，第一期工程270万吨产能于1987年月完工，紧接着同规模的第二期、三期建设于1988年完工，获得速度快、质量好双丰收。主要体现为以下几点：

高炉系统采用浦项厂已熟练掌握的3800立方米级高炉和配套的炼焦炉、烧结机各1台，共建4台，不仅降低了造价并方便投产后的备件供应和检修，还有利于加速建设进度；

炼钢采用3×250吨的转炉车间2个，并各配100吨钢包炉1台和

250 吨真空脱气炉 2 台，共配 7 套板坯连铸机，产钢能力约 1282 万吨/年；

设备采取国际招标方式选择当时技术水平最佳者，61%的设备都是由国内的厂商参与制造，逐步提高了国产化水平，从而有利于降低造价；

产品全部为国际、国内急需的薄板及其冷轧和镀层产品，建有 3 台薄板热连轧机（总能力共计 1229 万吨/年），4 台冷轧板（能力共 570 万吨/年），热镀锌板 4 台（能力共 122 万吨/年），电镀锌板 2 台（能力共 80 万吨）。

由于采取了以上有效措施，光阳厂建设进度很快。按每座高炉配套的共 4 期工程在 8 年内全部完成，比浦项厂的 11 年缩短了 3 年，投资亦大为节约。整个厂平均投资为 580 美元/吨钢，比日本五大钢水平约低 1/2。每期平均施工时间为 23 个月，比日本的 300 万吨/年钢厂的 36 个月亦缩短了 1/3。加上达产快、工效高于日本 1/3 和工资水平低，热轧板卷的成本仅为日本的 70%，从而有利于提高出口产品的竞争能力。

光阳钢厂的生产模式为批量大、品种少，那些批量比较小、品种比较杂的钢材任务由浦项钢厂承担。为此，浦项制铁对浦项钢厂进行了改造，增设了产能为 100 万吨/年的厚板轧机 1 座、产能 30 万吨/年的不锈钢电炉 1 座、产能 25 万吨/年的热轧不锈钢轧机和产能 5 万吨/年的冷轧不锈钢轧机各 1 座，从而进一步提高了浦项制铁高附加值产品的比例。浦项制铁在光阳的大量投资有力地刺激了当地建筑业的发展，与钢铁业相关的土地整治和建设等活动的活跃扭转了光阳始于 1982 年的人口下降趋势。

韩国政府大力发展钢铁工业的政策和投资的倾斜，进一步推动了各大财团对钢铁行业投资的热情。如韩宝钢铁建成了 105 万吨电炉钢和 100 万吨热带轧，丸永钢铁建成 70 万吨电炉，仁川制铁建成 170 万吨电炉和 5 万吨不锈钢，三美特钢建成 50 万吨特钢电炉，东国制钢建成 147 万吨电炉和 70 万吨厚板，现代钢管亦扩大了钢管的生产，东部制钢建冷轧板 56 万吨，东洋镀锡建 5 万吨镀锡等。加上其他电炉厂的扩建和增产，使各电炉钢厂的产量由 1985 年的 400 万吨迅速扩大到 1995 年的 1320 万吨，而且品种亦大为齐全，为品种自给率达 99%以上和扩大出口作出了应有的贡献。形成了品种齐全的钢材产品，实现了整体结构调整的任务，钢材出口档次得以同步提高。

四、韩国钢铁工业的创新阶段（1992~1997 年）

进入 90 年代，韩国更加重视科学技术在工业发展中的作用。1994 年的研究开发投资达到了 78947 亿元，同比增长 28.3%，占 GDP 的 2.61%，同比提高了 0.29 个百分点。1995 年以后，韩国仍鼓励钢铁工业大发展，浦项制铁在资产负债率保持 50%的条件下，除新建光阳厂 4 号高炉和扩大浦项厂不锈钢等高附加值产品的生产外，着重抓了钢铁重大技术的实用化和海外建厂。主要的有以下各项：一是短流程钢厂，当 ISP 薄板坯连铸连轧生产线在意大利试成后，即抓紧引进并于 1996 年建成光阳小钢厂 1 号（能力 180 万吨/年），并从 1997 年 3 月对 2 号小钢厂（能力 200 万吨/年）订货，1999 年建成；二是从奥钢联引进 COREX-2000（能力 60 万吨/年），并会同奥钢联研究以粉矿代球团，便于更好推广。浦项制铁的技术开发还体现在连铸比达到 98.6%、高炉利用系数达到 2.35、喷煤比 143.5 公斤/吨、镀锡基板厚度可达 0.15 毫米等多项居于世界钢铁业领先的指标上。

浦项制铁顺应采购、销售两头在外的现实特点，加大在海外市场就地生产、销售的力度，目前已在全球 53 个国家拥有生产和销售系统，主要市场为东南亚、中国、印度、美洲、日本和欧洲，并布局了

56个区域公司和生产加工单元，实现了产业链条及销售网络的拓展，并开设直接还原铁厂和铁合金加工厂等实体，试图进行全球经营。同时，韩国在美国、日本、中国、俄罗斯等国家设立了海外研究中心，利用当地资源推动研发水平的提高，加速研发成果的转化。

与浦项制铁类似，鉴于当时韩国金融管制相对松散，其他钢铁企业也大兴基建，鼎盛时总资本负债率高达434%。后来，韩宝、三美、起亚、丸永等企业陆续因债台高筑而纷纷陷入困境，加速了危机的到来。

五、韩国钢铁工业的重组

1997年7月东南亚金融危机爆发引起韩国出口全面大幅下降，矿工业指数开始转负，钢材内需亦减少30%。1997年第4季度韩元大幅贬值，到1997年12月下旬银行出口信贷停止，使出口日本的20万吨钢材停止，危机达最严重程度。1998年在接受国际货币基金组织570亿美元的支持下实施了紧缩政策，直到1998年1月矿工业生产指数再度转为上升，到1999年第4季度方恢复到危机前的水平，但全年钢产量仍低于1997年水平。这期间，韩国钢铁行业进行了较为彻底的重组，进一步提高了韩国钢材在国际市场的综合竞争力。具体采取的主要改革和调整措施如下：

对破产企业实施购并。1997年浦项制铁对三美特钢购并后改为昌源特钢公司。当债权银行以42亿美元出售韩宝钢铁时，浦项制铁和东国制钢联合以13亿美元购并未成；当1999年内需仍未明显好转时，普钢的大户东国制钢、仁川制铁、江原产业和韩国铁钢曾拟成立联合投资公司对韩宝钢铁（105万吨/年）、丸永钢铁（70万吨/年）和韩国制钢的电炉收购后报废或处理；韩宝钢铁因筹得资金未出售，并于2000年5月复工。

民营化方针。1997 年韩国政府为改革脱困，提出将浦项制铁分段民营化的方针。第一步由浦项制铁将股份的 1/3 出售给经济部和开发银行，其余 2/3 向私人出售，为防止外资或财团控制浦项制铁，规定向国外出售比小于 25%，对私人小于 1%（后改为 3%）。当时韩国贸易公平委员会曾提出将浦项制铁分为浦项制铁（1190 万吨/年）和光阳（1450 万吨/年）两个公司后民营化的方案。但其他部门和浦项制铁认为分割后不利提高国际市场竞争而反对，政府同意不分割。浦项制铁据此和新日铁达成相互持股 1%的协定。

浦项制铁在危机严重的 1998 年，曾任该公司创业人朴太俊副手的刘常夫，又返回浦项制铁担任会长。他对国内外经济形势分析后果断地将原来“以最大产量追求最大利润”的方针改为“以适当的产量追求最大利润”的新方针，并据此采取了以下措施：停止 2 号短流程小钢厂的建设，必要时可出售；光阳 5 号高炉缓投产（后延到 2000 年上半年投产）；对海外部分厂缓建；将多种经营公司由 17 家合并为 13 家；员工由 1.95 万人中减少 50 人；整顿和强化对外机构，以提高效率扩大市场。经过严格贯彻终于使当年钢产量仅减少 86 万吨（新日铁减 293 万吨），从而成为世界第一大钢厂，利润亦略有上升。1999 年持续好转，产量和利润均有上升。

在需求逐步好转后，各厂总结危机中的经验教训，因地制宜地开展了必要的结构调整和重组较大的有：仁川制铁（1999 年产钢 375 万吨）和江原工业（1999 年产钢 213 万吨）于 2000 年宣布联合并拟将钢产量扩大到 820 万吨，成为仅次于浦项的韩国第二大钢厂。现代钢管于 1999 年秋建成 180 万吨/年冷轧及镀锌板 71 万吨和彩色板 14 万吨，扩大了高附加值产品的比重，使 2000 年的销售额将比上年增加 104%；此外，已改名现代制钢，下一步将向钢铁综合企业发展。东部制钢作为钢材深加工大户，年产冷轧板、镀层板和焊接管达 20 万吨，为进行配套于 1999 年建成热轧板 130 万吨/年，产品 40%出口。

加强了国际间的合作。在国际上各大钢纷纷联合以扩大规模和市场竞争能力的形势下，加强了和近邻日本的联合，并据不同情况采取了以下两种方式：

东国制钢集团和日本川崎制铁实施了垂直联合。东国制钢集团下属还有联合钢铁、韩国钢铁等单位，轧钢能力为 850 万吨/年，而炼钢能力仅 650 万吨/年。为充分发挥轧钢能力，需大量调进板坯和热轧板卷。而川崎制铁则上工序能力大而成品能力受出口限制而不能发挥。为了充分发挥上工序能力以降低成本，采取大量半成品出口并寻求大用户作长期垂直联合的伙伴。由于联合符合双方利益，于 1999 年 9 月达成联合协议，由川崎制铁对东国制钢持股 10%的同时大量供应板坯和热轧板卷，安排当年供 9 万吨，次年供 40 万吨，进展较为顺利。

浦项制铁和新日铁建成战略同盟。两大钢在历史上既有合作关系，1998 年又达成互相持股 1%的协议。在欧洲各大钢跨国购并后规模逼近两者的危机感下，经双方领导刘常夫和千速晃亲自拍板，于 2000 年 8 月 2 日达成扩大合作的协议。主要内容为：基础技术研究开发的合作，即共同开发新材料和新工艺技术，并进行专家讨论等；出现设备故障等非正常情况下相互提供所需原料；在信息通讯和电子商务方面合作；共同开展对第三国的投资项目；在生产经营方面碍于反垄断法难以全面合作，但在个别优势品种实行互委生产；将相互持股比在 18 个月内扩大到 300 亿日元，相当于浦项制铁股份的 3%和新日铁股份的 2%。在具体内容和合作方式上，由双方有关人员组成的多个专门小组进行落实。

第二节　韩国钢铁工业的可持续发展

一、浦项制铁的可持续发展

（一）不断完善技术创新体系

浦项制铁高度重视研发工作，在1968年公司创立之初，就设立了专门的研发机构——技术研究实验室，将技术开发与各个阶段的设备改造工作同步推进。经过40多年的努力，目前已形成了较为完备的技术创新体系。构成浦项制铁创新体系的研发机构分内部机构和外部机构，内部机构主要是浦项制铁技术研究中心，外部机构主要有浦项制铁工业科学技术研究院（RIST）和浦项科技大学（POSTECH）。

创建于2000年的浦项技术研究中心是浦项制铁的研发核心，该中心直接隶属于浦项制铁领导，浦项制铁的大部分科研经费每年都投入于此。浦项制铁以技术研究中心、RIST和POSTECH为依托，以追求技术原创为理念，以长期保持技术世界领先水平为目标，以EVI活动为载体，构建了产学研相结合的研发体系。在研发方向上，一方面加大有别于传统工艺的创新型钢铁生产工艺技术以及更高级别高端产品的开发力度，适时转化为现实生产力以取得成效；另一方面积极从事未来30~50年后下一代钢铁生产新技术和新产品的开发工作，首先开展前瞻性和基础性研究，待经过理论论证后投入试验研究。

除上述研发机构之外，浦项制铁还在仁川松岛经济开发区建设全球研发中心，要将其打造成增强浦项制铁未来技术竞争力的研发基地。该工程已于2010年11月完工。来自浦项技术研究中心、RIST和POSTECH的530余名技术研究人员常驻于此。该中心主要从事产品应用技术开发、结构用钢开发、焊接技术开发、智能型自动控制技术开发、通用技术开发、有色材料开发、可再生新能源开发、纳米与生物技术开发等 8 个领域的研发工作。

在此基础上，浦项制铁更加注重与奥钢联等国外优秀研发实体建立广泛而紧密的技术协作关系，共同推进创新技术和产品的开发，并共同申报专利。由此，浦项制铁建立起了一套较为完备的技术创新体系，并应运而生了一大批技术创新成果和专有技术。

（二）加大研发投入

浦项制铁为了在完备的技术创新体系下提高企业经济增长点，逐年加大研发投入。浦项制铁 2010 年的研发投入达到 5278 亿韩元，占销售收入的 1.62%。2010 年研发成果：能够以低成本生产高端产品的突破性技术开发项目由 2009 年的 141 项增至 163 项；具备向全球推广 FINEX 技术的条件，将在与印尼喀拉喀托钢铁公司合资建厂项目中率先采用 FINEX 工艺；世界顶级产品的销售量达到 468 万吨，同比增长 60%。

投资 7 万亿韩元用于低碳钢铁生产技术的研发，计划到 2020 年使吨钢 CO_2 排放量由 2009 年的 2.18 吨减少至 1.98 吨，削减幅度约为 9%。第一阶段到 2015 年之前，利用废热气发电等低碳技术，使吨钢 CO_2 排放量减少 3%；第二阶段到 2020 年，开发出不需要再加热的炼钢和热轧工艺技术，使吨钢 CO_2 排放量再减少 6%。此外，浦项制铁还制定了到 2050 年计划完成的低碳钢铁生产突破性技术：利用氢气作为还原剂的高炉炼铁技术、脱碳后高炉炉顶煤气回收技术、纯氧高炉冶炼技术、CO_2 捕获和存储技术、铁矿石电解技术、生物能利用技术等。在制取氢气技术上，浦项制铁将与韩国核能研究所合作，共同开发温度达到 950℃ 以上的超高温氢气核反应堆，以低成本制取大量的氢气。

（三）抓住时机扩大投资改造规模

在全球金融危机尚不明朗之际，大部分钢铁企业都采取观望或谨慎的态度，而浦项制铁却抓住时机扩大投资规模，其目的是着眼于未来的3~5年，为长远发展做储备。

浦项制铁在2008~2009年完成了对浦项厂和光阳厂2座高炉的扩容改造工程，其中光阳厂4号高炉扩容后炉容达到5500立方米，是当时世界上第6大高炉。2010年9月完成对浦项厂4号高炉扩容改造，炉容扩至5500立方米，并计划在2011年年内在浦项厂动工新建1座200万吨/年FINEX设备，以取代旧高炉。浦项厂新增300万吨/年粗钢产能项目也已接近尾声。该公司计划到2012年使钢产能增至4000万吨/年，到2015年进一步构建5000万吨/年钢生产体系，以继续保持世界顶级钢铁企业的规模优势。

（四）海外资源战略

受韩国资源条件所限，浦项制铁从建厂之初就着手与海外矿产企业签订长期供货合同，以期保证原料的稳定和低价供应。

2009年之前的参股情况：浦项制铁为了摆脱长期处在受制于人的被动地位，以及为实现企业的可持续发展提供有力的资源保障，从20世纪90年代开始，直接向海外矿山投资参股或与国外企业共同开发矿产资源，先后在澳大利亚和巴西分别设立了原料投资子公司（POSMAC和KOBRASCO），具体负责经营海外矿产资源参股项目。此外，浦项制铁还投资新喀里多尼亚镍矿、美国霍普山钼矿和南非卡拉哈里锰矿项目。2006年，浦项制铁投资3.5亿美元开发新喀里多尼亚镍矿，每年可获得3万吨镍。2007年末，浦项制铁投资1.7亿美元拥有霍普山钼矿20%的股份，每年可获得4536吨钼。2008年，浦项制铁投资2亿美元收购卡拉哈里锰矿13%的股份。

2009年之后的参股情况：随着国际矿产业的垄断加剧及价格涨幅的不确定因素日益突出，特别是2010年铁矿石价格协议从年度定价改为季度定价之后，价格同比大幅上涨约90%，原煤价格大幅上涨也已成定局，全球钢企将面临成本增加的巨大压力。在这种严峻形势下，浦项制铁更是加大了原料投资力度。2009年，浦项制铁的收购活动主要有：斥资780万澳元收购澳大利亚木星矿业公司16%股份，共同开发西澳伊尔干中心地区铁矿山；收购印度尼西亚马塔资源公司（PTM-RI）65%股份；与乌克兰麦提韦斯特集团签订谅解备忘录，寻求在乌克兰矿业和钢铁产业获得新的发展；计划收购莫桑比克瑞武伯煤矿7.8%的股份。

2010年浦项制铁继续加大对海外原料投资，与澳大利亚、巴西及一些新兴资源国家的中小型矿山就合资开发矿产资源展开会谈，并对已有矿山进行扩建，计划到2012年使原料自给率从2009年的18%提高至30%。浦项制铁的首个海外矿产资源投资项目是收购西澳大利亚的罗伊希尔铁矿公司3.75%股份，计划最终持股比例增至15%。该矿山将于2014年开始开采，届时浦项制铁每年可从其获得1000万吨铁矿石。目前浦项制铁在澳大利亚、巴西等国参股的矿企已近20家，最大参股比例达到50%，成为身兼钢企和矿商双重角色的企业。

（五）全球化布局战略

随着韩国国内市场发展空间逐渐缩小，而且除了浦项制铁之外还有现代制铁、东部制钢等多家钢铁企业，特别是待2011年现代制铁在韩国唐津地区新建的700万吨/年综合钢铁厂项目投产后，使韩国钢材市场的竞争激烈程度更为加剧。为此，浦项制铁凭借其拥有的高端技术和产品，积极推行全球化布局战略，执行国际化经营的方针，通过海外建设项目来达到扩大国际市场份额的目的。主攻方向已由中国和日本逐步拓展到越南、印尼等东南亚国家，并将触角伸向墨西哥、美国、波兰、土耳其等欧美国家。

目前，浦项制铁布局主要集中在中国、印尼、越南等东南亚地区以及美国、墨西哥等美洲自由贸易区，比较大的动作是与拥有铁矿石和原煤资源的印尼喀拉喀托钢铁公司合资建厂项目已经开工。这是由于东南亚地区汽车、造船和建筑用钢需求旺盛，每年钢材缺口约为3000万吨。而墨西哥则是美洲地区汽车板及零部件的配送中心，全世界许多汽车制造商都云集于此，同时汽车板和高级API钢等产品在美国的用量较大。

二、现代钢铁的可持续发展

（一）建立综合钢铁生产企业

现代制铁全称为“现代制铁株式会社”，前身是成立于1964年9月的仁川制铁。1970年4月，仁川制铁被1953年6月成立的大韩重工业公社合并。其作为韩国最早的钢铁企业，曾为国家基础产业的发展作出过不可磨灭的贡献。1978年6月大韩重工业公社并入现代集团，1987年5月在韩国证券交易所上市。2000年3月和12月先后合并江原公司、收购三美特钢公司，2001年7月改名为现代INI钢铁公司，2004年10月收购韩宝钢铁工业公司，2006年3月正式更名为现代制铁，2006年10月底首次开始建设高炉，随后在2010年1月一号高炉完工，2010年11月二号高炉完工，2013年9月三号高炉投产，进而实现了高炉产能1200万吨、电炉1200万吨、粗钢总产能2400万吨的生产能力，由此实现了跨越式发展。

近年来，该公司加快了对外扩张的步伐。2013年12月，收购了现代海斯克的冷轧业务部门，增设了热轧和中厚板生产设备。2014~

2015 年又相继并购了东部特钢公司、SPP 栗村能源公司和现代海斯克。目前，现代制铁在韩国国内拥有仁川、浦项、唐津、顺天、蔚山、礼山六大生产基地。

通过前期的不懈努力，现代制铁不仅可以生产汽车板，还可以生产汽车零部件用特钢产品，一跃成为名副其实的综合性钢铁企业。

（二）树立汽车材料专业制造商的地位

为了确立全球先进汽车用钢生产企业的地位，现代制铁致力于高级汽车板的开发，并将其作为实现长远发展的动力之源。目前，现代制铁已经具备了汽车用钢一站式生产体系。从现代起亚汽车的新车研发初期开始，现代制铁就给予了配套供货，由此，在全球钢铁市场不济的情形之下，依旧保持了较强的竞争力。在合并了现代海斯克的冷轧业务之后，现代制铁成功构建了从“热轧板上工序到冷轧板下工序”的一贯制生产体系。2015 年 7 月 1 日，完全合并了海斯克，更是包揽了旗下的钢材服务中心（SSC）、汽车轻量化材料及钢管业务，一举成为了名副其实的汽车材料专业生产企业。由于在集团内部实现了垂直系列化管理，外部也没有竞争对手，现代制铁确保了足够的汽车板订单，降低了制造成本。通过持续开展的研发活动，开发出的新钢种也极大地满足了现代集团的内部需求。通过提高服务质量，为客户创造了最大化的价值进一步巩固了自身在韩国乃至全球的地位。

随着现代起亚汽车销量在全球范围内的不断提高，对于汽车板和高强钢板的需求也在同步增长。在合并了现代海斯克的冷轧部门之后，现代制铁极力提高冷轧业务的生产效率以及收益性，以期实现合并效应最大化。

（三）大力投资特钢业务

高强耐磨的特钢产品是发动机、变速器等汽车动力系统核心零部件的主要材料，对汽车品质有决定性的作用，而韩国目前主要还是依靠海外进口。针对这一实际情况，2014 年 4 月现代制铁在唐津厂内投资 8400 亿韩元新建了 1 座特钢厂，唐津特钢厂占地面积 24.75 万平方米，引进了高精度轧制设备，计划利用现有钢厂的基建设施和高炉铁水，设计年产能 100 万吨，其中棒材 60 万吨，线材 40 万吨，并开始批量生产纯净特钢产品。一旦该厂落成，加上浦项分厂年产 50 万吨的产能，现代制铁的特钢年产能将增至 150 万吨。并计划 2016 年生产 105 万吨，2017 年生产 140 万吨，2018 年生产 150 万吨，逐步提高产量。截止到 2015 年 7 月，该厂的综合施工率已达到了 94%，在试运行完成后，2015 年 11 月将进行热试车，计划从 2016 年 2 月开始正式批量生产特钢产品。

唐津特钢厂瞄准了第二代特钢产品，生产的棒材和线材产品将作为现代综合特钢的原材料，经过加工后再作为现代起亚汽车的零部件进行供货，进而产生可观的协同效应，这是因为通过对下工序产品进行预先技术开发，将有助于特钢厂产品质量在早期实现稳定化，并有望向客户提供高品质的材料。在真正具备了特钢上下生产工序后，现代制铁加大面向汽车零部件企业推广 EVI 活动，为实现韩国汽车零部件行业的长足发展提供坚实后盾。

（四）打造综合电炉业务

目前，现代制铁主要偏重于电炉下工序生产。2015 年 5 月成功收购 SPP 栗村能源公司后，现代制铁的钢锭产量明显增长，由此具备了特钢上、下工序的生产体系从而实现电炉业务上、下工序之间的均衡发展，向现代重工公司供应的造船用钢材产品大纲也会更加丰富。由于 SPP 栗村能源公司自有的 100 吨级电炉每年可生产 60 万吨的锻造用钢锭，为了避免重复生产，现代制铁推动仁川厂 40 吨级和 50 吨级电炉设备的对外出售工作。

（五）精简棒型材业务

早在2000年中期，首都圈板桥—坡州—金浦新都市群的商品房建设才刚刚开始，多户型住房施工的热潮带动了建设和土木行业的市场行情，现代制铁棒型材产品的销售比重曾一度接近70%。到了2010年前后，韩国建设行业出现低迷，加之低价进口产品的冲击，棒型材产品的收益性不断降低，在此情形之下，现代制铁棒型材产品的产量已经减少，而汽车板等高附加值板材产品生产比重则在不断提高。

（六）持续加大研发投入

现代制铁技术研究所被誉为“现代制铁的研发中心”，在公司内部被称为“全方位解决方案中心”，其研究团队来自现代起亚汽车、现代制铁和现代海斯克的研究人员。研发重点体现在以下方面：一是原料配比评价（焦炭、生石灰、烧结矿等）；二是工艺开发研究（原料处理、钢铁冶炼、钢材轧制、铁粉末）；三是作业标准修改；四是工艺标准化；五是产品品质改进研究；六是成本改善研究；七是新产品开发研究；八是新产品开发应用（试生产及应用效果评价）；九是与汽车客户合作；十是综合钢厂环境评价及改善；十一是节能技术开发。

（七）适时提供客户真正需求的产品

从产品研发阶段开始，现代制铁就始终将客户的需求放在第一，不断提升产品质量。现代制铁认为，及时开发并提供客户和市场需求的钢材产品才是钢铁企业的使命。产品的性能再高，如果不能满足需求，都毫无用处。

公司通过与市场沟通互动，提供了超高强钢筋、螺旋型钢筋、抗震 H 型钢（SHN）、高性能混凝土棒材、低温韧性中厚板、高强汽车板、高耐热性彩涂板等一系列国民生活所必需的、高附加值的钢材产品。与此同时，该公司从 2005 年开始在韩国钢铁业内连续 9 年获得“世界一流商品”最多的殊荣，这标志着其产品质量和技术实力已经获得了国内外的广泛认可。“世界一流商品评选”是韩国政府从 2001 年开始实行的一项制度，在本国产品中，将市场规模每年在 5 千万美元以上、世界市场占有率在前 5 位以内、出口量每年在 5 百万美元以上的产品作为对象进行评比。现代制铁的“世界一流商品”主要有 H 型钢、高速钢轧辊（HSSRoll）、船尾铸钢件、履带、不等边不等厚角铁、钢板桩等 6 种产品。

2013 年，现代制铁开始研发高性能中厚板产品，这一产品通过 TMCP 工艺生产，在-50℃的极寒环境下也可以确保足够的强度和焊接性能。2014 年 8 月，A500、D500、E500 三大中厚板用钢在韩国国内首次获得俄罗斯船级社（RS）和法国船级社（BV）的权威认证。此次获得认证的钢种具有 500 兆帕级的屈服强度，其中 E500 钢能在-40℃的极低温环境中确保耐冲击韧性。这三大钢种是现代制铁为了向俄罗斯 Yamal 项目供货的专用产品，于 2014 年 3 月开始研发，并在韩国国内首次获得认证。2014 年 4 月，荣获了壳牌公司海洋平台 H 型钢的供应商认证，目前公司的研究方向是高强度极低温 H 型钢（屈服强度 460 兆帕以上、-20℃冲击韧性保证钢材）。

（八）开发新型炉料“变废为宝”

从 2012 年下半年开始，现代制铁将“资源循环炼铁技术”作为研发的重点课题，通过采用其他行业的废弃物和副产物，真正推动环保高效冶炼技术的开发。公司将废弃的牡蛎壳替代石灰石，将发电站和工厂产生的煤渣和粉尘经处理后制成粘合材料，将废弃资源经混合后发挥最佳效果，致力于“新型炉料”的开发。现代制铁计划通过废弃物资源化技术的研究，积极构筑钢厂和当地社会“和谐共赢”的运营模式。

2014 年 4 月，现代制铁宣布已经证实了牛粪作为替代燃料的可行性，并提出了相关专利申请。昔日污染环境的家畜排泄物牛粪将有望化身为环保型替代炉料。如果将牛粪作为高炉热源，在提高高炉内部的燃烧效率的同时，牛粪的挥发成分将产生高质量的副产煤气，相关的科研工作正在积极推动之中。

（九）参与节能减排活动

现代制铁推动仁川厂废热回收系统的建设，废热回收系统的蒸汽冷却系统采用高压沸点温度状态下的中温水，电炉在溶解过程中，能量损失仅为 30%~50%，通过废热回收系统则可以回收大部分的热量，在正常运行状态下，2 台电炉每小时可以连续产生 16.5 吨的蒸汽，通过回收热量，还可以减少温室气体排放。今后，现代制铁计划将回收的废热一部分作为自用，其余则对外出售，收入所得将全部捐给仁川东区当地，以期为社会发展作出一定贡献。

第三节 韩国钢铁行业发展经验

一、政府对钢铁工业发展的支持

韩国钢铁业的迅速崛起离不开政府的扶持。1970 年，为配合重化工业发展目标，韩国政府颁布了《钢铁工业育成法》，提出了有利于钢铁业发展的法律和政策。鉴于韩国缺乏高炉用炼焦煤和铁矿石，该法规定只有浦项钢铁厂可以修建高炉；其他钢铁厂只能修建电炉，电炉需要的废钢一半来自于进口，其余部分则由政府组织回收。该规定使得浦项制铁的生产规模迅速扩大，钢产量份额占全国的比重超过了60%，又促进了众多电炉钢厂的合理快速发展，使造价、能耗和成本低的电炉钢占有较大的比重。

为鼓励钢铁行业的竞争，韩国政府于1984年和1988年实行普钢和特钢进口自由化政策，促使国内企业面对更大的市场压力，在竞争中不断做大做强；1999年，韩国政府统一了内售价格和出口价格，只对矿石和炼焦免税，进一步规范了韩国钢铁企业的竞争。

韩国钢铁企业的经营主要是受金融机构管理控制，特别是新建钢铁企业，一是金融机构进行投资评估，二是通过引进技术设备进行控制。韩国将新建厂引进技术设备的途径分为两类，一类是国内，另一类是国外。若从国外引进，政府通过技术水平来限制，如果技术水平未达到政府要求不能引进，并在资金上通过金融机构的投资评估进行限制。韩国政府对钢铁项目提供政策性优先贷款，并为新建和扩建的钢铁企业提供外部基础设施建设（如交通、电力、能源供给、备件加工等）和其他补贴性投入。此外，还通过采取削减公共事业费等进行扶持。受政府的影响，韩国制造业，特别是造船、汽车、家电等行业都会优先采购国内钢材。

二、行业协会对钢铁工业发展的支持

韩国政府颁布的《钢铁工业育成法》是限定在70年代至80年代的限时政策。它的颁布使韩国钢铁工业在此期间得到快速发展。进入90年代，韩国经济发展已进入稳定期，造船业和汽车工业等都已形成相当大的规模，这时政府就不再对钢铁企业进行管理，促进韩国钢铁行业发展的工作主要由韩国钢铁协会负责。由于此时韩国已经成为世界钢铁强国，所以政府不再提供导向性的发展政策，而由行业协会来促进钢铁行业的现代化、提高行业竞争力、协调钢铁贸易等事项。

韩国钢铁协会的工作范围主要包括以下几个方面：调查研究钢铁工业的发展；促成对所有成员有益的事宜；钢铁工业的现代化；通过质量控制、生产率提高等来提高竞争力；调查和研究钢铁生产、供应和需求，原材料开发的供应和需求以及管理技术；收集钢铁工业相关数据和统计数字并予以提供；促进钢铁贸易和相关事宜；促进俱乐部获得订单的活动；促进和提升钢铁工业形象。

三、企业重视技术创新发展

韩国企业重视科学技术在钢铁业发展中的作用，积极引进或开发实用性技术，并根据行业的发展阶段选择合适的技术发展战略。韩国钢铁行业的技术发展战略大致分为 3 个阶段（以浦项制铁为例）。

（一）技术引进战略

20 世纪 70 年代，韩国钢铁业以技术引进作为提高行业科技水平的战略，依靠从国外先进的钢铁公司引进设备、送技术人员进行海外培训等方式，韩国钢铁企业实现了普通钢板的批量生产，凭借生产成本优势扩大了市场份额，促进了钢铁业的增长。从海外公司获得的生产技术相对成熟和标准化，节省了韩国钢铁企业的研发投入，降低了市场化风险，成为促进韩国钢铁企业发展的后发优势。但仅仅依靠设备和技术是不够的，设备的运转和技术的应用高度依赖于技术工人的水平。由于缺乏具备操作经验和技能的工人，韩国引进的设备和技术无法有效应用，如 60 年代日本、欧洲和美国采用的大型熔炉技术，韩国就少有人掌握。

为提高钢铁业的生产效率，以浦项钢铁厂为代表的韩国钢铁企业开始陆续选派员工到海外进行培训，主要是到日本由新日铁和日本钢管公司组成的JG（Japan Group）进行学习。前期由于韩国钢铁业发展较为落后，未对日本钢铁业造成威胁，所以日本积极与浦项制铁合作，对培训者信息公开，培训者有机会到生产车间参与实际生产。如当时日本釜山钢铁厂发生了事故，导致熔炉热度下降无法熔合材料，韩国受训者被允许参与到事故的调查和处理中，学习修复熔炉的技术。后来随着韩国钢铁行业的发展，日本逐渐意识到来自韩国的竞争，对韩国的技术转移开始有所保留，并有选择地接受浦项制铁的培训计划。日本钢铁企业的态度转变间接促使浦项制铁主动进行研发创新，提高生产效率和产品质量。到70年代末，浦项制铁的生产规模扩大、生产率提高，已经在世界钢铁市场占有一席之地，成为日本的竞争对手。此时，日本采取了消极合作的态度，严格控制与浦项制铁的技术合作。80年代，日本甚至拒绝与浦项制铁的所有技术转移。

（二）技术赶超战略

20世纪80年代，韩国成为全球钢铁大国，浦项制铁成为世界钢铁大企业，韩国钢铁企业很难再从日本等竞争对手学习先进技术，只能依靠自主创新，或是部分技术引进消化吸收，满足钢铁业的发展需要。

为促进技术发展，浦项制铁通过在核心技术领域组建任务驱动小组来加强与科研机构、需求企业的合作，不仅可以提高自身研发水平，还可以满足用户需求，提高产品质量。如1985~1987年，发达国家掌握了生产车用超深冲钢板的核心技术，但由于发达国家进行了技术封锁使得其他国家无法得到该项技术。浦项制铁联合炼铁、连续铸造、热轧和冷轧技术等部门，共同进行研发，打破了国外的技术封锁，成功掌握了制造超深冲钢板的核心技术。同时，为推动超深冲钢板的应用，浦项制铁联合下游的汽车产业成立了钢铁发展委员会，使得该钢板的质量迅速赶上国外水平。又如80年代早期，热机械控制工艺在研发上取得了突破，发达国家开始制造船用钢板和热机械控制钢板材料。为保住竞争优势，发达国家拒绝转让相关技术，并停止向韩国造船业提供相关产品。为此，浦项制铁于1986年成立了特别小组，并联合造船企业成立了钢铁委员会，进行技术研究和产品质量趋势调查，两年之后，浦项制铁成功安装了热机械控制工艺设备，生产出热机械控制钢板材料。除了自主研发，浦项制铁还在部分海外技术引进的基础上消化吸收，开发适合自身发展的实用性技术，如1984年以从日本和美国钢铁公司引进的技术为基础研发出的高炉喷吹煤粉技术。

（三）技术创新战略

20世纪90年代，在经历了技术模仿和技术赶超阶段之后，韩国钢铁业开始走技术创新之路，建立了新的技术体系，进入了发展技术系统的阶段，韩国成为世界钢铁强国。为了在技术研发上取得突破，浦项制铁增加了研发投入，与80年代浦项制铁投入数十亿韩元用于技术发展项目相比，90年代浦项制铁又投入了数百亿韩元用于技术创新项目。浦项制铁通过研发创新不断完善很多发达国家都没有采用的或不成熟的技术，提高了市场竞争力。浦项制铁的成功使得发达国家的态度有所转变，开始与浦项制铁开展技术合作。

（四）韩国钢铁企业的研发模式

韩国钢铁企业产品研发模式主要体现在联合研发和先期介入。

产品联合研发。2000年浦项制铁与日本新日铁成立战略联盟，共同开发基础技术，并扩大第三国的合资事业和情报咨询合作。2002年，浦项制铁又与奥钢联公司就激光拼焊板生产技术结成技术联盟。此外，浦项制铁还与韩国汽车生产商通用–大宇签署战略性技术合作协议，共同设立“技术合作委员会”，加强从新车开发到制造全过程的汽车用钢开发与合作。该委员会由两家企业的营销、采购、研究所、生产技术等部门人员共同参与，已完成多个课题的攻关。浦项制铁不断扩大 TWB 钢板和液压成形部件等新产品的生产销售，通过与汽车制造商合作开发适合新车型的钢材产品，与现代汽车公司共同研发了一种更加坚固和轻质的汽车用钢板。

先期介入（EVI）。以战略产品为核心，特别是汽车板生产体系的研发活动，主要采用 EVI（Early Vendor Involvement）的模式，即在客户开发产品的过程中，在项目的初期阶段便参与客户的技术开发，从而预防钢材使用过程中各种问题的产生，并支援客户的先进技术研发。在汽车板开发方面，主要是与世界大型汽车制造企业合作，集中力量开发加工性能、耐久性能、稳定性能、环保性能优越的轻量化汽车钢板。在 API 钢材开发方面，主要是为客户量身定制专用的 API 钢材。

四、注重与下游产业的整合

从韩国钢材的消费市场来看，建筑、汽车、船舶用钢是钢材消费的主力。与这些下游产业紧密合作，以下游客户需求为导向研发生产钢铁产品，是韩国钢铁企业始终坚持的发展策略。如浦项制铁与汽车产业、造船业分别联合成立了钢铁委员会，共同从事产品研发工作，推动产品质量升级，攻克技术难题，为韩国跻身全球钢铁强国奠定了基础。此外，钢铁企业与下游产业的合作还对稳定钢铁的企业经济效益起到了一定的积极作用。亚洲金融危机后，随着韩国造船业于 2003 年重获世界第一的地位，造船订单不断增加。此外，汽车销量和房地产订单也在不断增加，对钢材的需求也呈现不同程度的增长，钢铁企业盈利水平逐步提高，钢铁行业逐步摆脱危机阴影。

第九章　中国钢铁工业发展

中国的钢铁工业发展大体可划分为四个阶段，第一阶段是从古代到清末的“洋务运动”；第二个阶段从清末的“洋务运动”到新中国成立；第三个阶段从新中国成立到改革开放；第四个阶段为改革开放以后我国钢铁工业的发展情况。

第一节　古　　代

一、春秋战国钢铁的冶炼

我国早在商代就用陨铁制作了铁刃铜钺，说明对铁的性质和锻打技术已经有了一定的认识和掌握，但当时尚不知人工炼铁。

春秋时期，铁器已经在农业、手工业生产中使用。农业生产中使用铁锄、铁斧等。铁器坚硬、锋利，胜过木石和青铜工具。晋国用铁铸刑鼎，铸鼎的铁是作为军赋向民间征收的，可见晋国民间铁已不少。在江苏六合县程桥、湖南长沙龙洞坡等地出土了春秋时的铁器。战国初或稍早已发明铸铁技术，这是我国劳动人民对冶金技术的重大贡献，比外国早1800年左右。河北兴隆县寿王坟出土了大量战国时的铁范，其中有较复杂的复合范和双型腔，还采用了难度较大的金属型芯，反映了当时的铸造工艺已有较高水平。战国时发明的用柔化退火制造可锻铸件的技术和多管鼓风技术是冶金技术的重要成就，比欧洲早2000年左右。

战国时还掌握了块炼铁固态渗碳制钢的方法和淬火技术。块炼铁的方法也就是“固体还原法”。由于块炼铁是铁矿石在较低温度下从固体状态被木炭还原的产物，所以质地疏松，还夹杂有许多来自矿石的氧化物，例如氧化亚铁和硅酸盐。这种块炼铁在一定温度下若经过反复锻打，便可将夹杂的氧化物挤出去，力学性能就改善了。从江苏六合县程桥东周墓出土的铁条，就是块炼铁的产品。春秋末期和战国初期的一些锻造铁器也是以块炼铁为材料。

生铁的生产效率高，铸造性能又较好，这为广泛使用铁器提供方便。在冶炼生铁的初期，由于温度还不够高，硅含量也较低，致使生铁中的碳在冷却凝固时不能成为石墨状态，而成为碳化三铁（Fe_3C），与奥氏体状态的铁在1146℃共晶。因此，炼出的生铁性脆而硬，铸造性能虽好，但强度不够，人们称它为白口铁，它只能铸造某些农具。从河北兴隆燕国矿冶遗址出土的大批锄、范等，就是由白口铁铸成的。

为了克服白口铁的脆性，在战国早期人们就创造了白口铸铁柔化处理技术。所谓柔化处理就是将白口铸铁长时间加热，使碳化铁分解为铁和石墨，消除了大块的渗碳体，这对减少脆性、提高韧性可以起良好的作用。处理后的白口铁就变成了展性铸铁。长沙出土的战国铁铲、辉县出土的战国中期铁带钩、易县燕下都出土的战国晚期铁镢、锄等，都是属于这种展性铸铁。

二、汉代的钢铁冶炼技术

汉代的钢铁冶炼技术，在战国的基础上又有了长足的发展，勤劳的中国人民在这方面又有了不少的创造和发明。

汉代铁金属在工业、农业和军事中的作用愈显重要，官府对冶铁业的管理越加严格。汉武帝时任用孔仅为大农丞，将盐、铁、税利的巨业，收归官府经营管理，实行一系列严格措施，使冶铁业得到空前的发展。孔氏家族原本是冶铁商贾，素有经营冶铁的管理才能，所以他能在汉武帝时一跃而成为大司农丞要职，在任职的短短十余年间，从组织管理到冶铁技术和农具的推广，做出了巨大的努力，为汉武帝的雄才大略的扩展提供了雄厚的经济基础。

西汉时“百炼钢”的技术兴起，使钢的质量有较大提高。这种初级阶段的百炼钢，是在战国晚期块炼渗碳钢的基础上直接发展起来的，二者所用原料和渗碳方法都相同，因而钢中都有较多的大块氧化铁-硅酸铁共晶夹杂物存在；但不同的是增多了反复加热锻打的次数。锻打在这里不仅起着加工成型的作用，同时也起着使夹杂物减少、细化和均匀化，晶粒细化的作用，显著地提高了钢的质量。

从河北满城一号西汉墓出土的刘胜佩剑、钢剑和错金宝刀，它们虽与易县燕下都钢剑所用的冶炼原料相同，但金相检查表明，钢的质量却有显著的提高，它正是“百炼钢”技术兴起的产物。

西汉中期以后，又出现炒钢。这是因为块炼铁虽然能制造渗碳钢，而产量不大，效率很低，不能适应当时封建社会生产发展的需要，即生产量与需要量的矛盾，促使出现了用生铁炒成为钢的新工艺。但是生铁的产量已相当大，用生铁作为制钢原料，是炼钢史上的一次飞跃发展，也是一次重大的技术革新。

炒钢的产生，即将生铁炒到成为半液体半固体状态，并进行搅拌，利用铁矿粉或空气中的氧，进行脱碳，借以达到需要的碳含量，再反复热锻，打成钢制品。利用这种新工艺炼钢，既省去了烦难的渗碳工序，又能使钢的组织更加均匀，消除了由块炼铁带来的严重影响性能的那种大共晶夹杂物，使质量大大提高。1974 年 7 月，山东苍山县东汉墓出土的东汉永初六年卅炼环首钢刀，经有关单位鉴定就是用炒钢为原料，反复锻打而成的。

与此同时，百炼钢的原料也由原来的块炼铁，发展到用生铁炒成的钢或熟铁做为原料，经过渗碳锻打而成。这样一来，原料的改变即铁基体有了变化，使钢的质量也随之大大提高，从而百炼钢也发展到成熟阶段。

百炼钢虽然是汉代风行一时的炼钢工艺，但固体渗碳工序费工费时；而在炒钢过程中控制钢的含碳量则是一个复杂的工艺，比较难以掌握控制。生产的发展，必然要求进一步发展工艺简单、保证质量而成本较低的炼钢方法。为此在两晋南北朝时期又出现了以灌钢为主的炼钢技术。

钢铁业在汉代的大发展，也从炼炉的形状及冶炼设备上反映出来。西汉时期炼铁的竖炉就已得到发展，炉型有了扩大。炼铁已用石灰石作为熔剂。为了适应竖炉加大的需要，对鼓风设备也进行了改革。早期开始用皮囊人力鼓风，既笨重又不适用，后来在长期的生产实践中，劳动人民不断总结经验，采用畜力代替人力鼓风，出现了马排，但还远远不能满足高炉生产的需要。

公元 31 年，东汉后期南阳太守杜诗总结了南阳冶铁工人的实践经验，创造了水力鼓风的“水排”。利用“水排”鼓风生产钢铁，比用人力、畜力鼓风“用力少，见功多”。我国“水排”的出现比欧洲早 1200 多年。到魏晋时期，得到了更广泛的应用。

三、南北朝以后钢铁业的发展

我国古代的钢铁冶炼技术，在封建社会前期的这些重大创造发明，历经南北朝以后得到普遍推广，并且更趋成熟。

两晋南北朝时，新的灌钢技术兴起了。这种方法是先将生铁炒成熟铁，然后同生铁一起加热，由于生铁的熔点低，易于熔化，待生铁熔化后，它便“灌”入熟铁中，使熟铁增碳而得到钢。这样，只要配好生熟铁用量的比例，就能比较准确地控制钢中含碳水平，再经过反复锻打，就可以得到质地均匀的钢材。这种方法比较容易掌握，工效提高较大，因此南北朝以后成为主要炼钢方法。

关于灌钢的技术，南北朝炼丹家陶弘景（452~536 年）就较早地记叙说："钢铁是杂炼生鍒作刀镰者"，生指生铁，鍒指熟铁，这就是灌钢。稍晚一些时候，北齐的道士綦母怀文也是较早的灌钢的实践者之一。据说他"造宿铁刀，其法烧生铁精，以重柔铤，数宿则成钢"。制成的刀还要用牲畜尿和油脂进行淬火。尿中含盐，用以淬火，冷却能力比水高；油脂作淬火剂，高温冷却快而低温冷却慢，可以减少钢件变形和脆性；适当地配合运用，能够获得性能优越的淬钢件。灌钢技术在南北朝时已相当流行，这种方法是在炒钢的实践过程中逐步发展起来的。

关于钢铁的热处理，其实早在南北朝以前，就已应用了由冷却方法的差别来求得钢铁的不同硬度的淬火技术。在河北易县燕下都出土的战国时期的钢剑、钢戟，就已用淬火处理。我国早期文献对此也有记载。这说明当时对淬火工艺已有一定的规律性认识。

南北朝发明的灌钢这一技术，宋、元以来不断发展，成为主要的炼钢方法之一。宋代的沈括在其《梦溪笔谈》中载有："世间锻铁所谓钢铁者，用柔铁屈盘之，乃以生铁陷其间，泥封炼之，锻令相入，谓之团钢，亦谓之灌钢"。在炼钢炉中把熟铁条屈曲地盘绕着，把生铁块嵌在盘绕着的熟铁条之间，用泥把炉密封起来烧炼，待炼成后再加锻打，这样，"灌钢"就炼成了。利用生铁的含碳量高和熔点低可以在温度较低的时候先熔化，让生铁的铁液灌入四周盘绕的熟铁中，和留存在熟铁内的氧化渣紧密地发生氧化还原作用，既使熟铁中的渣除去，又使所含的碳达到适当的分量，而转变成为品质较纯的钢铁。

到了明代，这种灌钢的冶炼方法基本上一样，但操作略有不同。明末宋应星著的《天工开物》（1637 年）载："凡钢铁炼法，用熟铁打成薄片如指头阔，长寸半许，以铁片束包尖（夹）紧，生铁安置其上（原注：广南生铁名堕子钢者，妙甚），又用破草覆盖其上（原注：粘带泥土者故不速化），泥涂其底下。

明代锻制生产工具时，采用了“生铁淋口”的方法，这种方法的原理是和灌钢相同的。在《天工开物》上对此有详细的描述。这种方法是利用熔化的生铁，作为熟铁的渗炭剂，使这种熟铁的刀口炼成钢铁。这一创造性的技术成就，现在应用于一些小农具的生产上面。

在炼钢方面，封建社会后期出现了把炼铁炉流出的铁水，直接流进炒铁炉里炒成熟铁的做法，减少了一步再熔化的过程。这样就在钢铁冶炼史上出现了半连续性系统。这一创造在《天工开物》中，不仅有详细的文字记载，而且还有图说明。

在鼓风方面，北宋有一种可以移动的炼炉叫做行炉。在北宋《武经总要》中有“行炉图”，其侧面出现了梯形木风箱，说明至迟在北宋时就已经发明了用盖板开闭来鼓风的简单木风箱。在燃料上，宋代炼铁已十分普遍使用煤了。明代方以智的《物理小识》则记载说：“……煤则各处产之，臭者烧熔而闭之成石，再凿而入炉曰礁，可五日不灭火，煎矿煮石，殊为省力”。由此可见，至迟在明代不但懂得炼焦，而且用焦炭进行冶炼了。

我国古代的钢铁冶炼史上每一项发明创造，无一不是劳动人民辛勤劳动的结果，凝结着他们的智慧和血汗的结晶。

第二节　近　　代

近代，我国传统钢铁技术发展开始缓慢，而此时的西方发生了划时代的巨变，在工业革命的影响下，其工业、科技、军事突飞猛进。

洋务派发起的“借法自强”洋务运动使我国近代新法冶金事业逐

步发展起来。1885 年兴办贵州青溪铁厂是我国早期钢铁工业建设的一次尝试。1890 年张之洞在武昌设立铁政局，成立汉冶萍煤铁公司，创办近代中国第一家大型钢铁联合企业“汉阳钢铁厂”。4 年后汉阳钢厂 1 号高炉投产，日产铁 100 吨，标志着中国近代钢铁工业的全面起步。

19 世纪下半叶清政府发展近代军事工业，制枪炮、造战舰，大量输入西方国家生产的钢铁。1867 年进口钢 11 万担（约 8250 吨），1885 年达 120 万担（约 9 万吨），1891 年增加到 173 万担（约 13 万吨），进口钢逐渐占据了中国的市场，使传统的冶铁业难以维持生产。19 世纪 80 年代以后，中国官办工业从军事工业扩展到民用工业。由于钢铁消费量的增加，近代矿冶工业的兴起就成为时代的需要。

1871 年，福州船政局所属铁厂首先采用新的钢铁加工技术：安装吊车，铸造大型汽缸；购置 3 吨汽锤，锻造大车，轴；建立拉铁（轧钢）厂，轧制 15 毫米以下的造船钢板和 6~120 毫米圆钢、方铁。

1886 年，贵州巡抚潘霨创办青溪铁厂，先用土炉，后从英国订购熟铁炉 18 座、1 吨贝塞麦炉 2 座、轧板机 1 架、轧条机 13 架，1888 年安装完毕。终因清廷腐败，缺乏资金、铁矿石和煤，又不善于经营，无人精通技术，而于 1893 年停办。这是兴办近代钢铁厂的一次尝试。

1890 年，上海江南机器制造总局（简称“江南制造总局”或“江南制造局”）建成中国第一座 3 吨炼钢平炉，后又建成了一座 15 吨炼钢平炉。

同年，湖广总督张之洞主持兴建湖北汉阳铁厂和大冶铁矿，这是中国也是远东第一座近代钢铁联合企业，它的建成标志着中国近代钢铁工业的兴起。第一次世界大战前后，除汉冶萍有较大发展外，本溪、鞍山、上海、阳泉和石景山等地的钢铁工厂也先后起步。

1915 年“本溪湖煤铁股份公司”开工生产，至 1917 年有 300 立方米高炉 2 座，后又增加小高炉（每炉日产铁 20 吨左右）2 座，冶炼优质生铁。1916年中日在鞍山合办“振兴铁矿无限公司”。1918年正式开办“鞍山制铁所”，有515立方米高炉2座，后又建炼焦炉4座和693立方米高炉1座。1917年山西阳泉建立保晋铁厂，有日产20吨生铁的小高炉1座。1918年上海和兴化铁厂（今上海第三钢铁厂前身），先后建立10吨和25吨小高炉共2座，10吨平炉2座和轧钢机一套。扬子机器公司在武汉谌家矶建立日产铁约100吨的高炉1座。1919年龙烟铁矿筹建石景山铁厂，1920年一号高炉开工建设。以上钢铁企业建立后，1920年全国铁产量达43万吨，钢产量6.8万吨。1923年东北兵工厂建电炉1座，这是中国早期的炼钢电炉之一。

1931年“九·一八”事变后，日本帝国主义占领了中国东北地区；1937年“七七”事变后，又侵占了华北、华中、华东等广大地区。他们对这些地区的矿产资源，大肆掠夺。1931年开始经营庙儿沟铁矿，建200吨、180吨高炉各1座，炼铁能力达到年产13万吨。1933年，日本在鞍山成立昭和制钢所，1935年它新建的第一炼钢厂（有100吨平炉4座）出钢，1937年又添建150吨平炉2座，此外，昭和制钢所的第二选矿厂、第一轧钢厂、大型轧钢厂、小型轧钢厂、薄板厂和4号高炉等也陆续投产，1937年产量为生铁70万吨、钢50万吨、钢材28.5万吨。在鞍山地区，除昭和制钢所外，还有中型轧钢厂、无缝钢管厂、铸管厂、钢管厂、钢丝厂、镀锌厂、耐火材料厂、机械厂、中板厂等，也是日本帝国主义控制的。1937年，北京、天津、唐山、阳泉等地也新建或改建了钢铁厂。

抗战期间，国民党统治区的钢铁工业，一部分是武汉、上海的钢铁厂迁设，如大渡口钢铁厂是由汉阳、六河沟及上海炼钢厂等设备迁移组成；渝鑫钢铁厂是上海大鑫钢铁厂内迁组成。另一部分是适应战时需要而新建的，官营的有资渝、威远、中国电力制钢、中国兴业公司等；民营的钢铁厂截至1944年上半年止，有105家。数量虽然不少，规模却远不如战前，大多数民营铁厂则仍停留在土法冶炼阶段，历年产量甚为微小。在这几年中，生铁产量最高数是1943年的7万吨，加上土铁共15.4万吨，钢产1943年仅0.68万吨。

抗战结束后不久，重庆等地在战时发展起来的钢铁工厂，在美国剩余钢铁涌入以及四大家族人为提高法币购买力引起后方物价猛跌的情况下，首先遭到破产。据统计，1945年10月，重庆等地钢铁业炼炉尚在生产者仅及1944年的十分之一。原来沦陷区日寇用武力侵占经营的钢铁厂，包括台湾钢铁机械公司所属钢铁厂，遭受日军撤退时的破坏，迟迟不能复工。以后在美货倾销、通货膨胀、投机狂热等情况所导致的国民经济总崩溃局面下，一些官营厂虽勉强开工，但生产规模远不能达到原有生产规模。石景山钢铁厂从“劫收”到1948年底，三年生铁总产量仅有战时的三分之一至六分之一。上海等地民营钢铁厂也困难重重，有的停止生产，从事投机活动，有的勉强维持生产，产量有限。整个钢铁工业趋于萎缩和崩溃。1946年、1947年全国生铁产量分别为31000吨、35733吨，钢产量分别为15700吨、63000吨。1949年生铁产量为251991吨，钢产量158378吨。

第三节　新中国成立到改革开放

一、新中国钢铁工业的恢复和初步发展（1949~1957年）

由于制度缺陷和长期战乱，我国钢铁工业发展相当缓慢。到1949年新中国成立时，国家一穷二白，百废待兴，艰难困苦，压力巨大。国家建设需要钢铁，造机器搞工业化需要钢铁，我国能生产钢铁的大企业只有19家，勉强能够修复生产的只有7座高炉、12座平炉、22座小电炉，当年钢产量只有15.8万吨，仅相当于最高年产量的1943年的1/6。新中国成立后，新政府进行的第一步工作是对已有的钢铁企业进行接管。1947 年至 1950 年相继接管了 30 多家钢铁企业。第二步是组织企业迅速恢复生产。1949 年 7 月，石景山钢铁厂（首钢前身）、鞍钢、本钢率先恢复生产。此后，钢铁工业恢复生产工作迅速由东北向全国展开。短短的 3 年间，全国共恢复和扩建高炉 34 座，平炉 26 座。到 1952 年，全国粗钢、生铁和钢材产量分别达到 134.9 万吨、192.9 万吨和 112.9 万吨，全面超过解放前的历史最高水平；钢铁工业总产值达到 136959 万元，比 1949 年增长 6.1 倍。

1953~1957 年是我国第一个五年计划时期。这一时期，在苏联的帮助下，钢铁工业开始了大规模投资建设。投资的重点是建设武钢及鞍钢和本钢的改扩建等 8 个重点钢铁项目。此外，还改扩建了河北龙烟铁矿、安徽马鞍山铁矿、湖北大冶特殊钢厂等 8 个限额以上的钢铁项目，以及天津钢厂、唐山钢铁厂、北京石景山钢铁厂、上海第一钢厂等 23 个限额以下钢铁项目。“一五”时期，钢铁工业的基建投资额达 34.5 亿元，占全国工业基建总投资的 13.9%。其中，鞍钢的改建投资为 15.45 亿元，占该时期钢铁工业总投资的 44.8%。经过大规模建设，形成了鞍钢、武钢、包钢鼎足而立的新局面。到 1957 年，全国钢产量达到 535 万吨，比 1952 年增长了 3 倍，其中，鞍钢钢产量 291.2 万吨，占全国总产量的 54.4%，实现工业产值 46.5 亿元，比 1952 年增长 2.7 倍。

在这个时期，钢铁工业开始逐步得到恢复和发展。随着“三线建设”的铺开，在西南、西北建设了攀钢、酒钢、成都无缝管厂等一批新的钢铁企业，初步形成了新中国的钢铁工业布局。

二、大跃进和钢铁工业的调整、整顿（1958~1965 年）

在“一五”时期钢铁工业取得了巨大进展的背景下，1958 年我国进入第二个五年计划时期。这年 2 月，《人民日报》发表了国民经济要“大跃进”的社论。5月，党的八大二次会议提出要在1962年或更多一点时间内，钢铁产量赶上或超过英国，在1972年或更多一点时间内，钢铁产量赶上或超过美国。会后，工业提出了“以钢为纲”的口号，要求7年、5年甚至3年内提前实现原定的15年钢产量赶上或超过英国的目标。8月召开北戴河会议，提出1958年钢产量要比1957年翻一番，即从535万吨提高到1070万吨。由于1至8月全国实际产钢量只有450万吨，全年要完成1070万吨的高指标，意味着要在该年剩下的1/3的时间内完成全年计划的3/5。为了实现这一按常规不可能实现的高指标，国家提出要打破常规大跃进，全国要地不分南北，人不分老幼，全民总动员，一起大炼钢铁。通过这样一场史无前例的全民大办钢铁运动，1958年的钢产量虽然达到了1107万吨，实现了既定的翻番目标，但所生产的钢中有1/4以上是不能用的劣质钢。1959年又提出在上年的基础上产量再翻一番的高指标，继续钢铁大跃进，但当年实际产量只有1387万吨。1960年钢产量虽然达到1866万吨，但由于轧钢能力不足，生产的钢不能顺利转化成材，结果造成钢锭积压，企业效益不佳。全年钢铁工业实现利润仅3.83亿元，比1957年的10.65亿元下降了65%。更为严重的是，持续3年的大炼钢铁和“以钢为纲”，还造成了国民经济中农轻重比例关系和积累与消费的比例关系严重失调，结果1961年被迫对国民经济进行调整。

钢铁工业的调整主要从三个方面展开：一是缩短钢铁工业战线，精简职工。从1960年底到1962年底，钢铁行业的职工人数从373.3万人精简至75.7万人。二是压缩基本建设投资，停建了大部分项目。1961年钢铁工业的基建投资缩减为11.88亿元，1962年进一步减至5.07亿元。三是大幅度调低钢产量计划指标。1961年钢产量年度计划指标调低至850万吨。1962年钢产量指标调低至600万吨。到1962年底，钢产量虽然从上年的870万吨减少至667万吨，但钢铁产品的品种质量以及钢铁工业内部矿山、冶炼和加工各环节平衡关系有所改善。

1963~1965年，中共中央决定继续实行对包括钢铁工业在内的国民经济进行调整、巩固、充实、提高的方针。钢铁工业在这3年的继续调整期间，一是增加供应农业用的钢材生产数量。3年调整时期，供应农业用的钢材达到了188.7万吨，比“一五”计划时期增长近1倍。二是把扩大品种、提高质量和满足国防工业对尖端材料的需求摆在了突出位置。针对当时钢材品种较少，不能满足国民经济各部门需要的情况，冶金部组织企业加强科学实验研究，提高设备装置水平，充分发挥现有设备潜力，试制新品种，增产稀缺品种。三是加强矿山建设力度，解决钢铁工业内部比例失调问题。在3年调整期间，矿山投资占钢铁工业总投资的比重，由“一五”计划时期的16.1%提高到22.7%~29.7%。

经过1961~1965年的5年调整，钢铁工业生产有了恢复性的增长，钢材品种质量有了较大改善，绝大部分技术经济指标达到历史最好水平。

三、十年“文革”中钢铁工业的停滞和徘徊（1966~1976年）

经过5年的调整，钢铁工业的发展开始步入正轨。国民经济第三个五年计划时期本应是钢铁工业加快发展的良好时机。但是，就在“三五”开局之年的下半年，史无前例的“文化大革命”爆发了，钢铁工业正常生产秩序完全被打破了。从1967年初到1968年底，钢铁行业一直处于夺权、武斗、停产的极度混乱之中，钢铁工业出现严重倒退，钢产量连续2年出现负增长。1967年，全国钢产量下降至1020万吨，比1966年减少了1/3。1968年，又下降至904万吨，比1967年又减少了11.4%。同时，钢铁工业其他技术经济指标也出现了严重的倒退。1968年与1966年相比，高炉利用系数下降了18.1%，生铁合格率降低了1.04个百分点，实现利润更是下降了72.1%，而入炉焦比却上升了13.3%。

钢铁生产的严重倒退引起了政府的高度关注，1968年8月，国务院召开了有冶金部、煤炭部和几个军工生产部门重点企业参加的全国性会议，要求这些部门和企业停止武斗，尽快恢复生产。在这种背景下，钢铁工业开展了恢复和整顿工作。一是逐步恢复原来的生产指挥组织系统。1970年1月，冶金部发出正式通知，要求各企业把生产组织重新恢复为厂、车间、工段和班组的建制，被迫更名的企业要重新恢复其原来的名称。二是陆续把下放到"五七"干校和农村的管理干部和工程技术人员调回原单位工作，或重新安排工作，同时将"左"派代表陆续撤走。三是加强企业管理。1970年1月，冶金部召开10家重点钢铁企业生产座谈会，强调要坚持合理的规章制度，保障企业的正常生产秩序。四是大抓矿山建设。为改变黑色金属矿山因长期武斗而停产和破坏严重的局面，国务院业务组于1970年初提出要"大打矿山之仗"。随后，在国务院的支持下，冶金部在本溪召开了矿山工作会议，并在一段时间内重点抓了矿山建设，使铁矿石产量有了较大的提高。全国铁矿石产量由1968年的2679万吨增加至1970年的6422万吨，增长了1.4倍。五是恢复和抓紧"三线"工程建设。"三线"建设始于1964年，纳入"三线"建设的钢铁项目包括攀枝花钢铁基地、成都无缝钢管厂、重庆钢铁公司、重庆特殊钢厂、昆明钢铁厂、贵阳钢铁厂、遵义铁合金厂等。由于"文化大革命"的冲击和破坏，这些项目要么处于停工状态，要么工期比计划大大延长。在这次恢复工作中，被停工的项目开始复工，被延期的项目开始加快进程。1970年7月攀钢建成出铁，次年出钢，成为我国西南最大的钢铁基地。1970年9月，西北"三线"建设重点工程酒泉钢铁公司的1号高炉建成投产。

通过上述工作，全国钢铁生产得以止跌回升，1969 年生产钢 1333 万吨，比上年增长 47.5%；1970 年生产钢 1779 万吨，同比又增长了 35.5%，超过“三五”计划预定的产钢 1600 万吨的计划指标量：1971 年钢产量突破了 2000 万吨，达到 2132 万吨，比上年增长 19.8%。

1972 年，中央决定利用有利的国际环境开展对外经济技术合作，加快引进一批国内急需的技术装备。国家计委针对我国钢铁工业“钢不成材，材不对路”的矛盾日益突出的问题，提出了《关于进口一米七连续式轧板机问题的报告》，得到中央的批准。1974 年 9 月，一米七轧机系统的项目引进正式在武汉钢铁公司实施。这个以 40 亿元的代价引进的具有 20 世纪 70 年代世界先进水平的轧机系统于 1978 年 12 月建成投产，并形成了 300 万吨热轧板卷的生产能力，缓解了我国国民经济所急需的热轧带钢、冷轧薄板、镀锌板、镀锡板和冷轧硅钢片等钢材品种短缺的矛盾。这对后来武钢的改造和钢铁工业发展打下了一个较好的基础，是“文革”时期钢铁工业少有一个亮点工程。

但是，从总体上看，由于“四人帮”的干扰破坏，钢铁企业中一批懂生产技术和经营管理的干部受到打压，一些不懂钢铁的外行取得了企业领导权，再加上长期的高指标、长战线、瞎指挥，致使钢铁工业资金、设备浪费严重，行业发展又出现了倒退，1974 年以来钢产量出现大幅下降。本来 1974 年至 1976 年这 3 年的计划产量都是 2600 万吨，而实际上 1974 年只生产 2112 万吨，比 1973 年减少 410 万吨；1975 年生产 2390 万吨，比 1973 年减少 132 万吨；1976 年生产 2045 万吨，比 1973 年减少 477 万吨，仅相当于 1971 年的水平，产量整整倒退了 5 年。同计划相比，3 年共少生产钢 1322 万吨。

实际上，在 1970~1975 年期间，中国钢铁工业已经形成了 3000 万吨的生产能力，但是生产能力并不能够得到充分实现。1974~1976 年，曾经连续三年计划生产 2600 万吨钢的目标都没有实现，人们称之为

“三打二千六打不上”。

总之，十年“文革”，我国钢铁生产出现了十年起伏、十年徘徊，加上管理混乱，使得1976年钢铁工业主要技术经济指标与1966年相比出现了大幅度下降，钢铁工业的发展基本处于停滞状态。

改革开放前的近30年，我国实行的高度集中统一的计划经济体制，使“集中力量办大事”的社会主义制度优越性得到充分体现。经过数百万钢铁人的顽强拼搏，钢铁工业初步建立起了包括采矿、选矿、烧结、炼铁、炼钢、轧钢、焦化、耐材、铁合金、炭素等要素结构比较完善，地质勘探、工程设计、建设施工、设备修造、科学研究、冶金教育等门类比较齐全，以大型企业为骨干、大中小相结合，具有3500万吨钢生产能力的新中国钢铁工业体系。

但这种以“投资靠拨款，生产靠计划，原料靠调配，产品靠统销，盈利全上缴，亏损政府补”为特征的计划经济体制，限制了企业积极性的发挥，严重束缚了生产力的发展。生产工艺、装备，产品品种、质量，以及技术经济指标都远远落后于发达国家的水平。1978年，全球平炉钢产量的比例已少到20%以下，但我国仍占35.5%；日本连铸比已超过50%，欧洲超过30%，而我国只有3.5%；我国低合金和合金钢比例一共只有14.6%，板管带比只有32.2%；由于生产工艺上大量采用化铁炼钢、调坯轧材、多火成材等落后工艺。吨钢综合能耗高达2.52吨标准煤，钢材的综合成材率只有74%左右；当时，我国钢消费量中的28.4%需要依靠进口，所花掉费用占国家出口创汇总额的近30%。高度集中的计划经济体制已经严重制约了钢铁工业的发展。

考虑到钢铁工业在国民经济中的重要地位，国家确立了“以钢为纲”的工业发展指导方针，提出了“大跃进”“全民大炼钢铁”“超英赶美”等口号。因此，在这一阶段中国钢铁工业就走上了一条以追求产值、产量增长速度为目标的粗放型的发展道路。

经过全国上下的努力，在这一阶段中国钢铁工业的产量和产值都有了较大幅度的增长。1978 年，钢铁产量为 3178 万吨，占世界钢产量的 4.5%，居世界第 4 位。据统计，1952~1978 年期间，钢铁工业产量平均每年递增 12.9%，产值每年递增 11.8%，实现利税每年递增 9.67%。

需要指出的是，在“以钢为纲”的发展指导方针下，不可避免地会遇到钢铁工业部门同国民经济其他部门协调发展的问题。由于对于钢铁工业部门的固定资产投资过大，就产生了两方面的影响。一方面在资金有限的前提下，过分的投入会制约其他工业部门的发展；另一方面由于钢铁工业部门的利税贡献同其他产业部门相比而言较低，在一定程度上表现出“高投入、低产出”的特点，所以较高比例的投入就会影响进一步发展所需要的资金积累。

由于钢铁工业是一个资源消耗量大、能耗高的行业，这一阶段钢铁工业的发展也占用了大量的能源。据统计，1978 年，钢铁工业投资占全国固定资产投资的 7.36%，能源消耗占整个国民经济消耗能源总量的 12.97%。另外，企业管理水平低、职工积极性不高也是当时中国钢铁工业发展中存在的问题。

第四节　改革开放以后

粉碎“四人帮”后，钢铁工业与全国各行各业一样进行了拨乱反正，工作重点转移到生产建设上来，所有钢铁企业先后开展了恢复性和建设性整顿，建立健全了岗位责任制、考勤制度等规章制度，重新建立了产量、品种、质量、原材料消耗等考核指标。这样，钢铁工业迅速结束了文革十年的徘徊局面，1977 年产钢 2374 万吨，1978 年一举突破3000万吨大关，登上3178万吨的新高峰。但是，由于这段时间内，政治上、经济上的“左”的思潮还没有根本清除，还一度出现了“洋跃进”，提出要在10年内再建10个大型钢铁基地、钢产量到1985年要达到6000万吨等不切实际的高指标，结果给钢铁工业的发展带来了消极影响。

1978年12月党的十一届三中全会的召开，成为我国钢铁工业改革开放和发展的新起点。1978年10月，重庆钢铁公司和成都无缝钢管厂——被四川省委确定为率先进行扩大企业自主权改革的试点企业，企业在完成增产增收计划后可以提留少量利润作为企业基金，并可发放少额奖金。1978年末，上海冶金局实行行业上交利润基数包干、超额分成的办法，以调动企业改善经营、增产增收的积极性。1979年4月，国家决定对首都钢铁公司实行利润留成和扩大经营管理自主权试点，允许企业按国家规定的价格政策自行销售补充计划的产品。到1981年，全国共有17个省、自治区、直辖市的冶金厅（局、公司）实行了行业性总承包，80%以上的企业实行了多种形式的承包。与此同时，对钢铁工业的调整工作也在紧锣密鼓地进行。1979年4月，中共中央召开工作会议提出了“调整、改革、整顿、提高”新“八字”方针。针对钢铁工业，会议还特别指出：钢铁工业要为轻工业让点路，要处理好内部的比例关系，把重点放在提高质量和增加品种规格上，努力把紧缺的钢材、铁合金搞上去，大力提高冶炼和轧制技术水平，多炼优质钢和合金钢，积极提高钢材的质量和自给率，以满足经济建设的需要。这样，钢铁工业按照国家计划，压缩投资，缩短基本建设战线，1979年的基建投资（不包括宝钢）从1978年的38.95亿元缩减至30.13亿元，1980年又降至30.08亿元，1981年再降到25.24亿元，一批产品质量差、成本高、效益低的小高炉和小钢铁厂被关停。

1982年，国家对首钢实行“上缴利润递增包干”改革，以1981

年上缴利润为基数，年递增6%，1983年改为年递增7.2%，并允许首钢15%的钢材可以自行销售，职工工资奖金与企业经济效益挂钩。到“六五”结束的1985年，冶金系统110个大中型企业中，有37个企业实行了承包制，其余的73个企业实行了“利改税”。与此同时，钢铁工业的计划体制和价格机制也开始改革。1984年5月，国务院作出关于扩大企业自主权的十条规定，钢铁企业被允许自行销售2%的计划内钢材，价格可向上浮动20%，超产钢材可与用户协议定价，超产的冶金原料、辅料、副产品可自销。这样，冶金产品价格开始出现“双轨制”。1985年1月，国家又取消了对企业自销产品只能加价20%的限制，钢铁产品开始全面进入价格“双轨制”。到1987年，实行市场定价的钢材占全部钢材的比重已经达到了21.6%。

1986年，我国进入第七个五年计划。随着改革的深入，钢铁工业的固定资产投资发生了两个重大变化：一是计划内经营项目的投资由拨款改为贷款；二是固定资产投资的主体由国家转向企业，由企业承担偿还固定资产投资的贷款本息。

1987年，国家决定在一些大中型企业中全面推广承包制。到1988年底，已有87%的全国县以上国有钢铁企业实行了承包制，其中大型钢铁企业全部实行了承包制。除了企业承包，国家还对钢铁工业实行投入产出包干，规定冶金部对国家实行“五包”，国家对钢铁工业实行“三保”。承包制的实施，对钢铁企业扩大自主权、“自主钱”起到了重要的历史性作用。与“六五”期间相比，“七五”期间钢铁企业上交利税增加了66%，而且企业“自主钱”也增多。“七五”期间，钢铁工业固定资产总投资657.9亿元，其中企业自筹资金占50%左右，新增炼铁生产能力567.2万吨，炼钢能力611万吨，轧钢能力847.5万吨。

在对外开放方面，这一时期钢铁工业不仅积极引进国外先进技术，还打破过去资源、资金闭关自守的状况，开始利用国外资金和矿产资源。1978 年，我国做出了通过引进国外先进技术和设备，利用进口铁矿石，建设上海宝山钢铁厂的战略决策。1980 年和 1982 年，冶金部先后组建了中国冶金进出口公司和中国冶金建设公司，以开拓冶金产品和技术设备的进出口业务，促进冶金系统的对外工程承包和劳务合作。1986 年，国务院做出了利用外资加快钢铁工业发展的决定，并专门批准成立了中国国际钢铁投资公司，负责筹措外资，进行引进国外先进技术的谈判、签约，当年就利用外资 69. 65 亿美元。1987 年，我国还同澳大利亚哈默斯利（力拓旗下的子公司）签订合资经营西澳地区恰那铁矿的协议。到 1991 年，我国钢铁工业的出口金额增长到 13. 87 亿美元，比 1977 年的 1. 13 亿美元增长了 11. 2 倍；铁矿石进口量增加到 1903 万吨，比 1977 年的 257 万吨增长 6. 3 倍。

1992 党的十四大提出建立社会主义市场经济体制的目标模式后，钢铁工业的改革发展进入一个新的阶段。1992 年，钢铁行业普遍开展了“精干主体，分离辅助”的企业内部组织结构调整的改革，为企业建设现代企业制度做了基础性的准备。1993 年党的十四届三中全会后，建立现代企业制度成为钢铁企业改革的方向，当年就有 12 家企业被确定为国家建立现代企业制度试点单位，63 家企业被列为省（市）和有关部门的现代企业制度改革试点。从 1994 年起，大中型钢铁企业普遍开始了建立现代企业制度的改革。同时，进一步放宽了市场定价的钢材品种范围。1992 年除国防、军工、农业、铁道用材外，其他钢材价格开始全部放开，当年实行市场价的钢材占 93%。1993 年，所有钢材均实行市场定价，结束了钢材价格“双轨制”的历史。到“八五”计划最后一年的 1995 年，我国钢铁产量达到 9536 万吨，比“七五”末期的 1990 年增长 2901 万吨。

这期间邯钢经验对我国的钢铁建立现代制度起到了一个推动作用。

邯钢经验简称“模拟市场核算，实行成本否决”，形成于1990年，于1991年正式全面推行。其基本内涵是模拟市场价格核算，将成本与效益挂起钩来，将效益与分配挂起钩来，并以成本否决为杠杆，形成“千斤重担众人挑，人人肩上有指标”的局面，充分调动了广大职工当家理财、精打细算、加强管理、深挖潜力的积极性，进而达到个人增收、企业增效的目的。邯钢经验的精神实质是：以经济效益为中心，依靠职工群众，坚持“三改一加强”方针，按照市场的要求，建立起“模拟市场核算，实行成本否决”的管理机制。用比较形象的说法，就是“推墙人海”——丢掉幻想。转变观念，下决心走向市场，实现“三改一加强”的良性循环。

进入“九五”时期第一年的1996年，我国钢产量历史性地突破1亿吨，跃居世界第一位，占世界钢产量的13.5%，成为世界钢铁大国。此时又适逢国民经济从卖方市场转向买方市场，钢铁工业发展的主要矛盾从总量问题转向结构性问题，发展的主要任务由成为世界钢铁大国转变为成为世界钢铁强国。在这种背景下，1997年召开的全国冶金工业会议，提出了“九五”期间钢铁工业要把优化产品结构，改善钢材品种、质量和竞争力；优化工艺技术装备结构，淘汰落后生产工艺装备；优化企业组织结构，提高产业集中度作为改革发展的主要任务。到“九五”末的2000年，我国钢铁工业达到世界先进水平的装备的比例提高到了30%左右，比“八五”末的10%提高了20个百分点，鞍钢还自主设计出了具有国际先进水平的1700ASP薄板坯连轧成套设备生产线连铸比提高到了81.1%，接近世界平均水平，比“八五”末的46.5%提高34.6个百分点。同时，一批落后的钢铁企业和生产设备在市场竞争中被淘汰，平炉除马钢、包钢尚未关停外，其他企业的平炉均已关停。资料显示，“九五”期间共淘汰小高炉1378座，小电炉、小转炉和平炉800座，多火成材轧机250多套。此外，企业兼并重组也开始启航：宝钢（集团）公司与上海冶金控股（集团）公司、上海梅山（集团）公司联合重组为上海宝钢集团公司，湘钢、涟钢、衡阳钢管联合重组为华菱钢铁集团，攀钢兼并成都无缝钢管公司。

进入21世纪以来，随着我国经济的快速发展，钢铁工业又进入新一轮高速增长期，全国钢铁产量几乎每年都以5000万吨的递增速度在上升。2003年，我国钢铁工业的生铁、粗钢和钢材产量均突破2亿吨，创世界历史新高。面对如此快速的增长，出于结构优化和节能减排的考虑，2003年，国家发改委出台了《关于制止钢铁行业盲目投资的若干意见》，要求通过严格市场准入、强化环境监督、加强土地管理、控制银行信贷等多种手段，遏制钢铁工业盲目发展。2004年，国务院在全国范围内对在建和拟建钢铁项目进行清理整顿，涉嫌违规建设的铁本项目被勒令中途下马。2005年，国务院颁布《钢铁产业发展政策》，从产业技术、产业规划、布局调整、企业组织结构、行业准入及贸易政策等各个方面对钢铁工业的未来发展进行了总体部署。受钢铁新政的推动，唐钢与宣钢、承钢联合组建为新唐钢集团；武钢重组了鄂钢和柳钢：首钢控股水钢之后，又通过向河北曹妃甸地区搬迁与唐钢联合成立首钢京唐钢铁公司。2006年，国家提出要在“十一五”期间淘汰1亿吨落后炼铁生产能力和5500万吨落后炼钢能力。同年12月，河北唐山聚鑫钢铁有限公司2座12吨电炉、迁安市联钢金丰钢铁有限公司2座115立方米、138立方米高炉被拆除查封，拉开了淘汰落后产能的序幕。2007年，国家多次下调钢材出口退税税率，对包括普碳钢线材、板材、型材在内的部分钢材产品加征50%~100%的出口关税，并对钢材出口实施许可证管理。但2007年，我国钢产量仍然增长到4.94亿吨，占世界的36.4%，比上年17.3%，钢铁生产能力达到5.5亿吨。然而，进入2008年下半年以来，受世界金融危机的影响，我国钢铁产量增长速度明显放缓。2008年，我国钢产量虽然突破了5亿吨，但增长速度降至1.1%，增速比2007年低14.6个百分点，同时行业实现利润大幅下滑。针对这种新情况、新问题，我国颁布了《钢铁产业调整和振兴规划》，决定以控制总量、淘汰落后、企业重组、技术改造、优化布局为重点，着力推动钢铁产业结构调整和优化升级，切实增强企业素质和国际竞争力，加快钢铁产业由大到强的转变。

由于长期以来的粗放式发展，钢铁产能严重过剩的问题日益突出，特别是2015年全行业出现亏损，一些企业陷入极度困难。为此，党中央高度重视，在2015年12月召开的中央经济工作会议上中央提出供给侧结构性改革，明确了“去产能、去库存、去杠杆、降成本、补短板”五项任务，把去钢铁、煤炭产能列为五大任务之首。2016年，党中央、国务院把钢铁、煤炭两个行业列为化解过剩产能实现脱困发展的重要行业，去产能成为2016年钢铁行业推进供合侧结构性改革的一项重要任务。国务院于2016年2月1日印发了《国务院关于钢铁行业化解过剩产能实现脱困发展的意见》（国发［2016］6号），明确提出从2016年开始，用五年时间再压减粗钢产能1亿~1.5亿吨。同年3月，李克强总理在《政府工作报告》中对去产能工作进行了部署，并明确提出中央安排1000亿元专项奖补资金，用于钢铁、煤炭去产能涉及的职工分流安置等工作。习近平总书记、李克强总理多次对钢铁行业去产能作出重要指示和批示。国务院建立了由国家发展和改革委员会、工业和信息化部牵头的部际联席会议制度，国务院有关部门先后出台了奖补资金、财税、金融、职工安置、国土、环保、质量、安全等八个配套性政策文件。从2016年开始，钢铁行业开启了全面淘汰落后产能、违法违建项目清理和联合执法三个专项行动，扎实有序推进去产能工作。

国务院于2016年8月、11月分别派出督查组分赴各地对淘汰落后产能，化解过剩产能情况进行督查。2017 年 1 月，在中国钢铁工业协会召开的理事（扩大）会议上，明确在 2017 年 6 月 30 日前“地条钢”必须彻底出清。由此，彻底清除“地条钢”行动在全国全面展开。为此，国务院于 2017 年 5 月派出督查组进行督查，7 月派出检查组进行检查。2017 年 6 月底，彻底清除了 720 多家“地条钢”生产企业的 3382 台（套）中频（工频）炉，2018 年底已经完成化解钢铁过剩产能 1.5 亿吨目标。在化解钢铁过剩产能的同时，“去杠杆”工作也在行业内同步进行。2008 年后，钢铁行业资产负债率快速上升，2015 年达到 71.04%，远高于工业行业平均水平；经过 2016 年、2017 年两年不断深化供给侧结构性改革，采取有效措施，使钢铁行业资产负债率得到一定程度下降。

在我国国内钢铁工业快速发展过程中，2006 年以来我国粗钢产能利用率也开始下降，尤其是从 2013 年开始，该指标持续在合理水平线以下，产能过剩矛盾突出。《国务院关于钢铁行业化解过剩产能实现脱困发展的意见》（国发［2016］6 号）明确提出，“鼓励有条件的企业结合‘一带一路’建设，通过开展国际产能合作转移部分产能，实现互利共赢。”同时，地方政府也陆续出台政策鼓励钢铁企业将境外矿产资源开发与境外资源深加工相结合，在矿产资源丰富地区开发矿产资源，投资建设钢铁生产加工基地，延长冶炼及加工产业链条。2017 年国务院政府工作报告中再次明确，“扩大国际产能合作。坚持企业为主、政府推动、市场化运作，实施一批重大示范项目。落实和完善财税金融支持政策，设立人民币海外合作基金，用好双边产能合作基金。推动装备、技术、标准、服务走出去，打造中国制造金字品牌。”我国钢铁企业海外建厂之路，从 20 世纪 90 年代至今没有停止，近年来随着国内钢铁需求增速放缓，以及“一带一路”倡议的刺激作用，沿线国家开发热度逐渐升温，钢铁企业对外投资设厂劲头更足。2014 年 1 月，南钢携手 GGS 公司（印尼古龙钢铁集团的下属企业印尼武龙棉兰钢厂），在印尼棉兰共同投资建设钢铁厂，五年内达到 100 万吨钢生产规模。2014 年 5 月昆钢集团、越南钢铁总公司合资设立的越中钢铁厂正式投产，一期项目年产量为 50 万吨生铁和 50 万吨钢坯，待二期工程完工后，产能将翻倍。2015 年 3 月，中国冶金科工股份有限公司、马钢与哈萨克斯坦 Ferrum Corp. 公司共同签署 100 万吨/年的综合钢厂项目合资公司备忘录。2015 年 9 月，武钢与西非签署协议将在位于西非的利比里亚建设并运营一家年产钢 50 万吨的合资钢铁厂。2016 年 4 月，河钢集团以资产打包收购方式收购了塞尔维亚的斯梅代雷沃钢厂口，这是我国提出“一带一路”倡议、推进与中东欧国家国际产能合作取得的一项重大成果。

此外，河北的多家大型民营钢铁企业也积极谋划产能“走出去”，目前已开工建设的项目包括霸州新亚金属制品有限公司收购印尼爪哇太平洋有限公司 30%股权扩建镀锌带钢及家具钢管项目、邢台德龙钢铁公司与泰国 Permsin 钢铁公司等三家企业合资在泰国建设年产 60 万吨热轧窄带钢项目等。即将落地的项目包括秦皇岛通联集团与老挝太平洋矿业有限公司合作建设年产 30 万吨钢铁厂项目、武安市永诚铸业有限公司与印尼力宝集团合资在印尼建设一期年产 200 万吨钢铁厂项目等。2019 年敬业公司开始接触英钢，仅仅两个星期的时间完成了正常情况下需要半年才能完成的尽调工作，2019 年 11 月 11 日 0 时签订了收购框架协议。2020 年 3 月完成了正式收购。邯郸裕华钢铁公司在印尼中国园建设年产 200 万～300 万吨钢铁项目已签订合作意向。另外，华瑞铸管、天柱钢铁、国丰钢铁、港陆钢铁、东海钢铁等一批钢铁企业也“走出去”，对“一带一路”沿线部分国家进行了实地考察和合作洽谈。

第五节　中国钢铁工业取得的成就

中华人民共和国的成立，拉开了中国发展现代钢铁工业的帷幕。70 年以来特别是改革开放以来，钢铁工业发展取得了辉煌的成就。

改革开放以后，中国钢铁工业努力满足国民经济对钢铁的旺盛需求，国内钢铁生产规模加速提升，继 1996 年钢产量首次突破 1 亿吨以后，2003 年起，粗钢产量又跨越了 2 亿吨、3 亿吨、4 亿吨、5 亿吨、6 亿吨、7 亿吨、8 亿吨大关，并于 2018 年突破 9 亿吨大关，预计 2020 年将突破 10 亿吨大关。

我国粗钢产量从 1996 年的 10124 万吨增加到 2003 年的 22234 万吨，历时 7 年，2005 年粗钢年产量 35324 万吨，2 亿吨到 3 亿吨历经 2 年；2006 年粗钢年产量 41915 万吨，3 亿吨到 4 亿吨历时 1 年；2008 年粗钢年产量 50306 万吨，4 亿吨到 5 亿吨，历时 2 年；2010 年粗钢年产量 63723 万吨，5 亿吨到 6 亿吨，历时 2 年；2012 年粗钢产量 72388 万吨，6 亿吨到 7 亿吨历时 2 年；2013 年粗钢年产量 81314 万吨，7 亿吨到 8 亿吨历时 1 年；2018 年粗钢产量 92801 万吨，8 亿吨到 9 亿吨，历时 5 年。改革开放以来中国铁钢材产量见表 9-1。

表 9-1　改革开放以来中国铁钢材产量

年份	生铁		钢		成品钢材	
	产量/万吨	增减率/%	产量/万吨	增减率/%	产量/万吨	增减率/%
1978	3479	38.9	3178	33.9	2208	35.2
1979	3673	5.58	3448	8.5	2497	13.09
1980	3802	3.51	3712	7.66	2716	8.77
1981	3417	-10.13	3560	-4.09	2670	-1.69
1982	3551	3.92	3716	4.38	2902	8.69
1983	3738	5.27	4002	7.7	3072	5.86

续表 9-1

年份	生铁		钢		成品钢材	
	产量/万吨	增减率/%	产量/万吨	增减率/%	产量/万吨	增减率/%
1984	4001	7.04	4347	8.62	3372	9.77
1985	4384	9.57	4679	7.64	3693	9.52
1986	5064	15.51	5220	11.56	4058	9.88
1987	5503	8.67	5628	7.82	4386	8.08
1988	5704	3.65	5943	5.6	4689	6.91
1989	5820	2.03	6159	3.63	4859	3.63
1990	6238	7.18	6635	7.73	5153	6.05
1991	6765	8.45	7100	7.01	5638	9.41
1992	7589	12.18	8094	14	6697	18.78
1993	8739	15.15	8956	10.65	7716	15.22
1994	9741	11.47	9261	3.41	8428	9.23
1995	10529.27	8.09	9535.99	2.97	8979.8	6.55
1996	10722.5	1.84	10124.06	6.17	9338.02	3.99
1997	11511.41	7.36	10894.17	7.61	9978.93	6.86
1998	11863.67	3.06	11559	6.1	10737.8	7.6
1999	12539.24	5.69	12426	7.5	12109.78	12.78
2000	13101.48	4.48	12850	3.41	13146	8.56
2001	1554.25	18.72	15163.44	18	16067.61	22.22
2002	17084.6	9.84	18236.61	20.27	19251.59	19.82
2003	21366.68	25.06	22233.6	21.92	24108.01	25.23
2004	26830.99	25.57	28291.09	27.24	31975.72	32.64
2005	34375.19	28.12	35323.98	24.86	37771.14	18.12
2006	41245.19	19.99	41914.85	18.66	46893.36	24.15
2007	47651.63	15.53	48928.8	16.73	56560.87	20.62
2008	47824.42	0.36	50305.75	2.81	60460.29	6.89
2009	55283.46	15.6	57218.23	13.74	69405.4	14.8
2010	59733.34	8.05	63722.99	11.37	80276.58	15.66
2011	64050.88	7.23	68528.31	7.54	88619.57	10.39
2012	66354.4	3.6	72388.22	5.63	95577.83	7.85
2013	71149.88	7.23	81313.89	12.33	108200.54	13.21

续表 9-1

年份	生铁		钢		成品钢材	
	产量/万吨	增减率/%	产量/万吨	增减率/%	产量/万吨	增减率/%
2014	71374.78	0.32	82230.63	1.13	112513.12	3.99
2015	69141.3	-3.13	80382.5	-2.25	103468.41	-8.04
2016	70227.33	1.57	80760.94	0.47	104813.45	1.3
2017	71361.93	1.62	87074.09	7.82	104642.05	-0.16
2018	77105.44	8.05	92800.9	6.58	110551.65	5.65
2019	80937	4.97	99634.2	7.36	120477.4	8.98

数据来源：国家统计局。

一、我国钢铁工业取得的主要成绩

（1）生产规模和品种质量同步发展、双轮驱动，有效满足了国民经济发展需要。1949 年中国钢产量为 15.8 万吨，只占全球的 0.1%。中华人民共和国成立后钢铁工业开始恢复、发展，提高产量是重中之重，20 世纪 70 年代中期的“三打两千六”，连续三年都没破 2600 万吨目标，反映了那个年代提高钢产量的艰难程度。1978 年改革开放时，中国钢产量 3178 万吨，占世界比例 4.4%。改革开放为钢铁工业利用国外资金、技术和资源创造了条件，钢产量快速提升，1996 年首次突破 1 亿吨大关，达 10124 万吨，占全球钢产量的 13.5%，成为世界第一产钢大国。2018 年粗钢产量 9.28 亿吨，占世界比例 51.3%，已连续 23 年位居粗钢产量世界第一。钢产量增长的同时，钢材品种质量大幅提高，钢材自给率不断提高。1949 年，钢材供给严重不足，1950 年钢材自给率仅 50%，只能冶炼 100 多个钢种，轧制 400 多个规格的钢材。1978 年钢材自给率提高到 72.7%，1/3 的外汇都用来进口钢材。2006 年，中国实现净出口钢材 2450 万吨（材坯合计折合粗钢 3463 万吨），结束了 1949 年以后连续 57 年钢材净进口的历史。汽车板、家电板、管线钢、造船板、桥梁板、电工钢、不锈钢板、特钢棒线材以及航天军工用钢等产品实际生产水平达到较高水准。“十三五”规划以来，国产钢材共有282项品种的实物质量达到国际同类产品实物水平，20项产品实物质量达到国际先进实物质量水平，2018年钢材自给率达到106.7%，国产钢材的国内市场占有率达到98.7%，22大类钢材产品中，有17类钢材产品自给率超过100%。中国高端钢材国际竞争力和技术支撑力明显增强：自2009年起，单价高于1000美元的钢材出口量大于进口量；自2010年起，单价高于2000美元的钢材出口量大于进口量。

（2）培育了以中国宝武为龙头的一批具有较强国际竞争力的钢铁企业集团。中华人民共和国成立后，钢铁基本建设始于对鞍钢的扩建改造，1953~1957年，开展了苏联援建156个大项目中的8个钢铁项目建设，包括新建武钢、北满钢厂、包头钢厂、热河钒铁厂（承钢前身），改扩建鞍钢、本钢等。“一五”末，国家提出钢铁工业建设“三大、五中、十八小”的战略部署，“三大”是继续建设鞍钢、武钢和包钢三个超过100万吨钢的钢铁基地，“五中”是建成年产30万~100万吨钢的中型钢铁厂，包括扩建太钢、重钢、马钢、石景山钢铁厂，新建湘潭钢铁厂，“十八小”是在18个省、自治区新建18个年产10万~30万吨钢的小型钢厂，包括河北邯郸、江西新余、江苏南京、广西柳州、福建三明、新疆八一、湖南涟源、河南安阳、吉林通化等。1964年，在毛泽东主席的指示下，以攀钢为标志性工程，建设长城钢厂、水钢、遵义金属制品厂等三线基地，恢复建设酒钢、兰钢、略钢，扩建成都无缝、重钢、昆钢，鞍钢援建宁夏石嘴山钢绳厂，本钢分迁建设西宁特钢等。这些钢厂中的多数，至今仍是中国钢铁的主力军，而且在产业布局中占有重要位置。改革开放后，中国政府从实现中国钢铁工业现代化，推动国民经济进一步发展的全局出发，决定建设宝钢，在中共十一届三中全会闭幕后的第一天，宝钢工程开工建设。进入21世纪，中国具备了自主集成建设现代化沿海钢铁基地的能力，鞍钢鲅鱼圈、首钢京唐、宝钢湛江、山钢日照等国家生产力重大布局项目建成投产。与建设钢铁基地交相辉映的是钢铁兼并重组，20世纪90年代末期，湘钢、涟钢和衡钢合并组建华菱集团，宝钢重组上海冶金控股集团和梅山钢铁公司，“十五”“十一五”期间，宝钢、鞍钢、武钢、首钢等实施跨区域重组，河钢、山钢等实施区域内重组。十八大以来，以中国宝武的组建为标志，中国钢铁又开启了新一轮重组，对全球钢铁工业竞争格局产生深远的影响。2018年中国大陆粗钢产量超过1000万吨的钢铁企业集团达到22家，全球前50大钢铁企业中，中国占据了28席（含中国台湾中钢）。

（3）钢铁工艺技术、装备水平大幅提高，生产效率显著提升。1949年生产钢铁的企业只有19个，能够修复生产的高炉只有7座，平炉12座、电炉22座。1949～1952年，经历了3年恢复时期，全国共恢复、扩建高炉34座、平炉26座，高炉利用系数仅有1.02吨/(立方米·日)，焦比高达976千克/吨。至改革开放前夕，中国拥有炼铁高炉982座，总容积87204立方米；炼钢平炉98座，公称容量总计17188吨；炼钢转炉276座，公称容量总计3034吨；炼钢电炉1678座，公称容量总计4156吨。20世纪90年代，连铸、高炉长寿、高炉喷煤、转炉溅渣护炉、型线材连轧和综合节能等关键共性技术的推广应用，推动了钢铁工业技术快速进步。进入21世纪以来，中国钢铁装备大型化、高效化、智能化快速发展，大高炉、大转炉技术实现了对韩国、日本、美国等几十个国家的出口。全部淘汰400立方米以下炼铁高炉，256家工信部规范企业范围内，已建成425座1000立方米以上高炉，其中4000立方米级16座，5000立方米级7座，精料冶炼、高风温、高顶压、高富氧、大喷煤等高效炼铁技术普及推广，2018年重点统计钢铁企业高炉平均利用系数2.58吨/(立方米·日)，焦比

393千克/吨，喷煤比140千克/吨。截至2018年底，工信部规范企业范围，拥有100吨及以上炼钢转炉403座，其中300吨级14座。钢铁工业基本淘汰了横列式型钢轧机、复二重线材轧机、劳特式中厚板轧机、二辊叠轧薄板轧机、开坯初轧机、热轧硅钢等工艺及产品，建成了一大批现代化轧制工艺技术装备，如国际领先的攀钢百米钢轨全长余热淬火工艺技术、有世界轧机之王美誉的鞍钢鲅鱼圈5500毫米宽厚板轧机等，都是立足于国产化的基础上建成投产的。随着工艺技术、管理水平、配套设施的提高完善，钢铁工业生产效率大幅提高，1949年中国钢铁全员劳动生产率2.38吨/（人·年），而2018年重点统计钢企劳动生产率（按在岗人员计）已提高到741吨/（人·年）。

（4）建立健全了钢铁工业发展的产业体系，有力支撑了钢铁产业综合竞争力的提升。钢铁工业是中国“一五”计划发展的重中之重，156项苏联援建项目中，钢铁工业投资占了总投资的近一半。从地质勘探到开矿选矿、耐火、焦化、炭素、铁合金再到冶炼、轧制、品种开发，从咨询、勘察、设计到施工，再到机修、科研、高校配套，钢铁工业是中国最早建成的完整工业体系。经过1949年之后30年的起步发展和改革开放40年的洗礼考验，钢铁冶金配套产业体系日益健全，产业整体素质全面提高，有力支撑了钢铁工业的发展和产业综合竞争力的提升。以科技教育领域为例，1949后中国建成了东北工学院、北京钢铁学院、中南矿冶学院、昆明工学院、西安冶金建筑学院、鞍山钢铁学院、武汉钢铁学院、包头钢铁学院、马鞍山钢铁学院等冶金院校，组建了钢铁研究院、规划院、设计院、矿冶院、建筑院、冶建公司等科研建设单位，源源不断地满足了钢铁建设发展对人才、技术、信息的需求。截至2018年底，钢铁工业累计建成国家重点实验室20个，国家工程研究中心14个，国家工程实验室5个，国家企业技术中心42家，上下游产学研用协同的国家产业技术创新战略试点联盟

4个。有了这些实力雄厚的发展平台，未来中国必将成为世界冶金工业的创新中心、教育中心和研发设计中心。

（5）钢铁工业绿色发展水平大幅提高。钢铁工业早期发展是比较粗放的，在节能环保方面重视程度不够，随着环境、能源外部条件的约束增强，钢铁工业开始加强能源节约和环境保护。特别是十八大以来，绿色发展提到了新的高度，中国钢铁持续推进清洁生产、特别排放限值、绿色工厂建设、错峰生产等重大事项，钢铁环保技术设施、排放绩效与管理水平大幅提升。重点钢企吨钢二氧化硫排放量由“十五”末期的2.83千克下降至2018年的0.53千克，吨钢烟粉尘排放量由2.18千克降至0.56千克，吨钢废水排放量由4.71立方米降至0.74立方米，部分特别排放限值地区与沿海钢铁企业实现废水“近零排放”。目前全行业正在全面推进超低排放改造，环保水平将进一步大幅提高。中华人民共和国成立伊始，钢铁工业吨钢综合能耗（标煤）曾高达3吨，20世纪80年代起钢铁工业有步骤地推进节能工作，起初以扫浮财、杜绝跑冒滴漏等为主，吨钢综合能耗（标煤）从1978年2.52吨下降到1985年的1.746吨；“七五”到“八五”，钢铁节能逐渐从单体设备、工序转向整体，节能管理方式从经验管理转向现代化管理，1995年吨钢综合能耗（标煤）下降到1.44吨；“九五”至“十五”，一批重大钢铁工艺技术的推广应用推动了钢铁节能的重大进步，如连铸和喷煤技术的推广普及，TRT、烧结及高炉热风炉余热回收技术的应用等，2005年吨钢综合能耗（标煤）进一步下降到0.694吨；“十一五”到“十二五”，节能工作纳入了经济社会发展的约束性指标，钢铁工业以调整结构、实施重点工程，推动技术进步和加强监督管理为主，吨钢综合能耗下降（标煤）到2015年0.572吨。“十三五”以来，钢铁工业进入系统节能阶段，以提升企业整体能源利用效率为核心，完善健全能源管理组织架构，实现全流程能源精细化管理，加快工艺、装备、产品、原料的结构调整和技术进步，吨钢综合能耗（标煤）下降到2018年的0.555吨，相当于1949年的18.5%。

（6）钢铁工业对外开放国际化发展不断迈上新高度。中国钢铁起步阶段主要是学习借鉴苏联的发展经验和技术，20世纪70年代中期引进建设了“三厂一车间”的武钢一米七工程，但实质性对外开放和现代化钢铁建设，则始于改革开放。改革开放40多年来，中国钢铁在技术引进、海外资源、国际产能合作等方面进行了大量探索与实践。技术引进方面，1978年12月宝钢动工兴建，大大缩短了中国钢铁与世界先进水平的差距，并引领了中国钢铁迈向现代化的步伐。海外资源方面，20世纪80年代末，中国钢铁企业开始在秘鲁、澳大利亚以参股、并购等形式建设铁矿石生产基地，中钢和澳大利亚力拓公司合营的恰那铁矿，从1987年正式签署协议至今，已经成功运营32年。1992年，首钢斥资1.2亿美元收购了秘鲁铁矿公司，20多年来为加强首钢集团资源保障和当地经济发展做出了重大贡献。国际产能合作方面，在“一带一路”倡议的推动下，中国钢铁企业将国际化向纵深推进，实现更高水平的开放。河钢成功收购塞尔维亚斯梅代雷沃钢铁厂，青山集团印尼镍铁项目，广西盛隆冶金马中关丹工业园350万吨联合钢铁项目，德龙镍业印尼镍铁不锈钢、德龙钢铁印尼钢厂，建龙东钢等海外钢铁项目进展顺利。技术服务方面，中国钢铁冶金设备技术出口逐步由单体设备及部件的出口，走向成套设备出口及工程总承包。中冶集团总承包的台塑越南河静700万吨钢厂项目投产，实现了国际千万吨级绿地钢铁项目总体设计和系统输出，带动4000立方米级大型高炉技术、标准和装备整体成套出口；马来西亚关丹联合钢铁350万吨综合钢厂如期建成，成为中国资本、中国技术、中国管理全面走出去开展国际产能合作的典型。中冶、中钢等企业以EPC（总承包）模式赢得了一大批具有重要影响的国际钢铁成套工程项目，在国际上形成极大的影响力。

中华人民共和国成立70年以来，经过几代人的努力，中国钢铁工业在数量和质量两个方面均取得了巨大进步，满足了国家发展的需要，具备了较强的国际竞争力，钢铁强国之路展现出光明前景。总体比较，从产品服务能力、产业规模效应、技术装备水平、支撑配套体系、从业人员素质等方面，中国钢铁工业综合实力已处在世界一流方阵，是可率先进入制造强国先进行列的产业之一。

特别十八大以来，钢铁工业不断适应新常态，贯彻落实供给侧结构性改革，产业调整升级取得了本质性的长足发展，为世界钢铁工业化解过剩脱困发展贡献了中国智慧，做出了突出贡献，彰显了大国责任和国际领导力，也为接下来中国钢铁工业的高质量发展打下了坚实的基础。

从历史维度、全球视角来看，中国钢铁工业的发展、崛起和调整是一种必然，是世界钢铁工业发展规律和中国钢铁实际、特点共同作用的结果。与欧美等发达国家钢铁工业不同，中国钢铁工业脱胎于计划经济，崛起于改革开放进程中，走了一条独特的、前所未有的发展道路，有力支撑了国民经济发展需要。实践证明这条路是成功的，没有别的道路能够满足中国快速发展对钢铁的需求。同时，中国钢铁工业在崛起发展、满足需求的过程中，也承接了世界钢铁工业转移的接力棒，扩大了钢铁材料的应用领域，采用了大批的新技术、新装备，将世界钢铁工业发展水平推向了新高。

二、中国钢铁工业发展历史经验

中华人民共和国成立70年来，中国钢铁工业在一穷二白的基础上实现了世人难以想象的跨越式发展，并步入了高质量发展的新阶段，积累了丰富的经验和教训。一是坚持市场化改革。市场配置资源是最有效率的形式，中国钢铁的发展就是得益于市场化改革：市场释放经济活力，极大拉动了钢铁需求，没有稳定壮大和不断升级的内需市场，就不可能有中国钢铁的发展；市场优化配置资源，引导各类生产要素进入钢铁行业，高效形成了供给能力；市场发挥价格机制、竞争机制作用，促进优胜劣汰，提高企业发展质量。二是坚持创新驱动。新中国钢铁工业发展的70年，是管理理念、方式方法和工艺技术不断创新的70年。“鞍钢宪法”“首钢承包制”“宝钢现代化管理”“邯钢经验”等许多管理创新的举措，不仅为钢铁事业腾飞插上了翅膀，也为中国工业发展树立了榜样，一时引潮流之先。工艺技术从平炉到转炉、从模铸到连铸再到近终型铸轧，5000立方米级高炉、300吨级转炉、200吨级电弧炉的建成投产、稳定运行，大幅提升生产效率。未来，在迈向高质量发展的道路上，科技创新将发挥更加重要的作用。三是坚持协调发展。中国钢铁工业的发展，经历过“以钢为纲”的激情岁月，也经历了追求规模效应的粗放发展时期，钢铁孤军突进，导致产业结构比例甚至国民经济比例失调，不得不进行艰难的调整，因此，必须秉承协调发展的新理念，放眼全局、着眼长远，才能实现可持续发展。四是坚持自主道路。中国钢铁工业发展必须坚持道路自信，立足于中国国情的实际，不能盲目照搬国外技术、国外模式，如不充分吃透中国市场、环境、资源、能源和政策条件，所谓先进的技术、经验也必将水土不服，比如钢铁去产能，就没有受洋先生影响，自主探索出了一条成功的新路。五是坚持开放合作。从中华人民共和国成立初期学习苏联，到20世纪70年代的武钢一米七工程，再到改革开放的产物宝钢和一批技术的引进、消化、再吸收，以及一批合资企业的兴建，直到“一带一路”战略下，钢铁企业“走出去”实施国际产能合作，造就了河钢集团塞尔维亚公司管理团队的“时代楷模”等。事实证明，只有开放合作才能更好发展，产业保护、技术封锁等开倒车的理念、行为是没有出路的。

钢铁是建设现代化经济体系的重要组成部分，需满足经济发展、员工就业、社会稳定等多目标要求，实现企业、员工、客户和社会的利益共享，但前提是必须有合理的效益，才能持续下去。要随着经济社会发展和产业发展，不断深化体制机制改革，调整优化政策，释放企业发展的活力和创造性。

三、当前中国钢铁工业所处历史阶段及面临形势

从产业规律来看中国钢铁工业发展，可抽象概括为“两个时期、五个阶段”：第一个时期是数量时期，包括增量阶段、减量阶段；第二个时期是高质量时期，包括重组阶段、低碳阶段；两个时期中间有个过渡阶段，即强化环保治理阶段。从这个大的发展规律来看，中国钢铁工业当前处于数量时期的减量阶段、高质量时期的重组阶段和中间过渡的强化环保阶段的三期叠加，正是承上启下的重要节点，减量、环保都取得了积极的进展，重组成为关键所在，将决定能否实现由数量时期向高质量时期的平稳过渡。

中国钢铁工业的发展成功解决了“有没有”“够不够”的数量问题，当前中国钢铁工业发展又面临着新的形势和更高的要求。十九大作出了新的历史性论断：“中国经济已由高速增长阶段转向高质量发展阶段”。随着中国社会主要矛盾转化为人民日益增长的美好生活需要和不平衡不充分的发展之间的矛盾，钢铁工业今后关键要解决“好不好”的质量问题，“高质量”已经成为了新时代钢铁工业发展的前进方向。

在高质量发展阶段，中国钢铁工业面临着复杂多变的国际国内形势：从国际看，世界经济在深度调整中曲折复苏，全球钢材需求总量进入平台期，呈稳定波动发展态势。国际钢材市场贸易保护主义蔓延，

竞争将更加激烈，国际投资贸易规则体系加快重构，钢铁国际产能合作、国际贸易的机遇和挑战并存。新一轮科技革命和产业变革方兴未艾，世界钢铁的产业形态、生产经营、发展方式正在经历前所未有的深刻变革，钢铁材料与其他材料之间呈现既互相竞争又协同融合的大趋势。铁矿、焦煤等大宗商品的金融属性增强，对价格波动的影响明显加大，不确定因素显著增多。先进钢铁强国依托再工业化战略，加强科技创新和前沿领域战略布局，在中高端钢材市场把占制高点，一些新兴经济体凭借劳动力等低成本要素的优势，对普通钢材市场形成分流，中国钢铁工业面临的风险挑战增加。从中国国内看，中国经济增长从高速转为中高速，伴随着发展方式转变、经济结构调整和增长动力转换，中国单位 GDP 钢材消费强度明显下降，钢材消费总量进入峰值弧顶阶段，中长期总体趋于下降。同时，中国经济长期向好的基本面没有改变，经济结构调整优化的前进态势没有变，中国钢铁工业拥有世界最大最活跃的内需市场、世界最全最完整的产业体系、世界最多最丰富的人力资源、世界最新最先进的技术装备、世界最快最及时的服务体系，仍将长期保持强大的竞争力。在实现由低水平供需平衡向高水平供需平衡跃升的过程中，提高钢材供给质量、改善钢材供给结构将是推进中国钢铁工业迈向中高端的新引擎。

四、新时代中国钢铁工业高质量发展展望

站在 70 年发展的历史节点上，中国钢铁工业未来发展将呈现质量提升、技术升级、绿色发展、布局优化、产业延伸、流程演变、兼并重组等特点。钢铁工业高质量发展的路径则是深入推进“九化”协同，重塑产业价值链，进一步提高全球竞争力：一是绿色化，从制造全流程、管理全方位、产品全周期等角度，强化绿色发展，加快超低排放改造，建立有效益、可持续的现代化绿色工厂、绿色产业链和产

品体系；二是有序化，以提升竞争力为核心，推进钢铁企业重组，打造具有国际竞争力的世界级钢铁企业集团；三是品质化，全面提升产品质量和服务质量，构建集质量、服务、创新和文化于一体的品牌体系；四是标准化，从国家、行业、地方、团体等四个层面协同发力，引领企业建立适应市场竞争和技术进步需要的企业标准体系；五是差异化，加强对市场需求和竞争对手的研究，找准企业定位，明确发展战略和实施路径，同时做好战略差异化、产品差异化和品牌差异化；六是服务化，钢铁企业应由单纯的制造增值向制造、服务协同增值转变，进而推动商业模式变革；七是智能化，促进工业互联网、云计算、大数据、AI 在钢铁企业研发设计、生产制造、经营管理、销售服务等全流程和全产业链的综合集成应用；八是多元化，强化钢铁与多元的战略协同、业务协同、渠道协同和管理协同，形成沿钢铁工业纵向延伸、横向耦合或属地结合的多元化经营体系；九是国际化，整合利用全球资源和网络体系，开展产能、工程技术、产业链上下游、研发、贸易等国际合作。

第十章　从宏观到微观，钢铁材料技术发展

第一节　钢铁迭代对世界的改变

一、工业革命前人类获取钢铁的轨迹

人类获取钢铁的故事早在钢筋，桥梁和摩天大楼之前就开始了，它始于星星（见图 10-1）。

图 10-1　钢铁的起源

在人类出现 10 亿年之前，甚至地球形成之前，炽热的恒星将原子融合成铁和碳。在无数的宇宙爆炸和重生中，这些物质进入小行星和其他行星体，随着宇宙的搅动，相互撞击。最终，一些岩石和金属形

成了地球，在那里它将塑造一种特定种类的步行猿的命运。

（一）“靠天收”获取陨铁

历史上的某一天，一些人类牟然发现了闪闪发光的陨石，它的成分主要是铁和镍，这些陨石穿过大气层撞到了地面，也就是我们传说中的陨铁（见图 10-2）。从此一发不可收拾，开始了一个物种对于一种金属近万年的痴迷。

图 10-2　陨铁

陨铁的镍含量高于从地下挖出并被人类冶炼的铁。自卡特发现陨铁匕首以来，研究人员发现，不只是图坦卡蒙的匕首，几乎所有可追溯到青铜器时代的铁器，都是用陨铁打造。铁镍合金具有一定的延展性，可以根据需要锻造成各种形状而不会碎裂。但这种“靠天收”的钢铁来源十分有限，使得这种神灵的金属在古代比宝石或黄金更有价值。

几千年之前，我们的祖先发现了获取钢铁更好的方法，从地球上采集铁矿石并最终将其熔炼成钢，通过它发展经济，并用它来建立一些世界上最伟大的文明。

（二）发现铁矿

人类在自己脚下的岩石里找到钢铁，花了几千年时间。公元前2500年左右，近东的部落成员发现了隐藏在地下的金属来源。它看起来和“来自天堂的金属”十分相像，但有些不同。铁与石头和矿物混合在一起（见图10-3）。提取铁矿石并不像捡起一块金或银那么简单，第一批矿工在挖掘矿石之前需要举行仪式，以安抚内心的惶恐。那感觉就好像在开启神明隐藏在地下的宝藏。

图10-3　铁矿

但是，学会从地球上挖掘铁矿石，只能算是成功了一半。古代人类又花了700多年的时间，才弄清楚如何将贵金属与矿石分开。到那时候，青铜器时代才真正结束，人类进入铁器时代。

（三）人造钢铁

公元前400年左右，印度工人发明了一种冶炼方法，恰好将合理数量的碳与铁结合。该方法的关键是熔融金属的黏土容器：坩埚。工人们将小型锻铁棒和木炭块放入坩埚中，密封后将其放入炉中，当他们通过风箱鼓风升高炉温时，锻铁熔化并吸收木炭中的碳。当坩埚冷却时，纯钢锭就炼成了，这就是传说中的“乌兹钢”。

印度铁匠把“乌兹钢”运送到世界各地贩卖。在大马士革，叙利亚铁匠使用这种金属锻造了著名的，几乎是神话般的大马士革刀，据说它足够锋利，可以在半空中切割羽毛（像“权力的游戏”中瓦雷利亚钢铁一样的超级材料）。印度乌兹钢贩卖到西班牙的托莱多后，那里的铁匠用乌兹钢为罗马军队锻造刀剑（见图 10-4）。

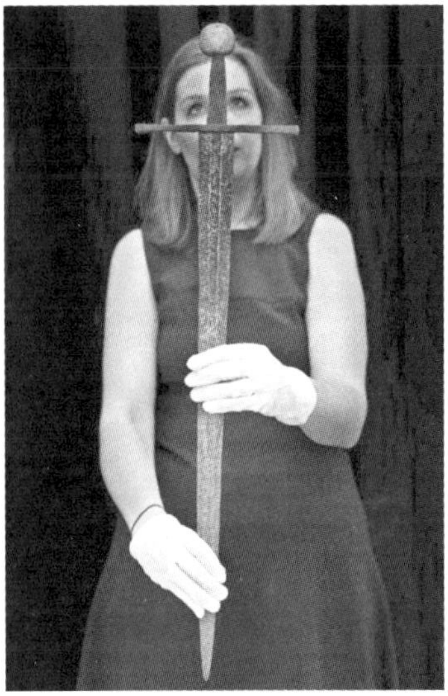

图 10-4　钢铁制造的兵器

（四）欧洲的熔炉和折叠锻造

随着罗马帝国的衰落（正式在公元 476 年），欧洲陷入了混乱。印度仍然在制造其耸人听闻的钢铁，但已不能将乌兹钢可靠地运送到欧洲，那里的道路因战乱而变得极不安全，商人经常遭到伏击，另外还有可怕的瘟疫和疾病。在西班牙的加泰罗尼亚，铁匠开发了类似于印度的熔炉：加泰罗尼亚炉，用以生产锻铁。他们用这种金属制造了马蹄铁、车轮、车门铰链，甚至是钢制涂层盔甲。

骑士挥舞的特制剑（见图 10-5），是通过把多种钢铁材料折叠锻打制造的，这一过程会在剑身上留下独特的人字形和花纹图案。维京人将这些图案解释为龙线圈，像亚瑟王的神剑和埃尔西德的提佐纳神剑，都带有这种花纹。

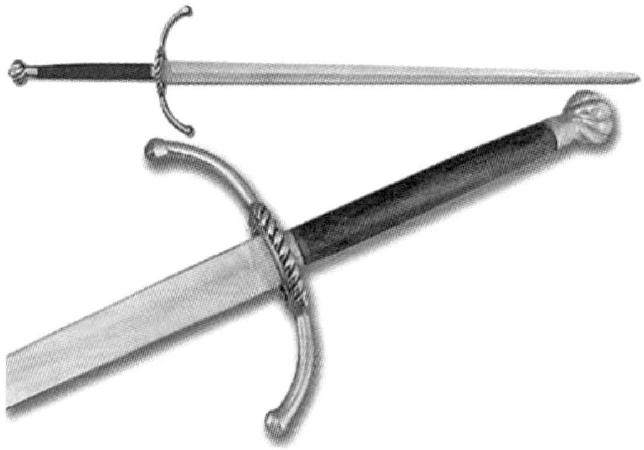

图 10-5　欧洲的圣剑

（五）日本的木炭加热和折叠锻造

世界上最好的剑是在地球的另一边制造的。日本铁匠为锻造武士刀（见图 10-6）开发了一种精湛的技术，达到前所未有的锋利程度。这些武器成了传家宝，传承了几代人。制造武士刀在日本是一种神圣的、复杂的仪式化事件。

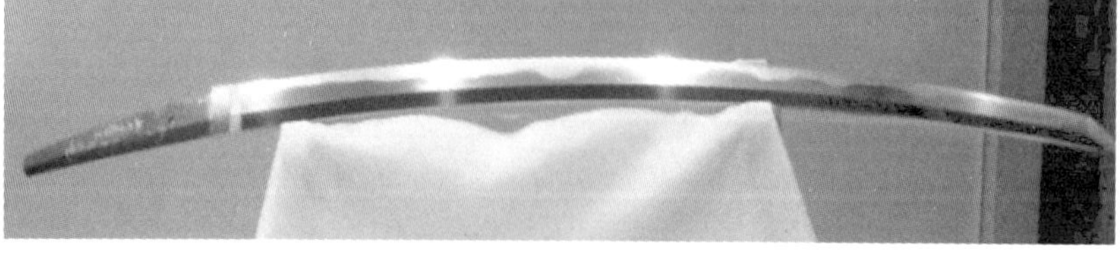

图 10-6　日本刀

在制造武士刀之前，日本铁匠需要先沐浴，他们认为如果铁匠的身体不纯净，邪恶的灵魂就会进入刀锋。金属锻造始于锻铁，用木炭加热直到它变得足够柔软可以折叠。在冷却后，将铁加热并折叠约 20 次，使刀身呈弧形，并且通过锻造和折叠，锻铁继续暴露在木炭中，将铁变成钢。

二、钢铁发展与工业革命

1709 年，亚伯拉罕·达比发现可用廉价的焦炭取代木炭炼铁，结束了长期以来对木炭炼铁的依赖，达比的儿子研制出由水车驱动的巨大风箱，制成第一台由机械操纵的鼓风机，使炼铁效率大大提高，成本有很大下降；1760 年，约翰·斯米顿对鼓风机的风箱进行改进，将其替换为以水车驱动、由四个装有活塞和阀门的金属气缸组成的泵，进一步提高了炼铁效率，炼铁技术的进步对采煤技术提出了更高要求。

1769 年，人们将瓦特设计的单动式蒸汽机用于矿井，提升其提水效率；1784 年，瓦特设计的联动式蒸汽机应用到纺织机上，结束了人类对畜力、风力和水力由来已久的依赖，意味着人类终于可以将机械大规模的应用于生产活动，至此，工业 1.0 时代开启。新的纺织机和蒸汽机进一步提高了对钢铁材料的需求，同年，亨利·科特发明了反射炉，通过搅动除去熔融体中的炭，使易碎的生铁变为更有韧性的熟铁。

1850 年，英国冶金学家贝斯麦研发了转炉炼钢法，使低成本的大规模炼钢成为可能。随着资本家大规模地投建新厂和改造城镇，刺激了钢铁需求，在钢铁技术和资本扩张的双重推动下，电力开始用于带动机器，成为补充和替代蒸汽动力的新能源，图 10-7 为新工艺炼钢法 。

19 世纪中后期，凯利、贝塞麦、托马斯、马丁和西门子等的炼钢法，以及后来发明的电炉炼钢法，使得钢产量和质量大幅提升，迅速

图 10-7　新工艺炼钢

在很多部门和领域代替了熟铁。钢铁技术的进步，促进了采煤业，机器制造业、铁路运输业等原有重工业飞跃发展，也推动了电力工业、电器制造、化学工业、石油工业、汽车工业、飞机制造业等以钢铁为原料的新兴重工业的发展。在钢铁的产量和质量双提升的推动下，重工业很快地成为各个资本主义国家经济的非常重要的部分，从 19 世纪末到 20 世纪初，重工业已经在世界工业中开始占据了主导地位，全面进入“钢铁时代”，图 10-8 为钢铁时代的杰作、巴黎的标志——埃菲尔铁塔。

二战结束后，部分军用设备和理论开始用到民用，空间技术、原子能技术、计算机信息技术等科技领域得到了迅猛发展，生产自动化程度不断增强，设备更新周期不断加快。作为重工业发展的重要基础性材料，钢铁材料的种类不断丰富，生产技术和产品质量得到了不断提升。

钢铁时代的杰作、巴黎的
标志—埃菲尔铁塔

[建设地点]：法国巴黎战神广场
[开工时间]：1887 年 1 月 28 日
[竣工时间]：1889 年 3 月 31 日
[占地面积]：1 万平方米
[建筑高度]：324.79 米
[建筑总重量]：约为 10100 吨
[建筑层数]:4 层
[结构形式]：钢架镂空结构

图 10-8 埃菲尔铁塔

三、钢铁发展对世界的改变

（一）钢铁对农业的促进和发展

根据中国考古的情况来看，夏朝要使用石器，青铜器已经出现。商朝广泛使用青铜器。西周，主要使用木制和石制工具进行农业生产。东周春秋时期，铁质工具开始广泛应用于农业生产领域。铁农具的数量远远超过木石农具，占据了主导地位。

夏商时代是我国已知用铁的最早时间（见图 10-9）。不过那时候的铁并不是人工制成，而是来自天空落下的陨星，被称为陨铁。

春秋初期我国已经掌握了人工冶铁技术，出土于甘肃灵台的秦国铜柄铁剑是最好的证明，它也是我国最早的人工冶铁制品。铁冶炼技术在春秋晚期问世，这次技术上的飞跃，领先欧洲国家 1900 多年。

中国在春秋战国之交时，正式进入铁器时代，标志着新一代社会生产力的形成。此时铁器逐渐取代铜器成为主要生产工具（见图 10-10），华夏诸国的生产力也随之大大提高。

图 10-9　最早的铁器

图 10-10　春秋战国时期的铁制农具

战国早期就已出现白口铁柔化术，而欧洲的铸铁柔化术是在 17 世纪下期才出现，可见当时中国冶铁技术已经领先全球。

秦汉时期，冶铁技术进一步完善。冶铁技术在秦朝进一步发展，其中竖炉炼铁已成为一种经济而有效的炼铁方法。西汉早期兴起了“百炼钢”技术和铸铁脱碳钢。到了中期又相继出现了炒钢技术，这是继生铁冶铸之后，中国古代钢铁技术史上又一重大事件。此外，球磨铸铁也在汉代被发明。

同时铁器制作技术的发展，尤其是大型新式铁农具（见图 10-11）的出现，有力地促进了生产力的发展。至此我国古代社会全面进入到铁器时代，首先是中原地区在西汉末年基本普及铁器，接着中原铁器迅速向边远地区扩散，包括西北至新疆、宁夏、青海、甘肃；北至内蒙古；东北至燕山山地、黑龙江中游及大兴安岭；东南至福建地区；南至岭南地区；西南至云贵一带等。

图 10-11　西汉耕犁

铁器和铁器工业获得了全面发展，铁器（见图 10-12）类型、数量进一步增多，使用地域进一步扩大，作为汉代最典型的农业工具之一——“耕犁”到汉代得到普及，西北、东北甚至福建、广西、广东等地都有铁犁或牛耕模型出土。秦汉铁器无论在数量上还是品种质量上都超过了战国时期的水平，冶铁技术进入了一个新的历史阶段。

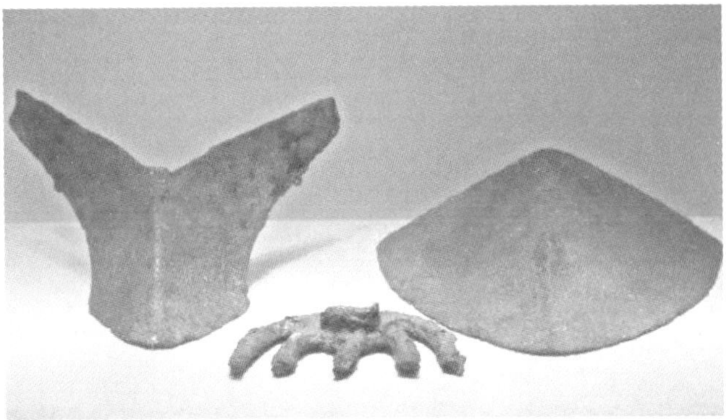

图 10-12　西汉耕犁的铁质犁铧

明代中期的人们不仅懂得了炼焦，还用焦炭进行了冶炼。用焦炭代替煤作燃料，就可以避免煤的缺点，我国使用焦炭炼铁，至少起于明代。因此明代铁制农具的强韧性有较大的提高（见图 10-13）。

图 10-13　明代铁锄头

1890 年张之洞在武昌设立铁政局，成立汉冶萍煤铁公司，创办近代中国第一家大型钢铁联合企业“汉阳钢铁厂”。1894 年投产，日产铁 100 吨，标志着中国近代钢铁工业的全面起步，图 10-14 为民国时期的铁锄头。

图 10-14　民国时期的铁锄头

欧洲在很长一段时间内都是铁和青铜并存的，出土文物有两千年前的罗马和希腊的铁质农具（见图 10-15、图 10-16）。

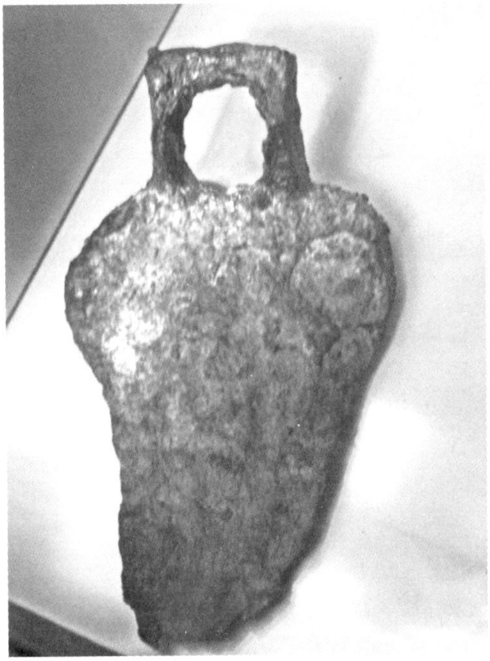

图 10-15　古罗马时期的铁制农具

图 10-16　古希腊时期的铁制农具

19 世纪以来，由于世界钢铁工业的快速进步，农业机械得到快速发展，今天的农业生产已经步入机械化、专业化、信息化时代，正在向智慧农业前行（图 10-17、图 10-18）。

图 10-17 大型耕地机

图 10-18 联合收割机

（二）建筑行业

中国古代建筑材料主要有木材和石材，如我国的故宫和赵州桥（图 10-19）。

图 10-19 赵州桥

钢筋混凝土的发明出现在近代，通常认为法国园丁约瑟夫·莫尼尔（Joseph Monier）于 1849 年发明钢筋混凝土，并于 1867 年取得包括钢筋混凝土花盆以及应用于公路护栏的钢筋混凝土梁柱的专利。1884 年德国建筑公司购买了莫尼尔的专利，进行了第一批钢筋混凝土的科学实验，研究了钢筋混凝土的强度、耐火能力、钢筋与混凝土的黏结力。1887 年德国工程师科伦首先发表了钢筋混凝土的计算方法；英国人威尔森申请了钢筋混凝土板专利；美国人海厄特对混凝土横梁进行了实验。1895~1900 年，法国用钢筋混凝土建成了第一批桥梁和人行道。1872 年，世界第一座钢筋混凝土结构的建筑在美国纽约落成，人类建筑史上一个崭新的纪元从此开始，钢筋混凝土结构在 1900 年之后在工程界得到了大规模的使用。1928 年，一种新型钢筋混凝土结构形式——预应力钢筋混凝土出现，并于第二次世界大战后被广泛地应用于工程实践。钢筋混凝土的发明以及 19 世纪中叶钢材在建筑业中的应用使高层建筑与大跨度桥梁的建造成为可能。

20 世纪 50 年代，我国主要使用的是碳素钢（Q235）Ⅰ级光圆热轧钢筋，屈服强度 235 兆帕，极限强度 310 兆帕。在新中国建设初期发挥了巨大作用。

20世纪70年代，我国钢铁行业研发出Ⅱ级钢筋16Mn，屈服强度335兆帕，极限强度510兆帕。广泛用于大、中型钢筋混凝土结构，如桥梁、水坝、港口工程和房屋建筑结构的主筋。Ⅱ级钢筋经冷拉后，也可用作房屋建筑结构的预应力钢筋。

人民大会堂（图10-20）是钢筋混凝土结构+顶盖钢结构，上海环球金融中心是钢筋混凝土结构+钢结构。

图10-20　人民大会堂

圣地亚哥卡拉特拉瓦（Santiago Calatrava）位于加那利群岛圣克鲁斯德特内里费（Santa Cruz de Tenerife）的礼堂（图10-21），在大西洋上崭露头角。由西班牙建筑师在2003年完成，一个表演空间被弯曲的抽象混凝土形式包围。

（三）钢结构建筑

中华人民共和国成立以来，随着科学技术和国民经济的发展，我国建筑钢结构得到了迅猛发展。桥梁用钢支撑了我国桥梁建设的需要。

1957年建成我国第一座跨长江公铁两用武汉长江大桥，长1670米，可谓“一桥飞架南北，天堑变通途”，圆了几代人的梦想。桥梁使用了A3钢。

图 10-21　圣地亚哥卡拉特拉瓦礼堂

1969 年建成的南京长江大桥（图 10-22），正桥长 1576 米，使用了鞍钢生产的 16Mnq 钢。

图 10-22　南京长江大桥

2019 年全桥和龙的沪通长江大桥正桥长 5827 米，使用了 Q500qE 钢。

为了支撑越来越高难的钢结构建筑建设，我国钢铁行业开发了大厚度多功能的高性能建筑用钢。

1990 年北京建成京广中心大厦（图 10-23），高 209 米，这是我国第一座超高层钢结构建筑。

图 10-23　京广中心大厦

2007 年建成的鸟巢（图 10-24），使用了钢板厚度 110 毫米的河钢舞钢 Q460E（Z35），支撑了结构复杂的钢结构设计；2012 年建成的央视新大楼也使用了 Q460E（Z35）钢，支撑了大悬挑设计。

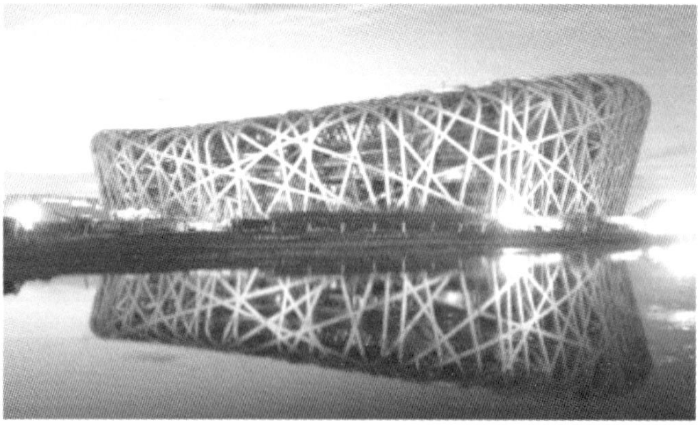

图 10-24　鸟巢

（四）交通行业

1814 年 7 月 25 日，斯蒂芬森自己动手制作的世界上第一台蒸汽机车开始运行，取名“布鲁克”号，人称“火车”（图 10-25）。从此，世界开启了火车时代。

图 10-25　火车头

新中国成立以来，我国仅有普通、直快、特快三种列车，截止到 1997 年，速度最快的特快列车平均速度仅为 80 公里/小时，最高速度不超过 110 公里/小时。

1978 年，中国还在使用蒸汽线路，不到 9000 台火车中，有 8000 台是蒸汽机车，就是那种冒着烟的古董火车，高级一点的电力机车只有不到 200 台。时速只有区区 40 公里，还不如现在一台电动摩托车的速度。

1997~2001 年铁道部实施了 4 次大规模提速（见图 10-26）。1997 年 4 月 1 日零时，铁路第 1 次大面积提速，京广、京沪、京哈 3 大干线，提速列车最高运行时速达到了 140 公里；1998 年 10 月 1 日零时，中国铁路第 2 次大面积提速，快速列车最高运行速度达到了 160 公里/小时，非提速区段快速列车最高速度达到了 120 公里/小时；2000 年和2001年又进行了第3、4次大面积提速。繁忙干线提速区段列车最高运行时速达到140~160公里，其中广深线利用摆式列车使列车时速达到了200公里。

图10-26 传统火车

2008年8月1日，中国第一条高速铁路—京津城际高速铁路正式投入运营，全长120公里，列车最高运营速度达到每小时350公里（见图10-27）。

图10-27 中国高铁

2008~2017年，高铁列车由和谐号升级为具有完全自主知识产权的复兴号，时速从200公里升级到350公里，中国高铁速度覆盖了时速 350 公里、300 公里、250 公里和 200 公里四个等级。

1908 年美国福特公司推出了 T 型车（见图 10-28），给了普通民众可以开上自己的汽车的希望。

图 10-28　福特 T 型车

今天，汽车作为日常代步交通工具已进入千家万户。除了传统的燃油车以外，随着人民对节能、环境保护的要求越来越高，近几年电动汽车也得到了快速发展，这一切都离不开钢铁材料对汽车产业的支撑，图 10-29 为传统燃油汽车，图 10-30 为特斯拉电动汽车，图 10-31 为汽车白车身。

图 10-29　传统燃油汽车

图 10-30　特斯拉电动汽车

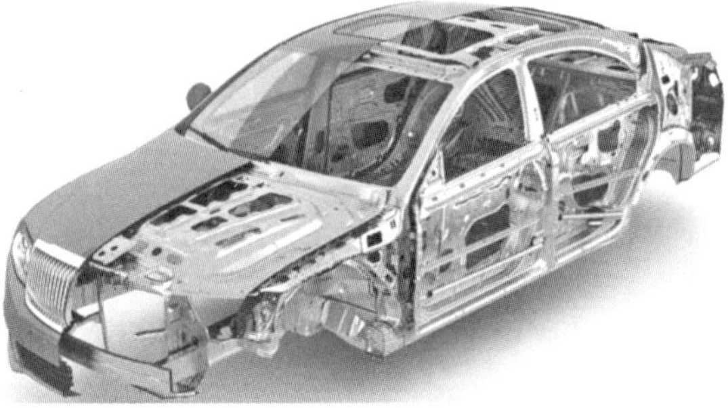

图 10-31　由钢铁构成的汽车白车身

四、钢铁让人类生活更美好

钢铁作为一种传统结构材料，是我们生活中必不可少的重要元素。随着钢铁研发技术的不断进步，钢铁材料的应用越来越多元化，并对我们的生活品质产生深远影响。

（一）钢铁让环境更优美

钢铁工业作为能源与资源密集型产业，长期以来被大众定义为“高能耗、高排放、高污染”的行业。然而，从全生命周期的角度来看，钢铁的环保特性被低估了：其强度、成型性、使用寿命等都优于其他材料，且有着较强的可回收性，将为促进并实现循环经济提供重要助力。

浦项制铁应用 LCA（生命周期评价）的代表产品先进高强度钢（AHSS）比传统的汽车钢板轻 10%，但强度是后者的两倍多。先进高强度钢在汽车领域的应用大大减轻了车身重量，不仅节省油气，还减少温室气体排放：使用了高强钢的汽车，每年的燃料用量可比使用普通钢板的汽车减少 140 升，二氧化碳排放量可减少 301 千克。在使用年限内每辆车可减少 2 千升的燃料用量、4. 4 吨的二氧化碳排放量和 300 万韩元（约合 2573. 38 美元）的燃料成本。可以说，从全生命周期的角度来看，钢铁让我们的环境更加优美。

（二）钢铁让健康有保障

随着钢铁材料的不断发展，我们在更多的日常生活场景中都能看到钢铁材料，在餐饮领域尤其如此。例如，抗菌不锈钢餐具、餐盒等，而且随着美国公司 FinalStraw 研发生产的全球首批折叠式不锈钢吸管（见图 10-32）投入市场，塑料吸管的时代似乎很快就要结束了。FinalStraw 吸管的使用寿命长达 15 年，具有可重复使用、卫生、耐腐蚀、便于携带、易清洁等优点。根据测算，1 根 FinalStraw 吸管可减少 584 根塑料吸管进入垃圾填埋场或海洋，在减少环境负担的同时，最大限度地改善餐饮卫生，使我们的餐饮更健康。

图 10-32　不锈钢吸管

（三）钢铁让居住更便利

随着装配式建筑的不断推广，钢铁及钢结构在不断颠覆我们对建筑的认知。众所周知的鸟巢（2008 年北京奥运会主体育场）、水立方（2008 年背景奥运会主游泳馆）、北京中国尊（北京中信大厦）、广州小蛮腰（广州电视塔）等都是标志性的钢结构建筑（见图 10-33）。新冠疫情暴发之初，武汉火神山、雷神山医院的建设，是对中国装配式建筑技术的全面检验和大阅兵，充分彰显了中国推广装配式建筑技术的远见卓识。在新时代条件下，人们对建筑工程提出了新的要求，质量要好，成本要低，建设速度要快，是装配式建筑的真实写照，这都离不开钢铁材料。未来钢铁材料及钢结构将越来越多地出现在我们的视野，为我们的居住便利提供更多的选项。

图 10-33　钢结构房屋

（四）钢铁让医疗更先进

先进的医疗设备、工具更离不开钢铁。医用不锈钢凭借生物相容性很好、力学性能优良、耐体液腐蚀性能出众以及可靠的加工成型性能，正在受到临床医用植入材料和医疗工具材料应用的广泛欢迎。举例来讲，心血管介入这一治疗方法医治了很多因为冠脉狭窄而引发冠心病的患者。但是，支架植入后易引发冠脉支架内再狭窄这一临床问题，中国研究机构开发出心血管支架用含铜不锈钢，支架在起到力学支持的同时，可有效抑制冠脉支架内再狭窄。

第二节　从宏观到微观——钢铁材料发展之路

人类对材料的研究经历了从宏观到微观的渐进过程，钢铁材料也不例外，其中热力学、光学显微镜、金相学、X 射线、电子显微镜等发展促进了钢铁材料的研究。

一、热力学的发展

炼钢、炼铁、轧钢是钢铁生产的主要工序，都离不开加热过程，而热力学是从宏观角度研究物质的热运动性质及其规律的学科，属于物理学的分支，它与统计物理学分别构成了热学理论的宏观和微观两个方面。

热力学以从实验观测得到的基本定律为基础和出发点，应用数学方法，通过逻辑演绎，得出相关物质各种宏观性质之间的关系和宏观物理过程进行的方向和限度，属于唯象理论，由它引出的结论具有高度的可靠性和普遍性。

热力学发展简史：1709~1714 年华氏温标和 1742~1745 年摄氏温标的建立使测温有了公认的标准。随后又发展了量热技术，为科学地观测热现象提供了测试手段，使热力学走上了近代实验科学的道路。

1798 年，冯·朗福德观察到用钻头钻炮筒时，消耗机械功的结果使钻头和筒身都升温。1799 年，英国人 H. 戴维用两块冰相互摩擦致使表面融化，这显然无法由“热质说”得到解释。

1850 年，焦耳（见图 10-34）的实验结果已使科学界彻底抛弃了“热质说”，公认能量守恒、而且能的形式可以互换的热力学第一定律为客观的自然规律。能量单位焦耳（J）就是以他的名字命名的。热力学的形成与当时的生产实践迫切要求寻找合理的大型、高效热机有关。

图 10-34　焦耳

1848 年，英国工程师开尔文（即 W. 汤姆森，见图 10-35）根据卡诺定理制定了热力学温标。1850 年和 1851 年，德国的 R. 克劳修斯和开尔文先后提出了热力学第二定律，并在此基础上重新证明了卡诺定理。1850~1854 年，克劳修斯根据卡诺定理提出并发展了熵。

图 10-35　开尔文

二、光学显微镜的发展

（一）显微镜的问世

荷兰驻法国法院特使威廉·波雷尔的信中提到，荷兰眼镜制造商汉斯·詹森和他的儿子扎卡里亚斯是1595年第一台复合显微镜（见图10-36）的发明者。他们的显微镜在一个放大倍数为2的试管中装有两个透镜。通过改变镜头之间的距离来改变。但是，尚不清楚詹森是否用其显微镜发表过任何观察结果。取而代之的是与显微镜起源相关的两个名字：罗伯特·胡克和范·列文虎克。

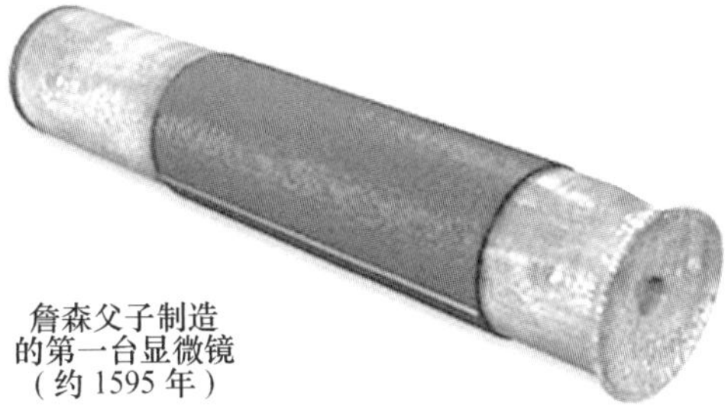

图10-36　第一台显微镜

罗伯特·胡克的杰作被广泛称为《显微照相》，于1665年出版，是第一本显微镜学著作。罗伯特·胡克是伦敦皇家学会的院士，担任实验策展人。他精巧的复合显微镜是现代显微镜的先驱，它配备了一个镜台，一个光源和三个光学透镜。

范·列文虎克是一位没有受过正式科学训练的荷兰窗帘商，他对用来计数布料中线数的放大镜着迷。他学会了如何研磨和抛光镜片，并进一步发展了这种技术。

在显微镜发展早期，由于玻璃的质量较低，镜片的形状也有很多瑕疵，所以人们用显微镜看到的物体形状比较歪曲。直到19世纪中期，显微镜技术得到跨越式的提升，逐渐有了现代显微镜的特性。德国蔡司和一家查尔斯斯宾塞创办的公司开始生产高质量的光学设备（见图 10-37、图 10-38）。

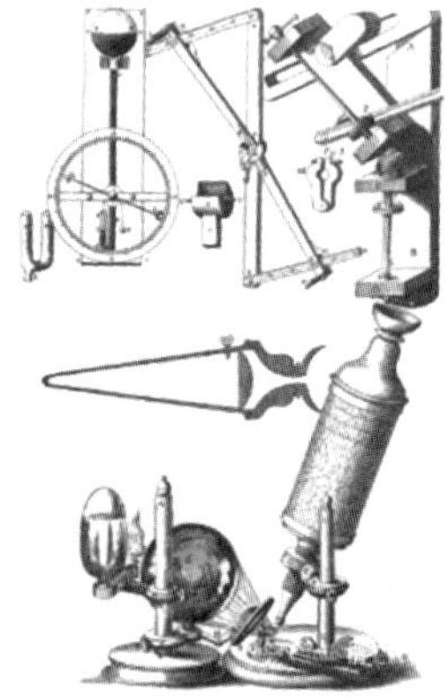

图 10-37　光学显微镜

图 10-38　蔡司光学显微镜发展历程

自从光学定律得到良好理解之后，光学显微镜几乎发展到极致了，因此近些年显微镜的发展速度也开始变慢，大多数显微镜都遵循同样的结构定律，类型无怪乎三种：单目、双目和体视双目显微镜（见图 10-39）。

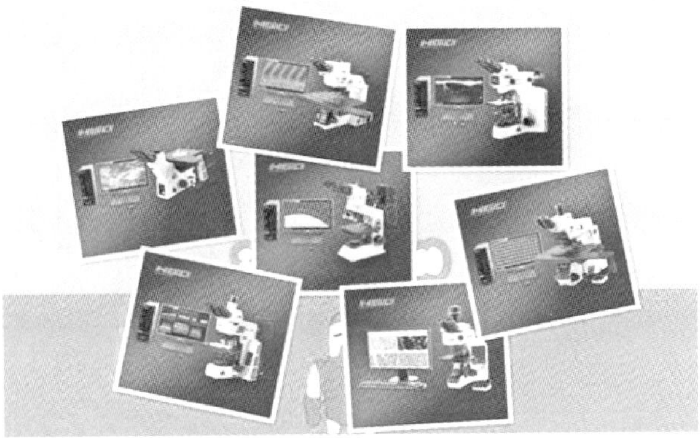

图 10-39　现代光学显微镜

（二）体视显微镜

体视显微镜（见图 10-40）又可称为立体显微镜或解剖显微镜，是一种具有正像立体感的目视仪器。被广泛地应用于生物学、医学、农林、工业及海洋生物各部门。

根据实际的使用要求，目前的体视显微镜可选配丰富的附件，比如若想得到更大的放大倍数可选配放大倍率更高的目镜和辅助物镜，可通过各种数码接口和数码相机、摄像头、电子目镜和图像分析软件组成数码成像系统接入计算机进行分析处理，照明系统也有反射光、透射光照明，光源有卤素灯、环形灯、荧光灯、冷光源等等。根据体视显微镜这些光学原理和特点决定了它在工业生产和科学研究中的广泛应用。比如在生物、医学领域用于切片操作和显微外科手术；在工业中用于微小零件和集成电路的观测、装配、检查等工作。

光学显微镜和体视显微镜都可以用来观察钢铁材料的金相组织

XTB-1B立体照相显微镜

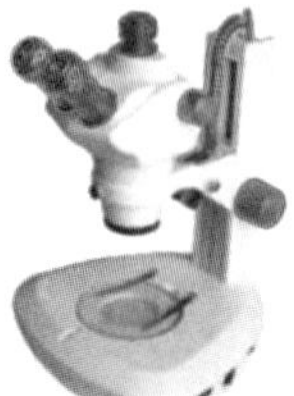

XTB-606三目立体显微镜

XTB-1C数码体视显微镜

图 10-40　体视显微镜

（见图 10-41），用于观察金相组织的显微镜也叫金相显微镜，因此，金相显微镜也就成为研究金属内部组织结构的重要工具。后来金相研究的领域逐步扩大，也就不局限于显微镜观察了。

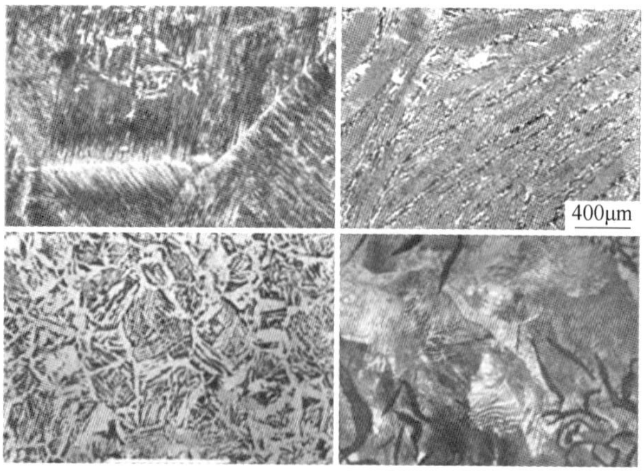

图 10-41　各类金相组织

三、金相学的发展

金相学或更广义一点的金属学及金相热处理是高等院校冶金系与机械系大多数专业学生的必修课，讲述的内容是金属与合金的组织结构以及它们与物理、化学和力学性能间的关系。随着现代技术的发展，新材料层出不穷，金相学的范围也已不限于金属与合金。逐渐渗透到无机非金属材料、矿物、有机高分子等，发展成为材料科学这门新学科。

（一）金相学的启蒙阶段

在现代炼钢方法出现之前，瑞典由于有高品位的铁矿石和丰富而又价廉的森林资源，在18世纪时是欧洲的主要产钢国。一方面，那时在瑞典出现一些著名的化学家，首先发现了镍、钴、锰、钼、钨等金属元素。显然，这些化学家的研究也包括钢与铁，如Bergman首先用化学分析方法证明碳含量不同是钢、铁和铸铁的主要区别。另一方面，Rinman在1774年瑞典皇家科学院院报上发表了一篇题为《铁与钢的腐刻》的论文，指出“不同类型的铁与钢的硬度、致密度、性能均匀与否等均有差异，腐刻为鉴别它们提供了一种简易的方案”。但是，这种用化学试剂腐刻金属显示其内部组织的方法尚未采用制片及抛光技术，仅限于观察钢铁产品的表面组织。

魏氏在1808年首先将铁陨石（铁镍合金）切成试片，经抛光再用硝酸水溶液腐刻，得出钢铁的组织。铁陨石在高温时是奥氏体，经过缓慢冷却在奥氏体的{111}面上析出粗大的铁素体片，无须放大，肉眼可见。四种取向的铁素体都可以观察到，其中三种是针状，夹角为60°，另一种是片状，平行于纸面。那时照相技术仍未出现，过去都是将观察结果描绘。魏氏在任奥地利皇家生产博物馆主任之前曾从事过印刷业。他运用印刷技术，首先用腐刻剂将铁陨石中的铁素体腐蚀掉，使奥氏体凸出。抛光腐刻的铁陨石本身就是一块版面，涂上油墨，敷上纸张，轻施压力将凸出的奥氏体印制下来，如中国古老的拓碑技术一样。图片之清晰可与近代金相照片媲美。魏氏的复制技术在那时不能不说是一种非凡的成就。但是，魏氏试验更为深远的意义还是在科学方面，这不仅是宏观或低倍观察的开端，也是显微组织中取向关系研究的起始。

（二）创建阶段

1863 年英国的 H. C. Sorby（以下简称索氏）首次用显微镜观察经抛光并腐刻的钢铁试片（见图 10-42），从而揭开了金相学的序幕。他在锻铁中观察到类似魏氏在铁陨石中观察到的组织，并称之为魏氏组织。

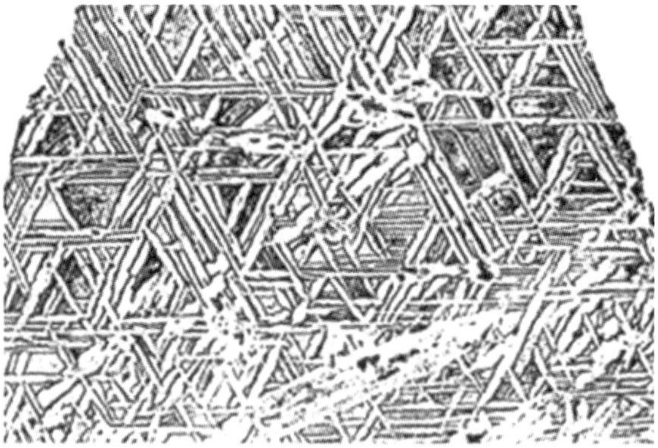

图 10-42　腐蚀后的钢铁金相

后来索氏又进一步完善了金相抛光技术，例如把钢样磨成 0.025 毫米的试片，并在摄影师的帮助下拍摄了钢与铁的显微像，基本上搞清了其中的主要相，并对钢的淬火、回火等相变作了到现在看来还基本上是正确的解释。索氏是国际公认的金相学创建人，特别是在英国和美国，都在 1963 年召开了金相学诞生百周年报告会，纪念索氏在 1863 年的发现（索氏在锻铁中观察到魏氏组织的论文发表于 1864 年，但是在他的 1863 年 7 月 28 日的日记中对此已做了记载）。他的姓氏还被用来命名钢中的一种淬火或回火组织——索氏体（见图 10-43）。

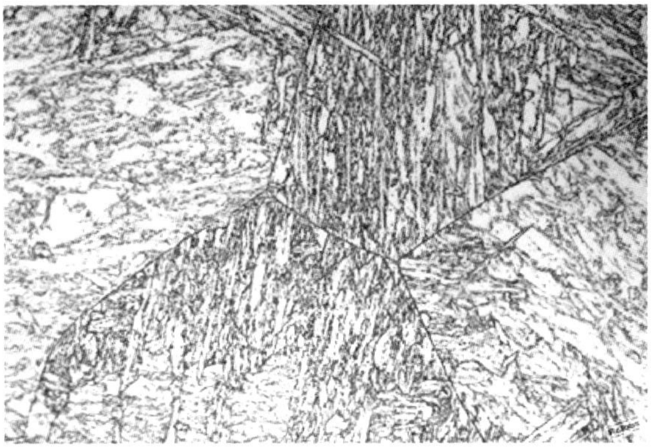

图 10-43　索氏体组织

四、典型金相组织

（一）铁素体

铁素体（1890 年英国著名金相学家 Howe 命名为 Ferrite，用 F 表示，见图 10-44），纯铁在 912℃以下为具有体心立方晶格。碳溶于 α-Fe 中的间隙固溶体称为铁素体，以符号 F 表示。由于 α-Fe 是体心立方晶格结构，它的晶格间隙很小，因而溶碳能力极差，在 727℃时溶碳量最大，可达 0.0218%，随着温度的下降溶碳量逐渐减小，在 600℃时溶碳量约为 0.0057%，在室温时溶碳量约为 0.0008%。因此其性能几乎和纯铁相同，铁素体的强度、硬度不高，但具有良好的塑性与韧性。

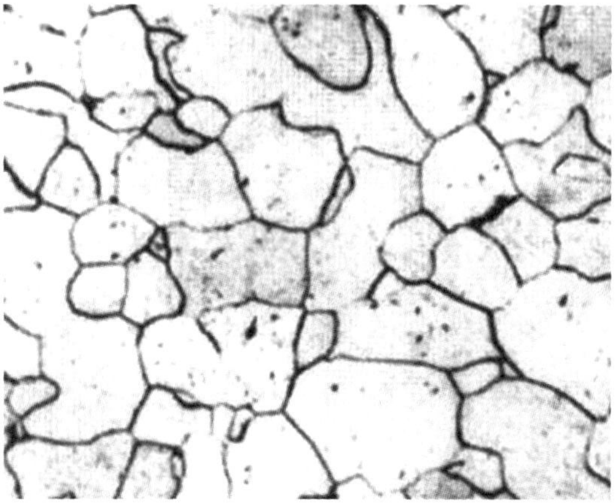

图 10-44　铁素体组织

（二）奥氏体

奥氏体（Austenite，见图 10-45）是钢铁的一种层片状的显微组织，通常是γ-Fe 中固溶少量碳的无磁性固溶体，也称为沃斯田铁或γ-Fe。奥氏体的名称来自英国的冶金学家罗伯茨·奥斯汀（William Chandler Roberts-Austen）。

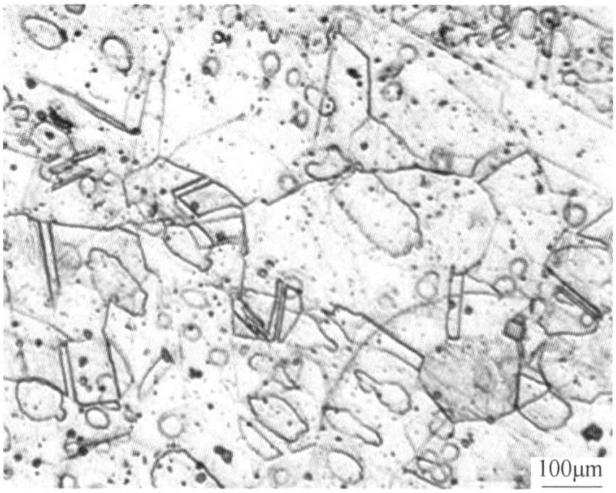

图 10-45　奥氏体组织

奥氏体塑性很好，强度较低，具有一定韧性，不具有铁磁性。奥氏体因为是面心立方，八面体间隙较大，可以容纳更多的碳。其金相组织是最密排的点阵结构，致密度高，故奥氏体的体积质量比钢中铁素体、马氏体等相的体积质量小。因此，钢被加热到奥氏体相区时，体积收缩，冷却时，奥氏体转变为铁素体-珠光体等组织时，体积膨胀，容易引起内应力和变形。

奥氏体的点阵滑移系多，故奥氏体的塑性好，屈服强度低，易于加工塑性成形。因此，钢锭、钢坯、钢材一般被加热到 1100℃ 以上时奥氏体化，然后进行锻轧，塑性加工成材或加工成零部件。

（三）马氏体

马氏体（Martensite，见图 10-46）是黑色金属材料的一种组织名称，中高碳钢加速冷却通常能够获得这种组织。其为纯金属或合金从某一固相转变成另一固相时的产物；在转变过程中，原子不扩散，化学成分不改变，但晶格发生变化，同时新旧相间维持一定的位向关系并且具有切变共格的特征。最先由德国冶金学家 Adolf Martens（1850~1914 年）于 19 世纪 90 年代在一种硬矿物中发现。马氏体的三维组织形态通常有片状或者板条状，但是在金相观察中（二维）通常表现

图 10-46 马氏体组织

为针状，这也是为什么在一些地方通常描述为针状的原因。马氏体的晶体结构为体心四方结构。高的强度和硬度是钢中马氏体的主要特征之一。

（四）贝氏体

20世纪30年代初，美国人E. C. Bain发现低合金钢在中温等温下可获得一种高温转变及低温转变相异的组织，后来人们称之为贝氏体(见图10-47)。该组织具有较高的强韧性配合。在硬度相同的情况下贝氏体组织的耐磨性明显优于马氏体，可以达到马氏体的1~3倍，因此在钢铁材料中基体组织获得贝氏体是人们追求的目标。

图10-47　贝氏体组织

（五）渗碳体

渗碳体（Cementite，见图10-48），指铁碳合金按亚稳定平衡系统凝固和冷却转变时析出的Fe_3C型碳化物。渗碳体的分子式为Fe_3C，它是一种具有复杂晶格结构的间隙化合物。分为一次渗碳体（从液体相中析出）、二次渗碳体（从奥氏体中析出）和三次渗碳体（从铁素体中析出）。

图 10-48　渗碳体组织

渗碳体是铁和碳形成的金属化合物，含碳量为 6.67%（有些书上为 6.69%），具有复杂的斜方晶体结构，熔点为 1227℃。在钢中，渗碳体以不同形态和大小的晶体出现在组织中，对钢的力学性能影响很大。经 3%~5%硝酸酒精溶液侵蚀后呈白亮色，若用苦味酸钠溶液热侵蚀，则被染成黑褐色，而铁素体仍为白色，由此可区别开铁素体和渗碳体。渗碳体的硬度很高，达到 HB800 以上，脆性很大，强度和塑性很差。经过不同的热处理，渗碳体可以成片状、粒状或断续网状。在一定条件下（如高温长期停留或缓慢冷却），渗碳体可以分解而形成石墨状的自由碳。

（六）魏氏组织

一种过热组织，由彼此交叉约 60°的铁素体针片嵌入钢铁的基体而成。粗大的魏氏组织（见图 10-49）使钢材的塑性、韧性下降，脆性增加。亚共析钢加热时因过热而形成粗晶，冷却时又快速析出，故铁素体除沿奥氏体晶界成网状析出外，还有一部分铁素体从晶界向晶内按切变机制形成并排成针状独自析出，这种分布形态的组织称为魏氏组织。过热过共析钢冷却时渗碳体也会形成针状自晶界向晶内延伸而形成魏氏组织。

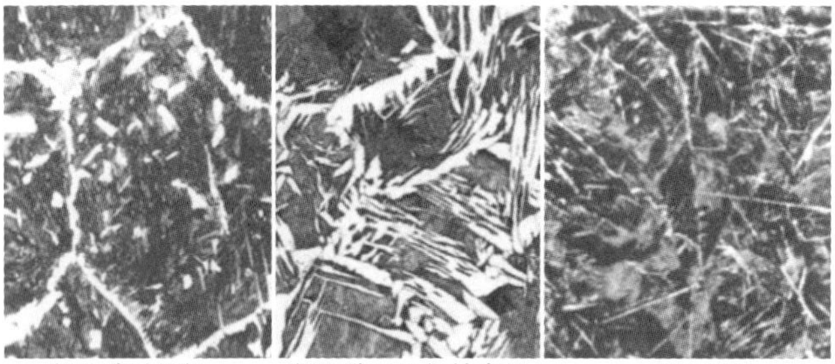

粗晶魏氏组织 200×　粗晶魏氏组织铁素体 200×　魏氏组织 200×

图 10-49　魏氏组织

（七）金相学展望

金相学已经诞生一个多世纪了，并已成为一门成熟的学科。但是，随着科学技术的发展，金相学也在不断充实新的内容并扩大它的领域。

首先，观察手段的改进使金相学起了明显的变化。光学显微镜虽然有简单方便的优点，但是它的分辨率不高，仅能观察金相组织中几十微米尺度的细节。目前，它的主要发展趋势是定量金相学，就是把光学显微镜配上电子计算机，对显微组织的一些特征进行定量的分析。为了获得更高的分辨率以观察更细微的内部结构，透射式电子显微镜在 20 世纪 30 年代初研制成功，经过半个世纪的发展，它的分辨率已接近或达到分辨单个原子的水平。后来，为了观察凸凹不平的大块试样，扫描电子显微镜又应运而生。这些电子光学仪器不但有极高的分辨率，并且能进行微区电子衍射分析，给出有关的晶体结构数据。不仅如此，在配上 X 射线谱仪及电子能量谱仪后，还能进行小到几纳米范围的化学成分分析。

由此可见，这些电子光学分析仪器已经使我们对金属的显微组织结构的研究深入到原子的层次，成为现代金相学研究的重要手段。

五、X射线检测技术在钢铁中的发展

1895年，伦琴（见图10-50）发现X射线。X射线衍射方法迅速应用在晶体结构研究上，当然也包括以晶体学为基础的金相学这门新学科。

图10-50　伦琴

20世纪20年代，用X射线衍射（见图10-51）研究金相学问题很快就在各个方面展开。到了40年代，X射线金相学这门分支学科趋于成熟，不但有些金相学教科书（如Desch）中包括X射线衍射的内容，而且这方面的专著（C. S. Barrett的《金属的结构》，1943年；A. Taylor的《X射线金相学》，1945年）也相继问世。

随后，Hull等用粉末照相法和X射线衍射方法发现了铁的通俗异构现象，也就是体心立方和面心立方两种常见结构（见图10-52）。1926年Fink及Campbell的试验首次指出马氏体的结构不是体心立方而是体心四方，只是由于四方度很小，c/a非常接近于1，不易发现而已。并且得出马氏体的四方度随钢中碳含量增加而加大。图10-53为X射线衍射仪，图10-54为钢铁材料相变取向关系。

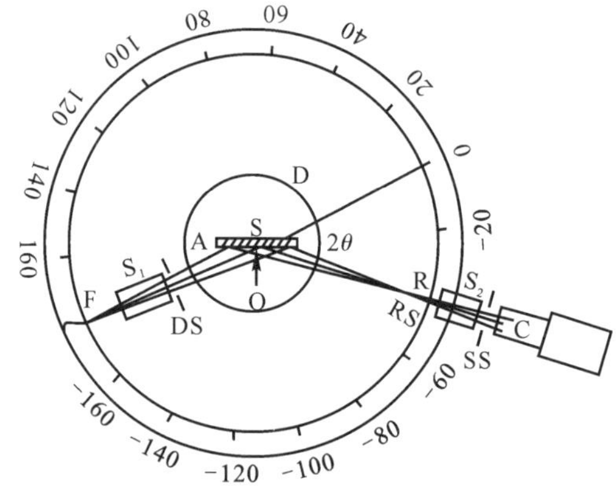

图 10-51　X 射线衍射技术

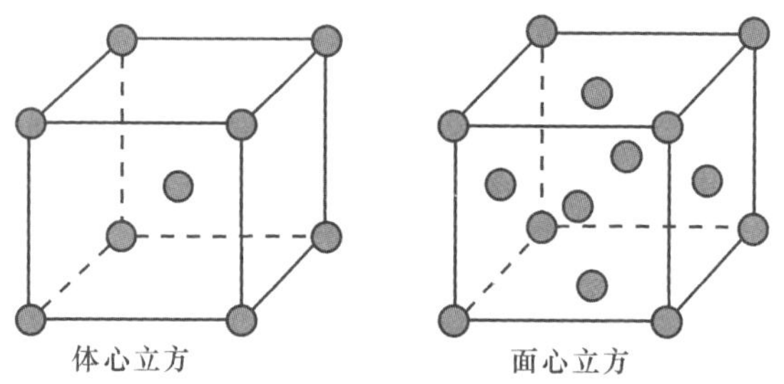

图 10-52　钢铁材料两种常见结构

图 10-53　X 射线衍射仪

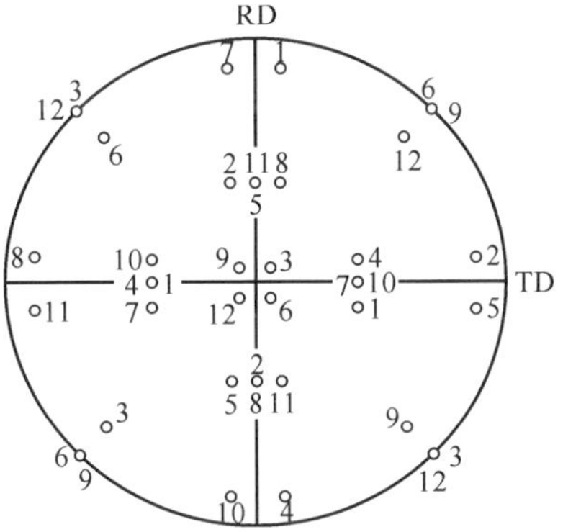

图 10-54 钢铁材料相变取向关系

1930 年，在 Sachs 指导下，Kurdjumov 用 X 射线研究碳含量 1.4%钢的马氏体相变，首先提出所谓的 Kurdjumov-Sachs 取向关系，即奥氏体与马氏体间的密排面平行，密排方向也平行。

X 射线衍射法是一种无损性的测试方法，因此，对于测试脆性和不透明材料的残余应力是最常用的方法。20 世纪初，人们就已经开始利用 X 射线来测定晶体的应力。后来日本成功设计出 X 射线应力测定仪，对于残余应力测试技术的发展做了巨大贡献。1961 年德国的 E. Mchearauch 提出了 X 射线应力测定的 $\sin^2\psi$ 法，使应力测定的实际应用向前推进了一大步。图 10-55 为钢铁材料，图 10-56 为极射投影图。

图 10-55 钢铁材料

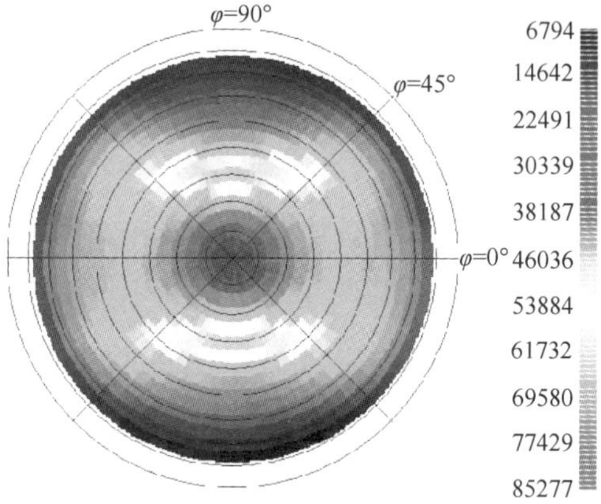

图 10-56　极射投影图

20 世纪 60 年代中期，德国科学家 Bunge 等人发明了 ODF 取向分布函数理论，该理论给出织构的定量分析值，使 X 射线衍射法在材料织构测量应用方面得到了进一步的发展。

织构与材料的性能有着密切的关系，由 X 射线衍射法得到的织构信息通过数学计算，可推算出材料在各个方向上的物理性能，对于深冲钢板，可推算出沿板面内各方向的平面塑性应变变化 R 值，对于电工钢而言，可以预估电工钢钢板表面内各方向的磁性、铁损等重要物理性能。该方法的重要意义在于为深冲钢板生产线在线检测 R 值提供了理论依据。

六、电子显微镜在钢铁材料微观领域的应用

电子显微镜在钢铁材料微观领域的应用对研究金相组织的微观机理和金相变化起到了重要作用，常用的电子显微镜和分析方法有：透射电子显微镜、扫描电子显微镜、扫描电镜形貌观察、X 射线（EDS）能谱分析、断口分析、电子背散射衍射（EBSD）分析、电子选区衍射分析、材料高分辨分析等。

（一）透射电子显微镜诞生

1931~1933 年 Max Knoll 和他的学生 Ernst Ruska 研制世界首台透射式电子显微镜。尽管当时条件所限，分辨率不及光学显微镜，但开创了电子显微技术发展的先河。

1935 年，转战电视技术的 Knoll 提出扫描电镜概念。

1939 年，透射电镜加上扫描功能，实现 STEM。

恩斯特·卢斯卡（Ernst Ruska）作为活着的电子显微镜发明人，1986 年获得诺贝尔奖。

图 10-57 为透射电子显微镜，图 10-58 为第一台电子显微镜。

图 10-57　透射电子显微镜

图 10-58　第一台电子显微镜

（二）扫描电镜的诞生

1937 年首部商业原型机制造成功（Metropolitan Vickers 牌）。

1938 年第一部扫描电子显微镜由 Von Ardenne 研发成功。

1958 年中国科学院组织研制。

1959 年第一台 100 千伏电子显微镜。

1960 年 Everhart and Thornley 发明二次电子侦测器。

1965 年第一部商用 SEM 出现（Cambridge）。

1966 年 JEOL 发表第一部商用 SEM（JSM-1）。

1975 年第一台扫描电子显微镜 DX3 在中国科学院科学仪器厂（现北京中科科仪技术发展有限责任公司）研发成功。

1980 年中科科仪引进美国技术，开发 KYKY1000 扫描电镜。

图 10-59 为中国国产扫描电镜。

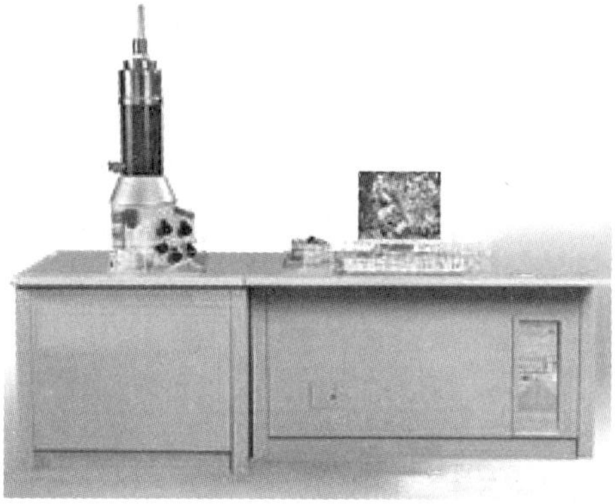

图 10-59　中国国产扫描电镜

（三）扫描电镜形貌观察

二次电子成像：在入射电子束作用下，被轰击出来并离开钢铁试样表面的核外电子叫做二次电子。这是一种真空中的自由电子。二次电子一般都是在表层 5~10 纳米深度范围内发射出来的，它对钢铁试样的表面形貌十分敏感，因此，能非常有效地显示试样的表面形貌。二次电子的产额和原子序数之间没有明显的依赖关系，所以不能用它来进行钢铁试样化学成分分析。图 10-60 为扫描电子显微镜。

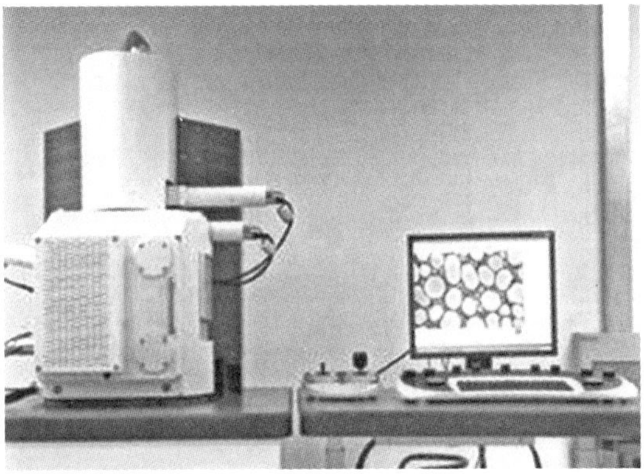

图 10-60　扫描电子显微镜

背散射电子成像：背散射电子是被固体样品中的原子核反弹回来的一部分入射电子，背散射电子来自样品表层几百纳米的深度范围。由于它的产能随样品原子序数增大而增多，所以不仅能用作钢铁试样的形貌分析，而且可以用来显示原子序数衬度，定性地做化学成分分析。

（四）X 射线（EDS）能谱分析

X 射线能谱分析，简写 EDS，通常通过配合扫描电子显微镜与透射电子显微镜的使用，是用来对钢铁材料微区成分元素种类与含量进行分析：利用电子束与物质作用时产生的特征 X 射线，来提供钢铁试样化学组成方面的信息，可定性、半定量检测大部分元素，可进行表面污染物的分析。

1. 定性分析

EDS 的谱图中谱峰代表样品中存在的元素。定性分析是分析未知样品的第一步，即鉴别所含的元素。如果不能正确地鉴别元素的种类，最后定量分析的精度就毫无意义。

2. 定量分析

定量分析是通过 X 射线强度来获取组成样品材料的各种元素的浓度。根据实际情况，人们寻求并提出了测量未知样品和标样的强度比方法，再把强度比经过定量修正换算成浓度比。最广泛使用的一种定量修正技术是 ZAF 修正。图 10-61 为电子能量图谱。

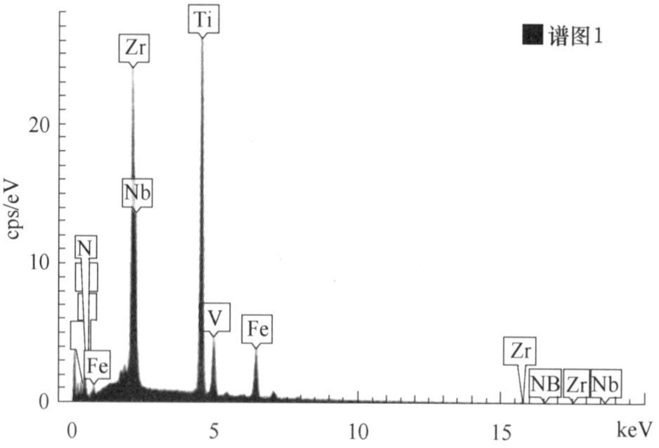

图 10-61　电子能量图谱

（五）断口分析

断口分析的实验基础是对断口表面的宏观形貌和微观结构特征进行直接观察和分析。在很多情况下，利用宏观观察就可以判定断裂的性质、起始位置和裂纹扩展路径。但如果要对断裂起点附近进行细致研究，分析断裂原因和断裂机制，还必须进行微观观察（图 10-62）。

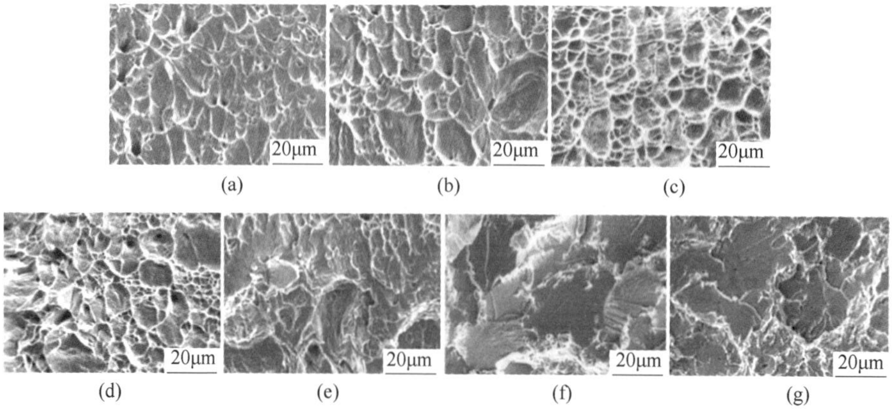

图 10-62　钢铁断口形貌

断口的微观观察经历了光学显微镜（观察断口的实用倍数是在50~500倍间）、透射电子显微镜（观察断口的实用倍数是在1000~40000倍间）和扫描电子显微镜（观察断口的实用倍数是在20~10000倍间）三个阶段。因为断口是一个凹凸不平的粗糙表面，观察断口所用的显微镜要具有最大限度的焦深，尽可能宽的放大倍数范围和高的分辨率。扫描电子显微镜最能满足上述的综合要求，故对断口观察大多用扫描电子显微镜进行。

（六）电子背散射衍射（EBSD）分析

20世纪90年代以来，装配在SEM上的电子背散射花样（Electron Back-scattering Patterns，简称EBSP）晶体微区取向和晶体结构的分析技术取得了较大的发展，并已在钢铁材料微观组织结构及微织构表征中广泛应用。该技术也被称为电子背散射衍射（Electron Backscattered Diffraction，简称EBSD），如图10-63所示。

电子背散射衍射(EBSD)是一种基于微观组织——晶体学知识以测定晶体取向的扫描电镜技术。这种技术适用于任何晶体材料……

图10-63　电子背散射衍射

EBSD改变了以往结构分析的方法，并形成了全新的科学领域，称为“显微织构”——显微组织和晶体学分析相结合。与“显微织构”密切联系的是应用EBSD进行相分析、获得界面（晶界）参数和检测塑性应变。

目前EBSD技术的应用领域集中于热机械处理过程、塑性变形过程、与取向关系有关的性能（成型性、磁性等）、界面性能（腐蚀、裂纹、热裂等）、相鉴定等。

（七）电子选区衍射分析

1927年，戴维森（Dacisson）和革末（Germer）就已用电子衍射实验证实了电子的波动性，但电子衍射的发展远远落后于X射线衍射。50年代，随着电子显微镜的发展，把成像和衍射有机地联系在一起，为物相分析和晶体结构分析开拓了新的途径。

透射电镜选区电子衍射借助设置在物镜像平面的选区光栏，可以对产生衍射的样品区域进行选择，并对选区范围的大小加以限制，从而实现形貌观察和电子衍射的微观对应（图10-64）。

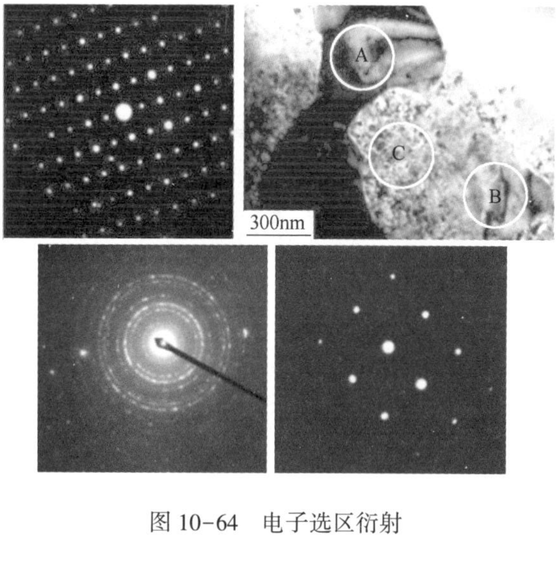

图10-64　电子选区衍射

（八）材料高分辨分析

1956年，门特用分辨率为0.8nm的透射电子显微镜直接观察到酞菁铜晶体的相位衬度像，这是高分辨电子显微镜的萌芽，在

20 世纪 70 年代，解释高分辨像成像理论和分析技术的研究取得了重要进展，实验技术进一步完善，以及以 J. M. Cowley 的多片层计算分析方法为标志的理论进展，宣布了高分辨电子显微学的成熟（图 10-65）。

图 10-65　高分辨电子相

七、微观检测新技术的研究及进展

针对钢铁材料的微观检测，一些新技术仍在研究并取得一定进展，例如：波谱仪-电子探针、聚焦离子束（FIB）、X 射线光电子能谱分析（XPS）、同步辐射和中子散射等技术。

（一）波谱仪-电子探针

电子探针（图 10-66）是运用电子所形成的探测针（细电子束）作为 X 射线的激发源来进行显微 X 射线光谱分析的仪器。

第一台电子探针是法国在 1949 年用电子显微镜和 X 射线光谱仪组合而成。

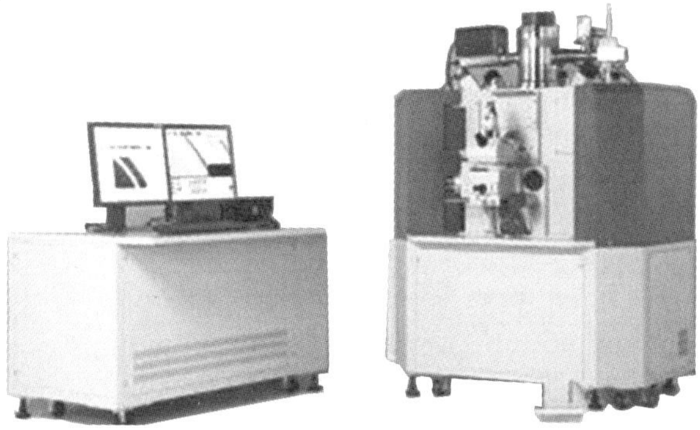

图 10-66　电子探针

1953 年苏联研制了 X 射线微区分析仪，以后英、美等国陆续生产。

第一台扫描电子探针仪由美国于 1960 年研制，不仅能对试样作点或微区分析，而且能对样品表面微区进行扫描（图 10-67）。

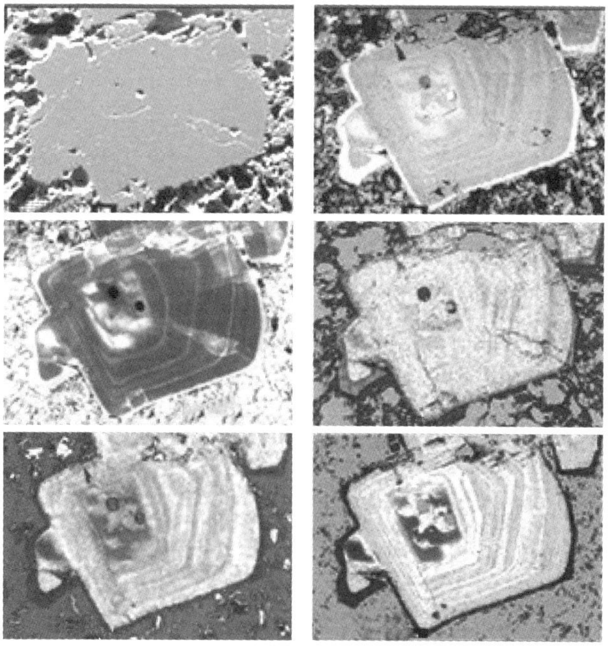

图 10-67　波谱能量分析

（二）聚焦离子束（FIB）

聚焦离子束的系统是利用电透镜将离子束聚焦成非常小尺寸的显微切割仪器，目前商用系统的离子束为液相金属离子源，金属材质为镓（Gallium，Ga），因为镓元素具有低熔点、低蒸气压及良好的抗氧化力。图 10-68 为离子束切割技术。

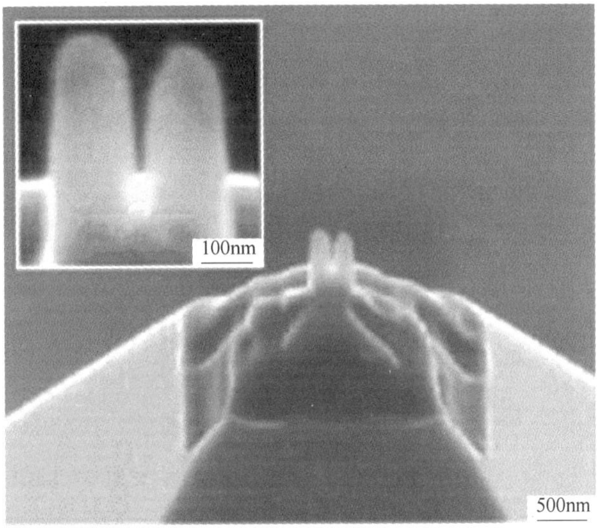

图 10-68　离子束切割技术

典型的离子束显微镜包括液相金属离子源、电透镜、扫描电极、二次粒子侦测器、5~6 轴向移动的试片基座、真空系统、抗振动和磁场的装置、电子控制面板和计算机等硬设备，外加电场于液相金属离子源，可使液态镓形成细小尖端，再加上负电场（Extractor）牵引尖端的镓，而导出镓离子束，在一般工作电压下，尖端电流密度约为 1 埃 10^{-8}Amp/cm^2，以电透镜聚焦，经过一连串变化孔径（Automatic Variable Aperture，AVA）可决定离子束的大小，再经过二次聚焦至试片表面，利用物理碰撞来达到切割之目的。图 10-69 为聚焦离子束显微镜。

图 10-69　聚焦离子束显微镜

（三）X 射线光电子能谱分析（XPS）

1887 年，海因里希·鲁道夫·赫兹发现了光电效应，1905 年，爱因斯坦解释了该现象（并因此获得了 1921 年的诺贝尔物理学奖）。两年后的 1907 年，P. D. Innes 用伦琴管、亥姆霍兹线圈、磁场半球（电子能量分析仪）和照相平版做实验来记录宽带发射电子和速度的函数关系，他的实验事实上记录了人类第一条 X 射线光电子能谱。

X 射线光电子能谱分析（X-ray photoelectron spectroscopy，XPS）（图 10-70）的研究由于战争而中止，第二次世界大战后瑞典物理学家凯·西格巴恩和他在乌普萨拉的研究小组在研发 XPS 设备中获得了多项重大进展，并于 1954 年获得了氯化钠的首条高能高分辨 X 射线光电子能谱，显示了 XPS 技术的强大潜力。1967 年之后的几年间，西格巴恩就 XPS 技术发表了一系列学术成果，使 XPS 的应用被世人所公认。在与西格巴恩的合作下，美国惠普公司于 1969 年制造了世界上首台商业单色 X 射线光电子能谱仪。1981 年西格巴恩获得诺贝尔物理学奖，以表彰他将 XPS 发展为一个重要分析技术所作出的杰出贡献。X 射线光电子能谱因对化学分析最有用，因此被称为化学分析用电子能谱

（Electron Spectroscopy for Chemical Analysis）。

图 10-70　X 射线光电子能谱分析

XPS 的原理是用 X 射线去辐射样品，使原子或分子的内层电子或价电子受激发射出来。被光子激发出来的电子称为光电子。可以测量光电子的能量，以光电子的动能/束缚能 binding energy（$Eb = h\nu$ 光能量-Ek 动能-W 功函数）为横坐标，相对强度（脉冲/秒）为纵坐标可做出光电子能谱图。从而获得试样有关信息。

（四）同步辐射和中子散射

同步辐射（图 10-71）是速度接近光速的带电粒子在磁场中沿弧形轨道运动时放出的电磁辐射。人们很快便了解到同步辐射是具有从远红外到 X 光范围内的连续光谱、高强度、高度准直、高度极化、特性可精确控制等优异性能的脉冲光源，可以用以开展其他光源无法实现的许多前沿科学技术研究。于是在几乎所有的高能电子加速器上，都建造了“寄生运行”的同步辐射光束线及各种应用同步光的实验装置。至今，同步辐射装置的建造及研究、应用，已历经三代，得到较大发展。

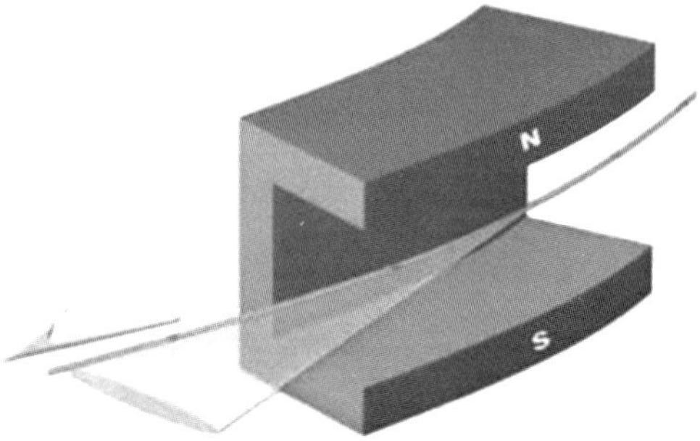

图 10-71　同步辐射技术

中子散射技术（图 10-72）利用中子散射方法研究物质的静态结构及物质的微观动力学性质。中子具备不带电、穿透力强、可鉴别同位素、较之 X 射线对轻元素灵敏、具有磁矩等优点。

图 10-72　中子散射技术

因此中子散射技术作为一种独特的、从原子和分子尺度上研究物质结构和动态特性的表征手段，在多学科交叉领域发挥着不可替代的作用。

展望未来，钢铁材料发展与检测技术的发展息息相关，随着检测技术的不断发展，从宏观到微观，从整体到局部，有利于钢铁材料研究的不断深入。

第三节 钢铁材料未来发展之路

展望未来，随着人类发展对钢铁材料性能的需求越来越高，对能源、资源、环境的日益重视，钢铁材料的未来发展之路离不开钢铁制造流程的技术创新和变革，炼铁、炼钢、轧钢作为钢铁生产的主要工艺流程，其发展趋势如下。

一、炼铁技术展望

近些年来，中国钢铁工业取得了巨大进步，钢铁产量连续多年居世界第一。中国高炉炼铁正处于辉煌的顶峰，技术装备在大型化、高效化、长寿化等方面成就显著。5000 立方米以上特大型高炉、500 平方米以上大型烧结机和年产 400 万吨以上大型球团生产线，7 米以上大容积焦炉相继建成投产，一系列自主研发、集成创新的炼铁关键技术在生产实践中取得重大应用成效。高炉富氧喷煤、无料钟炉顶、煤气干法除尘、顶燃式热风炉及高风温、高效低耗烧结技术、大型清洁炼焦技术等先进技术及其装备研发与应用成效显著，有力推动了炼铁技术装备进步。

到 21 世纪中叶，受自然资源短缺、生态环境保护及能源供给不足等限制，中国钢铁工业格局和流程结构将发生重大变革，驱动未来炼铁技术向低碳清洁、高效低耗、智能集约、绿色发展的方向前进。世界各国共同努力，炼铁创新项目和技术得到开发，例如欧洲 ULCOS 项目、日本 COURSE50 项目等高炉炼铁节能减排创新项目和技术。同时，我国炼铁领域也应用了一些节能减排新技术，如厚料层烧结、烟气循环烧结、烧结喷吹焦炉煤气、高炉喷吹焦炉煤气、高比例球团技术以及高炉可视化控制技术等。图 10-73 为钢铁生产现场。

图 10-73　钢铁生产现场

为进一步实现炼铁的绿色化，应该从以下方面持续努力：

原燃料方面，利用先进技术大幅度减少 SO_2、NO_x、CO_2 和二噁英等的排放，实现生产过程的清洁化，尤其是烧结和焦化。积极研发复合炉料新技术，如含铁废料冷压块、铁焦技术、含碳球团技术、天然气和煤粉混合喷吹技术、炉顶煤气循环等新技术是当前最可能实现的低碳炼铁技术。

数字化、网络化、智能化是新一轮工业革命的核心技术，是钢铁工业转型的制高点、突破口和主攻方向。未来炼铁必须在信息化和工业化深度融合的基础上，通过物联网、云计算、移动互联网、大数据等技术的应用，加快实现自动化、数字化、智能化进程，构建具有高价值、低成本、低资源消耗、低污染的新型生产管理模式。

非高炉炼铁工艺对炼铁工序的节能减排、实现生产过程环境友好、降低炼铁对焦煤的依赖具有得天独厚的优势。随着铁矿精选技术、煤制气技术的成熟，我国的直接还原生产工艺在特定的资源条件下，在成本、能耗和环境上的竞争力将可能超过高炉。另外，低成本制氢和氢还原技术，以氢气代替煤炭，改变能源消耗结构，实现“低碳”甚至“零碳”工艺，也是解决炼铁过程中环境污染和碳排放问题的技术方向。

另外，积极加强二次资源的综合利用，如烧结粉尘、高炉灰、含锌粉尘、不锈钢粉尘、转炉渣、轧钢皮等，实现炼铁生产的低能耗、低排放、环境优化和转型升级。

二、炼钢技术展望

现代钢铁生产冶炼部分以两大流程为主，分别是：“高炉-转炉-连铸”长流程和“电弧炉-连铸”短流程为主。在世界范围来看，转炉钢和电炉钢产量比例为 7∶3 左右。由于这两大炼钢流程各有利弊，因此在可预见的时间里，它们仍将长期共存。对于中国来说，未来几年废钢资源将逐步丰富，核电比例也会提高，当电炉冶炼成本低于转炉时，电炉将会逐步取代转炉，成为主要的钢铁冶炼方式（图 10-74）。

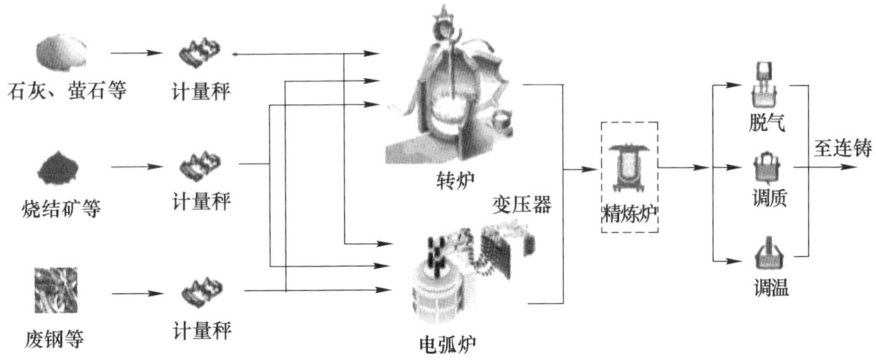

图 10-74　炼钢新技术

（一）转炉炼钢技术的发展趋势

转炉炼钢方面，未来的技术发展趋势可能会集中出现在以下几个发展方向。

1. 溅渣护炉技术进步

我国溅渣护炉技术最早从美国引进，20 世纪 90 年代迅速大面积推广，使我国转炉炉龄提高至 5000~13000 炉，当时大大提高了我国钢铁产量，但溅渣护炉技术也存在一些问题，比如转炉炉底厚度增长堵住底吹孔从而影响底吹强度、降低脱磷效率、吹炼终点［O］和 FeO 含量增加、吹炼周期延长等。在现在钢铁工业转型发展期，钢企多生产并不意味着能获得更多的利润，要求企业开始重新评估溅渣护炉技术，一些钢厂，尤其是大型钢厂，不再延长转炉寿命，比如宝钢将炉龄控制在 4000~4500 炉、首钢控制在 6000~6500 炉，还有一些钢厂使用少渣技术。随着钢铁工业转型的进一步发展，越来越多的钢厂尤其是冷轧板材厂将尝试不再使用溅渣护炉技术。

2. 顶底转炉复吹技术进步

我国大部分钢厂转炉都应用顶底转炉复吹技术，为减少炉底侵蚀速率，一般选择弱的底吹强度（<0.07 标立方米/(分钟 · 吨)），底吹气体使用 N_2 或者 Ar 气，不使用氧化性气体 O_2 或 CO_2；且我国钢厂转炉为减少底吹流量喜欢布置多底吹孔，大于 100 吨转炉一般布置 8~12 个底吹孔，有的甚至布置 16 个。但底吹流量小容易导致炉底吹孔堵塞，在转炉炉役后期更容易发生堵塞，从而导致转炉碳氧积在炉役前期和后期波动较大。因此，最近许多钢厂做试验改进转炉底吹强度，例如首钢迁钢将底吹孔由 12 个减少至 4 个，底吹强度维持在 0.05 标立方米/(分钟 · 吨)，避免了上述问题，转炉碳氧积在炉役期间稳定在 0.0020 左右。大转炉钢厂冶炼低碳、超低碳、超低磷钢时会要求大底吹强度（>0.13 标立方米/(分钟 · 吨)），将来会有更多的钢厂为提高底吹效率采取措施，一些钢厂还可能尝试底吹 O_2 工艺。

3. RH 工艺生产精品钢技术进步

20 世纪 90 年代，RH 只在少数钢厂应用，2000 年后，随着 RH 设备价格降低和精品钢冶炼的需要，RH 快速推广应用，目前宝钢、首钢的脱气钢种占比已达到 50%~75%。为减少脱气辅助时间，现在大部分 RH 采用双工位，每套 RH 设备有两套真空处理装置共用一套抽真空系统，但是双工位 RH 有处理期间钢水温降大和冶炼超低碳钢时要求出钢温度高（控制在 1690~1710℃）两大缺点，而高出钢温度会降低脱磷效率、增加生产成本、减少废钢使用等。因此，在武钢，为避免上述缺陷，将新建 RH 直接跟转炉布置在同一条线上，钢水出钢完毕，直接将钢包吊装至对面的 RH 真空脱气，脱气完毕直接吊装至连铸，这样在 RH 处理期间辅助时间可节省 10 分钟，也可减少大于 10℃的钢水温降。

4. 炼钢环保技术进步

在过去钢铁工业高速发展的 30 年里，环保问题已经变得很严重，在 2015 年，中央政府发布了最严格的环保控制政策，转炉粉尘排放量必须要<50 毫米/立方米。目前，炼钢厂必须安装屋顶除尘系统，粉尘排放量必须≤10 毫米/立方米。传统湿法转炉除尘系统粉尘排放量≤40~70 毫米/立方米，传统干法转炉除尘系统粉尘排放量≤20 毫米/立方米，半干法转炉除尘系统粉尘排放量≤50 毫米/立方米，三种方法均不能稳定达到国家最新钢厂粉尘超低排放要求（≤10 毫米/立方米）。目前首钢迁钢炼钢厂在传统 OG 系统后增加一套湿法电除尘装置达到国家超低排放标准。

5. 生产高质量钢技术进步

在 20 世纪 70~90 年代间，我国重要用途的高质量钢大部分从国外进口，虽然我国高表面质量冷轧钢、镀锡板、X70/80 管线钢、轴承钢、电工钢、不锈钢等高质量钢生产取得了显著进步，但是每年仍进口钢材 1100 万~1400 万吨，占我国总钢材消费的 1.5%~2%，其中冷轧带钢和镀锌板进口量较多，分别占进口总量的 16.1%和 25%，进口冷轧带钢和镀锌板大部分用于汽车和家电。汽车板对钢材质量要求非常高，要求零缺陷，也就是说在数千米长的钢卷上没有任何表面缺陷。我国钢企在生产零缺陷钢板时可以通过提高底吹强度减少［O］和（FeO）、加强钢渣改质降低（FeO）、快速脱气促进夹杂去除、密封中间包和应用电磁搅拌等改进钢水质量，生产高质量钢。

6. 吹炼终点动态控制技术

终点控制是炼钢操作的技术关键。中国钢铁企业多采用人工经验控制，无法满足洁净钢和高品质钢种生产的质量要求。因此，尽快采取措施提高炼钢终点的控制精度和命中率已成为当前中国炼钢生产中迫切需要解决的技术问题。

7. 转炉高效吹炼工艺

近年来，中国各大钢企陆续开展了提高转炉生产效率，加大供氧强度，实现平稳吹炼的技术研究，并开发出一整套转炉高效冶炼技术，使转炉生产效率大幅提高。

（二）电炉炼钢技术的发展趋势

电炉炼钢方面，环保、节能和智能化将是未来的发展趋势。

1. 电炉炼钢环保技术

二噁英是目前世界上毒性最强的化合物之一，其毒性相当于氰化物的1000倍，对环境和人类有巨大危害。电炉炼钢工序会产生大量二噁英，根据《炼钢工业大气污染物排放标准》（GB 28664—2012）规定，电炉烟气中二噁英的排放限值为0.5纳克-TEQ/立方米，而河北省更要求电炉炼钢过程中二噁英类排放浓度低于0.2纳克-TEQ/立方米。为了适应环境发展的要求，抑制二噁英的排放，采用合适的减排手段尤为必要。

2. 电炉炼钢节能降耗技术

随着钢产品市场的竞争加强，最大限度地节约生产成本是每个企业追逐的重要目标。目前中国电炉炼钢的成本还相对较高，对转炉炼钢并无优势，因此电炉节能降耗技术也是关注的重点。

3. 电炉炼钢绿色化与智能化

绿色化主要以废钢预热、余热回收、二噁英治理等相关专项技术为代表。当前成熟的智能化技术主要包括：电极智能调节技术、冶炼在线检测技术、多功能炉门机器人、质量分析监控及成本控制系统等。

4. 电炉炼钢强化供能

（1）合理化供电：合理的电气运行制度是电弧炉炼钢最基本的保障，不仅对操作顺利很必要，而且也有助于降低电耗、电极耗损和耐火材料侵蚀，缩短冶炼周期，还能取得良好的节能降耗效果。近几年，国内在此方面主要技术发展包括国产特大型超高功率电弧炉变压器研制及其供电模型优化、超高功率电弧炉供电短网和智能电极调节系统开发等。

（2）强化供氧技术：如何根据生产工艺向电弧炉内高效输入化学能（氧气、燃料等）直接影响到钢的质量、能耗和生产作业率，这是电弧炉炼钢的关键。据此，炉门供氧技术、炉壁供氧技术、EBT 供氧技术、集束供氧技术等多种形式及功能的电弧炉化学能强化输入技术得以开发。

（3）泡沫渣技术：在电弧炉冶炼过程中，在吹氧的同时，向熔池内喷碳粉或碳化硅粉，产生强烈的碳氧反应，在渣层内形成大量的 CO 气体泡沫。通常泡沫使渣的厚度达到电弧长度的 2.5~3.0 倍，能将电弧完全屏蔽在内，可减少电弧向炉顶和炉壁的辐射，延长电弧炉炉体寿命，并可以使电弧对熔池的传热效率从 30%提高到 60%，冶炼周期缩短 10%~14%，冶炼电耗降低约 22%，电极消耗减少约 2 千克/吨，并能提高电弧炉炉龄，减少炉衬材料消耗。因而，使得生产成本降低，同时提高了生产率，减少了噪声，噪声污染得到控制。

5. 电炉炼钢洁净化

电弧炉工艺在洁净化方面开发了以废钢破碎分选技术、电弧炉炼钢安全长寿底吹搅拌技术、电弧炉炼钢复合吹炼技术、低成本脱磷技术、高效脱氮技术等为代表的系列技术。国外安赛乐米塔尔、日本制铁已建设新式电炉以生产电工钢、汽车板等高级别钢种钢板。

三、轧钢技术展望

远在距今3000~4000年以前中国商、周年代对铜、铁、金银的铸造与锻造技术就已经达到相当高的水平。但钢铁的轧制技术却一直到工业革命后才诞生。

未来轧钢技术的发展方向包括：连续化、短流程、近终型加工、多工序集成加工（高效化）、全流程质量与性能控制、智能化（无人车间、机器人应用）、产品性能综合发展（质量稳定、强韧化、功能化）、绿色化（去酸洗、余热利用）等。

（一）轧制绿色化技术

聚焦于轧制过程的环境友好，重点研究高精度成型、高性能成型、短流程无头轧制、减量化成分设计、减排放清洁工艺相关技术。

（二）热轧钢材控制轧制与控制冷却技术

主要包括：新一代超快冷为核心的全热加工过程（轧制与冷却）控制冷却技术、轧制工艺设计、基于大数据的物理冶金学模型参数自适应计算、热轧氧化铁皮控制技术与工艺、复杂体系长流程多相变的组织调控与合金设计等。

（三）热轧与冷轧一体化控制技术

主要包括超级板形-板凸度控制、热轧-冷轧-退火一体化组织及性能控制技术、先进冷轧、热处理/涂镀工艺与装备技术、冷轧板形智能控制、冷轧薄带钢快速加热及无氧化快速冷却技术等。

（四）增材制造与复合材料制造技术

主要包括：轧制复合工艺、装备、板带坯连铸与增材制造、耐腐蚀复合带肋钢筋生产工艺与装备、内生陶瓷粒子增强复合材料等。

（五）轧制智能化技术

主要包括：轧制数学模型的建立与应用、控制轧制和控制冷却、在线性能预报、质量判定、大数据分析、物联网技术等。

钢铁行业作为工业原材料产业，一直是世界各国经济的不可或缺的基础产业，伴随着环境友好绿色化、智能化技术的发展，世界人民对绿色制造、洁净材料的需求日益增加，钢铁制造技术也将继续迸发出新的活力。

四、国际新材料政策与研究计划

世界各国历来重视材料的生产制造和研发，特别是新材料的发展。美国、欧洲、日本等发达国家和地区将新材料的发展作为国家科技发展战略的重要组成部分。我国也正在培育和发展新材料产业，这对于传统产业转型升级，实现材料大国向材料强国转变具有重要意义。

（一）欧盟的关键使能技术（KETs）

2009 年 9 月欧盟委员会公布的一份名为《为我们的未来做准备：发展欧洲关键使能技术总策略》的文件，将纳米科技、微（纳）米电子与半导体、光电、生物科技及先进材料等 5 大科技认定为关键使能技术（KETs）。欧盟委员会指出，KETs 的技术外溢效益和其所产生的加成效果，可以同时提升其他领域的发展，如通信技术、钢铁、医疗器材、汽车及航天等领域，因此对欧盟地区未来的经济持续发展有着重大的影响，也有助于面对社会与环境的重大挑战，提高欧盟在未来 10 年的国际竞争力。

（二）德国工业 4.0

为了确保德国制造业的未来，德国近年提出了具备实施战略主动权的第 4 代工业模式（见图 10-75）。

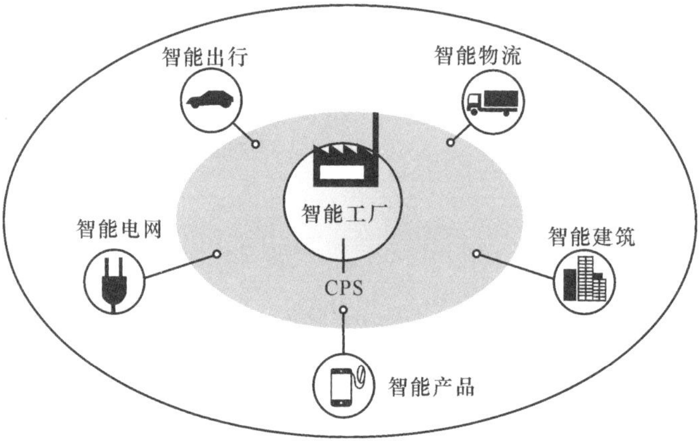

图 10-75　德国工业 4.0

前三次工业革命是由机械化、电力和 IT 带来的成果。现在，将物联网和互联网服务引入生产环节，正迎来第四次工业革命。未来，企业将建立涵盖自身业务的机械、仓储系统及生产设施在内的全球信息物理系统（Cyber-Physical Systems，CPS）。这些信息物理系统包括智能机械设备、仓储系统和生产线，它能够独立自动地交换信息、彼此独立地控制生产设施。这有利于参与制造、加工、材料使用以及供应链和生命周期管理的工业流程。

（三）中国的新材料政策与计划

中国也提出了中国版的材料基因组计划（见图 10-76 和图 10-77），宗旨是“一个整体、多个层次、协同创新”。一个整体即组建全国性的包括材料计算、材料学实验和数据库三位一体的“材料基因组研究中心”，打造全国性的“材料创新基础设施”；多个层次即发挥中央和地方政府多方面的积极性，既有政府的引导作用，也有企业的主导作用；协同创新即计算、实验、数据库三要素协同；材料“发现—研发—生产—应用”各个环节的协同；“官、产、学、研、用”的协同。

图 10-76　中国新材料计划

新材料作为“中国制造 2025”规划锁定的 10 大领域之一，将迎来更强劲的发展机遇。

（四）美国材料基因组计划

2011 年 6 月 24 日，美国总统奥巴马在卡耐基 · 梅隆大学作的以“先进制造业伙伴关系”为主题的演讲宣布了一项超过 5 亿美元的“先进制造业伙伴关系”计划，投资超过 1 亿美元的“材料基因组计划”（见图 10-78）是其组成部分之一。

图 10-77　材料基因组计划

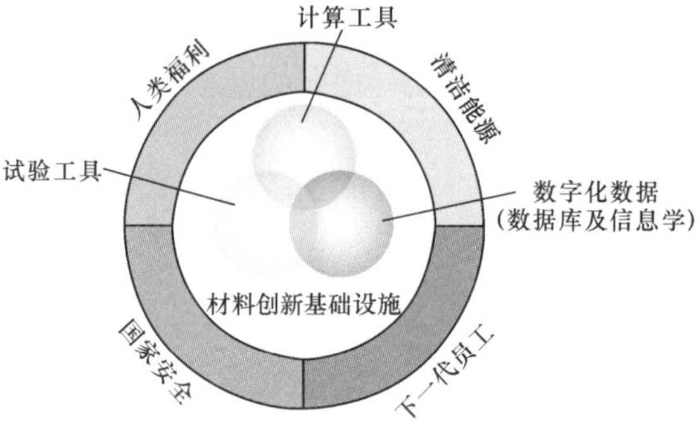

图 10-78　美国材料基因组计划

目前针对材料研究而言，从微观层面到宏观层面都有各自的材料计算软件，但是还不能做到高效跨尺度计算以达到材料性能预测的目的；各个软件之间彼此不兼容；由于知识产权问题，彼此不能共享计算工具的源代码。在这方面未来的工作主要集中在以下几个方面：

（1）建立准确的材料性能预测模型，并依据理论和经验数据修正模型预测；

（2）建立开放的平台实现所有源代码共享；

（3）开发的软件界面友好，以便进一步拓展到更多的用户团体。

第十一章　钢铁工业智能化发展

智能制造的发展受益于人工智能领域近年来的突破进展。一般认为智能是知识和智力的总和，前者是智能的基础，后者是指获取和运用知识求解的能力。人工智能简单讲就是用人工方法在计算机上实现的智能。近半个世纪特别是近20年来，随着产品性能的完善化及其结构的复杂化、精细化，以及功能的多样化，促使产品所包含的设计信息和工艺信息量猛增，随之生产线和生产设备内部的信息量增加，制造过程和管理工作的信息量也必然剧增，因而促使制造技术发展的热点与前沿，转向了提高制造系统对于爆炸性增长的制造信息处理的能力和效率上。目前，先进的制造设备离开了信息就无法运转，柔性制造系统（FMS）一旦被切断信息来源就会立刻停止工作。制造系统正在由原先的能量驱动型转变为信息驱动型，这就要求制造系统不但要具备柔性，而且还要表现出智能，否则是难以高效处理大量而复杂的信息的。其次，瞬息万变的市场需求和激烈竞争的复杂环境，也要求制造系统表现出更高的灵活、敏捷和智能。因此，智能制造越来越受到高度的重视。

纵览全球，虽然总体而言智能制造尚处于概念和实验阶段，但各国政府均将此列入国家发展计划，大力推动实施。由此可见，智能制造正在世界范围内兴起，它是制造技术发展，特别是制造信息技术发展的必然，是自动化和信息化向纵深发展的结果。无论是德国《工业4.0》、美国《国家制造创新网络计划（NNMI）》，还是《中国制造

2025》，实现生产制造的智能化已经成为时代和社会进步必须要走的一段路。作为传统制造和流程制造的代表，钢铁工业在这个新的时代背景下如何正确应对机遇与挑战，在时代的浪潮下前进，我们已经做好了准备。

第一节　钢铁生产的自动化时代

一、自动化技术在钢企的应用

今天我们所倡导的钢铁企业智能制造建设，是以自动化技术在钢铁制造上的应用开始的。

（一）自动化技术的发展

1. 第一阶段：自动化技术形成（18 世纪末~20 世纪 30 年代）

经济社会发展的需要是自动化技术发展的动力。自动化技术是紧密围绕着生产、军事设备的控制以及航空航天工业的需要而形成和发展起来的。自动化技术在工业上的应用，是以瓦特的蒸汽机调速器作为正式起点。1788 年，瓦特为解决工业生产中蒸汽机的速度控制问题，把离心式调速器与蒸汽机的阀门连接起来，构成蒸汽机转速调节系统，使蒸汽机变为既安全又实用的动力装置。此时的自动化装置是机械式的，而且是自力型的。

20 世纪 40 年代是自动化技术和理论形成的关键时期，科学家为了解决军事上的问题，如：火炮控制、鱼雷导航、飞机导航等，逐步形成了以分析和设计单变量控制系统为主要内容的经典控制理论与方法。机械、电气和电子技术的发展为生产自动化提供了技术手段。1946 年，美国福特公司的机械工程师 D. S. 哈德首先提出用自动化一词来描述生产过程的自动操作。

20 世纪 50 年代以后，自动控制作为提高生产率的一种重要手段开始推广应用。

2. 第二阶段：局部自动化（20 世纪 40~50 年代）

20 世纪 50 年代末到 60 年代初，大量的工程实践，尤其是航天技术的发展，涉及大量的多输入、多输出系统的最优控制问题，用经典的控制理论已难于解决，于是产生了以极大值原理、动态规划和状态空间法等为核心的现代控制理论。现代控制理论提供了满足发射第一颗人造卫星的控制手段，保证了其后的若干空间计划（如导弹的制导、航天器的控制）的实施。控制工作者从过去那种只依据传递函数来考虑控制系统的输入输出关系，过渡到用状态空间法来考虑系统内部结构，是控制工作者对控制系统规律认识的一个飞跃。

3. 第三阶段：综合自动化（20 世纪 50 年代末起至今）

20 世纪 60 年代中期以后，现代控制理论在自动化中的应用，特别是在航空航天领域的应用，产生一些新的控制方法和结构，如自适应和随机控制、系统辨识、微分对策、分布参数系统等。与此同时，模式识别和人工智能也发展起来，出现了智能机器人和专家系统。现代控制理论和电子计算机在工业生产中的应用，使生产过程控制和管理向综合最优化发展。

20 世纪 70 年代中期，自动化的应用开始面向大规模、复杂的系统，如大型电力系统、交通运输系统、钢铁联合企业等，它不仅要求对现有系统进行最优控制和管理，而且还要对未来系统进行最优筹划和设计。运用现代控制理论方法已不能取得应有的成效，于是出现了大系统理论与方法。20 世纪 80 年代初，随着计算机网络的迅速发展，管理自动化取得较大进步，出现了管理信息系统和办公自动化。与此同时，人类开始综合利用传感技术、通信技术、计算机、系统控制和人工智能等新技术和新方法来解决工厂自动化、办公自动化、医疗自动化、农业自动化以及各种复杂的社会经济问题，并研制出柔性制造系统、决策支持系统、智能机器人和专家系统等高级自动化系统。

（二）中国钢铁工业自动化发展之路

我国钢铁工业自动化技术的应用实际上是从解放后开始的。经过70年的努力，我国钢铁工业自动化的水平已和西方发达国家的应用水平相差无几。

1. 三年经济恢复时期（1949~1952年）

抗日战争胜利后，鞍山是我国钢铁主要产地，作为曾经世界第六大钢铁厂，由于战争的破坏、战后停工以及外国把较新的机组设备拆走，如5~9号高炉、二炼钢、大型及无缝钢管厂设备，由于技术的欠缺，钢铁产量非常低。1949年，全国粗钢产量仅15.8万吨，在经过三年的大力恢复生产力后，1952年，粗钢产量达到历史最高水平134.9万吨，但此时的自动化程度还非常低，在炼铁、炼钢、轧钢工序只有测量温度、压力等仪表的使用，在电气传动方面，大多数的工位还是采用手动控制的形式。

1952年年底，苏联援建的8号高炉系统开工，是我国钢铁工业自动化的开始，它配有全套自动化的监控仪表，热风温度、热风炉燃烧、煤气压力自动控制，热风炉自动换炉、上料自动化；此外，发电厂的锅炉、透平机驱动的高炉鼓风也是自动控制的，前者包括了输出蒸汽调节、锅炉汽包水位调节、燃烧控制等，后者包括可选的定风压和定风量调节等。其烧结、炼焦也装备了自动化系统；所有的自动化仪表和调节器虽然还是模拟式的，但是在当时的世界大环境下，已经属于世界先进水平。

2. 第一个五年计划时期（1953~1957年）

在国家提出“全国支援鞍钢”等口号下，钢铁工业得到了突飞猛进的发展。

首先在 1953 年鞍钢完成了以大型轧钢厂、无缝钢管厂和 7 号高炉组成的“三大工程”全部竣工，接着就是进行一炼钢改造，二炼钢、三炼焦、5~6 号高炉、3 号高炉、9 号高炉、薄板厂等相继投产。同时期进行新建或改造的钢铁基地还有本钢、武钢、包钢和一些特钢厂。

这个时期的钢铁设备多是从苏联引进的，其自动化水平基本达到世界先进水平，如平炉炼钢装备了全套的监控仪表、火焰自动变向、热制度调节等，电弧炉均有炉顶装料、电极升降控制。

在第一个五年计划期间，大批的苏联专家来华进行指导设备安装和生产，鞍钢为此专门成立了钢铁设计院。设计院不仅仅包含了原有的电力设计科，在 1953 年还成立了机器及自动装置设计科。我国技术人员在苏联专家的指导下，逐步掌握了生产相关的设计规程、规范、计算手册和苏联提供的最新投产类似工程的全部图纸。在当时的国情下，中国无法发展自己的自动化装备工业。经过几年的发展，我们不仅能独立设计自动化工程，除个别自动化设备依靠苏联进口，其他自动化设备全部依靠国内自主生产。

1956 年冶金工业部成立了包括研究、设计和试制部门的热工控制研究设计院，同时期，北京钢铁学院（现北京科技大学）、清华、浙大、中南矿冶学院、西安交大等高校相继开设了工业自动化相关专业，如：工业企业信息化、工业仪表和自动控制。清华更是聘请苏联专家开设热力过程自动化和钢铁生产过程自动化课程，培养了大批钢铁工业自动化人才。

3. 第二个五年计划到 70 年代初（1958~1973 年）

20 世纪 50 年代末期，中国积极向苏联学习技术、引进和仿制设备。在完成了 156 项重点建设工程后，进入了自行设计并用国产装备新建或改建钢铁企业的新阶段，如鞍钢 1、2、3、4、9 号高炉自动化系统和太钢1150毫米初轧主辅传动系统及均热炉自动化系统等，其自动化技术水平已接近当时引进机组水平。

到20世纪60年代初，钢铁研究开始转向为军工服务，此时一般钢铁工业自动化研究停止多年。与此同时，国外进一步发展了自动化技术，我国的自动化水平与世界水平差距拉大。20世纪60年代中期到70年代初，我们发现了与国外先进技术之间的差距，钢铁设计院与工厂为了发展，开始谋求从国外引进技术，主要是德国、日本等发达国家，钢铁工业自动化进入第二次高潮。

4. 1973~1987年

这一时期首先需要解决的问题就是如何使70年代初从日本、德国引进的武钢一米七轧机工程正常使用与运转。为此，冶金工业部再次成立自动化研究所，以自动化研究所为骨干，并从各方面调集技术人员组成自动化工作组进驻武钢，并会同武钢和设计院，消化掌握计算机及自动化系统，为投产做准备。与此同时，为更好地消化吸收、利用与开发更多的自动化技术，鞍钢、武钢、攀钢、首钢、马钢、重钢等先后成立自动化研究所，与高等学校、设计院、工厂共同构成钢铁工业自动化研究、设计和应用体系，从而使钢铁工业自动化进一步稳步发展。

随着我国对自动化作用认识的深入，特别是党的十一届三中全会确定改革开放等一系列政策，大大促进了钢铁工业自动化的发展。在此期间，我国采取全面从日本引进技术与设备的方式在上海建设新的宝山钢铁厂。建成后宝钢的自动化水平已经达到当代世界先进水平，并成为我国钢铁工业自动化的主要技术来源。

5. 1988年到现在

在此期间，我国钢铁工业发展以高新技术的应用为标志，多级管控一体化计算机系统在钢企得到大规模应用，管理自动化发展迅速，过程优化数学模型与先进控制、智能控制也得到重视。除了引进国外技术，国内也研制和推广国产系统，如电力传动系统已进入交流变频调速时代。除国内不能生产的新一代可关断的 IGBT、IGCT 等器件组成的新型交流变频器需要引进外，其他的晶闸管组成的交直流变流器基本可全部国内供货，而且以国产的晶闸管组成的交变频装置容量对轧机已完全可满足要求，而且技术上有所突破。

（三）自动化技术在钢铁行业应用的意义

生产信息的重要性在不断上升，在使用这些信息的过程中，通过自动化仪表、自动化设备可以获得准确可靠的生产过程信息成为解决问题的前提。现代化钢铁工业的发展，主要是应用各种自动化设备来监督控制整个生产流程，使得各个工作流程都能呈现出最好的工作状态，从而生产出最好的钢铁产品。

持续推进自动化的不断发展是我国工业化稳步前进的主要原因，自动化技术的不断普及应用，极大地提高了钢铁行业的生产效率，为钢铁行业的进一步发展奠定了基础。

（四）自动化技术在钢铁行业的发展趋势

钢铁行业作为我国重要的基础工业，近些年取得巨大发展，钢铁企业的规模日益扩大，自动化技术在钢铁行业中的应用也不断的拓展，不断的健全，这不仅完善了钢铁生产流程，还能提高生产效率，确保生产稳定。

1. 低成本

钢铁工业发展自动化技术有向低成本发展的趋势。在钢企建设和改造的过程中，积极采用新一代高端技术，提高投资回报率，减少投资的建设成本，降低投资回报风险。这种模式高度适用于中小型钢铁企业，使得系统更加开放，实现系统模块化，从而简洁灵活地配置系统资源。

2. 一体化系统

一体化系统解决了原有 DCS 系统无法解决的逻辑控制与设备控制问题，如：PLC 控制系统难以对模拟量进行控制的缺陷。打破了传统的计算机控制系统、仪表控制系统、电控系统三者之间在控制设备方面的专业界限与分工。

将设备要求的数据采集、顺序控制和模拟控制作为一个整体需求进行满足，可以大大提高系统的实用性与操作性。三点一体化后，传统的控制系统的硬件和软件实现了资源简化，降低了成本投入，使得整个钢铁行业的自动化水平得到全面的提高，以上优点决定了综合一体化系统将是钢铁行业自动化发展的重要方向。

第二节　钢铁生产的信息化时代

一、我国钢铁信息化发展的现状分析

钢铁行业是我国工业的重要组成部分，为我国工业和国民经济的发展奠定了坚实的基础。进入 21 世纪以来，我国政府对钢铁行业提出了“以信息化带动工业化，以工业化促进现代化，实现跨越式发展”的战略要求，力求改变传统的粗放发展模式，实现产业升级，提高国际竞争力，实现钢铁工业高质量发展。当前，我国钢铁行业在制造工艺、管理水平、质量水平、能耗产出比和经济效益等方面，与国际一流钢铁企业之间仍存在一定的差距，特别是高精尖产品的创新和生产，以及能源循环高效利用方面。因此，提高钢铁行业信息化建设水平，研究钢铁信息化发展趋势、发展方法，具有重要的实践意义。

二、国外先进钢铁企业信息化发展过程

（一）70~80 年代：着重在制度的建立

（1）逐步完善一体的、集成的经营管理制度（产、销）；

（2）建立相对应的计算机管理系统来降低成本、提高效率；

（3）建设以大型主机为主的集中式信息系统。

（二）80~90 年代：扩大应用功能

（1）完善从生产现场到管理决策的纵向集成（L1 至 L5 的五级构架）；

（2）在核心信息管理系统的基础上扩充开发新的应用功能；

（3）增加许多分布式信息系统；

（4）企业在信息系统建设上的投资庞大，信息部门组织扩大，人员增多；

（5）信息化的管理系统成为企业运行不可或缺的支柱。

（三）90 年代后期：信息建设的方向随产业环境的变化而调整

（1）投入电子商务的建设；

（2）信息系统的应用扩大到与客户、供应商间的应用，甚至同行业间的应用整合；

（3）企业获利下滑，如何控制信息系统的成本（系统、人员、开发/维护、操作）成为重要课题；

（4）信息业务外包变成许多钢铁企业的选择，如：巴西 Acesita，美国 AK Steel，日本钢管、住友等公司。

三、我国钢铁工业信息化发展历程

我国钢铁信息化的发展起步于 20 世纪 80 年代末，最初能够实现

也仅仅是在原有人工作业的流程上添加进行电子记账，发展到信息化和体制创新，管理创新相辅相成，相互促进的水平，从而显著提高了钢铁企业的竞争力。

（一）80~90年代：尝试摸索阶段

（1）电子记账工具（信息系统建立在原有的人工作业流程之上）；

（2）应用范围狭窄（备品、备件、会计……）；

（3）相应的配合工作十分有限（制度、业务流程、标准化……）；

（4）未获得企业领导的重视；

（5）信息部门主导信息项目的推动，一直注重IT技术与硬件采购；

（6）系统生命周期短，存在与否对企业经营不造成重大影响。

（二）90年代后期：成长学习阶段

（1）工厂级加强投资于生产自动化；

（2）开始考虑系统集成（CIMS）、产销、财务管理等业务需求；

（3）注重信息系统项目投资的效益回收—应用功能的建立；

（4）少数领先者开始引进外界咨询及技术转移，全面建立“产销一体化”的信息系统，构成企业不可或缺的营运手段。

（三）21世纪：创新阶段

（1）寻求能改善企业经营体系的全方位信息化；

（2）集团性企业供应链系统体系的打通；

（3）钢企一体化、质量管理标准等系统的建立。

第三节　钢铁生产的智能化时代

一、智能制造发展战略

（一）德国“工业 4.0”

德国在 2011 年 4 月汉诺威工业博览会上提出的“工业 4.0”发展战略，指互联网高速发展带来的第四次工业革命。德国作为制造业强国，制造基础已经具备，“工业 4.0”的实施进一步实现了工厂、消费者和产品的信息数据互联，为最终实现万物互联打下基础。2013 年，德国电气电子和信息技术协会发布了德国首个“工业 4.0”标准化路线图，主要的研究方向是建设“智能工厂”、实现“智能生产”，并发布了一系列研究项目。

（二）美国“国家制造创新网络（NNMI）”

美国在经历了金融危机和主权债务危机后，为了提振经济，政府提出了以重振制造业为主的“再工业化”战略，2012 年美国先进制造伙伴关系指导委员会（AMP）为了提高美国制造业的竞争力而提出建议，其中的关键是建议美国设立“国家制造创新机构网络”；2014 年美国众议院修改通过了《振兴美国制造与创新法案》，国家制造创新网络（NNMI）正式成为法定计划。通用电气公司（GE）作为美国主要的制造企业响应号召，并于 2012 年发布《工业互联网：突破智慧和机器的界限》白皮书，意在实现人类和机器间的智能连接，通过大数据等信息技术来提高工业化效率。工业互联网的精髓主要包含三个方面：智能机器、高级分析和专业工作者。为加快实现智能制造，2014 年，GE 和思科（CISCO）、IBM 和英特尔（Intel）发起并成立了工业互联网联盟，帮助制造业企业开发工业互联网应用，进一步推进制造业的智能制造技术发展。

（三）《中国制造 2025》

德国“工业 4.0”、美国“国家制造创新网络（NNMI）”等智能制造战略的提出为我国制造业的转型升级提供了良好思路，通过借鉴和参考国外智能制造战略并结合具体国情和实践，我国也逐步形成了自己的智能制造战略体系。

2015 年第十二届全国人民代表大会第三次会议上，李克强总理在政府工作报告中提出“互联网+”行动计划，提出要推动物联网、云计算、大数据、移动互联网等与现代制造业的融合。同年国务院印发《中国制造 2025》，强调将工业化和信息化融合，制定智能制造发展战略。2016 年第十二届全国人民代表大会第四次会议上，李克强总理做政府工作报告时再一次提出要利用“互联网+”的力量来深入推进“中国制造+互联网”，实现一批智能制造示范项目。

《中国制造 2025》的本质就在于要将中国制造发展为中国“智”造，为我国制造业发展指明了方向。工业和信息化部选择重点领域推进智能制造的发展，在工信部发布的《2016 年智能制造试点示范项目名单》上，钢铁企业智能工厂建设项目被包括在内。在信息技术发展迅速的今天，钢铁企业传统的生产方式、工艺流程已经不能满足时代需求，智能制造技术将被广泛应用。

二、新时代下钢铁行业的智能制造技术支撑

（一）物联网技术

物联网的首次提出时间是 1999 年，是指物物相互连接的互联网，其第一层含义是在互联网的基础上延伸和扩展的网络，第二层含义就

是用户端的延伸和扩展到了设备与设备之间、物品与物品之间，进行信息的交换和通信。

（二）云计算与大数据

用户可以通过连接互联网，进行正常网络访问的设备，如：传统PC、智能手机、笔记本电脑连接到可进行配置的由网络、服务器、管理软件构成的资源共享池，这样的资源共享池就是云，像阿里云、亚马逊等就是面向社会开放的公有云；某些企业、集团会搭建自己的数据中心，来承载业务系统被称为私有云；也存在企业在建设自己私有云的同时也在使用公有云资源，我们称为混合云。

大数据不是简单的数据量大就可以称为大数据，大数据需要具备“五V”特性：Volume（大量）、Velocity（高速）、Variety（多样）、Value（价值）、Veracity（真实性）。

从大数据的规模大，处理速度快的特性可以看出，应用在数据量大、规模大的自动化企业，大数据需要云计算这样的技术实现安全快捷的处理、存储操作。云计算和大数据相互关联，在实际操作中缺一不可。钢铁生产工艺过程中产生大量的数据，传统企业采用单独搭建主机系统的方式存储数据，导致无法分析数据的价值，而且在人力、物力方面投资大，管理效率较低。目前钢铁行业采用云计算和大数据的先进技术，建立集团私有云平台，制定规则，统一规划，实现大量数据的分析处理和及时传输，使决策者能够快速分析业务数据结果，为企业创造效益。

（三）人工智能

人工智能的概念起源于20世纪50年代前后，在人工智能提出的60多年来，已经成为当代前沿科学，人工智能发展的目的就是希望计算机能够像人一样去思考。20 世纪由于计算能力等各方面限制，人工智能发展陷入低谷，在新一代信息技术发展迅猛的当下，计算能力、存储能力等得到质的提升，为人工智能的发展提供了良好环境。

人工智能作为计算机学科，也是一门新的技术科学，它是利用信息技术等来模拟、扩展人的智能，研究的领域主要包括语音识别、自然语言处理、专家系统、图像识别、神经网络等。人工智能技术在钢铁生产中的应用主要包括专家系统、神经网络、机器学习、机器视觉、智能机器人、智能优化等。

三、钢铁企业智能制造的实践与探索

（一）国内钢铁的探索与实践

目前国内大部分钢铁企业基本都实现了“工业 3.0”，已经能够向“工业 4.0”进军。随着工业互联网、物联网、大数据、5G 等新兴信息技术的发展，如何让新兴技术与传统的钢企的生产、工艺、质量、环保深度融合，实现钢铁工业的高质量发展，是近些年各大钢铁企业工作探索的重点。建设以物联网、大数据平台为基础的智慧工厂和产业生态圈，成为探索的核心。国内信息技术靠前的几大钢企均在智能制造的实践中达到较好效果：如宝武、首钢、河钢唐钢、太钢、南钢等，并有多个项目列入了工业和信息化部的智能制造试点示范项目。自 2015 年起，工业与信息化部陆续公布了 4 批智能制造方面的示范试点项目，其中钢铁行业累计有 9 例，如表 11-1 所示。

表 11-1　钢铁企业智能制造试点示范项目

序号	智能制造试点项目	企业名称	年份
1	钢铁热轧智能车间试点示范	宝山钢铁股份有限公司	2015
2	冶金数字矿山试点示范	鞍钢集团矿业公司	2015
3	钢铁企业智能工厂试点示范	河钢集团唐钢公司	2016

续表 11-1

序号	智能制造试点项目	企业名称	年份
4	高精特种钢丝智能制造试点示范	山东胜通钢帘线有限公司	2017
5	钢铁冷轧数字化车间试点示范	宝山钢铁股份有限公司	2017
6	不锈钢冷连轧数字化车间试点示范	山西太钢不锈钢股份有限公司	2017
7	无缝钢管智能工厂试点示范	衡阳华菱钢管有限公司	2018
8	钢铁板材智能制造试点示范	南京钢铁股份有限公司	2018
9	钢铁厚板智能制造试点示范	鞍钢股份有限公司	2018

1. 宝武集团

（1）1580 毫米热轧智能工厂试点项目（图 11-1 和图 11-2）。

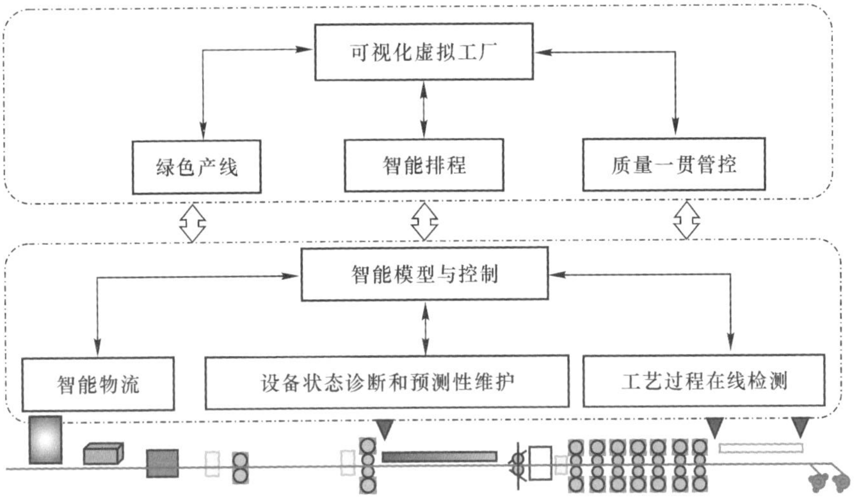

图 11-1 1580 毫米热轧智能产线组成

（来源：热轧产线智能制造技术应用研究——宝钢 1580 毫米热轧示范产线［J］.中国机械工程，2020，31（2）：246~251）

1580 毫米智能车间改造围绕无人化板坯库、全流程质量监控、智能点检、机器人应用，以工业互联网数据集成、混合模型与数据分析、多目标交互优化、智能机器人等为支撑技术，就热轧产线开展智能化车间的探索与实践。在工艺控制、物质能源协同化、劳动效率提升等多个领域，建设管控智能化、生产预测预警、业务协同等智能化应用，提升产线的制造稳定性和灵活性，降低制造成本。

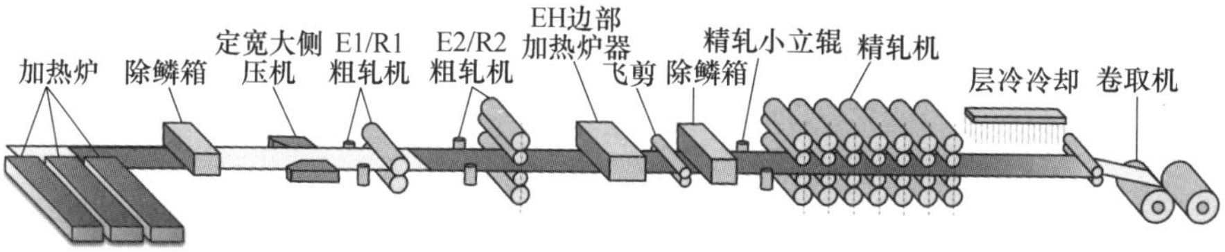

图 11-2　1580 毫米热轧产线设备配置

（来源：热轧产线智能制造技术应用研究——宝钢 1580 毫米热轧示范产线［J］. 中国机械工程，2020，31（2）：246~251）

（2）高炉控制中心（图 11-3）。

图 11-3　高炉控制中心

（来源：友爱的宝武）

2018 年 3 月宝钢股份高炉控制中心正式启用，见图 11-3，由宝钢股份自主集成建设，它包含集中控制、智慧维检、远程诊断支持的模块，不仅实现了 4 座高炉控制室物理意义上的合一，而且注重有机融合，通过一体化的操作平台统一规范和标准，可强化交流、协作和互补，有效提高生产效率和操作水平；通过设置铁前控制室，实时监控、收集高炉生产相关的物流和设备信息，可实现及时预警和快速响应；通过建立远程支撑系统及体系，连通各基地网络，可实现专家远程集中指导，实现基地间在线诊断及技术交流与共享，提高支持效率和指导的及时性。

（3）韶钢智慧中心（图 11-4）。

图 11-4 韶钢智慧中心大厅

（来源：中国冶金报社）

2018 年，中冶赛迪与宝钢韶钢启动智慧中心项目建设，韶钢智慧中心在以下几方面为生产制造提供便利：

1）实现对铁区和能介全部单元的控制与决策整合；

2）5 公里以上跨工序、跨区域、远距离、大规模集控，融合自动化、物联网、大数据、人工智能的规模化、集中化应用；

3）对铁区和能介的生产运行进行智能感知、智能分析、智能预测和智能决策；

4）为安全、协同、高效、智能生产提供了坚实的保障。

韶钢智慧中心的建立支撑了流程再造，进而推动管理创新和组织变革，打造了一个面向未来，不断满足人们在事业和创造力方面最高需求的钢铁智慧中心。

（4）湛钢 1550 毫米冷轧智能化生产线。

2017 年 8 月宝钢股份湛江钢铁 1550 毫米冷轧智能化生产线正式投入使用。以构建智能化、网络化、集成化、柔性化的新一代冷轧生产线为主要目标，以传感技术、网络技术、人工智能技术、大数据技术、工业软件技术、现代管理技术的交叉融合作为理论依据，通过 1550 毫米冷轧智能化产线的探索实践，以及智能化车间的建设，搭建了智能感知探测、管控智能化、知识自动化、业务协同多目标优化等涵盖制造全过程的智能化应用，达到了生产各环节的信息集成、信息资源的开发利用，使得自动化作业水平得到提升、制造过程的效率和质量得到提高、制造成本得到降低。

2. 河钢集团

（1）唐钢高强汽车板天车无人化系统（图 11-5）。

图 11-5　唐钢无人天车

2014年，无人天车及智能调度系统在河钢唐钢高强汽车板产线首先实施，打破了国外技术垄断。天车是钢铁企业库区不可替代的设备，对其进行无人化改造是实现库区生产智能化的前提。库区天车无人化也是冶金行业智能工厂建设的重要组成部分。该系统在河钢唐钢高强汽车板项目投入使用后，有效减少了库区管理人员并提高了人均劳动效率，大幅提升了天车运行的准确度和平稳性，减少故障，延长设备寿命，降低了天车运行的安全隐患。

天车无人化系统当时在国内尚属于新鲜事物，该系统的成功应用与推广将助推冶金行业智能制造水平的提升，并最终加快智能工厂的建设步伐。

(2) 邯钢基于工厂大数据的钢材质量自动判定系统。

基于工厂大数据的钢材质量自动判定系统通过对全过程数据进行采集，推进质量主题大数据应用开发，从而实现了炼钢、热轧、冷轧的生产和质量数据的贯通。通过设置灵活的、可扩展的、结构化的规则，该系统实现了对产品质量的在线评级与判定，并将产品质量评级结果提供给MES系统（制造执行系统），以便对产品质量进行综合判定。同时，该系统还实现了全流程产品工艺过程质量追溯、质量分析，以进一步提高和稳定产品质量，为科学决策服务生产提供了数据支撑。

(3) 宣钢智能设备管理系统。

宣钢二钢轧厂PM智能设备管理系统及轧机在线检测故障分析诊断系统，分析了先进智能系统在现代化生产线上的应用，有效地解决了对设备点检手段少、点检方法不专业等问题。PM设备管理系统引用大型数据库采集大量现场设备数据，并可自动生成生产趋势图和报警报告，真正可起到对现场作业实绩、检修管理的指导作用。轧机在线检测系统实现了对轧机减速机的实时监控和跟踪，建立数据中心，通过时域和频域的分析，可提前预判故障位置和地点，在轧机系统的设备管理中起到关键作用，随着科学技术的不断进步，使先进的、智能化的管理手段在企业的生产经营中得到充分的发展和运用，有效的解决了企业生产过程中诸多难题，极大地提高了企业的经济效益，真正实现了企业的技术升级，为企业的发展提供了广阔的空间。

（4）承钢智能管控系统。

基于过程大数据的质量智能管控系统研究制订四大规程体系，即产品规程、工艺规程、技术规程、操作规程，建立配套的标准转换机制及管理流程，并在系统中全面落地；通过产品全过程质量管控系统的全面实施，为完善企业技术标准、建立企业质量管理体系，奠定坚实的基础；形成一套针对承钢全流程、全工序、全产品的质量管控平台，实现生产可管控、异常可预警、过程可追溯、缺陷可诊断、能力可评价、质量可预测、研发可推理。

3. 首钢冷轧智能工厂

首钢股份公司“硅钢—冷轧智能工厂”是拥有酸轧、连退、精整等多产线的冷轧工厂示范载体，应用物联网、互联网、大数据、人工智能等技术，以客户需求为导向。为了实现工艺、设备、信息系统的智能化提升，在工艺全过程的关键部位，应用机器人、无人天车、智能检测、智能磨辊等装备和制造单元，打通设备端到端的连接，应用新一代工艺控制模型提高控制水平，提升全流程生产稳定性及效率。在应用层面对智能工厂进一步细分，构建以产品智能设计与工厂柔性化制造和营销服务为核心，由能源、质量、设备、绿色安全进行支撑的智能工厂应用体系。

（二）国外钢铁的探索与实践

以 JFE 钢铁公司、大河特种钢铁厂为代表的先进钢铁企业正在大力发展钢铁绿色化、智能化制造的钢铁制造新模式。

1. JFE钢铁公司

JFE钢铁公司20世纪后期就开始着眼于钢铁领域的数据科学应用，积极推进IoT、AI、CPS等基础数据科学技术开发。JFE钢铁公司通过在控制领域的监控、生产制造利用大数据和先进算法，可提高生产制造控制精度和最优化方案，并将利用不断进步的AI技术，建成能实施自主学习、自律实施最优化作业的“智能化钢铁企业”，从而进一步推进高品质化、高效率化、省力化工作。

2. 美国大河钢铁（BRS）

2017年3月正式投产的美国大河钢铁（BRS），通过不断的技术创新和引进，已经在高性能钢材、智能化工厂、节能环保等领域走在了行业前列。该钢企借助德国SMS公司最先进的特种钢生产技术，并融合了美国本土科技公司Noodle. ai研发的AI算法应用技术，实现了智能化工厂。大河钢铁（BRS）工厂通过分布广泛的传感器以收集数据发送BEAST平台，帮助工厂在维护计划、生产线调度、物流运营和环境保护等领域取得突破性进展，在工厂600名员工满负荷生产的情况下可年产300万吨钢。

AI智能算法帮助大河钢铁自动应对各种各样的生产挑战，2017年1月，利用AI技术，大河钢铁（BRS）工厂实现首次全月不间断生产，超过6.3万吨热轧钢下线，创造了大河钢铁（BRS）运营团队的历史记录。

四、智能制造在我国钢铁行业应用中存在的问题

在新一代信息技术高速发展的背景下，智能制造技术应用于具备自动化基础的制造行业，也是我国钢铁行业必然推行由制造向“智”造转型的策略，同时有助于解决钢企前期发展存在的问题。

钢铁生产具有大型、复杂、流程化的特点，冶炼钢铁的原料，需

要经过炼铁-炼钢-轧制-热处理等一个漫长的冶金过程，成为最终的钢材产品。

（一）生产全流程各工序均存在“黑箱”现象

钢铁的生产过程中除了像各工序表面温度、外形尺寸等能通过传统仪表采集参数之外，在钢铁生产中有很多工序的运行状况和参数无法实现在线实时测量，如高炉和转炉的内部状况和生产过程的很多参数，整个生产流程所决定的钢铁产品的组织性能，应力应变状态和最终决定板带产品外形尺寸的轧机有载辊缝等，都存在无法直接测量的“黑箱”现象，非常缺少对实时内部信息的收集与整理。因此就出现了我们想解决问题，但是没有数据支撑的窘境。例如：控制反应器内部的化学-物理过程，但是得不到内部信息；控制钢材内部的组织，调整、改变它的组织和性能，但是无法进行直接的观测，也就谈不上控制。

钢铁生产现场运行的数学模型基本上都是机理和物理模型，由于现场工艺条件、设备当前运行状态的变化都会引起生产工况不确定变化，再加上过程输入条件、状态变量和控制目标之间的相互影响关系错综复杂，而这些机理模型对于复杂的动态过程的适用性较差，在工艺条件和运行状态变化时模型预报精度不高，难以准确透视工艺、设备、质量等关键参数之间的复杂关系。因此，面向窄窗口的高精度动态协调控制缺乏工作基础，依赖于经验进行分析决策的技术人员面对海量信息也力不从心，难以实现全局一体化的智能决策。

（二）生产各工序内部控制过程复杂

钢铁生产流程中存在着复杂的物理、化学过程，甚至往往出现气、液、固多相共存的连续变化，外界随机干涉因素多，物质/能量转化过程复杂。冶炼、轧制等工序都是异质、异构单元组合的集成体，单元之间存在非线性相互作用、动态耦合过程。各个工序涉及的工艺质量参数都多达数百个，具有多变量、强耦合、非线性和大滞后等特点，过程变量类型混杂、维数高、规模大，变量之间也存在着多重相关性。某一个质量问题可能有多个异常表象，相似的质量异常其来源也不尽相同。

现有控制系统多采用分散单独控制和单变量求解，参数调节引起本工序其他参数的连锁反应，再通过被动的解耦方式进行补偿，难以实现面向窄窗口的高精度动态协调控制。突破单点的自动化控制，进行全局多目标的智能化控制，并基于生产过程实时数据进行模型参数的自学习和自适应，是实现各工序复杂过程精准协调控制的关键。

（三）生产全流程与产品全生命周期一体化明显

三维尺寸和力学性能等作为表征产品的重要指标，以媒介形式贯穿于钢铁生产过程的各个工序，从而造成产品质量异常的累积，不仅直接决定着本工序的产品质量评定，同时决定着下游工序是否能够稳定运行以及工序间设备能力是否平衡，也是制造过程产生运行故障的关键因素。产品性能、质量、生产效率取决于工艺流程设计优化、各个工艺过程的优化和全流程运行的整体优化。

从钢铁生产全流程的角度来看，在水平生产工序上，各个生产厂或车间依然为信息孤岛，未实现互联互通并建立统一的数据环境；在垂直控制层级上，各控制系统的数据分析、管理和决策也是按照设计好的流程进行，无法满足灵活应对外部环境和活动目标变化的要求。同时，钢铁产品质量和生产过程稳定性很大程度上取决于原材料状态，生产过程深度依赖汽车、家电与工程制造等客户需求，钢材全生命周期的服役过程也取决于原材料和生产工艺。

（四）全流程生产数据整合与利用不充分

大多数的钢铁企业都配置有完备的数据采集和存储系统，储存了生产过程中能够采集到的大量数据。但是，由于现场生产环境和测量手段的限制，目前还有部分关键参数无法在线准确测量。随着数据库技术、传感器技术和通信技术的发展，企业获取实时生产数据的成本已经不再高昂，但仍存在异构硬件、异构软件、异构数据和异构网络，尚未形成矩阵式网络泛在连接与钢铁生产全流程的闭环反馈。

钢铁生产过程积累的数据中蕴含了整个生产流程各层次的信息，大规模生产数据与经验知识并未充分挖掘和模型化表述。目前，钢铁生产线大都具有完备的数据采集和存储系统，拥有庞大的生产数据。但是现场数据多没有产生应有的价值，在由“数据”到“信息”的处理过程中存在断层，难以形成真正的竞争力，采用数值挖掘技术提升钢铁生产线运行水平的需求日渐迫切。从隐匿、碎片、低质的数据中挖掘出数据物理意义与特征之间的关联性，提取出反映对象真实状态的全面性信息，是实现钢铁行业智能化提升的前提。

1. 缺乏技术创新

目前我国对智能制造技术的基础研究能力相对薄弱，物联网和云计算在实际行业中的应用仍需加强，引进新技术的同时缺乏创新能力，形成的技术体系也不够完善，导致钢铁行业先进技术前沿领域发展缓慢。

2. 国产设备匮乏

国内制造业无法满足钢铁工业对智能设备的需求，比如新型传感器的部分技术和关键部分零件，仍然依靠国外进口，无法适应国内行业的实际情况。

3. 水平参差不齐

我国大中小型钢铁企业数量巨大，自动化、信息化水平不在一个水平线，虽然基本上都走上了“工业 3.0”的道路，但是改造的深度不同，阻碍了智能制造的统一推行，不能同时进行智能制造技术改革。在传统钢铁行业管理理念、发展水平、重视程度的影响下，钢铁智能制造在推进过程中，缺乏专业人才，缺少人才培养机制。

第四节　智能制造推动钢铁工业高质量发展前景展望

近些年来，无论是德国的“工业 4.0”，还是美国的《国家制造创新网络（NNMI）》，都将智能制造作为主攻方向。智能制造的理论和应用在世界范围内在各行各业快速发展，都在积极培育如何让制造业在未来的激烈竞争中发挥智能制造的新优势，这将对产业发展、分工格局和推动形成新的生产方式、产业形态、商业模式带来重要影响。中国钢铁工业加快供给侧结构性改革，推进钢铁工业智能制造的发展进程，是实现钢铁工业向质量、效率、动力三大变革迈进的基础保障，同时也是实现钢铁工业转型升级的突破口。

进入发展的新时代，我国经济发展现状已经由高速增长阶段转向高质量发展阶段，钢铁工业的发展要紧跟时代的步伐，要坚持以新时代中国特色社会主义思想为指引，全面贯彻落实党的十九大精神，坚持创新、协调、绿色、开放、共享五大发展理念，促进钢企的快速转型升级，打造集约型、创新型、智慧型、绿色型、质量效益型钢铁工业，为实现“两个一百年”奋斗目标和中华民族伟大复兴的中国梦提供坚实的基础。当前钢铁工业中，先进的生产装备、高质量的材料、先进的生产工艺三者已进行了有机融合，以智能传感器、人工智能、数字孪生、大数据与云计算等新一代理论和技术为核心的智能化技术的发展，形成了先进的工业制造技术，随之而来的 5G、物联网、工业互联网技术，将形成推动钢铁智能制造发展的主要动力，它的迅猛发展将为钢铁产业带来翻天覆地的转变，推动钢铁智能制造“五化”发展和智能“钢铁未来梦工厂”的逐步实现。为了实现推进钢铁企业智能制造的发展，我们应该在以下几个方面做出努力。

一、坚持发展绿色钢铁，持续推动实施超低排放改造

为了钢铁工业良性发展，钢铁工业的环境保护与监管慢慢的向智慧化管理转变。因为钢铁工业的日常生产严格受环境部门监管，如生成的废渣不进行有效利用，将会污染堆存场地的土地和周边环境；发出的煤气排往大气，大量的二氧化碳、一氧化碳、二氧化硫、硫化氢等污染大气，夹带的大量灰尘形成大气污染物；外排的废水夹带大量的油污和有机物造成江河湖泊的水体污染；钢铁厂中进进出出的运输车辆像火车、汽车也是对周边道路产生污染和破坏的主要来源，如图 11-6 所示。

图 11-6 钢铁厂烟云

（来源：知乎 https：//zhuanlan. zhihu. com/p/26463015）

推动实施超低排放改造，推动绿色发展，低碳、绿色钢铁材料在钢企中广泛使用，使钢铁与生产要素、环境容量互相匹配，实现钢铁工业生产与环境的良性友好共存，即钢企生产与环境指标相联系，在

保护环境的前提下，确保生产和质量。未来的钢铁厂将与人、城市、自然融为一体，卫星图上不再有烟雾笼罩的生产场景，取而代之的是充满个性化元素“硬”线条的工业景观，充满现代艺术气息的工业建筑与绿树红花交相辉映的公园式厂区，将成为蓝天、碧水、净土生活环境中的独特风景线。

具体来说，为了达到上述目标，需要全面推广应用和全面普及先进适用、成熟可靠的节能环保工艺技术装备；全面完成烧结脱硫、干熄焦、高炉余压回收等改造，淘汰高炉煤气湿法除尘、转炉一次烟气传统湿法除尘等高耗水工艺装备；全面建成企业厂区主要污染物排放的环保在线监控体系；实现先进节能环保技术，焦炉和烧结烟气脱硫脱硝、综合污水回用深度脱盐等节能环保难点技术的推广普及；在环境影响敏感区、环境承载力薄弱的钢铁产能集中区，实施封闭式环保原料场、烧结烟气深度净化等清洁生产技术改造。

“钢铁未来梦工厂”的构想和建立是基于钢铁全生命周期理念而诞生的，信息技术与先进节能环保技术的结合更紧密，节能、环保、安全领域管控更智能化，钢铁制造更绿色。能够实现产品从设计、生产、应用到回收的闭环追溯。优质、高强、长寿命、可循环的绿色钢铁将引领材料应用的绿色化发展，钢铁材料可循环利用的特点和优势进一步得到体现。

二、加快战略重组，优化产业布局，打造集约型钢铁

我们要树立“全国一盘棋”的意识，按照市场化运作、企业主体、政府引导的原则，结合化解过剩产能和深化区域布局调整，推动行业龙头企业实施跨行业、跨地区、跨所有制兼并重组，形成若干家世界级一流超大型钢铁企业集团；产钢大省的优势企业以资产为纽带，推进区域内钢铁企业兼并重组，形成若干家特大型钢铁企业集团。超

大型和特大型钢铁企业集团粗钢产能占全国的比重力争超过60%，形成一批专用产品优势明显、自我发展能力强的专业化龙头企业集团。

三、坚持创新理念，加快自主创新和原始创新

在生产和研发方面坚持创新驱动发展战略，充分整合科技资源，发挥企业的创新主体作用、设计单位的桥梁和推广作用、大学和科研院所的基础先导作用，实施产学研用相结合的创新模式或产业联盟，通过市场化运作机制和多元化合作模式，提升产业链协同创新能力；在钢铁领域建设国家级行业创新平台，提高原始创新、自主集成创新能力，开展行业基础和关键共性技术产业化创新工作，在低能耗冶炼技术、节能高效轧制技术、全流程质量检测预报和诊断技术、钢铁流程智能控制技术、新材料研发、高端装备用钢等方面有重大突破。

四、以打造智慧型钢铁为目标，推动两化融合和智能制造

实现钢铁工厂制造智能化，使钢企的生产运营更加高效，我们就要在生产中加入智能制造的概念和技术，把物联网、大数据、云计算、人工智能等集成运用于钢铁工业的全产业链，实现生产设备、工厂生产状态、客户订单信息以及上下游企业信息之间的无缝对接，推动企业研发、生产、管理、服务的一体化管理模式的革新，打造未来的钢铁智慧工厂，以敏捷制造、精益管理、精准服务实现个性化定制、柔性化生产、网络化协同和效率提升，为钢铁制造注入“简单、流畅、高效”的智慧基因，方便实现定制化的产品生产、个性化的产品研发和精准化的材料制造。

有需求和条件的钢铁企业可以建立基于私有云或者是公有云的大数据平台，对生产数据进行集中化管理，方便数据的提取和分析。在

钢铁全制造中进行知识积累的数字化、网络化，形成行业“知识图谱”，积淀行业经验，做好经验和知识的传承；在工作环境恶劣、存在安全风险、操作具备重复性的工作岗位使用相应工业机器人替代，例如捞渣机器人、标签机器人等；普及钢铁企业两化融合管理体系贯标和评定，完成钢铁智能制造标准化工作。

“钢铁工业大脑”是未来的钢铁工业制造智能化的核心组成部分，是基于信息物理系统、大数据、人工智能、边缘计算等新一代信息技术的智能决策与综合管控平台。

五、持续深化供给侧结构性改革，打造质量效益型钢铁

从新发展理念的角度分析，深化供给侧结构性改革的任务尚未完成，还有许多工作需要去做。例如，必须把发展经济的着力点放在实体经济上，把提高供给体系质量作为主攻方向，这样才能显著增强我国经济质量优势。又如，我们必须实现创新引领，在绿色低碳、共享经济、现代供应链、人力资本服务等领域培育新增长点，形成新动能。这才符合经济发展中供需动态平衡的格局。再如，在经济发展过程中，我们要激发和保护企业家精神，激发更多社会主体创新创业。我们还要建设知识型、技能型、创新型劳动者大军，弘扬劳模精神和工匠精神，营造劳动光荣的社会风尚和精益求精的敬业风气。

去产能、去库存、去杠杆、降成本、补短板等措施应持续推进，以取得优化存量资源配置、扩大优质增量供给的成效。尽管“三去一降一补”的困难越来越大，但这些都是调结构所不可缺少的。如果在这方面停止继续着力，很可能又回到数量型和速度型的老路上去。

我们要进一步深化供给侧结构性改革，运用市场机制、经济手段

和法治办法，深入解决产能结构的深层次问题，确保钢铁供需基本平衡、行业运行平稳，提高发展质量，实现可持续经营。

大力推进质量品牌建设，走质量效益型发展道路。要积极树立以稳定为核心的质量意识，采用洁净钢生产、精准轧制、产品质量管理一贯制等质量提升技术，全面提升钢铁产品实物质量的稳定性和持久性；开发使用高效化低成本生产技术，提高钢材产品综合竞争力；坚持需求牵引和战略导向，以满足传统产业转型升级、战略性新兴产业发展和重大技术装备需求为主攻方向，着力突破一批关键品种，提高关键战略材料的综合保障能力。

六、推动产业生态化发展，增强产业生态活力

未来的钢铁工业要与上下游产业链共享生产要素和生产资源，产业界面融合会更加密切，将形成极具活力和竞争力的产业生态圈。上、中、下游产业智慧协同，精准衔接，产业链、创新链、金融链等多维要素资源配置更优化、更高效。

此外，将实现企业人本化，员工更有获得感和成就感。未来的钢铁工业基于自动化技术、网络技术及钢铁制造技术的发展，集中操控、远程控制和维护得到普遍应用，未来的钢铁工业将被“揣进口袋”，员工将从单调重复的体力劳动更多地转向知识化、技术型工作，将从危险性高、重复性强、难度大、环境恶劣的劳动岗位上解放出来，转变成远离高温、高压、高危、高粉尘的知识型工作者。员工能动性得到更好的发挥，员工个人价值也能够得到更好的体现。钢铁产业将由劳动密集型向技术密集型转变，生产效率的大幅提升使得员工收入水平得到提高。

智能制造是钢铁工业未来发展必须要走的路，是推动钢企实现转型升级的重要举措。智能制造是一项发展中的技术，远没有达

到成熟的地步。智能制造以物联网、大数据为基础，大力发展智能控制、智能设备、智能模型等，提高产线生产稳定性，提高产品质量。目前我们已经在智能制造进行了深入的探索，也取得了一些成果，随着智能制造相关技术的发展和应用，钢铁工业的智能制造未来可期。

第十二章　钢铁工业可持续化发展

第一节　可持续发展理论

一、可持续发展理论的形成

可持续发展理论的形成经历了相当长的历史过程。20 世纪 50~60 年代，人们在经济增长、城市化、人口、资源等所形成的环境压力下，对“增长=发展”的模式产生怀疑并展开研究。1962 年，美国女生物学家 Rachel Carson（莱切尔·卡逊）发表了一部引起很大轰动的环境科普著作《寂静的春天》，作者描绘了一幅由于农药污染所引起的可怕景象，惊呼人们将会失去“春光明媚的春天”，在世界范围内引发了人类关于发展观念上的争论。

10 年后，两位著名美国学者 Barbara Ward（巴巴拉·沃德）和 Rene Dubos（雷内·杜博斯）享誉全球的著作《只有一个地球》问世，把人类生存与环境的认识推向一个新境界，可持续发展的境界。同年，一个非正式国际著名学术团体即罗马俱乐部发表了有名的研究报告《增长的极限》（The：Limits to Growth），明确提出“持续增长”和“合理的持久均衡发展”的概念。1987 年，以挪威首相 Gro Harlem Brundt land（布伦特兰）为主席的联合国世界环境与发展委员会发表了一份报告《我们共同的未来》，正式提出可持续发展概念，并以此为主题对人类共同关心的环境与发展问题进行了全面论述，受到世界各国政府组织和舆论的极大重视，在1992年联合国环境与发展大会上可持续发展要领得到与会者共识与承认。

目前，可持续发展已成为世界各国发展的主导潮流，可持续发展理论是指经济、生态环境、社会三大系统之间的协调发展，以实现社会公平（包括人际公平和代际公平）和社会进步为目标。

可持续发展理论主要包括两层含义：一方面是发展既要满足当代人的需求，又不损害满足后代人需求的能力，让后代人的利益不受当代人的侵犯；另一方面发展要讲后劲，确保发展能够持续下去，要在保持资源永续利用的前提下实现经济和社会的发展。

二、可持续发展的内容

在具体内容方面，可持续发展涉及可持续经济、可持续生态和可持续社会三方面的协调统一，要求人类在发展中讲究经济效率、关注生态和谐和追求社会公平，最终达到人的全面发展。这表明，可持续发展虽然缘起于环境保护问题，但作为一个指导人类走向21世纪的发展理论，它已经超越了单纯的环境保护。它将环境问题与发展问题有机地结合起来，已经成为一个有关社会经济发展的全面性战略。具体地说包括以下几个方面。

（一）经济可持续发展方面

可持续发展鼓励经济增长而不是以环境保护为名取消经济增长，因为经济发展是国家实力和社会财富的基础。但可持续发展不仅重视经济增长的数量，更追求经济发展的质量。可持续发展要求改变传统的以“高投入、高消耗、高污染”为特征的生产模式和消费模式，实施清洁生产和文明消费，以提高经济活动中的效益、节约资源和减少废物。从某种角度上，可以说集约型的经济增长方式就是可持续发展在经济方面的体现。

（二）生态可持续发展方面

可持续发展要求经济建设和社会发展要与自然承载能力相协调。发展的同时必须保护和改善地球生态环境，保证以可持续的方式使用自然资源和环境成本，使人类的发展控制在地球承载能力之内。因此，可持续发展强调了发展是有限制的，没有限制就没有发展的持续。生态可持续发展同样强调环境保护，但不同于以往将环境保护与社会发展对立的做法，可持续发展要求通过转变发展模式，从人类发展的源头、从根本上解决环境问题。

（三）社会可持续发展方面

可持续发展强调社会公平是环境保护得以实现的机制和目标。可持续发展指出世界各国的发展阶段可以不同，发展的具体目标也各不相同，但发展的本质应包括改善人类生活质量，提高人类健康水平，创造一个保障人们平等、自由、教育、人权和免受暴力的社会环境。这就是说，在人类可持续发展系统中，经济可持续是基础，生态可持续是条件，社会可持续才是目的。21 世纪人类共同追求的应该是以人为本位的自然—经济—社会复合系统的持续、稳定、健康发展。

作为一个具有强大综合性和交叉性的研究领域，可持续发展涉及众多的学科，可以有不同重点的展开。例如，生态学家着重从自然方面把握可持续发展，理解可持续发展是不超越环境系统更新能力的人类社会的发展；经济学家着重从经济方面把握可持续发展，理解可持续发展是在保持自然资源质量和其持久供应能力的前提下，使经济增长的净利益增加到最大限度；社会学家从社会角度把握可持续发展，理解可持续发展是在不超出维持生态系统涵容能力的情况下，尽可能地改善人类的生活品质；科技工作者则更多地从技术角度把握可持续发展，把可持续发展理解为是建立极少产生废料和污染物的绿色工艺或技术系统。

三、可持续发展理论的基本特征

可持续发展理论的基本特征可以简单地归纳为经济可持续发展（基础）、生态（环境）可持续发展（条件）和社会可持续发展（目的）。

（一）可持续发展鼓励经济增长

它强调经济增长的必要性，必须通过经济增长提高当代人福利水平，增强国家实力和社会财富。但可持续发展不仅要重视经济增长的数量，更要追求经济增长的质量。这就是说经济发展包括数量增长和质量提高两部分。数量的增长是有限的，而依靠科学技术进步，提高经济活动中的效益和质量，采取科学的经济增长方式才是可持续的。

（二）可持续发展的标志是资源的永续利用和良好的生态环境

经济和社会发展不能超越资源和环境的承载能力。可持续发展以自然资源为基础，同生态环境相协调。它要求在保护环境和资源永续利用的条件下，进行经济建设，保证以可持续的方式使用自然资源和环境成本，使人类的发展控制在地球的承载力之内。要实现可持续发展，必须使可再生资源的消耗速率低于资源的再生速率，使不可再生资源的利用能够得到替代资源的补充。

（三）可持续发展的目标是谋求社会的全面进步

发展不仅仅是经济问题，单纯追求产值的经济增长不能体现发展的内涵。可持续发展的观念认为，世界各国的发展阶段和发展目标可以不同，但发展的本质应当包括改善人类生活质量，提高人类健康水平，创造一个保障人们平等、自由、教育和免受暴力的社会环境。这就是说，在人类可持续发展系统中，经济发展是基础，自然生态（环境）保护是条件，社会进步才是目的。而这三者又是一个相互影响的综合体，只要社会在每一个时间段内都能保持与经济、资源和环境的协调，这个社会就符合可持续发展的要求。显然，在21世纪里，人类共同追求的目标，是以人为本的自然—经济—社会复合系统的持续、稳定、健康发展。

钢铁行业有庞大而繁杂的全球供应链系统，因此其面临的风险也是贯穿整个供应链的，涉及环保、生物多样性、人权、健康和安全及土著人民的权利保护等众多领域。钢铁行业可持续发展可分为环境可持续发展、社会可持续发展和经济可持续发展，具体涉及行业温室气体排放、能源强度、材料效率、员工工伤、雇员、技术投入和经济价值分配等一系列问题，钢铁行业正基于气候变化、循环利用、供应链、副产品、产品应用、空气质量、水源等7个重点领域开展可持续发展问题研究，并推进行业各项指标不断改善。

第二节　人类可持续发展需要钢铁

一、钢铁与可持续发展

钢铁在我们生活中无所不在，是我们现有的运输系统、基础设施、住房、制造业、农业、水和能源供应的核心，也是实现和驱动绿色经济的关键。

我们生活在一个资源有限、飞速变化的世界里。与此同时，生活标准的提高与贫困的消除，再加上全球人口的增长，这些都对我们的生态系统造成压力。

在经济发展与环境责任同等重要的绿色经济中，钢铁占据着核心地位。我们认为，可持续发展必须满足当前需求，同时亦不能透支子孙后代满足其自身需求的能力。在此理念下，绿色经济为全世界所有国家（无论贫富）带来繁荣发展的同时，也保护和改善着地球的资源。

钢铁工业是全球循环经济不可或缺的一部分。循环经济提倡零浪费、减少材料用量以及鼓励材料的再利用和再循环，所有这些都是钢铁材料的根本性优势。相对于这个世界早已习惯的“拿来—制作—消费—处理”的经济模式，循环经济带来了明显不同的方式与结果。

可再生能源、资源有效利用的节能建筑、低碳交通、高燃效汽车和清洁能源汽车所需的基础设施以及相关再循环设施，所有这一切都依赖于钢铁。

此外，钢铁有助于应对人口增长、城市化进程、削减贫困及缓解自然灾害所带来的难题。钢铁的两大主要来源是铁（地球上最富足的元素之一）和回收钢材。一旦炼成钢铁，将立刻成为100%可循环利用的资源，其生命周期可无限循环，同时不损坏其特性。其集强度、可循环利用、可用性、多功能性和可负担性于一体的独特特征是其他任何材料无法比拟的。

钢铁行业属于能源和碳排放密集型行业，但在降低炼钢对环境产生的影响方面，整个行业已经取得了显著进步。钢铁行业一贯重视研发投资。钢铁的多功能性和可循环利用性也带来了不计其数的解决方案，从产品生命周期的角度来看，其减少的碳排放已中和甚至远超材料最初生产所产生碳排放。

钢铁的经久耐用性也使得不计其数的产品可以循环利用，如经适当设计，循环利用率可以更高，从而节约自然资源。

二、循环经济大潮中的钢铁

所谓“循环经济”，是指从线性的经济发展模式（从生产到使用，再到废弃），过渡到循环型经济模式（对产品或部件进行修理、重新利用、回收和再循环）。在这一理念的基础上，形成所谓“三重底线”的可持续发展概念，关注环境、社会和经济因素之间的相互作用。这一切都应当以生命周期分析方法为基础。在结构合理的循环经济中，作为可反复回收利用而不会失去特性的永久性材料，钢铁是循环经济的基础（见图 12-1）。钢铁行业正持续增加先进高强度钢的供应量，从而降低钢铁的使用重量，促进循环经济发展。钢铁带来的社会效益包括：提供耐用持久的产品、增加当地就业机会、减少排放，为子孙后代节约原材料。

图 12-1　循环经济中的钢铁

（来源：世界钢铁协会）

（一）钢铁是循环经济的基础

1. 钢铁是循环利用率为 100%的材料

钢铁可以 100%循环利用。这意味着钢铁可以一次又一次地再加工为具有相同质量的相同材料。另外，钢铁可以很容易地利用磁分离装置进行回收。

钢铁一旦被生产出来，其生命周期就是无限的，即钢铁是全社会的永久性资源——只要在每种产品生命终期进行回收。

在绿色经济中，循环利用尤为重要，通过循环利用可以保护宝贵的资源，防止有用的材料作为废物进入垃圾填埋场。回收钢，也称废钢，主要有两大来源：钢铁生产和下游制造产生的残余材料（自产废钢）及产品生命终期时的钢铁（折旧废钢）。钢铁生产和下游加工产生的废钢可以 100%收集，并直接投入钢铁生产过程循环利用。折旧废钢需要收集并进行预处理（如粉碎、打包）。由于废钢的价值很高，存在一定的经济刺激机制，有利于将其回收率保持在较高水平。

折旧钢铁产品的回收率因地区和行业而不同。世界钢铁协会最近审核的各行业回收率见表 12-1。回收率与循环利用率不同。举例而言，约有 85%的汽车被回收以循环利用，得益于钢铁所特有的磁性和易于磁分离性，被回收的汽车所含钢铁接近 100%被循环利用。

表 12-1　各行业的折旧钢铁产品回收率

行业	回收率（2007）/%	回收率（2050）/%	生命周期/年
建筑	85	90	40~70
汽车	85	90	7~15
机械	90	95	10~20
电气设备和家用电器	50	65	4~10
全球加权平均	83	90	N/A

来源：世界钢铁协会《可持续发展的钢铁绿色经济的核心》。

除了钢铁行业自身的努力外，钢铁行业还联合其他金属行业、研究机构和学术机构开展了大量工作，以识别钢铁在整个生命周期中的损耗，并研究怎样将这种损耗降到最低，以进一步提高钢铁的循环利用率。

钢铁是世界上循环利用最多的工业材料，每年的循环利用量超过5亿吨，包括自产废钢和折旧废钢。

循环利用节约了大量的能源和原料：每吨废钢被制成新的钢铁产品，即可节约1400千克铁矿石、740千克煤炭和120千克石灰石。

2. 钢铁产品再利用

钢铁的耐用性使得许多产品能够再利用。这延长了产品的生命周期，从而节约了资源。为节约资源，并提高产品的再利用率，设计至关重要。因此，许多钢铁企业和钢铁产品制造商日趋倾向于设计便于再利用的产品。

再利用是最好的循环方式，因为再加工只需要再投入很少或者几乎不需要再投入能源。

例如：

（1）钢结构部件——屋顶和墙元、结构梁——能够再利用，且其设计越来越考虑到再利用因素。

（2）钢桶的寿命通常是6个月。如果能重复使用10次，其寿命就可以延长到5年。

（3）汽车的使用年限终结时，汽车上的钢铁零部件尚未损坏的，汽车拆卸商会将其作为备件出售，用于正在使用的汽车上。

（4）铁路轨道通常可以通过互换铁路左右两侧的轨道而再利用。当不再适于主线使用时，经检测裂缝情况后，轨道可以调至运输压力较低的副线上使用。轨道也可以通过翻新或重新设计来延长其使用寿命。

（5）船舶可以拆卸，拆下的钢铁部件可以重新轧制，作为建筑行业用的钢筋再利用。钢制集装箱也可以再利用，或改装成建筑物。

（6）成熟市场上的旧风力涡轮机更新换代时，一些发电能力较强的涡轮机可以运到其他地方再利用。二手风力涡轮机再制造更加有助于延长其寿命。

增加产品的再利用率，将为支持绿色经济发展发挥重要作用。

在未来，钢铁产品制造商可能还需要担当二手钢铁产品验证者的角色，在二手产品进入市场前，验证其完整性和安全性。

3. 钢铁产品再制造

再制造是指将已使用的耐用产品修复到几乎全新状态的工艺。再制造涉及将产品拆卸，在拆卸过程中将每个零部件彻底清洗，检查是否有损坏，恢复到设备制造商的原始规格，或者更换新的零部件。然后将产品重新组装起来并进行测试，以确保产品能正常运作。

再制造与再循环的不同之处在于，原始制造过程中产生的附加值得以保留，包括劳动力、能源和设备支出等。再循环过程中，这种附加值就丧失了，因为再循环是将产品还原成其原料，需要再投入劳动力、能源和机械。

再制造也不同于维修，维修只是使产品重新运行，而不是彻底修复。再制造延长了产品的总体生命周期，节约了宝贵的资源。由于钢制部件具有耐用性的优势，许多钢铁产品适于再制造。尽管消费者几乎无从觉察，但再制造已十分常见，其在绿色经济中的运用将越来越广泛。再制造可以为消费者提供更绿色更便宜的产品。

相当多的钢铁产品已经进行再制造了。这包括机床、电动机、自动变速器、办公家具、家用电器、汽车发动机和风力涡轮机。

发动机再制造的一项生命周期评价研究显示，再制造的发动机生产所需的能源比生产新发动机所需的能源减少 83%，所排放的二氧化碳低 87%。消费者购买一台再制造的发动机，可以比购买一台新发动机节约 53%的成本。在这项研究中，铁制和钢制零部件约占样本发动机重量的 78%。

风力涡轮机再制造：由于风力涡轮机的每个部分都需要钢和铁，所以钢铁对风能发电非常重要。风力涡轮机的平均寿命为 20~30 年。成熟市场的风电场倾向于通过“更新换代”来提高发电能力，即以更少、更新、发电能力更强的涡轮机代替旧的涡轮机。举例而言，德国于 2010 年拆解了 116 台额定总装机容量为 56 兆瓦的风力涡轮机，代之以 80 台额定总装机容量为 183 兆瓦的涡轮机。被淘汰的旧涡轮机再制造后，可以在装机容量要求较低的其他地方或在新兴市场使用，从而延长其使用寿命。如果再制造得当，风力涡轮机可以再使用 20 年。再制造还提供了另一种选择，即将相同的涡轮机留在现场。一些再制造商甚至提供现场服务，节约服务时间和成本（可能比新涡轮机的成本低一半），并为再制造后的涡轮机提供充分的保修。风力涡轮机再制造商还向市场提供全球主要制造商不再提供的型号或特殊的涡轮机零部件，这些零部件可享受与新零部件相同的保修，但花费可以节省 25%。

（二）钢铁行业共生品几乎 100%可再利用

通过回收、再利用、再制造和再循环，钢铁可确保资源价值最大化。钢铁行业有效使用资源产生极少废弃物。2017 年钢铁行业实现了 96. 3%的原料转化率，63. 6%被转化成了钢材，32. 7%被转化为共生产品，仅有 3. 7%变成废弃物。

炉渣：可用于水泥、道路施工、肥料、水利工程和海底造林。在欧洲，77%的炼钢炉渣被用于生产水泥和铺路材料。其余回收炉渣被用于其他用途，例如，肥料、金属应用、水利工程等。根据国际能源署的统计，通过利用炉渣水泥代替水泥熟料，这将大幅减少每年的能源消耗量和二氧化碳排放量——最多可以减少 5 亿吉焦能耗，以及 2 亿吨二氧化碳排放。

工艺气体：可用作发热或发电。当工艺气体得到完全利用时，能够提供钢厂电力需求的 60%～100%。目前正在开发将钢铁工艺气体转化成甲醇和乙醇的技术，在保护能源的同时，还可以减少运输等行业对石化燃料的需求。

乳剂和油料：可用作还原剂。

铁氧化物和锌：可从粉尘和尘泥中回收。

化学物质：可用作化学行业的原料。

(三) 钢铁对社会的贡献

社会经济的繁荣发展与钢铁密不可分，钢铁带动了经济增长，使人们过上了现代化的生活，并帮助数以百万的人摆脱了贫困，时至今日，钢铁仍旧发挥上述作用。

2017 年，钢铁行业向社会直接和间接分配的价值约为 13840 亿美元，占其总收入的 97%。全球超过 600 万人从事钢铁行业工作，包括雇员 200 万人，支持服务 150 万人，加工中心 250 万人。同时，钢铁行业每创造 1 个就业岗位，将间接带来 7.1 个就业岗位，换而言之，钢铁行业为 4200 万人提供了就业。

第三节　钢铁工业可持续发展探索与实践

可持续发展要求经济建设和社会发展要与自然承载能力相协调。发展的同时必须保护和改善地球生态环境，保证以可持续的方式使用自然资源和环境成本，使人类的发展控制在地球承载能力之内。生态可持续发展同样强调环境保护，但不同于以往将环境保护与社会发展对立的做法，可持续发展要求通过转变发展模式，从人类发展的源头、从根本上解决环境问题。钢铁工业作为二氧化碳排放大户，减少二氧化碳的排放量，从而减少对大气的污染，减缓生态恶化，减缓温室效应是全球钢铁行业必须履行的社会责任。绿色低碳发展是钢铁工业生态可持续的方向，也是钢铁工业可持续发展的基础，而碳税和全生命周期评价是绿色低碳发展的政策支撑和科学评价体系，一些国家、行业已经开展了相关探索和实践。

一、碳税政策演变

碳税一般指对化石燃料依据其碳含量征收的消费税，是通过调控能源价格间接管控温室气体排放的一类重要政策工具。事实上，所有针对能源产品征税的税种都具有调控能源价格从而影响能源消费并间接影响温室气体排放的作用。可以认为所有的能源税都属于广义的碳税，但只有以化石燃料碳含量为计税依据的能源税才是严格意义上的碳税，两者的区别体现为税率水平的设定方式不同。碳税既是一种控制温室气体排放的政策，也是一种财税政策，其政策设计因而受到财税政策和控制温室气体排放政策两方面需求的影响，体现出双重政策属性。

（一）碳税理论研究现状

近年来，一些国外经济学家通过构建模型（主要是一般均衡模型），对不同的碳税方案进行模拟，研究分析征收碳税的影响，主要包括对各不同收入类别国家、国民经济和不同行业部门、人民生活和收入、生态环境的影响等。Goto 通过一个简化的均衡模型分析了碳税对工业部门和宏观经济的影响。Floros 和 Vlachou 研究分析了碳税对希腊的制造业及能源相关行业二氧化碳排放量的影响，结果表明，碳税能够有效地减缓气候变暖。Alain Bernard、Marc Vielle 和 Laurent Viguier 评估了根据“京都议定书”制定的瑞士气候政策对经济的影响，其分析基于一个多部门、多区域，世界经济的可计算一般均衡模型来评估在通过二氧化碳税或通过加入欧盟范围内的排放交易制度，达到瑞士的减排目标而导致的经济成本。Creedy 和 Sleeman 研究了碳税对新西兰消费品价格和社会福利的影响，结果显示，由碳税引起的超额边际负担很小，最终可以通过收入的再分配得到补偿。K. Matsumoto 和 T. Fukuda 提出设计全球性不同碳税税率，并对上游产业征税。他们利用一般均衡模型，得出了以下结论：虽然全球性碳税税率不统一所减少的二氧化碳排放小于全球统一的碳税税率，但却对发展中国家形成了积极的 GDP（国内生产总值）效应。Wissema 利用可计算一般均衡模型分析了碳税和能源税对爱尔兰经济所产生的影响，结果表明，碳税对生产及消费模式会产生显著影响，使其向低碳能源和新能源转变。Lee 分析了碳税和排污权交易对不同工业部门的影响，结果表明，仅征收碳税对 GDP 有负面影响，如果同时实施排污权交易，则会拉动 GDP 增长。

（二）全球征收碳税的实践

20 世纪 90 年代初，碳税在一些北欧国家开始出现。目前，国际上已开征碳税的国家主要有芬兰、挪威、丹麦、瑞典、意大利、英国、德国、日本等。

1. 北欧国家的碳税实践

芬兰、挪威、瑞典、丹麦、荷兰 5 个北欧国家都实施了碳税或能源税政策。1990 年，芬兰在全球率先征收了碳税，具体征收范围是所有矿物燃料，依据燃料的碳含量计税。最初，税率较低，仅为 1.62 美元/吨碳，之后税率逐步提高，1993 年增加到 2.96 美元/吨碳。1995 年推出碳/能源混合税（碳税所占比例为 60%，能源税为 40%），混合税中碳税税率为 38.3 芬兰马克/吨碳。1997 年以后，芬兰碳税的基本框架几乎没变，但一直在对其进行细微的调整。2003 年税率提高为 26.15 美元/吨碳，到 2008 年，则增加到 20 欧元/吨碳。

瑞典在 1991 年税制改革中也引入了碳税，私人家庭和工业的税率均为 250 瑞典克朗/吨 CO_2。考虑到本国工业在国际市场上的竞争力，因此，工业企业仅按 50%的比例纳税，对于某些高能耗产业给予税收豁免。1993 年，私人家庭的税率增加到 320 瑞典克朗/吨 CO_2，工业部门的税率则降到 80 瑞典克朗/吨 CO_2；1995 年，税率上调到 340 瑞典克朗/吨 CO_2，工业部门是 83 瑞典克朗/吨 CO_2。挪威从 1991 年开始对汽油、矿物油和天然气征收碳税；1992 年将煤和焦炭纳入征税范围。1991 年平均税率为 21 美元/吨 CO_2，汽油为 40.1 美元/吨 CO_2；1996 年税率为石油焦 17 美元/吨 CO_2，汽油为 55.6 美元/吨 CO_2；2005 年税率调整为汽油 41 欧元/吨 CO_2，轻、重燃料油分别为 24 欧元/吨 CO_2 和 21 欧元/吨 CO_2。挪威的减免税项目较多，包括减免农业、加工业及地方政府部门的排放税，对航空、海上运输和电力部门给予免税；造纸行业、矿物油等税率减半。

通过开征碳税，以上北欧国家的二氧化碳排放量都有所减少，有力地促进了本国节能减排工作。芬兰在 1990~1998 年间减少了约 7% 的二氧化碳排放量；瑞典从 1991~1994 年的二氧化碳排放量为总排放量的 9%；挪威的碳税也有效抑制了一些工厂和家庭机动车的二氧化碳排放量，分别降低了 21%和 2%~3%。

2. 其他国家的碳税实践

自北欧国家开征碳税后，意大利、德国、英国、日本等国家也纷纷开征了碳税，澳大利亚于 2012 年 7 月 1 日开征碳税。英国于 2001 年开征气候变化税，征收范围为销售给商业和公共部门的电力、煤炭、天然气和液化石油气。征税标准是在产品价格上加收 15%，对热电联产单位的油类耗费和发电以及可再生能源给予税收豁免。企业如果达到规定能源效率，可按应纳税额的 20%缴纳。电力税率为 14 欧元/吨 CO_2，煤炭税率为 7 欧元/吨 CO_2，天然气税率为 13 欧元/吨 CO_2。

日本于 2007 年 1 月 1 日起正式征收碳税，其税率为 2400 日元/吨碳。经测算，预计环境税征收总额将达到约 3700 亿日元，每户家庭平均每年负担为 2100 日元。为了减轻来自有关方面的反对压力，同时，为了扩大减免税范围和幅度，新环境税方案在减免措施方面做出了相关规定，给予了税收优惠。碳税的实行，预计能削减大约 4300 万吨碳排放，相当于 1990 年排放量的 3.5%左右。实施碳税仅使日本 GDP 年增长率降低 0.01 个百分点，但提高了日本国内环境技术的竞争力和促进了日本民众节能消费方式的转变，为日本经济的进一步发展奠定了基础。

澳大利亚政府于 2011 年 7 月 10 日公布了开征碳税的计划，从 2012 年 7 月 1 日起对全国 500 家重污染企业征收碳排放税，每吨征收 23 澳元，且税率每年增加 2.5%，并根据通货膨胀进行相应调整。从 2015 年 7 月 1 日起，碳税将会过渡为温室气体总量控制和碳排放交易机制。征收碳税的提案，有利于澳大利亚节能减排，减少二氧化碳排放量以及推动清洁能源的发展，但也令企业负担加重，生活成本上升，引起了一些民众的反对之声。为了获得大众支持，澳大利亚政府提出了一系列有针对性的减免税措施。澳大利亚政府希望到 2020 年碳排放量比 2000 年至少降低 5%，这意味着要减少 1.59 亿吨碳排放。

从国外的实践效果来看，开征碳税实施成功的国家根据各自实际国情实行不同的税率，开始以低税率征收，以后逐步提高税率。对于税率实行差异化征收，一是对不同纳税对象使用不同的税率，其目的主要是在促进节能减排的同时尽量减少对企业的竞争力的削弱，提高国际竞争力，二是对不同的应税品实行不同的征收税率，具有一定的政策导向性。

二、政府与钢铁行业携手迈向可持续发展

政府与钢铁行业之间的伙伴关系是迈向可持续发展道路的基石。

钢铁在生活中无处不在，钢铁工业是现代社会可持续发展的核心产业之一。在发展中国家、适应气候变化的城市、海岸防护以及防灾减灾工程设计中，钢铁为基础设施和建筑行业提供了解决方案。钢铁作为一种多用途的材料，在适应和减轻气候变化影响方面，将发挥核心作用。今天，随着全球人口增长和生活标准的提高，全球生态系统面临越来越大的压力。二氧化碳排放、稀缺资源的消耗以及废物处理等问题日益突出。面对诸多挑战，钢铁构成各种解决方案的核心。钢铁可以无限循环再利用，钢铁制造过程产生的副产品及余能也可转化成宝贵资源。钢铁行业是全球循环经济不可或缺的一环，也是保证和维持未来可持续发展的必要一环。过去几十年来，钢铁行业通过提高能源效率和采用新技术，极大减少了温室气体排放，实现环境效益和经济效益双丰收。温室气体减排是一个全球性挑战，需要全球化的解决方案。我们认为，钢铁行业需要积极参与建设低碳社会，这一点非常重要。

各国政府、钢铁行业以及其他利益相关方正在携手合作，解决技术和经济方面的难题，推动工作取得进展。

首先，强大而健康的工业基础对经济可持续发展的重要性。钢铁是经济发展成功的主要推动因素之一，为现代经济带来关键的产品、就业、税收和投资，钢铁行业正在积极参与碳排放政策的制定和实施。

其次，钢铁行业是一个二氧化碳和能源密集型行业，同时也是一个竞争力很强的行业，钢铁行业帮助其他行业实现大幅减排。如果碳排放定价机制存在不公正现象，可能损害公平竞争。经合组织理事会指出：“无论是直接还是间接的对碳排放进行定价的行为，都将引起连锁反应，并且可能引发大量争论。这需要在气候政策的经济手段和政治经济可持续性之间找到恰当的利益平衡点。”由于全球大约30%的钢铁产量用于国际贸易，相关的碳排放政策必须促进建立一个公平的竞争舞台，确保一个地区的钢铁企业在与其他地区的钢铁企业或其他同类材料竞争时，不会陷入不利的竞争地位。此外，如果这些机制能够成功地帮助改进钢铁生产工艺和引导消费行为，就不能带来钢铁生产的转移。一个全球性的公平竞争舞台，以及前后一致的、全面以市场为基础的应对方式，是确保公平对待整个价值链上的经济和贸易相关问题的必要前提。

第三，以生命周期评价为基础的方法是制定未来环境政策的重要工具。在制定新的法规时，需要考虑产品的全生命周期中的各个阶段，通过这种方式衡量并有效应对生命周期的各个阶段所造成的实际环境影响。考虑生命周期的各个阶段将帮助我们建立可靠的、可预测的分析框架，让我们能够制定经济有效的能源和环境保护政策。

第四，全社会应当支持和鼓励应用循环经济方法，减少垃圾产生，降低材料用量，以及鼓励所有材料的再利用和再循环，尤其要重视生命周期结束阶段的钢铁产品的回收和再循环，并扩展到所有产品。

最后，突破性钢铁生产技术的开发进度必须保持，甚至加快。新技术研发具有长期性和内在的风险性，考虑到突破性技术带来的潜在社会效益，偏向以环境为重点的研发活动应该得到支持和鼓励。任何未来的气候协议都应当包含技术转让、气候风险管理机制以及公私合营的国际融资渠道等内容。

三、基于全生命周期评价的钢铁可持续发展

（一）全生命周期思考

我们购买的每种产品都有生命周期。无论是食品罐头、汽车，还是洗衣机，每种产品经过制造和使用之后，在使用寿命结束时，都要进行再利用、再循环或进行处理。对于进入废物流的钢材，可使用磁铁方便地分离和收集，以备再循环。

所谓“生命周期思考”，是指为了可持续性地解决社会问题，需要采用的整体思维方式。生命周期思考要求我们考虑产品生命周期中各个阶段使用的原料、消耗的能量以及产生的废物和排放物。这种思维方式始于产品设计，终于产品的使用寿命结束。作为合理设计的含钢产品，应该已经预见到生命周期结束时产品组件的再利用或再循环。

只有通过计算产品旅程中各个阶段的资源和能源消耗使用情况，以及废物和排放物的产生情况，才能明确认识一种产品的真实环境影响。也只有这样，我们才能确定从哪里提高产品的长期环境可持续性。例如，当考虑完整的产品生命周期时，高强度钢材生产过程中增加的少量能耗和合金元素早已被补偿多次了。高强度钢材的使用意味着可以做出更轻的产品。以汽车业为例，使用阶段往往都会节省能源。从整个生命周期来看，产品消耗的能源减少了。

关于生命周期思考的重要性，还有另一个原因。当我们了解一种产品在其生命周期中各个阶段的实际影响时，就能对应该使用哪种材料做出最恰当的决定。

例如，除了高强度钢材之外，有时铝、碳纤维和塑料等低密度材料也被用于减轻应用重量。不过，低密度材料可能制造费用高昂，或

在生产期间破坏环境。在产品生命结束时，这些材料可能需要填埋处理，因为对于这些材料，并没有经济的办法进行再循环或再利用。或者，也可将这些材料降级循环，变成低品级产品。在做出选材决定之前，了解这些信息很重要。从原料的开采到废弃回收阶段的再循环或处理，我们必须考虑完整的生命周期。

（二）生命周期评价法

生命周期评价是一种产品生命周期各个阶段的整体环境影响或环境效能的测量工具。这种评价法为我们比较功能相同的同类产品的环境可持续性提供了一种测量标准。生命周期评价法考察了材料生命周期的所有阶段，包括产品制造、产品使用和废弃回收阶段。这种方法被称为“从摇篮到坟墓”评价法。以钢材为例，当材料可以完全循环再生变成相同材料，并且没有品质损失时，这种方法则可称为“从摇篮到摇篮”评价法。

生命周期评价通常由四个阶段组成：

（1）定义目标和范围：确定研究目的和研究边界。

（2）生命周期清单：收集并计算数据，制作相关产品的材料、能耗和排放物清单（输入和输出清单）。

（3）生命周期影响评价：在生命周期清单基础上，对特定产品或系统的潜在环境影响进行量化。最常用到的一种量化标准是“全球变暖潜能值”（GWP），该值以二氧化碳当量形式，表示温室气体排放物。

（4）解释：确定重要的环境问题、给出结论和提出建议。

（三）世界钢铁协会生命周期评价方法论与生命周期清单数据库

世界钢铁协会使用的钢铁产品生命周期清单数据计算方法记录在

本协会2011年的生命周期评价方法论报告中。该方法论与国际上的生命周期评价计算标准（ISO 14040：2006和ISO 14044：2006）保持一致。该方法论在每次更新时，都要由外部专家组进行同行评审。该方法论和数据库都定期进行更新，以保持其时效性和市场相关性。

自从1995年以来，世界钢铁协会开始从世界各地的会员那里收集生命周期清单数据。2001年和2010年世界钢铁协会的全球生命周期清单数据库分别进行了两次更新，并且在2015年进行了第三次更新。生命周期清单数据可以向世界钢铁协会会员企业以及第三方提供。整个生命周期清单数据库由世界钢铁协会进行维护。

这些数据有助于学者、建筑师、政府部门、钢铁业客户及其他感兴趣的机构对含钢产品进行生命周期评价。任何人希望进行该类研究的，都可以通过在世界钢铁协会网站上填写申请表，来获得15种钢铁产品的全球和地区生命周期清单数据。这些数据可用于所有市场行业（例如，汽车业、建筑业、包装业、能源业、电器业）。通过收集不同地区的数据，世界钢铁协会能够辨识最佳实践，并且鼓励其全球会员应用最佳实践。世界钢铁协会的生命周期清单数据包括钢铁生命周期的原料阶段和生产阶段（从摇篮到大门）。这些数据包含环境的输入和输出，例如，钢铁厂各项工序的资源使用情况（原料、能源和水源），以及对土地、空气和水体的排放情况。相关工序包括炼焦、炼钢、成品工序，以及锅炉、发电厂和废水处理等其他必要工序。

对于到达使用生命终点的产品，世界钢铁协会还提供了一种详细的再循环受益计算方法（参见世界钢铁协会方法论报告）。世界钢铁协会也可以提供相关数据，并且基于特定的产品废弃回收阶段的回收率。通过钢材的再循环，所需原料减少了。再循环可以节约大量的能源和原料：每将1吨废钢做成新钢，就可节约超过1400千克铁矿石、740千克煤炭和120千克石灰石。通过在全球和地区范围使用特定产品的生命周期清单数据，可以计算最终产品从摇篮到坟墓的环境影响或生命周期评价。

（四）各行业生命周期评价分析案例

1. 包装业

减少包装用钢的厚度，对减轻包装材料的生命周期环境影响具有积极作用。食品和饮料用两片钢罐使用一种拉伸烫压（DI）铁皮，这种铁皮的制造技术非常复杂。自从宝钢集团 1998 年首次开发出 DI 钢材以来，这种钢材的厚度已经从 0.280 毫米减至 0.225 毫米。今天更薄的 DI 铁皮广泛用于饮料包装业。材料厚度的减少需要额外轧制，而额外轧制则会少量增加熔炉和轧机的能耗。尽管如此，DI 铁皮厚度的降低却带来了多个好处。钢材需求量减少，成品罐的生产率极大提高，运输影响也得到降低，从而减少了排放和能耗。通过对上海宝翼制罐有限公司生产的双片钢罐进行生命周期评价，对 DI 材料厚度降低带来的生命周期环保优势进行了量化。通过将铁片的厚度从 0.280 毫米降低到 0.225 毫米，不仅减轻了材料重量，而且在整个生命周期期间，两片钢罐排放的二氧化碳也降低了 14.5%。

2. 汽车业

生命周期思考需要智能化选材。全球交通运输业是温室气体排放物的主要行业之一，占所有人为二氧化碳排放物的 23%左右。在这一问题的处理上，监管部门设置了汽车排放物的累进限制或燃料经济性标准。目前，许多立法最初都以减少油耗为标准，重点提高车辆的单位燃油行驶里程（千米/升或英里/加仑）。现在，这种做法已经延伸到汽车的温室气体减排规范。钢铁行业认为，需要马上重新审查这种做法。将燃油经济性的测量标准扩大到满足减排目标的做法，正在造成意想不到的后果。为减轻车辆质量，我们使用了低密度替代材料。

低密度材料可能会减轻整体车重，并且相应地减少燃油消耗和使用阶段的排放物。不过，低密度材料的生产过程通常更加耗能，产生的温室气体更多，因此汽车生产阶段的排放物可能大幅增加。这些材料往往不能循环利用，需要进行填埋处理。大量生命周期评价研究表明，这种方式可能增加车辆整个生命周期的排放物，同时提高生产成本。

一项针对丰田威飒（Venza）的研究比较了两种车身构造：一种主要为高强钢结构，另一种为镁铝结构，并且后者比前者轻 104 千克。该研究由独立机构——加州大学戴维斯分校负责实施。研究发现，尽管镁铝车身在使用阶段的排放物下降了 6%，但与高强钢车身相比，其整个生命周期的排放物却高出 7%。超轻型汽车项目（SLC）是欧洲的一项多种材料项目，与基准汽车（标准型大众高尔夫）相比，超轻型汽车的白车身重量减少了 36%。相对于基准汽车，超轻型汽车在驾驶阶段的排放物减少了 10%，整个生命周期的排放物减少了 6.5%。然而，在生产阶段，超轻型汽车的排放物高出 44%，并且成本大幅增加——单车增加 795 欧元。与之相比，采用先进高强钢（AHSS）制造的大众高尔夫，整个生命周期却可以减少排放物 6.3%。这仅比超轻型汽车低 0.2%。在先进高强钢车辆的制造阶段，排放物减少 21%，并且没有额外费用。生命周期评价的使用，让我们更加准确地看到我们驾驶的车辆所造成的环境影响。因此，世界钢铁协会和钢铁企业一致认为，生命周期思考应当在未来的立法中占有一席之地，但还需要对执行方法进行深入研究。

（五）可持续发展与生命周期评价

2012 年，世界钢铁协会 66 家会员签署了《可持续发展宪章》，承诺提高企业的社会、经济和环境效能。通过签署该宪章，世界钢铁协会的会员同意以金融可持续发展方式经营企业，提供满足客户需求并带来价值的钢铁产品和解决方案，优化钢材整个生命周期的生态效率，建设员工和社会的健康幸福。该宪章表明全球钢铁行业决心接受生命周期思考和可持续发展的三大支柱（经济、社会和环境）。

2004年，世界钢铁协会首次发布了可持续发展报告，是为数不多的在全球层面监督和汇报行业可持续发展效能的行业之一。这也促进钢铁行业进行效能对标和提高透明度。多数企业还单独报告其可持续发展的表现。

从环境可持续发展能力来看，在过去50年间，钢铁生产工艺每个阶段的变化都带来钢铁生产过程中资源和能源利用效率的显著提高，单吨钢材的生产能耗下降了60%。钢材具有耐久性，可以保证较长的产品寿命和重复利用，钢材还具有可循环性，这些都是使钢材成为可持续发展材料的关键因素。

对于一种产品，如果这种产品的制造、使用以及废弃回收的处理体现对人类的尊重，确保下一代也能够享受与我们今天一样的生活方式，那么就实现了社会的可持续发展。社会的可持续发展包括保护产品生产者和使用者的健康与安全、管理可供下一代使用的资源，以及确保不公和贫困等社会问题得到处理。

经济的可持续发展要求企业赚取符合伦理道德的利润，确保企业的长期生存能力。相应地，这将带来可持续的就业，从而对人类和社会的幸福健康产生积极影响。

钢铁行业的直接雇员人数超过200万人，另外作业现场还有200万合同工。钢铁业的上游供应商和下游行业还间接存在数百万个就业岗位。相应地，这些人员和企业通过税收和就业等方式，为其所在社区做出贡献。

虽然生命周期评价通常用于测量环境的可持续发展能力，但是“综合生命周期法”也可用于产品的社会生命周期评价和经济影响

（生命周期成本核算）。如果我们要做可持续的产品，保持这三个方面的平衡是关键。需要注意的是，如果我们想要建立真正意义上的可持续发展的行业和社会，社会和经济因素与环境因素同样重要。

（六）钢铁行业的生命周期评价

1. 原料与钢铁生产

炼钢使用的主要原料包括铁矿石、煤炭、石灰石和废钢（或再循环钢材）。除废钢外，其他炼钢成分仍然相对充裕。废钢全球供应不足，其原因主要是基础设施中钢材的使用寿命较长。尽管如此，钢铁行业仍然尽可能循环利用废钢。在过去50年间，钢铁业已极大降低能耗。世界钢铁协会的会员单独或共同探索开发新的突破性技术，以进一步减少炼钢工艺的能耗和二氧化碳排放量。钢铁企业还通过碳捕获和碳存储技术，减轻二氧化碳排放物的影响。这些技术也帮助企业进一步减少炼钢过程中的其他排放物，例如，粉尘、氮氧化物和硫化物等。

说明：1千克钢材并不等于1千克其他材料。还要比较功能单位（关于功能单位的具体估算，参见图12-2）。

2. 副产品市场

除了减少原料需求之外，钢铁企业还为炼钢副产品寻找市场，进一步有效减少废物。该措施有助于显著减少钢铁生命周期产生的废物。目前，粗钢原料的96%都被转化成钢铁产品或副产品。我们的目标是将这一比例提高至100%。钢铁行业努力为副产品寻找新的市场和应用，这些副产品包括炉渣、工艺气体（焦炉、高炉和碱性氧气转炉气体）、焦油和苯。炉渣是钢铁行业的主要副产品之一，现在广泛用于水泥行业。这减少了水泥生产造成的环境负担。根据炉渣水泥协会的统计，通过将混凝土中的波特兰水泥替换成炉渣水泥，最高可以减少

全球材料生产过程中平均温室气体排放量
（千克二氧化碳当量/千克材料），包括成品工序

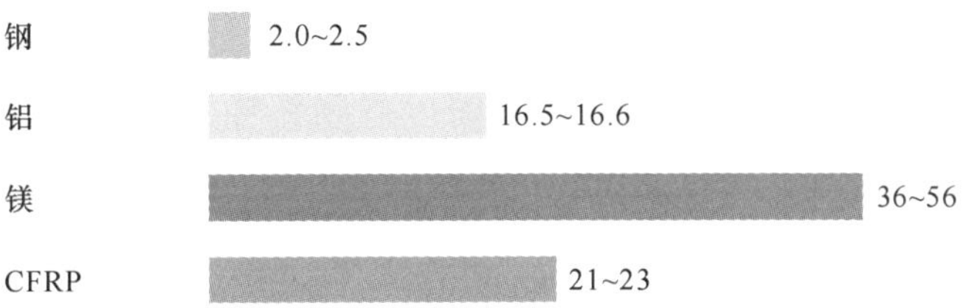

功能单位
材料生产过程中温室气体排放量比较，以典型汽车部件为例

项目	平均二氧化碳当量	部件重量估算/千克
传统钢材	2.3	100
AHSS	2.3	75
铝	16.5	67
镁	46.0	50
CFRP	22.0	45

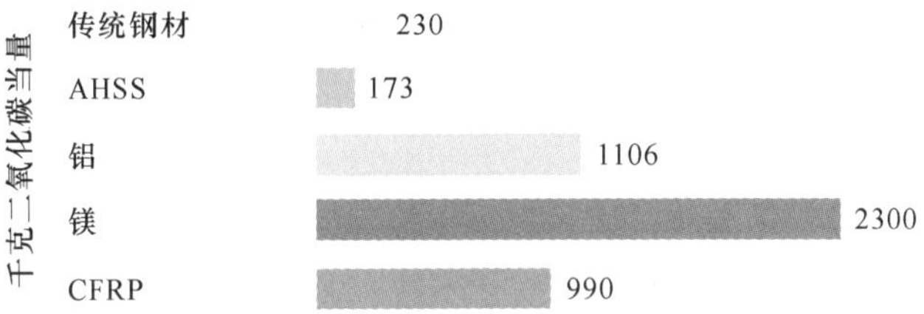

图 12-2　不同材料的温室气体排放——全生命周期视角

CFRP—碳纤维强化塑料；AHSS—先进高强度钢材

（来源：世界钢铁协会《循环经济中的钢铁行业——生命周期的视角》）

混凝土制造过程中59%的隐含二氧化碳排放物和42%的隐含能耗。不过，这一统计并未包含炉渣生产过程中的二氧化碳排放物。炉渣还有其他应用，例如，可以用作庄稼肥料（富含磷、硅酸盐、镁、石灰、锰和铁），还可作为公路铺设的骨料。

3. 制造和使用

在制造阶段，中间钢铁产品（例如热轧卷材）被转化成为汽车等

含钢产品。作为钢材的关键优势之一，经过设计的钢材可以满足几乎任何应用所需的特定强度、耐久度和废弃回收阶段再循环要求。钢材占北美汽车的近 60%（按质量计算），占世界其他地区汽车的 50%。由于高级高强钢的使用，汽车设计可以做到更轻型、更安全、燃料更经济，并且可以减少生命周期温室气体的排放。目前，我们正在研究强度更大、重量更轻的新型钢材。作为生产清洁风能的关键部件，风轮机已经比 10 年前减重 50%。以一座 70 米高的铁塔为例，这将减排 200 吨二氧化碳。新型钢材拥有更高的强度重量比，可用于制造最长 30 米的塔用型钢，可减少运输和组装过程中的排放物。目前，还在为建筑业开发更高等级钢种，可以更加高效率地建设更大、更高的建筑物，减少建筑用钢量的同时尽可能减少浪费。另外，由于钢制组件更加轻薄，运输成本也得以降低。再者，由于必要焊缝的减少，还缩短了工厂加工和现场施工的时间。使用这种钢材时，建筑物的立柱数量减少，厚度降低，使建筑物的使用面积更大，还可提高设计和空间利用率。使用高等级钢种建造的建筑物可以设置能量耗散机制，吸收大部分地震能量。

4. 再利用和再制造

通过设计可以再利用或再制造的钢铁产品，能够保护更多资源。再利用的优势在于再加工只需极少甚至完全不需要能源。钢铁的耐久性确保许多产品在其生命周期结束时，都可部分或全部再利用，因此可以显著延长钢铁产品的生命周期。不过，为保证再利用的成功，最初设计时的生命周期思考极为重要。建筑业是最早接受钢制组件再利用理念的行业之一，可再利用的钢制组件包括结构梁、屋面和墙体构件。现在这些材料越来越多地采用可再利用设计。尽管目前钢筋是再循环，而不是再利用，但是仍然有可能制造模块化标准楼板等钢混构件通过重设用途再利用的，需要使用专门设计的收集和再加工系统，让产品适合新的应用。通过再利用实现产品的新用途，所需能源和资源显著低于利用原料制成新的应用。例如，建造轮船的钢板可以重新轧制，用于建造新的船舶。输入的能源只有钢材的加热、重轧和运输能源。

再制造是将耐用的旧产品恢复到几乎全新状态。其中包括将产品拆开，将每个组件彻底清洁并检查是否有损伤，然后按照原始设备制造商的规范进行翻新或更换新部件。然后，再将产品重新组装和测试，以确保正常运行。这一过程有别于修理过程，因为修理过程仅限于恢复产品的运行，而不是彻底恢复。许多钢铁产品已经可以再制造。其中包括机床、电机、自动传动装置、办公家具、家用电器、汽车引擎和风轮机等。

钢材本身也便于长期使用。对于钢架结构建筑，需要改变结构布局时，可以方便地进行改造。这种建筑物的拆解和重建对本地社区和环境造成的影响极低。牢固、耐久的外部钢结构可以容纳多种新的内部布置并且满足需求的变化。利用钢材建成的仓库和工业建筑，可以方便地改造成现代住宅或工作室。这不仅延长了建筑物（以及其中钢材）的使用寿命，而且节省了资源，降低了成本。

5. 再循环

钢材可以百分百再循环，而且不会丧失其内在材料属性，钢材是世界上再循环率最高的材料。每年再循环的消费前期和后期废钢大约有 6.5 亿吨，节约了大量能源和原料。所有生产过程和下游加工过程产生的废钢（往往被称为“消费前期废钢”）经过收集，直接在钢铁生产过程进行再循环。钢制产品的可再循环含量从 5%至 100%不等。自从钢铁生产开始以来，再循环的废钢超过 230 亿吨。通过利用磁选技术，可以方便地从几乎任何废物流中回收消费后期产品中的废钢。世界钢铁协会有一份报告显示了不同行业的回收率，小型电器和家用电器的回收率为 50%，机械的回收率则高达 90%以上。商用建筑和工业建筑的结构钢材可以达到98%的回收率。对于大型、重型结构钢组件，需要进行废弃回收的管理规划。不过，由于废钢的价值，这些组件的回收和再循环积极性较高，并且与填埋相比，更加符合成本效益。需要注意的是回收率与再循环率之间的差别。全球汽车的回收率超过85%，但是这些回收汽车中钢材的再循环率将近100%。

再循环确保炼钢投资的原料价值在钢铁产品生命结束之后还能长久延续，并且钢材仍然构成社会的永久性资源。

随着原料越来越稀缺和昂贵，钢材的价格将会上升。由于废钢的价格与初级原料价格挂钩，因此废钢回收的积极性也将增加。随着钢材产量的继续增加，由于大部分钢材存在建筑物、桥梁和其他产品中多年，因此利用废钢生产的钢材比例仍然有限。不过，鉴于大量钢材仍在使用，未来可用钢材将会增加。在已经制造的钢铁产品中，大约75%仍在使用。

“再循环”一词的用法应当明确。所有钢材类型都可再循环，变成不同等级的新钢材，同时保持内在的材料属性。事实上，再循环的材料往往要么降低品质，要么降级循环，例如，混凝土、钢也可转化成高价值钢材。再循环可以保护宝贵的资源，对循环经济有重要意义。钢铁行业不仅自身努力提高回收率，而且与其他金属行业和科研机构合作提出了一些产品生命周期损耗倡议。目的是尽量减少这些损耗，并且进一步提高钢材和其他材料的再循环率。

第四节　可持续的钢铁构建人与自然和谐共生

一、全球钢铁工业技术绿色发展新趋势

钢铁企业在严峻的市场形势和愈加沉重的节能环保压力下，一方面，需要重视对现有技术进行升级和改造，以达到节能环保、提高效

率的目的；另一方面，钢铁企业也注重开发新的装备技术，研发新的管理控制系统，以迎接资源和环境的挑战。

（一）认清钢铁污染源

钢铁工业的空气污染物主要来自于生产过程，包括气态物质（如硫氧化物、氮氧化物、二氧化碳和一氧化碳等）、烟灰和烟尘颗粒、重金属、有机污染物等。钢铁工业的废水污染物主要包括固体悬浮物、重金属、油脂。废水中的固体悬浮物包括铁氧化物、煤、生物渣、金属碳氧化物和其他固体废弃物。炼钢时排放的固体废料是煤的衍生物，主要来自焦炭生产的副产品，如焦炭粉尘、渣、石灰石等。

（二）现有技术的升级利用

1. 余压余热回收利用技术

钢铁生产过程中过剩的可燃烧气体可以用来发电，常见的有以下几种：

（1）高炉煤气余压透平发电技术（TRT）。TRT 技术利用高炉的余热和余压来发电，采用 TRT 技术每吨铁可发电 40~60 千瓦·时。

（2）有机朗肯循环（ORC）和卡林那循环。产生于炼钢和二次冶炼的低品质余热可以用 ORC 和卡林那循环发电。ORC 和卡林那循环的发电效率分别为 8.1%和 12.8%，两种技术都被认为是商业技术，可用于全球地热和余热发电。

（3）热光伏回收方法（Thermo photo voltaic heat recovery，TPV）。炼钢过程产生的辐射可以通过热光伏方法（TPV）回收，由光电二极管电池吸收热辐射来发电。高炉渣和板坯适用于 TPV 方法，可以回收 4%的总能量。

（4）干熄焦工艺。熄焦气体中的热能可通过回收蒸汽用于发电来实现再利用。采用干式熄焦装置每吨焦炭可以回收400~500千克高压、高温蒸汽，相当于每吨焦炭发电220~330千瓦·时。采用干熄焦技术，约35%的焦炉总投入能量可以再次利用，不仅节省能源，还减少了二氧化碳排放量。

2. 能源技术有效利用

钢铁生产过程中常见的能源有效利用技术，主要有以下几类：

（1）焦炉煤气生产甲醇。焦炉煤气约含25%（体积分数）的甲烷和60%（体积分数）的氢气，采用该技术可减少钢厂甲烷和二氧化碳的排放量。据报道，采用焦炉煤气甲烷生产甲醇的生产转换效率为56.2%~67.2%。

（2）燃料转换。由于焦炭在使用中向环境排放大量的二氧化碳，科技人员努力寻找各种替代材料，其中一个就是生物材料，如木炭、甲烷、氢气、乙醇和甲醇等。通过将生物材料转换成合成天然气（SNG）或生物气体，改进生物材料的热值后入炉，能明显减少二氧化碳的排放量。

（3）直接还原铁生产工艺。直接还原铁厂可以作为高炉生产工艺的补充。与高炉—碱性氧气转炉工艺相比，以天然气为基础的直接还原铁—碱性电弧炉炼钢工艺可以减少约40%的二氧化碳排放量。

（4）冷床余热生产热水。可以回收冷床的对流热和辐射热生产热水，热水可以用作热自来水、钢厂取暖，或者销往生活区和热力公司。对流热可以通过热交换器来回收，辐射热通过收集器回收。

（5）热能储存。通过热能储存，热能可以通过火车、汽车和船来运输，正在开发的热能储存技术有：一是吸收技术，热能储存在对热能敏感的液体或固体介质中，储存能力为180~400千瓦·时/吨。二是潜热储存，该方法是通过相变材料的相变（例如从固体到液体）将热能储存在材料中，储存潜力为80~160千瓦·时/吨。三是作为化学能储存或采用可逆化学反应，储能为30~1000千瓦·时/吨。

(6) 碱性氧气转炉余热和气体回收。碱性氧气转炉炼钢工艺要求钢中的碳、一氧化碳和二氧化碳相互发生反应并生成转换气体。通过将碱性氧气转炉气体燃烧于管道中，再利用热锅炉回收热量，或将碱性氧气转炉的气体经过净化、冷却并储存于气缸中以备将来使用。

(7) 废料预热。尽管采用电弧炉生产钢提供了比高炉—转炉工艺更大的灵活性，但在电弧炉中，所用能源的20%用来熔化废料，预热废料技术帮助减少电弧炉工艺的能源消耗，其原理是利用余热加热入炉废料。

(8) 烧结厂废气热回收。有两个途径可以从烧结工艺中回收能源：一是烧结床排放的气体可以作为燃烧气体返回以减少能耗；二是采用烧结矿冷却系统。在烧结床端可以回收热烧结矿中的热量，热空气可用于生产蒸汽。

(9) 最佳烧结-球团比例。高炉的铁矿石主要是烧结矿和球团矿两种，球团矿生产产生的二氧化碳比烧结矿生产多，因此，可以调整每座高炉烧结矿和球团矿的比例为1∶1，以减少二氧化碳排放，节约能源。

(10) 氧燃料燃烧器。电弧炉炼钢工艺造成电极之间的高强电能通道，产生电弧熔化废钢，氧燃料燃烧器通过采用燃料取代电能来降低电耗并提高热传导。

(11) 粉煤喷吹。焦炭成本比煤成本高得多，粉煤喷吹是向高炉喷吹粉煤降低焦比来节省成本。

(12) 热风炉热气回收。废弃热回收系统帮助提高热风炉的效率，来自热风炉的热量部分由外部热交换器回收，回收的热量用于预热高炉煤气和燃烧空气，因而可以减少，甚至避免煤气消耗。

3. 立足于节能减排的新技术

目前国际钢铁行业的创新技术通常应用于超大型项目，需要较高的投资成本，这些技术主要是基于能源节约和减少二氧化碳排放的目的而上马的。

（1）氢还原工艺。若用氢还原铁矿石，则生产水和煤气，二氧化碳排放量减少，且氢分子更容易进入铁矿石，实现铁矿石的快速还原。

（2）Corex。该工艺有利于从钢水中脱碳，净化和冷却顶部空气，回收部分煤气，在铁矿石还原成海绵铁后，出售剩余煤气。

（3）Finex。该工艺中的铁矿石粉装入流化床反应装置加热并还原，下游获得直接还原铁，还原气体来自熔融气化炉。

（4）直接板材厂。直接板材厂使铸造和轧制工艺实现一体化生产，不需要中间检查或钢坯处理，避免钢坯运输时的热能损失。

（5）碳捕捉和储存。该工艺通过3个主要技术来分离二氧化碳气体：燃烧后捕捉，预燃烧捕捉和氧燃料燃烧。燃烧后捕捉是在燃烧后分离二氧化碳，主要来自排放气体，借助吸收液体来捕捉二氧化碳，燃气气体被运送到储存地。预燃烧捕捉分离二氧化碳是在燃烧之前，燃料气体形成共生气体，进一步转换成氢气和二氧化碳，利用水煤气反应，然后二氧化碳通过吸收液体从气流中分离出来，运输并储存起来。氧燃料燃烧采用纯氧替代空气燃烧，确保烟道气体中主要是二氧化碳，可以直接运输和储存。

（6）ULCOREO、Midrex和HYL。这3种技术都是从球团矿中生产直接还原铁，在竖炉中采用煤气直接还原，其还原煤气可以是天然气或焦炉煤气，也可以采用煤气化和生物燃料的方式。

（7）高炉炉顶煤气循环。该技术帮助去除高炉炉顶气体中的二氧化碳并利用、回收有效气体（如一氧化碳和氢气），进而向高炉喷吹一氧化碳和氢气以降低焦比。该系统用纯氧取代热风以除去二氧化碳。

（8）Hlsarana（新的熔融还原工艺）。该工艺基于熔池冶炼，该技术结合了煤预热和反应装置里的部分热解，利用相当少的煤来减少二氧化碳排放。而且，允许采用部分生物燃料代替煤，也可采用天然气甚至氢气，灵活性强。

（9）电解铁矿石（ULCOWIN）。该技术采用碱电解从铁矿石中生产直接还原铁，在阴极还原铁，阳极提供电子，但该工艺仍需进一步研究。

4. 环保技术与管理相结合

为减少温室气体排放和能耗，钢铁行业可采取工业协作模式，并引入环境管理系统，使整个环境管理系统与所有工序、项目相衔接。

另外，还需要进行风险过滤，解决那些在立法、职业健康、安全和技术等方面不合理的问题。各项治理工作经过处理和排序，其处理需考虑技术开发、投资成本和预计二氧化碳减排量。最终，要确定每一项治理工作的净现值，并将治理每吨二氧化碳所需的资金数额计算出来。要将治理成本边际曲线形成公式，治理成本边际曲线可以确定当特定能源节省多少时，治理工作才具有经济性，同时还可以帮助确认资源、能源用量的“转换点”。每一个治理工作还可以编制为程序进入项目计划，确定执行这一工作需要的时间，并创造一个减排目标路线。以上方法可使钢铁行业的环保治理具备可购买性，治理活动变得更加便捷。

二、钢铁工业可持续发展面临的挑战

不过，为了继续在未来可持续发展中扮演积极的角色，钢铁行业仍然面临几项主要挑战：

（1）再循环。在钢铁的生命周期中，钢铁的再循环过程是减少碳排放的一个关键要素。钢铁是独一无二的材料，能够不断再循环而不丧失属性或性能。再者，很长一个时期以来，钢铁行业不断努力提高再循环率。在这两方面的综合作用下，钢铁在汽车和金属容器等方面的再循环统计数据上一直名列前茅。在将钢铁产品转化成最终消费品之前，自产废钢用量（占目前废钢产量的 50%）也将产生重大作用。从政策角度看，可以通过强调再循环性和便于拆解的设计，为循环利用提供政策支持。

（2）副产品的利用。钢铁生产过程产生的副产品，可以替代其他行业的资源，从而减少二氧化碳排放。例如，高炉产生的炉渣可用于水泥行业，因此大幅减少水泥行业的二氧化碳排放。炼钢过程中产生的废渣可用作土木工程的骨料，从而可以节约天然资源和降低环境影响。世界钢铁协会认为，由于副产品为保护资源做出的贡献，副产品应当获得优先处理。在应用标准上，我们应当确保符合特定用途的所有潜在材料都能在相同条件下展开竞争。

（3）能源效率。过去 50 年来，钢铁行业的吨钢能耗降低了 61%。余能也能有效捕获并利用。不过，由于能源效率的急剧提升，预计在现有技术上，改进空间有限。世界钢铁协会的近期研究表明，钢铁生产的平均能源强度为 20 吉焦/吨粗钢，并且还有 15%～20%的改进潜力。有趣的是低能源强度的工厂不一定拥有最现代化的机械设备，但因运用最佳操作知识和控制系统，其绩效更为突出。

对于世界钢铁行业而言，最具相关性的温室气体是二氧化碳。2018 年平均每生产 1 吨钢铁，就要排放 1. 85 吨二氧化碳。就全球矿物燃料使用所产生的直接排放量而言，钢铁行业所产生的直接排放量在 7%～9%之间。

（4）成品钢使用在许多应用上，钢铁都拥有非常长的使用寿命。因此，在提高建筑物、工厂、机械和运输业能效上，钢铁具有非常重要的作用。由于应用高等级钢材，因此带来的二氧化碳减少量比生产过程中的二氧化碳排放量平均高6倍。例如，高强钢材减轻了卡车重量，这样，在每公里排放等量二氧化碳的情况下，这种卡车可以运输更多货物；改进后的电工钢可用于生产更加高效的变压器和电动机，从而极大降低产品整个使用寿命期间的总体能源需求。此外，通过必不可少的再循环设备，钢铁还促进了其他材料的再循环，从而为循环经济做出重要贡献。作为钢铁行业的关键贡献之一，钢铁行业与客户亲密合作，优化含钢产品的设计和使用。

（5）全生命周期评价方法为继续推进以上工作，以及衡量钢铁产品生命周期中所有的减排机会，关键在于放眼整个生命周期。全生命周期评价方法不仅考虑钢铁产品制造过程的排放量，而且考虑使用新一代钢铁、减轻产品重量以及提高产品强度所带来的节能降耗效果。再者，在做出选材决定时，必须适当地考虑钢铁本身的再循环性（见图12-3）。另外，钢铁的再循环还减少了填埋设施的负担，防止了废弃钢铁产品的堆积。与能源生产不同的是，不同的工业原材料的碳排放量差别很大，并且涉及生命周期的各个阶段。与铝和碳纤维等低密度材料相比，钢铁在制造过程中的碳排放量较低。同时，由于钢铁可以无限循环而不会丧失属性，再考虑到钢铁具有的相当大的碳排放优势，因此钢铁对于后代子孙具有诸多好处。政府部门对全生命周期评价项目的支持极为重要。在减少材料的碳排放强度上，政府部门应当通过相关政策向消费者和设计者释放正确的信号，通过比较所有材料，促使消费者和设计者关注他们选择材料的整体影响。

（6）突破性技术的开发。为了大幅减少钢铁生产过程中二氧化碳的整体排放量，突破性技术的开发至关重要。目前，数个有发展前景的项目正在世界各地开展。有些项目还处于早期研发阶段，但也有些项目已经进入试点或示范阶段。这些项目所采用的方法不同，但目标一致，可汇总成如下几类。氢作为还原剂——采用氢气替代炭作为还

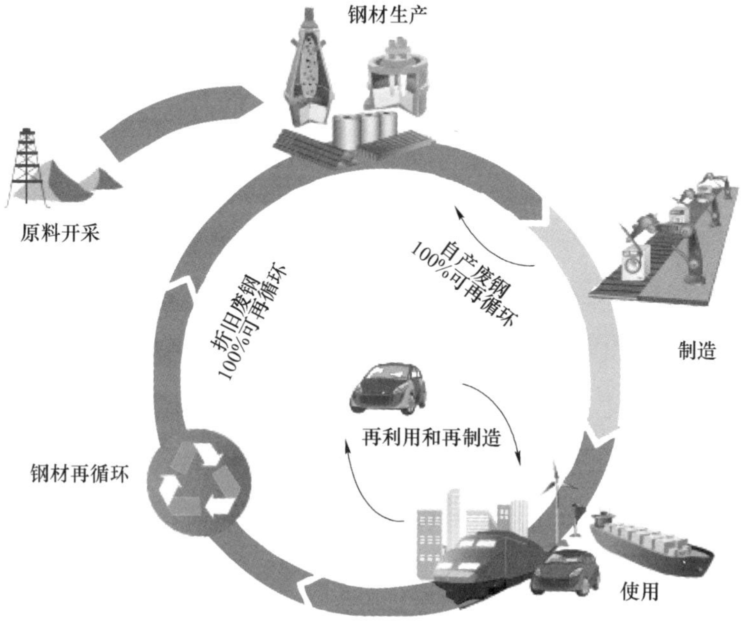

图 12-3 钢铁全生命周期示意图

（来源：世界钢铁协会《循环经济中的钢铁行业——生命周期的视角》）

原气体来还原铁矿石，由此产生排放的是水而不是二氧化碳。碳捕获和碳封存——产生的干净浓缩的二氧化碳气流可以被捕获和封存。这个工艺过程包括利用碳捕获技术对钢厂进行改造，发展运输网络及进入储存地点的通道。对于钢铁行业而言，碳捕获和碳存储技术（CCS）尚未成熟，该技术的最终实施将需要政府和公众支持。碳捕获和利用现有工艺产生的共生产品的气体作为化学工业生产的燃料或原料。生物质作为还原剂——可部分利用生物质替代煤炭，例如木炭。电解法——利用电力来还原铁矿石。我们相信上述每一项技术在减少二氧化碳排放量的过程中都扮演重要角色。伴随着这些技术的深入开展，需要消耗大量的无碳氢、生物质和电力，全球能源体系将发生根本性的转变。

关于可持续发展，2020 年 9 月 22 日，中国国家主席习近平在第七十五届联合国大会一般性辩论上发表重要讲话提到：这场突如其来的新冠肺炎疫情启示我们，人类需要一场自我革命，加快形成绿色发展方式和生活方式，建设生态文明和美丽地球。人类不能再忽视大自然一次又一次的警告，沿着只讲索取不讲投入、只讲发展不讲保护、只讲利用不讲修复的老路走下去。应对气候变化《巴黎协定》代表了全球绿色低碳转型的大方向，是保护地球家园需要采取的最低限度行动，各国必须迈出决定性步伐。中国将提高国家自主贡献力度，采取更加有力的政策和措施，二氧化碳排放力争于2030年前达到峰值，努力争取2060年前实现碳中和。各国要树立创新、协调、绿色、开放、共享的新发展理念，抓住新一轮科技革命和产业变革的历史性机遇，推动疫情后世界经济“绿色复苏”，汇聚起可持续发展的强大合力。

第十三章　钢铁工业全球化发展

纵观160多年世界钢铁工业的发展历程，全球格局不断调整，“生产和消费重心”经历了四次大转移：英国是最早的世界钢铁重心；19世纪后期，随着美国崛起和工业化加快发展，美国钢铁工业规模迅速增加，从1890年开始正式替代英国，成为全球最大的钢铁生产国，一直到1971年，长达81年的时间；1971年，苏联跃居世界第一大钢铁生产国，日本紧随其后，成为世界第二大钢铁生产国；1993年，日本正式超越俄罗斯，成为全球最大钢铁生产国；1996年，中国粗钢产量突破1亿吨，成为最大钢铁生产国，自此，中国钢铁工业走到了世界舞台的中央。

在美国、日本、欧洲发展成为世界钢铁强国的过程中，受内部和外部环境变化的推动，世界钢铁工业经历了四次大规模的兼并重组浪潮，成就了数家具有全球竞争力的钢铁巨头。同时，我们看到，随着中国工业化和城市化进程的加快，中国粗钢产量从1996年突破1亿吨开始，到2019年连续24年保持世界第一，尤其是近10年来，基本占据了世界钢铁总量的半壁江山，在后期全球化并购浪潮中发挥着重要的引领作用。

第一节　世界钢铁行业出现哪几次并购重组浪潮

一、第一次行业兼并重组浪潮（19世纪末~20世纪初）

标志性事件是1901年卡耐基钢铁公司和联邦钢铁公司两家大规模综合企业合并，组建了美国钢铁公司。美国钢铁公司拥有213个经营地点、一千英里铁路和41座矿场。1901年，美国钢铁公司占美国钢铁产量的66%，世界钢铁产量的将近30%。在第一次世界大战期间，美国钢铁公司的年产量超过德国与奥地利钢铁产量之和。

美国现代钢铁工业发展可追溯到1868年，1868~1880年的美国产业革命时期，美国粗钢产量以年均约40%的速度增长，生产力、产品质量和工艺在当时世界上处于比较先进的水平。1874年，卡耐基商业帝国建立，匹兹堡成为美国钢铁行业的中心。到了1900年，卡耐基的商业帝国扩展到包括钢厂、铁厂、焦煤企业和矿场，占美国钢铁产能的18%。与此同时，美国国内分散重复建设，恶性竞争，几百家小钢铁厂同时存在。1901年，金融巨头J. P. 摩根吞并了785家中小钢铁厂，并把这些收购的钢铁厂合并成美国钢铁公司，造就了世界上第一家资产超过10亿美元的超大型公司，控制了美国钢铁产量的70%，开启了全球范围内第一次大规模的行业合并。1910年，美国钢铁产量达到2650多万吨，占世界总产量的近一半。从这时起，美国在世界钢铁工业上的霸主地位一直保持到20世纪70年代。

二、第二次行业兼并重组浪潮

第二次大规模重组浪潮发生在20世纪90年代的美国和日本。由于受到20世纪70年代两次石油危机的冲击，美国在世界钢铁市场的总体竞争地位下降，20世纪90年代至21世纪初，美国钢铁工业进一步出现设备老化，产能过剩，成本上升的困境，无力与低成本的进口钢材竞争，多数企业连年亏损。1997年，伯利恒钢铁公司兼并卢肯斯公司，掀开了美国钢铁行业结构调整的序幕，引发了数起大规模兼并重组事件的发生，并以2003年美国钢铁公司收购了已经破产的国立钢铁公司和纽柯公司收购伯明翰和Trico两家公司而结束。经过一系列并购重组，美国国内逐渐形成了以美国钢铁公司、国际钢铁公司和纽柯钢铁公司为代表的三大钢铁集团，其总产量占美国国内钢产量的一半以上。

几乎在同一时期，日本经济出现了持续的低迷，作为传统的钢铁强国，为了增强其国际竞争力，日本钢铁行业进行了结构性大调整。早在1901年，日本就建立了拥有炼铁、炼钢和轧钢的钢铁联合企业。第二次世界大战以后，日本经济社会的重建和复苏对钢材需求十分强劲，日本政府顺势采取了支持钢铁产业优先发展的政策，使得日本钢铁产业在战后的几十年得到了迅速发展。1973年，日本粗钢产量达到了1亿吨的水平，钢铁需求在同一年达到首个峰值。第一次石油危机爆发后，日本钢铁行业进入了漫长的结构调整期，在经历了石油危机、广场协议签署和泡沫经济后，日本钢铁需求在1991年达到第二个更高峰值，在钢铁出口的支持下，日本钢铁生产直到2007年才出现高峰。

回顾历史，日本钢铁行业主要经历了三次兼并重组浪潮。第一次大型并购发生在1934年，政府主导企业合并，形成了日本制铁有限公司。1967~1970年间发生第二次大规模的行业整合，为避免过度竞争，八幡制铁与富士制铁合并为新日本制铁股份公司，合并后公司粗钢产量达3460万吨，是世界第一大钢企。第三次大规模兼并重组发生在2000年后，市场竞争推动公司兼并重组，新日铁、川崎、住友金属、NKK、神户制钢及日新制钢等日本6大钢铁公司，逐步重组形成两大阵营，即新日铁阵营和JFE阵营，大大提高了日本钢铁工业的集中度。通过结构调整，日本钢铁工业在行业结构、产品结构以及技术结构方面都有了较大的提高。2004年日本前5家公司钢铁产量占国内产量的比例达到73.3%，高附加值钢材比率进一步提高。

三、第三次行业兼并重组浪潮（发源于20世纪90年代末期至2000年代初期的欧洲）

第二次世界大战结束后，随着马歇尔计划的推进，西欧各国纷纷引进美国的资金和先进技术，加之欧洲一体化进程加快，实现了经济的快速恢复和增长。西欧作为近代钢铁工业的发源地，在第二次世界大战后近20年的时间里，钢铁和煤炭这两种当时最重要的战略物资在欧洲煤钢共同体成员国之间的生产、流通实现了有计划的互补，在资源和产能配置方面得到了有效协调，随着氧气顶吹转炉、连铸机、带钢热连轧机和冷连轧机等技术装备的研发应用，西欧钢铁生产能力大幅提高，有力支撑了各国基本建设和经济发展需要。

1973年第一次石油危机直接导致钢铁市场需求萎缩，同时日本钢铁产业竞争力不断提升，欧共体钢铁产业陷入产能过剩的危机中，西欧钢铁产业进入结构调整期。在危机之初，西欧国家采取的应对措施是将钢铁行业置于国家控制之下，至20世纪80年代中期，欧洲国有公司的粗钢产量已占欧洲总产量的半壁江山。1988年欧共体钢铁生产配额体系宣告终结，西欧各国政府对钢铁工业的管制逐步减少。

随着政府管制的减少，西欧钢铁企业私有化浪潮开始兴起，私有化和市场竞争的加强，催生了钢铁企业兼并重组（表13-1）。1997年，蒂森钢铁公司和克虏伯钢铁公司合并成立蒂森克虏伯钢铁公司。1998年，法国第一大钢铁企业于齐诺尔集团控股比利时科考里尔、桑布尔钢铁公司。卢森堡阿尔贝德集团通过投资和兼并开始快速扩张，成为全球最大钢铁企业之一。1999年，英国钢铁公司和荷兰霍戈文钢铁公司合并，组建当年第二大康力斯（Corus）钢铁集团。2001年，法国于其诺尔、卢森堡阿尔贝德和西班牙埃塞里亚3家企业联合建立安赛乐集团（Arcelor），年产能达4600万吨，将欧洲钢铁工业的联合重组推向高潮。从1989年到1999年的10年里，米塔尔通过收购美国内陆钢铁厂、德国汉堡、杜伊斯堡等地的钢厂，以及哈萨克斯坦、墨西哥，加拿大、法国、苏格兰等国家的中小型钢铁厂数家，迅速成长为世界最大钢铁企业之一。2005年5月，米塔尔集团完成对美国国际钢铁公司的收购，产能规模占该地区粗钢产量的50%以上。

表 13-1 1989~1999 年欧洲部分钢铁行业兼并重组案例

时间	兼并重组案例
1989 年	意大利里瓦集团收购前国有钢铁公司
1995 年	意大利里瓦集团收购 ILVA 公司
1997 年	德国克虏伯公司与蒂森集团合并
1997 年	阿尔贝德钢铁公司收购西班牙阿塞拉利亚钢铁公司
1999 年	荷兰霍高文公司与英国钢铁股份公司合并成立康力斯（Corus）

四、第四次行业兼并重组浪潮

米塔尔集团为主导的世界范围内的兼并重组是第四次行业兼并重组浪潮的标志性事件。作为一家发源于印度的小型私营钢铁公司，米塔尔集团通过一系列的收购兼并最终变成了总部在伦敦、注册地在荷兰，并在美国纽约证券交易所及荷兰阿姆斯特丹泛欧期货交易所上市的全球第一大钢铁公司。2006 年，米塔尔钢铁公司以 269 亿欧元的价格收购全球第二大钢铁公司安赛乐 93.7%的股份，合并后的公司更名为安赛乐米塔尔，成为全球最大的钢铁公司。该公司在全球 27 个国家拥有 61 处生产设施，钢铁生产能力高达 1.2 亿吨，市场份额接近全球的 10%。

2012 年 10 月，全球第四大钢铁公司日本新日铁公司与全球第十九大钢铁公司住友金属工业公司实现合并，成为全球第三大钢铁公司。与此同时，中国国内的钢铁企业之间也展开了一定规模的兼并重组，2008 年，河北省以唐钢集团和邯钢集团为代表的几大国有钢铁企业联合组建成立特大型钢铁企业河北钢铁集团（现河钢集团），成为当时中国最大的钢铁企业。同年，山东省济钢集团和莱芜钢铁集团合并成立了山东钢铁集团，2010 年，鞍山钢铁集团与攀钢集团联合重组。2016 年，宝钢集团与武钢集团合并成立中国宝武钢铁集团，使其超过河北钢铁集团和新日铁住金，成为世界第二大钢铁企业。2019 年中国宝武与马钢集团重组，2020 年与太原钢铁集团重组，至此，中国宝武超过安赛乐米塔尔成为全球最大钢铁企业。

第二节　世界钢铁企业并购重组动因是哪些

纵观世界钢铁工业 100 多年的发展历史，并购活动不仅没有停止，反而愈演愈烈，在当今经济一体化和市场全球化的趋势下，通过并购实现企业巨型化和全球化的目标，已成为跨国钢铁企业生存发展的新模式。同时，我们也注意到，钢铁行业的整合多发生在产能过剩、行业利润被压缩的时期。资源整合带来的竞争减少、效率提高、议价力增强和丰富的产品线有利于钢铁企业在行业低谷期生存。

一、经济放缓引发并购

宏观经济放缓时，各行业利润减少，通过整合可以减少竞争，提高效率；钢铁行业景气波动基本服从于宏观经济周期，并购受经济状况影响较大。

以美国为例。美国钢铁产业的第一次兼并重组发生在美国宏观经济起飞的 19 世纪末～20 世纪初，经济发展与钢铁工业的崛起相互促进，这一时期美国钢铁的产量和消费量都超过西欧诸国。然而经济繁荣也造就了钢铁行业的过度竞争。在随后 19 世纪 80 年代发生的经济萧条中，众多的中小钢铁企业纷采取各种价格竞争手段，对市场造成了巨大的冲击。为控制钢铁市场价格，美国钢铁行业开始了大规模的兼并重组，典型案例就是美国卡内基钢铁公司和美国钢铁公司的成立。

1890 年，卡内基公司利用危机后钢铁企业经营不善的时机大举兼并，成立了新型联合企业，即卡内基钢铁公司，这标志着美国行业一系列兼并重组的开始。1901 年，金融巨头 J. P. 摩根对卡内基钢铁公司、国家钢管公司等大型企业进行重组成立的美国钢铁公司（USS），是世界第一家资产亿级美元的企业，并形成了钢材和矿产资源的寡头垄断局面。1903 年，伴随着美国经济增速放缓和股票市场的萧条，钢铁行业兼并重组浪潮走到尽头。但此后数十年，美国钢铁公司仍保持了世界最大钢铁厂的地位。

二、产能过剩推动整合

钢铁行业的整合多发生在产能过剩、行业利润被压缩的时期。资源整合带来的竞争减少、效率提高、议价力增强和丰富的产品线有利于钢铁企业在行业低谷期生存。

自 20 世纪 70 年代开始，美国钢铁行业不仅面临着自身产能过剩，成本上升，技术落后等内在不足，同时以日本为代表的国家钢铁工业的兴起，使美国钢铁工业的霸主地位受到了挑战。进入 80 年代后，美国工业开始经历产业结构转型，美国钢铁工业被冠以“夕阳产业”。尽管有美国各级政府及机构提供的资金和政策支持，如 80 年代美国政府提供的补贴超过 300 亿美元，钢铁企业的折旧年限从 12 年缩短到 5 年等，仍然无法减轻钢铁企业的经营压力。美国钢铁产业在 1998 年末开始出现危机，先后共有 31 家钢铁公司申请破产保护，数万钢铁工人失去了工作。

进入 21 世纪，在美国钢材进口不断增长、国内钢材价格不断创新低的背景下，时任美国总统布什宣布对部分进口钢材实施为期 3 年的关税配额保护，几个月后钢材价格大涨，为美国钢铁企业加快结构调整提供了时机。以美国钢铁公司和纽柯钢铁公司为代表的美国钢铁企业，积极通过兼并重组来实施低成本扩张，促使美国钢铁产业集中度大为提高。2008 年美国钢铁行业前四大企业集中度（CR4）为

74.9%，比1999年的37.9%提高了37个百分点。

同样，欧洲钢铁行业在整合前拥有大量产能，产量不断提升。在20世纪90年代和2000年两次整合前夕，表观消费都经历了较长时间的低水平。高产量和低消费量，代表行业处于相对低谷期。

二战后，欧洲广泛开展了战后重建运动。西欧各国政府纷纷对钢铁工业采取了扶植和资助政策，并对钢铁工业实行强有力的行政干预手段，先后对本国的钢铁工业进行了国有化改造。钢厂依靠政府补贴，不计成本和效益，全力扩充钢铁产能，推动了欧洲粗钢产量从战后初期的2000万吨快速增长到1974年的2.4亿吨。第一次石油危机后，欧洲钢材消费出现波动下降趋势。1975~1992年间，欧洲粗钢表观消费量从2.1亿吨降至1.4亿吨，需求下降导致整个欧洲钢铁产业陷入严重的产能过剩。钢铁企业竞争激烈，生产成本居高不下，企业严重亏损。为解决困境，从20世纪80年代开始，欧共体倡导同盟国间钢铁自由贸易和竞争，各国政府开始削减对钢铁工业的扶持力度，彻底终止自愿出口限制协议和对钢铁工业的优惠融资政策，促使钢铁企业逐步私有化，至1998年欧盟国有钢铁企业钢产量占全欧洲钢铁总产量比例已经低于5%，为钢铁企业之间自主兼并重组提供了条件。

这一时期，欧洲主要国家几乎都开展了钢铁行业兼并重组活动。由于国土资源匮乏以及市场狭小等原因，这一时期兼并重组都是国内优势企业先整合本国的钢铁企业，然后再积极实施跨国合并，整合整个欧洲地区的资源，提高市场竞争力。

三、并购提高国际竞争力

日本钢铁行业的兼并重组则主要表现为强强联合的模式和大型钢铁企业整合小型企业模式。在行业景气低点，大型钢铁企业在内需增速不足，出口增速放缓时，通过合并稳定国内钢铁产量，避免行业内过度竞争，同时促使企业充分发挥规模效应，提质增效，提高企业应对周期波动的能力，也能防止企业被恶意收购。

回顾历史，日本钢铁行业主要经历了三次兼并重组浪潮。对于企业而言，全面整合利好企业发展。日本钢铁企业通过强强联合，实现了规模效应，提升了市场影响力，为实现跨越式发展奠定了基础。新日铁住金的兼并重组过程是行业发展过程中的典型案例。

（一）日本制铁股份公司的成立

20 世纪初，第一次世界大战对日本经济造成严重的创伤，1929 年美国股市崩盘引发全球经济危机再次创伤日本经济，尚在发展初期的日本钢铁行业变得举步维艰。为了应对恶劣的经济环境，日本政府牵头以官营的八幡制铁为中心，联合了民营的釜石矿山、三菱制钢、轮西制铁、九州制铁、富士制铁、东洋制铁六家钢铁公司，成立了半官半民性质的日本制铁股份公司。日本制铁的成立使日本钢铁行业集中度大幅提升，其生铁产量占到全国总产量的 96%，粗钢产量占到 53%。

（二）新日本制铁股份公司的成立

1950 年，因《排除经济力量过度集中法》，日本制铁被拆分为八幡制铁和富士制铁。50 年代到 70 年代，随着日本经济的高速发展，住友金属工业、日本钢管等多家钢铁企业快速成长，八幡制铁和富士制铁两家合计市场份额降到了 40%以下。当时日本政府对钢铁行业发展趋势认识不充分，在 1969 年发布的五年计划中对钢铁需求做出了过为乐观的判断，1975 年度的钢铁产量按计划应为 1.5 亿~1.6 亿吨。在错误指导下，钢铁企业为了扩大市场占有率，纷纷制定增加高炉计划，市场竞争加剧，也为产能过剩埋下了伏笔。在此背景下，为避免过度竞争，稳定钢材价格，在产业研究会及同行业企业的支持下，位居行业一、二位的八幡制铁和富士制铁实现合并，成立了新日本制铁股份公司。

（三）新日铁住金株式会社的成立

20世纪90年代末期起，日本公共建设开支不断缩减、消费支出疲软，经济陷入负增长，随之日本国内钢铁需求迅速下降。国际经济环境同样不乐观，在互联网泡沫、“911”事件等的冲击下，日本钢铁出口环境日趋艰难。日本钢铁行业供给下降幅度低于需求下滑幅度，2002年，日本粗钢产量为1.08亿吨，较1992年增长了9.80%，同期粗钢表观消费量仅有0.74亿吨，较1992年下降了12.42%，行业供大于求的问题日益凸显。

2002年，当时日本第二大钢铁公司日本钢管和第三大钢铁公司川崎制铁合并，成立了JFE，其钢铁产量和销售额等已与新日铁接近。在这样的环境下，新日铁积极推动与国内外钢铁企业的合作，前后与浦项、安赛乐、神户制钢、住友金属签署合作协议，以应对日趋激烈的行业竞争。新日铁在住友金属的和歌山钢厂关闭后向其提供热轧板，新日铁的君津钢厂和住友金属的鹿岛钢厂也在采购、物流等领域加深合作。2003年，新日铁和住友金属的不锈钢业务整合组建了新日铁住金不锈钢公司，有效降低了生产成本。一系列的合作为日后新日铁公司与住友金属公司的合并奠定了基础。

2008年金融危机在随后几年给日本钢铁行业造成了严重影响，日本钢铁行业面对急剧缩水的市场需求陷入一段困难时期。2011年在东日本大地震中，住友金属鹿岛厂设备损毁，对公司经营造成一定影响。2013年，在行业供需环境恶劣的背景下，新日铁与住友金属整合，通过强强联合，两家企业优势互补，新日铁能稳定其日本第一的龙头地位，住友金属可改善其连年亏损的不利局面。合并后的新日铁住金成为当时全球产量第二、日本产量第一的龙头钢企，通过集中管理设备、共享先进制造技术、营销渠道等各项资源，提升产品竞争力，压缩成本，加速了全球业务的发展。合并后的新日铁住金提出了2013~2015年中期管理计划，围绕技术、成本、全球化，明确了5点关键举措，包括强化技术优势；建立世界领先的成本竞争力；合理化炼铁、炼钢和轧钢，实现生产优化；推动全球发展战略；加强集团的炼钢业务。新日铁住金提出3年内每年实现协同效益2000亿日元，从采购、生产、管理等各个维度入手，实现公司提质增效。

四、提升行业集中度，增强行业稳定性

钢铁行业经过几轮的兼并重组，行业集中度不断提升（见表13-2），龙头企业规模跨越式提升，行业和企业都已步入健康发展的局面。1901年美国钢铁行业整合，美国占据世界粗钢产量第一直到70年代。日本钢铁行业70年代整合完成，取代美国成为最大产钢国。欧洲90年代开始整合钢铁行业，到2000年在全球钢铁企业10强中占据5席（表13-3）。

行业抗风险能力提升。以日本钢铁行业为例，经过兼并重组后的日本钢铁行业，集中度较高，2012年后，CR4持续保持在80%以上。2013年以来，新日铁住金、JFE两家企业的粗钢产量在日本总产量中的占比超过70%。首先，较高的集中度使钢铁行业的产能得到很好的控制，供给侧波动较为理性，产能过剩导致的价格下行问题得到有效的解决。第二，经过兼并重组，钢铁行业集中度要相对高于下游行业，定价话语权有所提升，使行业抗冲击能力提升。第三，在需求下降时，企业间较容易进行协调，打价格战，恶性竞争的概率降低。兼并重组

后的日本钢铁行业价格波动幅度明显低于我国，且钢材市场平均价格高于我国。2013 年来，日本螺纹钢市场价在 460~670 美元/吨间窄幅震荡，热卷价格长期保持在 600 美元/吨上下浮动，行业整体抵御价格波动能力较强。

表 13-2　全球钢铁行业集中度　　（万吨）

序号	2001 年		2010 年		2018 年		2019 年	
	企业	粗钢	企业	粗钢	企业	粗钢	企业	粗钢
1	安赛乐	4310	安赛乐米塔尔	9820	安赛乐米塔尔	9642	安赛乐米塔尔	9731
2	浦项	2780	宝钢	3700	中国宝武	6743	中国宝武	9547
3	新日铁	2620	浦项	3540	新日铁住金	4922	日本制铁	5168
4	伊斯帕特国际公司	1920	新日铁	3500	中国河钢	4680	中国河钢	4656
5	宝钢	1910	JFE	3110	浦项	4286	浦项	4312
6	康力斯	1810	沙钢	2320	沙钢	4066	沙钢	4110
7	蒂森克虏伯	1620	Tata	2320	鞍钢	3736	鞍钢	3920
8	Riva	1500	美国钢铁	2230	JFE	2915	建龙	3119
9	日本钢管	1480	鞍钢	2210	建龙	2788	塔塔	3015
10	川崎	1330	Gerdau	1870	首钢	2734	首钢	2934
	CR10	25.12%	CR10	24.48%	CR10	25.73%	CR10	27.03%

资料来源：世界钢协。

表 13-3　1965~2019 年世界钢铁企业 10 强演变

序号	1965 年	1970 年	1975 年	1980 年	1985 年
1	美国钢铁	新日铁	新日铁	新日铁	新日铁
2	伯利恒	美国钢铁	美国钢铁	美国钢铁	美国钢铁
3	共和钢铁	英国制铁	英国制铁	日本钢管	Finsider
4	ATH	伯利恒	伯利恒	Finsider	英国制铁
5	Usinor	日本钢管	日本钢管	伯利恒	日本钢管
6	八幡	ATH	住友	住友	蒂森
7	Finsider	住友	川崎	川崎	川崎
8	Armco	川崎	Finsider	蒂森	LTV
9	琼斯劳克林	Finsider	ATH	Usinor	住友

续表 13-3

序号	1965 年	1970 年	1975 年	1980 年	1985 年
10	富士	共和钢铁	共和钢铁	琼斯劳克林	Sacilor
序号	1990 年	1995 年	2000 年	2005 年	2010 年
1	新日铁	新日铁	新日铁	米塔尔	安赛乐米塔尔
2	Unisor Sacilor	浦项	浦项	安赛乐	宝钢
3	浦项	英国制铁	Arbed	新日铁	浦项
4	英国制铁	Unisor Sacilor	LMN	浦项	新日铁
5	美国钢铁	Riva	Usinor	JFE	JFE
6	日本钢管	美国钢铁	康力斯	宝钢	沙钢
7	ILVA	日本钢管	蒂森克虏伯	美国钢铁	Tata
8	蒂森	Arbed	宝钢	纽柯	美国钢铁
9	住友	川崎	日本钢管	科勒斯	鞍钢
10	川崎	住友	Riva	Riva	Gerdau
序号	2012 年	2015 年	2016 年	2017 年	2018 年
1	安赛乐米塔尔	安赛乐米塔尔	安赛乐米塔尔	安赛乐米塔尔	安赛乐米塔尔
2	新日铁住金	中国河钢	中国宝武	中国宝武	中国宝武
3	河钢	新日铁住金	中国河钢	新日铁住金	新日铁住金
4	宝钢	浦项	新日铁住金	中国河钢	中国河钢
5	浦项	宝钢	浦项	浦项	浦项
6	武钢	沙钢	沙钢	沙钢	沙钢
7	沙钢	鞍钢	鞍钢	鞍钢	鞍钢
8	首钢	JFE	JFE	JFE	JFE
9	JFE	首钢	首钢	首钢	建龙
10	鞍钢	塔塔	塔塔	塔塔	首钢

资料来源：世界钢协。

20 世纪 90 年代以来，通过一系列并购重组，全球钢铁行业的集中度持续上升，在 1996 年至 2005 年的 10 年中，全球最大的 10 家钢铁公司的粗钢产量占全球总粗钢产量的比重，由 20%上升至 27%，提高了 7 个百分点。但是，过去 14 年中，随着中国钢铁生产规模保持高速增长，全球行业集中度却没有相应提高，2019 年全球十大钢铁企业占全球总产量的比重为 27.03%，与 2005 年基本持平。

纵观全球主要的钢铁生产国，发达国家的钢铁行业集中度非常高，尤其是日本的集中度接近 75%（前四家钢铁公司的产量比重，下同），欧盟 15 国更是高达 90.7%。虽然美国的钢铁行业集中度仅为 52.9%，但规模领先的几家钢铁公司的市场控制力非常强大。相比之下，自 1996 年以来，位居世界第一钢铁生产大国、生产能力占全球总量 50% 以上的中国，钢铁产业集中度最低。2016 年 9 月中国两大钢铁企业宝钢集团和武汉钢铁（集团）公司进行重组，该重组在客观上推动了中国钢铁行业集中度的提升，但总体而言仍处于较低水平。2019 年中国钢铁行业的集中度（前四家）仅为 22.12%，不及其他主要钢铁生产国的一半，中国前十大钢铁企业占全国产量的比重也仅为 36.6%。即使是同为发展中国家、钢铁工业处于快速发展时期的土耳其，该国的钢铁行业集中度也达到 51%，而后起之秀的印度钢铁工业集中度也达 49%，遥遥领先于中国同行。

第三节　全球钢铁企业兼并重组重点案例分析

一、米塔尔兼并之路

安赛乐米塔尔集团的发展史就是一部钢铁企业的并购史。截至 2019 年年底，安赛乐米塔尔在 18 个国家拥有钢铁生产厂，雇佣了 19 万名员工。2019 年，安米的粗钢产量为 9731 万吨，位居世界第一。

米塔尔的成长轨迹可以追溯到 1976 年的印度，拉克什米·米塔尔（Lakshim Mittal）成立了以自己名字命名的控股公司——LMN 控股公司。在此后的 10 年间，这家钢铁厂的产能增长了将近 10 倍，成为了后来印尼最大的私营钢铁企业——伊斯帕特印尼钢铁厂（Ispat Indo）。随后，米塔尔于 1989 年收购了特里尼达和多巴哥钢铁公司（Iron &

Steel Company of Trinidad & Tobago)，一年之后将其扭亏为盈。从此，米塔尔确立了走兼并和改造亏损国营企业的经营路线。

米塔尔早期的几起并购大都在美洲展开。1992 年，米塔尔以 2.2 亿美元收购了墨西哥第三大钢铁企业——SIBAISA 钢铁公司，这个价格仅为当初墨西哥政府投资总额的十分之一。一年之后，SIBAISA 公司就实现了扭亏为盈。1994 年，米塔尔在北美展开了两起较大的并购，分别为收购加拿大第四大钢铁企业希德贝克-多斯科（Sidbec-Dosco）公司，以及收购加勒比地区最大的非石油工业联合企业。1998 年，米塔尔又将收购的触角伸到了世界上最发达的经济体——美国，LNM 出资 14.3 亿美元，收购了美国第六大钢铁企业——美国内陆钢铁公司。

在随后的 1995~2003 年，米塔尔在欧洲收购了大大小小 10 余家钢铁企业。这些企业经过并购整合，大多都实现了盈利，成为了米塔尔旗下的中坚力量。2004 年，LNM 与伊斯帕特国际（Ispat International）公司合并，改名为米塔尔钢铁公司（Mittal Steel），其市值超过 160 亿美元。

2005 年，米塔尔对美国国际钢铁集团（ISG）的收购是一项全新的尝试，米塔尔钢铁公司只让出了 9%的股权，就换取了美国国际钢铁公司 50%的股权。合并后的米塔尔公司年产量达到 7000 万吨，成为全球第一大钢铁企业。

2006 年，米塔尔凭借超高的收购技巧和公关能力，以 230 亿美元的价格收购了其主要竞争对手——安赛乐（Arcelor）钢铁集团，合并后的新公司被命名为“安赛乐米塔尔”，这项收购完全改变了世界钢铁行业的格局。2006 年，安赛乐米塔尔的产量几乎相当于排名其后的四家钢铁企业（新日铁、JFE、浦项、宝钢）的产量之和。

随后，米塔尔便将眼光转向了亚洲。2005 年 7 月，米塔尔以逾 26

亿元的价格收购了华菱管线37%的股份，迈出进军中国钢铁市场的第一步。随后又于2008年，收购了东方集团超过92%的股份。

纵观米塔尔的发展历史，并购无疑是其发展的最重要驱动力。米塔尔发展的30年，也正值全球钢铁产业一直在走下坡路的时期，但米塔尔总能“化腐朽为神奇”。在这一过程中，米塔尔所特有的高效整合模式功不可没。

从运营整合来看，安米对于重叠业务进行合并和调整，大幅精简机构。杜绝重复研发，推进了技术移植和知识共享。安米将“节省”出来的技术力量投入到新的研究方向和领域，提升了公司的研发实力。

从优化产能来看，安米遵循成本优先和效率优先的原则。逐渐将生产集中到竞争力强的业务单元，关停经营效益不佳的业务单元，以快速改善经营效益。

从采购和营销整合来看，安米统一采购和营销机构，以降低成本，统一对外提供营销服务，创建单一的企业和品牌形象。

从管理整合来看，安米统一企业管理标准，并通过成熟的管理团队移植先进的管理模式。同时，对公司管理层的任命遵循平等和制衡原则，以利于对员工进行管理。

从人力资源整合来看，安米充分发挥人员长处，选贤用能。对于经营业绩不佳的业务单元大幅裁员，以降低运营成本。

从文化融合来看，安米在汲取重组企业先进企业文化的基础上，统一了经营战略、方针、理念等。安米的企业遍布全球，文化差异很大。安米理解、包容文化差异，面对文化冲突时，具有较强的协调能力。

二、塔塔钢铁兼并之路

塔塔集团是印度的“国民企业”，虽然起源于印度，但塔塔早已是一家世界级的公司。塔塔钢铁有限公司及其子公司遍布六大洲，拥有超过 66000 名员工。2019 年，塔塔的粗钢产量为 3015 万吨，位居世界第九。甚至，有评论人士表示：“塔塔之于印度，就像三星之于韩国。”

1907 年，塔塔钢铁公司成立。从成立起至以后的半个多世纪，塔塔一直是印度最大的钢铁生产企业。但随着独立后政府强调对国营钢铁企业的扶植，自 20 世纪 60 年代以来，塔塔钢铁的地位有所下降。一直到 70 年代，印度政府连续建起六大国营钢铁公司，控制了印度 90%以上的钢铁生产。

1991 年，印度彻底摆脱了计划经济模式，走入了自由市场经济。而此时的塔塔集团已经日渐衰退，结构臃肿，严重缺乏应对印度经济变革的灵活性。在此关头，塔塔当时的领导者拉坦（Ratan Naval Tata）开始进行国际化拓展的道路。

2004 年，塔塔钢铁以 4.864 亿新币（约合 3.56 亿美元）收购了新加坡大众钢铁 100%股权。除了新加坡本土，大众钢铁在中国、泰国、越南、菲律宾和澳大利亚也有钢铁生产和加工中心。塔塔钢铁此次收购也包括新加坡大众钢铁在马来西亚南方钢铁公司（Southern Steel Berhad，产能 130 万吨/年）26%的股权。2006 年，塔塔钢铁以 4 亿美元收购了泰国千年钢铁公司（Millennium Steel），现更名为塔塔钢铁泰国公司，塔塔钢铁持股占比为 67.9%。

2007 年，塔塔钢铁出资约 120 亿美元收购了欧洲第二大钢铁公司英荷康力斯（Corus），创下印度迄今为止最大的一起海外并购的纪录，并使塔塔钢铁一跃成为世界第六大钢铁公司，产能超越了当时的中国宝钢。该公司于 2010 年 9 月更名为塔塔钢铁欧洲公司。

通过投资康力斯（Corus，后更名为塔塔钢铁欧洲）、泰国千年钢铁公司（后改名为塔塔钢铁泰国公司）及新加坡大众钢铁（Nat Steel）

控股公司，截至2020年5月，塔塔已在100多个国家开展业务。制造中心分布于英国、荷兰、印度、新加坡、越南、泰国以及中国等。

2018年，塔塔钢铁完成了对普山钢铁（Bhushan Steel）（后更名为Tata BSL）和乌沙马丁（Usha Martin）的收购。同年6月，塔塔和蒂森克虏伯正式签订协议，合并双方在欧洲的钢铁业务，双方将成立一家名为蒂森克虏伯塔塔钢铁公司（Thyssenkrupp Tata Steel B. V.），各自占股50%的合资企业。若合并成功，该公司将成为欧洲第二大钢铁企业，粗钢年产能将达到2100万吨。2018年10月，欧委会以担心合并后的蒂森克虏伯塔塔将占据绝对的市场垄断地位为由，否决了此项交易。

纵观塔塔的并购史，该钢铁公司已成功在欧洲、东南亚和环太平洋国家中建立了一个集制造和营销于一体的网络。但据2020年2月彭博社报道，塔塔管理层在距离2007年后的13年表示："13年前，对康力斯（Corus）的收购是在错误的市场、错误的时间进行的雄心勃勃的收购。"主要原因为：该收购发生在2007年，钢铁行业形势较好，估值高，收购成本过大；其次，由于英荷工会实力较强，裁员困难导致印度低人工成本优势无法发挥；此外，欧洲钢铁市场本就趋于饱和，扩展目标市场选择有误。完成收购后，塔塔钢铁的股价表现也体现了管理层的判断。

塔塔CEO钱德拉·塞卡兰（TV Narendran）于2018年7月曾公开表示过："自2007年塔塔钢铁斥资120亿美元收购康力斯（Corus）以来，塔塔的产能被大幅削减。同时，收购康力斯给塔塔增加了超过60亿美元的债务，削减了塔塔的财务灵活性，甚至是让塔塔失去了在印度市场的领导地位。而和蒂森克虏伯钢铁业务的合并正可以帮助塔塔削减在欧洲的财务风险，塔塔钢铁将向和蒂森克虏伯对等持股的合资企业转移29亿美元的债务。"

针对欧委会否决塔塔钢铁和蒂森克虏伯钢铁欧洲业务的合并，塔塔认为，尽管双方已经提交了改进的协议，并做出重大让步，但是仍未解除欧委会的担忧。如果做出进一步的承诺或让步，将对合并的预期协同效应产生不利影响，从而导致合资公司不具有经济性。虽说该合并遭到了欧委会的否决，但据两家公司内部人士称，塔塔并没有放弃与蒂森克虏伯钢铁业务合并的计划，双方集团始终认为欧洲钢铁行业需要进一步整合。

第四节　中国钢铁行业兼并重组的政策支持

1996 年，中国粗钢产量迈入亿吨行列，达到 1.01 亿吨，超越日本成为世界第一大钢铁生产国，此后随着工业化和城市化进程，我国钢铁行业进入高速发展期，2019 年粗钢产量达到 9.96 亿吨，占全球粗钢产量比重 53.3%。但与美国、日本、德国等钢铁强国相比，我国钢铁产业存在产业集中度低、规模分散、市场竞争混乱无序等特点，钢铁行业“大而不强”。由此，从 20 世纪 90 年代末起，钢铁行业开始探索通过兼并重组优化钢铁行业组织结构，提高中国钢铁产业集中度，优势企业通过扩大规模实现经济效益，逐步实现我国由钢铁大国向钢铁强国的转变。

钢铁工业属于资源密集型和资本密集型产业，钢铁生产的技术特点决定了规模经济在钢铁产业中的重要地位，可以说，规模经济是这个产业效率和竞争力的关键要素。从国际钢铁产业发展历程看，钢铁企业的兼并重组，向集团化发展是发挥专业化生产，打造具有国际竞争力钢铁企业的需要；同时也可以通过产能布局的不断合理优化，适应市场竞争的需要。近年来，我国钢铁工业积极适应国民经济发展的需要，在粗钢产量稳步增长的同时，国家和地方积极出台鼓励钢铁企业通过兼并重组，国际产能合作等政策，有力地支撑了钢铁产业的持续快速发展。

一、国家层面

2005 年，国家发改委发布《钢铁产业发展政策》，首次提出集中度发展目标：通过钢铁产业组织结构调整，实施兼并、重组，扩大具有比较优势的骨干企业集团规模，提高产业集中度。到 2010 年，钢铁冶炼企业数量较大幅度减少，国内排名前十位的钢铁企业集团钢产量占全国产量的比例达到 50%以上；2020 年达到 70%以上。

2010 年，国务院发布《关于促进企业兼并重组的意见》（国发［2010］27 号）提出“以汽车、钢铁、水泥、机械制造、电解铝、稀土等行业为重点，推动优势企业实施强强联合、跨地区兼并重组、境外并购和投资合作，提高产业集中度”“消除企业兼并重组的制度障碍”。

2013 年，国家发改委、工信部、财政部等 12 个部门联合发布《关于加快推进重点行业企业兼并重组的指导意见》（工信部联产业［2013］16 号），针对钢铁工业提出，到 2015 年，前 10 家钢铁企业集团产业集中度达到 60%左右，形成 3~5 家具有核心竞争力和较强国际影响力的企业集团，6~7 家具有较强区域市场竞争力的企业集团。重点支持大型钢铁企业集团开展跨地区、跨所有制兼并重组。

2014 年，国务院发布《关于进一步优化企业兼并重组市场环境的意见》（国发［2014］14 号），提出“体制机制进一步完善；政策环境更加优化；企业兼并重组取得新成效”目标。

2015 年，工信部发布了《钢铁产业调整政策（2015 年修订）》（征求意见稿），明确到 2025 年、前 10 家钢铁企业（集团）粗钢产量占全国比重不低于 60%，形成 3~5 家在全球范围内具有较强竞争力的超大型钢铁企业集团；以及一批区域市场、细分市场的领先企业。

2016年9月，国务院发布《关于推进钢铁产业兼并重组处置僵尸企业的指导意见》，设定总目标是，到2025年，中国钢铁产业60%~70%的产量将集中在10家左右的大集团内，其中包括8000万吨级的钢铁集团3~4家、4000万吨级的钢铁集团6~8家，和一些专业化的钢铁集团。

2016年11月，工信部发布《钢铁工业调整升级规划（2016~2020年）》（工信部规［2016］358号）。该规划提出，推动行业龙头企业实施跨行业、跨地区、跨所有制兼并重组，形成若干家世界级一流超大型钢铁企业集团；在不锈钢、特殊钢、无缝钢管等领域形成若干家世界级专业化骨干企业，避免高端产品同质化恶性竞争。支持产钢大省的优势企业以资产为纽带，推进区域内钢铁企业兼并重组，形成若干家特大型钢铁企业集团，改变“小散乱”局面，提高区域产业集中度和市场影响力。

二、地方层面

2014年10月，《山东钢铁产业转型升级实施方案》，其中集约经营指出：到2017年末，培育山钢集团成为世界一流的大型钢铁企业集团，综合竞争力进入国际钢铁企业前10强；培育5家专业化生产的区域钢铁集团。到2020年，6家主要钢铁企业集团实现集约化经营，竞争能力明显提高。

2015年，唐山市出台《关于促进钢铁企业整合重组的意见》，提出通过产权联接、股权融合等方式，大力推进钢铁企业整合重组。

2016年，河北省印发《河北省工业转型升级“十三五”规划》提出，加快推进企业联合重组和搬迁改造。到2020年，形成以河钢、首钢两大集团为主导，以迁安、丰南、武安3个地方钢铁集团为支撑，

10 家特色钢铁企业为补充的“2310”产业格局。

2016 年 6 月，辽宁省印发《辽宁省冶金工业发展“十三五”规划》，其中对兼并重组要求：积极推动优势企业强强联合，力争形成 1~2 家具有国际影响力的特大型、行业引领型企业集团。鼓励以资产为纽带，发展混合所有制，推进企业兼并重组，淘汰落后产能，改变“小散乱”局面，提高产业集中度和市场影响力。

2017 年，江苏省提出在政府引导下，发挥市场主导和决定作用，鼓励有条件的钢铁企业发挥产品、技术、资金、资源、区位等优势，通过参股、控股、资产收购、信托管理等多种方式实施跨地区、跨行业、跨所有制、跨产业链上下游兼并重组，在压减产能的同时，减少企业数量、增强企业竞争力。钢铁行业继续促进转型升级和兼并重组，积极推进“134”产业格局。着力打造 1 家超大型钢铁企业集团（沙钢：5000 万吨），3 家特大型钢铁企业集团（中天、沿海、徐州：2000 万吨以上），4 家特色化钢快企业集团（南钢、兴澄、天工、德龙）。

2018 年，《河北省钢铁行业去产能工作方案（2018~2020）》提出，到 2020 年，前 15 家企业产能规模由 2017 年占全省的 58. 5%提高到 90%以上。鼓励有条件的企业发挥产品、技术、资金、资源、区位等优势，通过参股控股、承债收购等多种方式实施跨区域、跨行业、跨所有制兼并重组。

2018 年初，为推动四川省钢铁行业调整升级、规范发展，提高企业竞争力，四川省制定了《关于推进钢铁行业调整升级规范发展的实施意见》（下称《意见》）。《意见》明确指出，到 2020 年，四川省钢铁行业总产值达到 3500 亿元，攀西钒钛钢铁等资源综合利用效率明显提升，钢铁装备水平实现整体升级，行业集中度大幅提高。通过推动重组整合、产能置换和转型升级，建成行业影响力较大、整体竞争力较强的千万吨级骨干钢铁集团。在轨道用钢、汽车用钢、家电用钢、建筑用钢、机械用钢等领域培育形成一批名牌产品。能源消耗和污染物排放全面稳定达标，总量实现“双下降”。

2018年江苏省印发《关于加快全省化工钢铁煤电行业转型升级高质量发展的实施意见》（苏办发［2018］32号）提出，根据国家关于钢铁行业转型升级要求，结合全省“1+3”功能区发展定位，通过兼并重组、产能置换等市场化办法，统筹谋划、稳步实施钢铁行业布局战略性调整；支持领军型龙头型大企业开展跨区域跨行业兼并重组，鼓励采取多种形式组建跨区域企业集团。

2018年3月，山西经信委印发《山西省钢铁行业转型升级2018年行动计划》（下简称《计划》），《计划》称，鼓励优势企业按照市场化原则加大兼并重组力度，推动钢铁行业跨地区、跨所有制的兼并重组。积极推动太钢集团按照合理布局、优势互补的原则，实施不锈钢产业兼并重组，打造全球最具竞争力的不锈钢企业和世界一流大型企业集团。支持晋南钢铁集团、建龙集团、福盛钢铁等优势企业，加大对省内外产能资源的整合力度，打造具有较高市场占有率和产品差异化的区域龙头企业。支持钢铁企业与独立焦化、铁矿、电力、加工等上下游企业开展多种方式的联合重组，延长、补强产业链条。运用市场化、法治化办法处理兼并重组过程中的资产、债务等问题，妥善安置富余职工。总体目标拟通过兼并整合，从27家钢铁企业降至10家。

2018年12月河南省人民政府办公厅印发《河南省钢铁行业转型发展行动方案（2018～2020年）》，提出鼓励企业兼并重组。坚持“一地一策”“一企一策”原则，通过市场运作、政策支持和标准引导等方式鼓励和推动钢铁企业优化重组。鼓励我省钢铁企业积极参与全国钢铁行业跨地区、跨所有制兼并重组，主动融入国家战略重组格局。

鼓励安阳城区民营钢铁企业以资本为纽带，实施实质性战略重组，淘汰落后产能，退城入园，整合建成一家大型钢铁联合企业，实现产能减量化、装备大型化，大幅减少污染物排放。鼓励企业重组但不搞“拉郎配”，促进企业转型发展但要量力而行，避免出现新的生态环保、巨额呆坏账、劳动就业以及其他社会问题。到2020年，实现“三减三升”（全省钢铁产能只减不增，钢铁企业只减不增，污染物排放大幅减少；产品本地市场占有率明显提升，技术装备水平大幅提升，质量效益显著提升），构建“23X”产业发展格局，整合建设两个大型钢铁联合企业，全省生铁年产能减至3000万吨左右，发展一批产品“专、精、特”且规模适中的钢铁企业。

2019年5月山西工信厅印发《山西省钢铁行业转型升级2019年行动计划》，提出推进兼并重组。鼓励优势企业按照市场化原则加大兼并重组力度，推动钢铁行业跨地区、跨所有制的兼并重组。积极推动太钢集团按照合理布局、优势互补的原则，实施不锈钢产业兼并重组，打造最具竞争力的不锈钢企业和一流大型企业集团。支持晋南钢铁集团、建龙集团、福盛钢铁等优势企业，加大对省内外产能资源的整合力度，打造具有较高市场占有率和产品差异化的钢铁联合企业。支持重组后的钢铁企业开展技术改造、开发优势产品、优化区域布局，提高市场竞争力。鼓励钢铁企业延伸产业链，参与焦化企业、电力企业、矿山资源的整合，重组符合环保要求的废钢加工配送企业。运用市场化、法治化办法处理兼并重组过程中的资产、债务等问题，妥善安置职工。

2020年3月邯郸市人民政府印发《关于印发邯郸市精品钢材产业发展规划（2019~2025年）的通知》，提出以兼并重组促发展。鼓励企业通过发展混合所有制，实施现代企业制度改革，促进兼并重组等工作取得实质性进展。支持区域优势钢铁企业通过全资收购、增资持股、交叉换股等形式，牵头兼并重组其他钢铁企业，组建钢铁集团；引导规模小、效益差、竞争力弱的企业逐步退出或并入优势钢铁企业；积极引进国内外大型钢铁企业和战略投资者，多形式参与邯郸市钢铁企业兼并重组。重点推进武安地区河北新金钢铁有限公司、文安钢铁有限公司、烘熔钢铁有限公司、武安市永诚铸业有限责任公司等钢铁企业整合重组退城搬迁，形成 500 万吨以上产能规模；推进冀南钢铁集团对武安市裕华钢铁有限公司、河北文丰钢铁有限公司、河北兴华钢铁有限公司的产能整合装备升级，形成 600 万吨以上产能规模。力争到 2020 年，将邯郸市钢铁企业数量由 17 家整合为 8 家左右（独立铸造企业和全废钢电炉企业除外）；到 2025 年，企业个数继续减少，集中度进一步提高。

2020 年 7 月河北省印发《河北省钢铁产业链集群化发展三年行动计划》，提出组织机构集团化。加快推动企业兼并重组，着力构建以世界级大型集团为引领、国内具有较强影响力集团为支撑、新优专特企业为补充的梯次发展格局。2020 年底，产量排名前 10 家钢铁企业粗钢产量占比达到 60%，力争到 2022 年底提高到 65%，大型企业集团整合上下游链条能力明显增强。

第五节　中国钢铁行业兼并重组的三个阶段

一、以国企兼并重组为主的初步探索阶段（90 年代末~2004 年）

这一时期，随着我国经济从计划经济向市场经济转轨，市场运行模式发生了根本性转变，而粗钢产量迅速增加，由 1996 年突破 1 亿吨到 2003 年突破 2 亿吨用了 7 年时间，突破 3 亿吨仅用时两年。过快的发展使行业竞争加剧，特别是 1997 年下半年亚洲金融危机暴发后，钢铁企业面对市场供过于求、价格持续走低、竞争异常激烈的局面，为解决钢材销售不畅、库存增加，采取了以价格竞争为主要手段，致使行业效益下降，部分企业陷入亏损。因此，部分钢铁企业开始尝试通过兼并重组的方式扩大规模。这一时期，无论是产能规模还是市场竞争力方面，国有钢铁企业均处于统治地位，兼并重组主要是在国有钢铁企业之间进行，以政府主导为主，通过强势国有企业兼并弱势国有企业，从而实现兼并重组后的企业产品结构调整和规模扩张，增强市场影响力。

其中，最具代表性的案例是邯钢兼并舞钢，湘钢、涟钢、衡钢合并组建华菱集团，宝钢重组上海市政府下属的上海冶金控股集团和梅山钢铁公司，以及组建东北特钢集团等。

邯钢兼并舞钢：1997 年 9 月，邯钢集团兼并原冶金部直属企业舞钢，全面推行邯钢“模拟市场核算、实行成本否决”经营管理机制，使连续亏损 4 年的舞钢仅用 5 个月便扭亏为盈。

湘钢、涟钢、衡钢合并组建华菱集团：1997 年 11 月，经湖南省人民政府批准，由湘钢、涟钢、衡钢三大钢铁巨头合并组建的华菱集团，按照“搞好资本营运、优化资源配置、实现优势互补”的发展思路，外抓市场，内抓管理，发挥优势，经济效益持续增长。

宝钢重组上海冶金控股集团和梅山钢铁公司：1998 年 11 月，经国务院批准，宝钢联合重组上海冶金控股（集团）公司和上海梅山（集团）公司，成立上海宝钢集团公司，并采取控股公司的管理体制，集团公司不直接从事具体的生产经营活动，以资产经营和管理为重点，并从战略、装备、管理三方面着手进行联合重组后的整合。

组建东北特钢集团：大连特钢、抚顺特钢、北满特钢是地处辽宁、黑龙江两省三市的国有大型独资企业。在市场经济条件下，三家企业竞争乏力，普遍陷入困境。2003 年 1 月，大连特钢和抚顺特钢重组为辽宁特钢集团。2004 年，由黑龙江省政府以北满特钢的资产向辽宁特钢集团出资，重组为东北特钢集团。

二、政策加速推动兼并重组阶段（2005~2013年）

这一时期，我国钢铁工业整体上仍处于快速发展时期，钢铁行业产能过剩矛盾日益突出，企业过度竞争导致效益下降。2005年发布的《钢铁产业发展政策》中首次提出通过实施兼并重组，扩大骨干企业集团规模，提高钢铁产业集中度。在国家政策推动和市场环境倒逼下，我国钢铁行业兼并重组呈现加速趋势，重组样式也更为丰富和多样化，优势钢铁集团跨地区重组加快，同区域内钢铁企业联合重组形成一定规模，民营企业大规模兼并扩张。主要案例有武钢系列重组、首钢系列重组、中信泰富系列重组、组建山东钢铁集团、组建河北钢铁集团等。

武钢兼并鄂钢：2004年11月，经国务院国资委批准，以2004年12月31日为时点，湖北省国资委将鄂钢51%的产权无偿划拨给武汉钢铁（集团）公司，将鄂城钢铁集团有限责任公司重组为武汉钢铁（集团）公司的控股子公司。

中信泰富控股大冶特钢：2004年9月，中信泰富通过其全资拥有的盈联有限公司购入当时黄石东方钢铁（湖北新冶钢有限公司）95%的股权。2004年12月17日，中信泰富通过新冶钢，受让大冶特钢4个股东持有的9.86%的股权。12月20日，中信泰富又携同新冶钢，公开竞拍获得冶钢集团持有大冶特钢38.86%的国有股。股权转让完成后，新冶钢及中信泰富（中国）投资的实质控制人中信泰富控制了大冶特钢58.13%的股份。

中信泰富控股石钢：2005年7月，中信泰富与河北国资委及河北众富订立股权转让及增资协议，转让及增资完成后，中信泰富持有石钢扩大后资本的65%。

首钢控股水钢：2005年4月，首钢与贵州省国资委签订《水钢股权划转协议》，贵州省国资委将水钢 34.56%的股权无偿划转给首钢持有，2008 年 12 月 12 日，按照水钢临时股东会、第二次董事会决议，首钢通过增资扩股方式，持有水钢总股本的 51.65%，实现了对水钢的控股。

建龙收购新抚顺特钢：2005 年 11 月，建龙集团联合黑龙江宝泰隆公司共同出资收购新抚顺钢铁 70%的股份，改制后，建龙集团占 60%的股份。

组建河北唐钢集团：2005 年 11 月，唐钢、宣钢、承钢三大钢铁集团正式挂牌成立河北唐钢集团。

沙钢重组江苏淮钢等企业：2006 年 6 月，沙钢收购江苏淮钢 90.5%的股权；2007 年 9 月，沙钢并购河南安阳永兴钢铁有限公司 80%股权；2007 年 12 月，沙钢购买了江苏永钢集团 25%的股权，成为永钢集团的股东。

萍钢重组九钢：2006 年 8 月，立足国家产业政策要求，在江西省委、省政府的支持下，萍钢正式重组九钢。

宝钢重组八钢：2007 年 1 月，宝钢集团和新疆八一钢铁集团签署资产重组协议。根据协议，宝钢斥资 30 亿元人民币取得八钢集团 69.61%的股权。增资完成后，宝钢成为八一钢铁的控股股东。这一重组被称为是“政府推动市场化运作”的新模式。

武钢重组昆钢股份：2007 年 7 月，经国务院国资委、云南省人民政府批准，武钢集团和昆钢集团联合对昆明钢铁股份有限公司实施战略重组，武钢集团成为昆钢股份的第一大股东，持股 48.41%，公司名称变更为武钢集团昆明钢铁股份有限公司。

组建山东钢铁集团：2008 年 3 月，济钢集团、莱钢集团，以及山东省冶金工业总公司所属企业国有产权划转合并而成的山东钢铁集团挂牌成立，济钢集团、莱钢集团作为控股公司的全资子公司，保留独立法人地位，但资产将统一划拨控股公司所有。山钢集团的组建整合了山东省的两大钢铁企业，减少了同质化竞争。

此外，2008 年 6 月，唐钢集团和邯钢集团组建河钢集团；2008 年 6 月，宝钢集团和广东省国资委、广州市国资委共同出资组建广东钢铁集团；2008 年 9 月，武汉钢铁集团与广西国资委共同出资组建广西钢铁集团；2009 年 3 月，宝钢集团重组宁波钢铁；2009 年 8 月，首钢重组长治钢铁；2009 年，方大集团收购南昌钢铁；2010 年 7 月，鞍钢重组攀钢；2010 年，首钢重组通钢集团；2010 年 7 月，天津钢管集团、天津钢铁集团、天津天铁冶金集团和天津冶金集团联合组建渤海钢铁集团；2011 年 4 月，马钢重组长江钢铁；2012 年 11 月，方大集团重组萍钢公司。这一时期国内钢铁行业的兼并重组奠定了当前钢铁行业的基本竞争格局。

三、随着供给侧结构性改革，兼并重组进入新阶段

2013 年我国粗钢产量达到 8 亿吨，同年，我国经济结构发生历史性变化，第三产业（服务业）增加值占国内生产总值（GDP）比重提高到 46.1%，首次超过第二产业，钢材消费进入平台期，导致 2015 年钢铁行业从微利经营进入集体亏损，行业进入“严冬”期；随后，国家大力推进供给侧结构性改革，钢铁行业化解过剩产能工作取得积极成效，在此背景下，钢铁行业形势有所好转。这一时期，形成两种兼并重组模式，一种是专业化上的规模化，具有代表性的是宝钢和武钢重组，一种是破产重整时重组，代表案例有建龙重组山西海鑫、德龙集团重组渤海钢铁。

宝钢与武钢合并组成宝武集团：中国宝武钢铁集团有限公司（简称中国宝武）由原宝钢集团有限公司和武汉钢铁（集团）公司联合重组而成。

2016 年 9 月 22 日，宝钢和武钢两家公司同时发布了《吸收合并报告书》，报告中表示宝钢股份将向武钢股份的全体股东发行 A 股股票，以 1∶0. 56 的比例换股合并吸收合并武钢，合并后武钢股份注销法人资格，其一切事项权利由宝钢接管，宝钢继续存在，名称更改为中国宝武钢铁集团有限公司。2016 年 12 月，原宝钢集团和原武钢集团正式联合重组为中国宝武，重组后即被外界称为“钢铁航母”，当年钢铁产能规模提升至 7000 万吨，位居中国第一、全球第二。中国的钢铁行业集中度由 2015 年的 34. 2%提升至 2016 年的 35. 9%。

合并重组原因：

（1）迫于竞争力的要求扩大企业规模。2015 年，宝钢集团粗钢产量为 3493. 8 万吨，名列中国第二，武钢集团粗钢年产量为 2577. 6 万吨，若宝钢武钢实现合并，其粗钢年总产量之和将超过河北钢铁而成为我国新的钢铁龙头。

（2）业绩压力。2015 年，武钢股份全年亏损高达 75 亿元，宝钢股份业绩也出现大幅下滑，钢铁行业遭遇的滑铁卢给两家大型钢铁集团的合并创造了外部条件

（3）政策驱动。从 2005 年到 2016 年 10 年的时间里，国家陆续出台了相关文件，鼓励支持钢铁企业重组，旨在缩减产能、优化产业结构，提高钢铁行业集中度，宝钢为提高其市场份额和市场竞争力，并购武钢无疑是在政策支持的前提下最快而有效的途径。

此次并购重组为双方带来明显的协同效应和规模效益，消化过剩产能，减少同质竞争，实现优势互补，提升整体竞争力。在供给侧结构性改革“去产能”和国有企业改革同步推进的大背景下，宝钢股份吸收合并武钢股份正式开启了以行业整合为目的的新一轮国有企业并购重组。

2017 年，中国宝武发布《中国宝武钢铁集团有限公司发展规划

（2016~2021）》，根据规划，2019~2021 年钢铁产能规模提升至 8000 万吨至 1 亿吨。

2019 年 6 月，马钢股份发布公告称：安徽省国资委将向中国宝武无偿划转其持有的马钢集团 51%股权，意味着中国宝武将持有马钢集团 51%股权，“宝马联盟”正式落地，中国宝武重组马钢集团，产能规模进一步扩大至 9000 万吨。

2019 年 12 月，中国宝武再次扩大版图，对外公布将成为重庆钢铁股份有限公司的实际控制人，而重庆钢铁目前具备年产钢 840 万吨的生产能力，至此，中国宝武的产能规模已接近 1 亿吨。

2019 年，中国宝武继续保持行业领先地位，实现钢产量 9522 万吨，营业总收入 5566 亿元，利润总额 345. 2 亿元，经营规模和盈利水平位居全球第一，位列《财富》世界 500 强第 149 位。

2020 年 8 月，中国宝武与山西省国有资本运营有限公司（下称“山西国资运营公司”）签署无偿划转协议，山西国资运营公司将太原钢铁（集团）有限公司（下称“太钢集团”）51%股权无偿划转给中国宝武。中国宝武重组太钢集团，产能规模超过 1 亿吨，“亿吨宝武”的规划目标变为现实，同时增强中国宝武在不锈钢领域的综合竞争力。

2020 年 9 月 16 日，重庆钢铁公告称，中国宝武通过受让公司直接控股股东长寿钢铁 40%股权、并与持有长寿钢铁 25%股权的重庆战新基金签署《一致行动协议》，从而间接控制公司 23. 51%的股权，成为新的实际控制人。同时，公司原实控人四源合投资旗下的持股平台“四源合产业发展基金”将解散。

建龙收购海鑫：2015 年 9 月，河北建龙集团对海鑫集团实施并购，以其子公司吉林钢铁有限责任公司为并购主体，以对海鑫集团实际出资及借款等形式支付不低于 37. 28 亿元的资金，作为其偿债资金。

海鑫集团将债务全部剥离，进行破产重整。建龙集团控股子公司吉林建龙持有海鑫钢铁集团100%股权，并以海鑫钢铁集团为主体，吸收合并其余4家公司后更名为山西建龙钢铁控股有限公司。

2017年9月29日，北满特钢引入北京建龙集团对其重整，“建龙集团重整北满特钢后，将进一步整合建龙集团在黑龙江省乃至东北地区的钢铁资源，避免同业恶性竞争”。

德龙重组渤海钢铁：2019年1月，德龙钢铁正式签约接盘渤钢系钢铁业务，涉及渤钢集团旗下17家企业。重整渤钢系钢铁业务后，德龙钢铁的合并产能超过2000万吨。

方大钢铁集团重组达州钢铁：2020年5月25日，四川省达州市中级人民法院依法裁定批准《四川省达州钢铁集团有限责任公司及二十四家关联公司重整计划》，达州钢铁完成司法重整程序，方大钢铁依法依规成为达州钢铁的第一大股东，这标志着达州钢铁正式加盟方大集团。重组达州钢铁以后，方大钢铁的产能有望突破2000万吨。

敬业集团2020年接手安宁市永昌钢铁有限公司，并于当年4月9日正式工商注册成立云南敬业钢铁有限公司，2020年6月9日上午11点58分，云南敬业钢铁有限公司的第一批螺纹钢产品成功下线。9月11日，敬业集团正式接管广东泰都钢铁实业股份有限公司，并在揭阳市空港经济区泰都钢铁举行了交接仪式，开启了敬业钢铁立足广东、辐射华南的新篇章。

第六节 中国钢铁企业“走出去”

近年来，国家为改善生态环境，加大了环境治理力度，出台钢铁企业超低排放改造、严禁新建钢铁产能并实行减量置换等政策，同时，加大了国际产能合作，部分大型国有钢铁企业和优质民营企业开始把目光扩展到国外，制定并加速推进国际化战略。中国钢铁工业“走出去”经历了两个阶段。

一、资源驱动

随着我国GDP高速增长，带动了我国钢铁需求出现快速拉升，粗钢产量呈现快速增长态势，而铁矿石作为钢铁生产的重要原料，需求量也逐年大幅攀升。鉴于进口铁矿石在我国铁矿石消费中占比较大且价格高企，缺乏定价权，直接挤压了钢铁企业利润，对中国钢铁工业发展造成了不利影响。面对这种情况，中国钢铁行业开始加大对上游矿山的投资，试图以更优惠价格稳定铁矿石资源供应，减少对铁矿石巨头的依赖，以降低生产成本，确保钢铁生产的顺利进行。中国的海外铁矿开发始于20世纪80年代，进入21世纪，尤其2005年后，在铁矿石价格大幅上涨的情况下，中国企业境外投资铁矿的步伐有所加快。

部分钢企海外资源投资概况如下。

首钢：早在1992年，首钢集团购买了濒临倒闭的秘鲁国有铁矿公司，成为最早跨出国门的中国公司之一。马尔科纳铁矿拥有16.6亿吨的储量，能为首钢带来年产680万吨的权益矿，但是由于文化差异以及当地员工频繁罢工，导致其后续项目停滞不前。在相当长的时间里，首钢并没有对海外铁矿再行染指，但随着之后铁矿价格高企，使其又把眼光回归到海外资源上。2008年，首钢集团以40%股份成为吉布森矿业公司的最大股东，为其带来每年300万吨的权益矿。

宝钢：宝武合并前的宝钢作为国内超大型的钢铁企业之一，对铁矿石需求相当旺盛，其中九成以上依赖于进口铁矿，因此较早投入海外矿产资源投资。2001年，宝钢集团与淡水河谷成立战略联盟，各出资50%组件宝华瑞矿山公司，为宝钢带了每年600万吨的权益矿；

2002 年，宝钢与澳大利亚力拓合资成立宝瑞吉矿山公司，合资规模为年产 1000 万吨成品矿，宝钢占股 46%；此后，宝钢又分别与 Aquila 以及 FMG 合作开发铁矿资源。

鞍钢：本身拥有鞍山矿山公司和弓长岭矿业公司两大铁精矿基地，原材料自给率较高，自有矿山能提供生产所需约 40%以上的铁矿石。但是，鞍钢也关注海外铁矿资源。2007 年，鞍钢与澳大利亚金达必金属公司签署对卡拉拉铁矿的合作开发协议，鞍钢出资 52.16%合建卡拉拉矿业公司，产品主要向鞍钢销售。

武钢：宝武合并前的武钢是中国钢企在海外获得权益矿最多的钢厂。从 2004 年到 2012 年，武钢先后通过入股及项目合作等方式投资了澳大利亚、加拿大和巴西等国家的多个铁矿项目，已锁定海外铁矿石权益资源量超过 30 亿吨，每年可获得相当可观的权益铁矿产品，到 2015 年，武钢将获得权益铁矿石资源量达到 100 亿吨，形成超过 9000 万吨/年的供矿能力。

青山：自 2013 年 7 月 16 日青山一期（SMI）镍铁及其配套项目开工，青山钢铁仅用了 4 年时间，把苏拉威西小渔村建设成为一个集镍矿开采、镍铁冶炼、铬铁冶炼、不锈钢冶炼连铸、不锈钢热轧洗退全产业链，达到年产近 300 万吨不锈钢生产能力新的工业基地。

二、跟随“一带一路”国家倡议，加快国际产能合作

2015 年，国务院发布《关于推进国际产能和装备制造合作的指导意见》，提出将钢铁、建材等作为重点行业，推动对外产能合作，形成一批具有国际竞争力和市场开拓能力的骨干企业。2016 年，国务院发布《关于钢铁行业化解过剩产能实现脱困发展的意见》明确提出，鼓励有条件的企业结合“一带一路”建设，通过开展国际产能合作转移部分产能，实现互利共赢。2017 年国务院政府工作报告再次明确

“扩大国际产能合作”“实施一批重大示范项目”。地方政府也积极出台政策鼓励钢铁企业“走出去”。如河北省出台《关于积极参与“一带一路”建设推进国际产能合作的实施方案》《河北省钢铁企业国际产能合作实施方案》等，要求企业积极融入“一带一路”建设，通过投资、股权并购、承包经营等多种方式建立海外生产基地，围绕钢铁产业配套延伸产业链条。

近年来，随着形势的变化、经验积累、“一带一路”倡议的推进以及相关推进国际产能合作政策的发布，钢铁企业“走出去”热情空前高涨。为协调和规范钢铁企业“走出去”行为，推动钢铁行业国际产能合作健康有序发展，2017 年 3 月，经国家发展改革委批准，“中国钢铁行业国际产能合作企业联盟”正式成立，我国钢铁行业国际产能合作工作进入了一个新的阶段。国内一批钢铁企业制定并加速推进国际化战略，加大了在钢铁生产领域的海外投资，优化钢铁产业布局。主要包含两种方式，一是直接投资建厂，如，青山集团在印度尼西亚投资建厂；二是直接收购钢厂，典型案例包括河钢集团收购塞尔维亚斯梅代雷沃钢厂和敬业集团收购英国钢铁公司。

第七节　中国钢铁企业全球兼并重组重点案例分析

一、河钢集团国际化之路

近年来，河钢集团按照“全球拥有资源、全球拥有市场、全球拥有客户”的定位，加快实施全产业链全球化布局，先后收购并成功运营南非最大的铜冶炼企业——南非矿业、全球最大的钢铁材料营销服务商——瑞士德高、塞尔维亚唯一国有大型钢铁企业——斯梅代雷沃钢厂，形成“四钢两矿一平台”的海外格局。目前，在全球参控股海外公司 70 多家，在 110 多个国家有战略伙伴和客户，控制运营海外资产超过 90 亿美元，成为中国国际化程度最高的钢铁企业。

鉴于中国铁矿石资源存在巨大缺口，每年需进口大量铁矿石，为强化上游资源保障，2012 年，由河北钢铁作为牵头方的中方联合体和南非工业发展公司，与力拓集团在北京签署最终协议，确定收购力拓集团和英美资源公司所持有的南非 PMC 公司 74.5%的股权，2013 年 7 月完成股权交割，河钢集团正式以第一大股东身份主导 PMC 公司生产运营。2014 年 4 月，河钢集团全面完成南非 PMC 公司 100%股权的收购。2014 年，南非 PMC 公司高品位铁精粉年生产能力达到 1000 万吨，成为中国企业在非投资典范。为河钢集团的海外投资并购，积累了成功经验。

随着我国钢铁产量的迅速增加，国内钢铁市场竞争加剧，加快了建立海外销售渠道及营销网络的需求。2013 年，河钢唐钢公司以增资方式取得德高公司 10%的股权。2014 年，两者正式确定了战略合作关系，河钢集团以原参股价格取得德高公司的控股权，控股比例 51.4%。德高公司拥有全球最大的钢铁营销服务网络，具有覆盖全钢铁供应链的运营模式，在实现了对德高公司的控股权之后，进一步提升了河钢集团的市场竞争力，扩大了品牌的国际影响力；河钢集团借助德高在全球庞大和成熟的营销体系，将自身的产业链向全球延伸。

随着“一带一路”倡议和国际产能合作配套支持政策的逐步推出，河钢集团与国家战略同向同行，紧紧抓住“一带一路”倡议和国际钢铁产业资本重组的双重战略机遇，于 2016 年正式收购塞尔维亚斯梅代雷沃钢厂，成立河钢集团塞尔维亚公司，是推动国家“一带一路”倡议、促进中国优势产能“走出去”的重要成果。塞尔维亚斯梅代雷沃钢厂是塞尔维亚最大的国有钢铁企业，产品 80%出口欧盟国家，河钢集团对其的成功收购是河钢进一步优化全球产业布局、进军欧洲腹地的战略举措，既能实现在欧洲当地生产产品，避开欧洲对我国钢铁行业“反倾销、反补贴”等贸易保护措施的影响，又可以帮助当地扩大就业、带动当地经济发展。经过双方的共同努力，河钢集团塞尔维亚公司半年时间内就扭亏为盈，结束了连续亏损的局面。将河钢塞尔维亚公司打造成为了“一带一路”建设，以及中国–中东欧国际产能合作样板工程，已经成为中塞两国友好合作的成功范例，得到国家领导人以及塞尔维亚总统的充分肯定，对今后中国钢铁企业创新国际化路径，具有显著的借鉴意义。

河钢集团加快“走出去”步伐，使河钢一跃成为拥有海外成熟冶炼企业、全球化营销服务平台的跨国型企业集团，被中国与全球化智库（CCG）评为“中国企业全球化50强”。

二、敬业收购英钢

2020年3月9日，敬业集团正式完成对百年英钢的收购，成为敬业国际化的重要里程碑。敬业集团收购英钢是中国钢铁企业践行“一带一路”倡议的重要成果；也是自河钢收购塞尔维亚钢铁厂后，中国收购欧洲的第二个钢铁厂，表明中国钢铁有能力走向世界，与世界先进钢铁国家共融、共舞，更是中国钢铁行业又一个新的里程碑式的历史性跨越。

敬业集团主要产品有螺纹钢、中板、卷板、圆钢，收购正好弥补了钢轨、型材产品缺失，使钢材种类更加全面。这是敬业集团走向国际化、在22个国家设办事处以后迈出的收购实体经济的重要步伐，也是敬业集团落实“做全球钢材和金属制品的供应服务商”的关键一步。进一步提升敬业集团的研发水平和科技竞争力，优化了海外市场布局，更好地推动敬业集团的结构调整、转型升级、高质量发展。敬业进驻英钢，挽救英钢3200多个工作岗位，将对厂内设备进行升级改造，使原有古老的设备焕发活力，提升英国钢铁的竞争力和可持续发展能力。

我国钢铁行业供给侧改革五大任务中的“去产能”已经取得了阶段性成果，但随着我国经济由速度型发展向质量型发展转变，我国钢铁企业也将面临钢材消费由数量型增长向质量型增长转变，产能过剩成为常态，企业间的竞争将面临越来越激烈的压力。

未来，钢铁企业在外部环境倒逼、国家鼓励政策影响下，兼并重组主动性将会有所提高，将更加倚重通过兼并重组的形式避免恶性竞争、提高行业集中度、优化产品结构和产业布局，使行业进入良性发展周期。

第十四章　未来钢铁：重构商业模式

第一节　什么是商业模式？

商业模式已经成为挂在创业者和风险投资者嘴边的一个名词。几乎每一个人都确信，有了一个好的商业模式，成功就有了一半的保证。那么，到底什么是商业模式？它包含什么要素，又有哪些常见类型呢？

用最直白的话讲：商业模式就是公司通过什么途径或方式来赚钱？简言之，饮料公司通过卖饮料来赚钱；快递公司通过送快递来赚钱；网络公司通过点击率来赚钱；通信公司通过收话费赚钱；超市通过平台和仓储来赚钱等等。只要有赚钱的地儿，就有商业模式存在。

商业模式是一个比较新的名词。尽管它第一次出现在20世纪50年代，但直到20世纪90年代才开始被广泛使用和传播。今天，虽然这一名词出现的频度极高，关于它的定义仍然没有一个权威的版本。目前，相对比较贴切的说法是：商业模式是一种包含了一系列要素及其关系的概念性工具，用以阐明某个特定实体的商业逻辑。它描述了公司所能为客户提供的价值以及公司的内部结构、合作伙伴网络和关系资本等借以实现（创造、推销和交付）这一价值并产生可持续盈利收入的要素。

商业模式是为实现客户价值最大化，把能使企业运行的内外各要素整合起来，形成一个完整的高效率的具有独特核心竞争力的运行系统，并通过最优实现形式满足客户需求、实现客户价值，同时使系统达成持续赢利目标的整体解决方案。泰莫斯认为，商业模式是指一个完整的产品、服务和信息流体系，包括每一个参与者和其在其中起到的作用，以及每一个参与者的潜在利益和相应的收益来源和方式。在分析商业模式过程中，主要关注一类企业在市场中与用户、供应商、其他合作方的关系，尤其是彼此间的物流、信息流和资金流。

商业模式也是一个由客户价值主张、企业资源和能力、盈利方式构成的三维立体模式。商业模式决定企业价值创造的结构效率。哈佛大学教授约翰逊（Mark Johnson）、克里斯坦森（Clayton Christensen）和 SAP 公司的 CEO 孔翰宁（Henning Kagermann）共同撰写的《商业模式创新白皮书》把商业模式的这三个要素概括为："客户价值主张"，指在一个既定价格上企业向其客户或消费者提供服务或产品时所需要完成的任务；"资源和生产过程"，即支持客户价值主张和盈利模式的具体经营模式；"盈利公式"，即企业为股东实现经济价值的过程。

商业模式是一个企业满足消费者需求的系统，这个系统组织管理企业的各种资源（资金、原材料、人力资源、作业方式、销售方式、信息、品牌和知识产权、企业所处的环境、创新力，又称输入变量），形成能够提供消费者无法自力而必须购买的产品和服务（输出变量），因而具有自己能复制且别人不能复制，或者自己在复制中占据市场优势地位的特性。企业与企业之间、企业的部门之间，乃至与顾客之间、与渠道之间都存在各种各样的交易关系和连结方式，均可称之为商业模式。

商业模式是一个非常宽泛的概念，通常所说的跟商业模式有关的说法很多，包括运营模式、盈利模式、B2B 模式、B2C 模式、"鼠标加水泥"模式、广告收益模式等，不一而足。商业模式是一种简化的商业逻辑，依然需要用一些元素来描述这种逻辑。

（1）价值主张：即公司通过其产品和服务所能向消费者提供的价值。价值主张确认公司对消费者的实用意义。

（2）消费者目标群体：即公司所瞄准的消费者群体。这些群体具有某些共性，从而使公司能够针对这些共性创造价值。定义消费者群体的过程也被称为市场划分。

（3）分销渠道：即公司用来接触消费者的各种途径，涉及公司市场开拓和分销策略。

（4）客户关系：即公司同其消费者群体之间所建立的联系。通常所说的客户关系管理即与此相关。

（5）价值配置：即资源和活动的配置。

（6）核心能力：即公司执行其商业模式所需的能力和资格。

（7）合作伙伴网络：即公司同其他公司之间为有效地提供价值并实现其商业化而形成合作关系网络。这也描述了公司的商业联盟范围。

（8）成本结构：即所使用的工具和方法的货币描述。

（9）收入模型：即公司通过各种收入流来创造财富的途径。

第二节　钢铁企业传统商业模式的现状、问题和创新方向

当前，我国经济正处于深度调整期，经济潜在增长率下降，面临较大的下行压力。与我国经济新常态相对应，钢铁行业也进入了以低价微利、产能过剩、需求不旺为特征的新常态，而且钢铁行业所面临的严峻形势将是长期的、持续的，但钢铁行业并不是衰退产业。新常态对钢铁行业既是挑战，也是机遇。传统钢铁企业必须加快包括营销服务、生产组织和资源配置方式在内的商业模式创新，彻底颠覆以生产组织为中心、远离市场与客户的传统生产经营模式，构建起以用户需求为中心的全新商业模式，包括用户导向型的营销服务方式和需求

驱动型的生产组织方式，全面提升钢铁企业竞争力。

一、钢铁企业传统商业模式的现状

在经济新常态下，钢铁行业面临着产能过剩、长期微利发展、环保压力沉重、资金断链风险加大等诸多挑战。在传统经销模式中，钢材品种繁多，而且专业性非常强，不易区分。钢铁企业面对过剩的钢铁产品，采用分层销售的方式，由于缺乏对市场需求的评判，分层销售的效果并不明显。但由于全国有 2000 多家钢铁企业，每个企业占领的市场份额很低，形成了恶性的销售循环。

二、钢铁企业传统商业模式存在的问题

传统钢材经销模式容易导致钢材滞销，库存积压，企业为了更快、更多的销售库存积压钢材，容易赋予企业销售代表的权力过大，为销售代表与某些不法经营者在交易中设置圈套让客户“中招”大开方便之门；货运与销售分离进行，使得半路换货、掉货的风险增大；没有完善的钢材加工服务，客户采购钢材后再找地方加工容易延误时间，给客户留下不好的印象；销售代表与采购人员易产生购、销合谋，出现采购员收取回扣，损害企业利益的现象；钢材属于大额交易，复杂的贷款程序经常成为资金困难企业难以跨越的“门槛”，而大数量的采购让仓储成为问题，为挑选适用的钢材，往往需要花费大量的人力与时间。

三、钢铁企业商业模式创新的主要方向

在“去规模化”的“后钢铁时代”，以及产能过剩条件下，钢铁企业的商业模式创新，应紧密结合钢铁企业的数字化与服务化转型推进。借鉴日本制铁、韩国浦项、德国蒂森克虏伯等国际优秀钢铁企业的商业模式，改变以传统制造—贸易为主的商业模式，转向基于核心

资源和能力，以供应链管理、服务增值等为内容，以良好的全面伙伴关系为网络的新型商业模式，成为未来钢铁企业商业模式创新的趋势和方向。主动适应世界钢铁发展趋势及钢铁企业竞争方式，从客户价值、关系网络、盈利模式、营销渠道等方面进行商业模式重构，充分利用企业自身核心资源和能力，通过市场化机制和信息化手段，充分配置社会资源，推动传统钢铁企业由单纯的生产销售式，逐步向为顾客提供价值和增值服务为主的多种商业模式转变，最终建立起以客户为中心，为客户提供解决方案为主的新商业模式。

传统钢铁企业商业模式创新的主要方向要从如何获取并留住客户、与下游供应链体系一体化、构建钢铁生态圈、产业链资本嵌入式融合、绿色发展、钢铁规模化定制平台等开展研究与实践。

第三节　商业模式创新实践——获取并留住客户

欧美等发达经济体的发展实践已经证明，真正成熟的市场经济就是典型的过剩经济。在发育完善的市场经济环境中，谁拥有了客户，谁有拥有了市场。因此，在市场经济条件下，钢铁企业商业模式创新的关键问题就是如何获取并留住客户。

一、为什么获取客户很重要?

在短缺经济条件下，钢铁企业生产经营的关注点主要在产品的供给端，以及由产品维度延伸出来的成本控制与技术进步，对产品需求端的相关问题关注不够，对客户端分析不够深入，尤其是对产品的流向与用途缺乏全生命周期的跟踪与研究。众所周知，钢材产品作为一种重要的生产资料，其需求的价格弹性要明显小于一般的生活消费品。也就是说，钢铁产品的质量异质性特征不够突出，传统钢铁企业要想实现商业模式创新，最重要的问题首先就是构建获取和留住客户的机制。

所以，钢铁企业获取客户的方式与生活消费品行业存在本质的区别，其获取客户的方式不是依靠品牌效应或者广告影响，也不是价格战，主要还是要通过与下游用户形成紧密的经济技术联系，让更多的客户认识、了解并认同企业，进而认同企业钢材产品的价值主张，与产业链下游客户之间产生深度共鸣，达成经济、技术、服务合作，从而形成较强的客户黏性。

二、如何留住客户？

研究表明，开发一个新客户的成本是留住一个老客户成本的五倍，因而将一次性客户变为长期客户是钢铁企业商业模式创新的重要内容。由于钢材产品作为工业原材料的天然属性，很多都是一次性消费，留住老客户的难度更要大于其他商品。

未来钢铁企业留住客户主要通过从传统制造向服务型制造转型、建立并运维客户社区、与下游用户共同推进钢铁产品联合研发和产学研用一体化推进产品联合研发四种方式。

（一）从传统制造向服务型制造转型

作为传统制造行业，大部分钢铁企业还停留在按照用户需求单纯的卖产品阶段。世界钢铁产业发展已经进入到中国时代，尤其是局部区域已经出现产能过剩。随着制造业强国、创新型国家建设，对钢材品种、质量和服务需求将不断升级，将由单纯“产品”需求向“产品+服务”需求转变。钢铁企业要实现可持续的高质量发展，从“生产型制造”走向“服务型制造”已成为发展大趋势。

钢铁服务型制造主要有两个实现方式，一是从制造向服务转变，以信息化技术为基础保障，大力推动钢铁企业制造业服务化转型；二是从钢铁向材料转变，从仅仅提供简单的钢铁材料向提供中间加工品、零部件以及成套的材料解决方案服务，全面提升产品质量稳定性和可靠性，与下游行业与客户形成无缝衔接，甚至是通过资本手段实现产业融合发展。

传统制造更加注重制造的过程，其核心是资源利用最大化；服务型制造则注重提供满足客户需求的服务过程，其核心是与客户交流，关怀客户。从传统制造向服务型制造转型，就是要从“微笑曲线”的中间生产制造过程向两端研发设计和用户服务延伸，注重研发设计，注重为用户提供各种解决方案和满足用户个性化定制服务。目前，钢铁企业的关注点仍然在产量、质量、能耗、成本等指标上，忽略了对用户满意度的培育。在当下钢材市场供大于求、同质化竞争激烈的整体态势下，钢铁企业应通过更好地满足客户需求，增强客户满意度和忠诚度，提高企业的利润和市场竞争力。

（二）建立并运维客户社区

随着网络技术的发展，消费者的消费习惯和特点正逐步发生变化，消费者越来越依赖于消费者之间的交流和服务推荐，对企业主导的沟通传播和关系建立越来越回避，甚至是抵触和反感，这大大制约了客户关系管理系统作用的发挥。企业亟需一种新的客户关系思想来引导和满足消费者的需求，特别是借助消费者的圈子来了解消费者和间接性影响他们，以消费者乐于接受的方式来服务他们。借助互联网通讯技术，从客户关系管理（CRM）向客户圈子管理转变，主动认识、引导客户需要，为企业产品营销服务。

通过有效的带动现有客户或目标受众在客户社区上的互动和交流，企业能够获得很多关于客户的重要信息，从而能够更好的管理与客户短期和长期的关系，这是客户社区的基本宗旨。通过互动，更好的创建和发展客户的售后服务，获取回馈，让客户为公司产品提供创意，提高客户的参与度和忠诚度。在此基础上，做好接下来更多的新产品推广。

创建一个客户社区，最重要的不是技术，而是推广的策略和执行。有效的策略，必须根据相应的行业、目标受众和产品服务的性质来制定。

钢铁企业应该构建并维护客户社区，使其在商业模式创新中发挥关键作用，尤其是下游消费端的技术人员社区，可以获取推荐产品的领先优势，也可以建立钢材使用方的设计人员社区，这样的社区应当由钢铁企业运营维护，定期发布钢材新产品信息，开设技术论坛，增加客户黏性，留住存量客户，吸引增量客户。客户社区也可以结合会员制，吸引更多的技术人员以及设计人员，推荐使用钢材产品，并为其提供一定的经济报酬。

（三）与下游用户共同推进钢铁产品联合研发

共建专用性联合实验室，与下游钢材消费企业共同参与材料研发，提供材料解决方案服务，提前锁定优先性、垄断性供应商地位。向下游用户派驻产品研发技术人员，参与其产品开发，提前介入，既能获取客户信息，及时全面了解客户需求，又能第一时间向其推荐需要的钢材材料产品和解决方案。

河钢集团作为全球最大的钢铁服务商之一，瞄准下游用钢行业高端需求，采用 EVI（早期研发介入）及共建研发平台等形式构建联合研发机制，推进钢铁产业链向下游高端制造业嵌入式延伸，增加客户需求的刚性和黏度。

近年来，河钢集团–海尔家电用钢创新研发中心（图 14–1）、河钢集团–上重高强耐磨钢研发中心、河钢集团–中建钢构建筑用钢创新研发中心、河钢集团–山东电工电气集团铁塔用钢创新研发中心、河钢集团–国能汽车新材料研发中心等一批高端研发中心相继挂牌。将研发投入重点从钢铁企业内部向下游战略客户转移，实现与高端客户无缝衔接。

图 14–1　河钢–海尔家电用钢创新研发中心

以 2017 年揭牌的“河钢集团–海尔家电用钢创新研发中心”为例，该中心围绕海尔集团对新材料需求开发新产品，不断延伸产业链并开展技术研发合作，实现与海尔集团产业链无缝衔接。河钢–海尔家电钢创新中心依托河钢集团技术、装备优势和海尔集团在家电领域的领头羊地位，围绕海尔集团等家电企业的新材料需求，持续开发和推广河钢集团特色产品在家电行业的应用。对河钢集团而言，河钢–海尔家电钢创新中心的成立和运营，标志着双方合作关系实现了新的跨越，由产品供应、服务保障拓展到共同研发、方案解决等新的领域。河钢–海尔家电钢创新中心不仅是河钢集团家电用钢重要的研发基地，也是河钢集团构建全球技术研发平台、打造“全球最具竞争力钢铁企业”的重要支撑。对海尔集团来说，河钢–海尔家电钢创新中心聚焦于家电用钢板块，与海尔集团的战略需求具有很高的专属契合度，将双方合作推向了新高度。作为河钢集团和海尔集团的共创平台，河钢-海尔家电钢创新中心把双方企业、多方资源汇集在一个平台上，能够更快地满足用户的需求。

2019 年，“河钢集团-国能汽车新材料研发中心”正式揭牌成立和运营，该中心依托河钢集团技术、装备优势和国能在汽车领域的地位，围绕国能等汽车企业对新材料国产化需求，持续开发和推广河钢集团特色产品（包括白车身）在汽车行业的应用，不断延伸全流程产业链并开展技术研发合作，实现与国能全流程产业链的无缝衔接。对河钢集团而言，河钢集团-国能汽车新材料研发中心的成立和运营，标志着双方业务合作实现了新的跨越，由产品供应、服务保障拓展到共同研发、方案解决等新的领域。河钢集团-国能汽车新材料研发中心不仅是河钢集团汽车用钢重要的研发基地，也是河钢集团构建全球技术研发平台、打造“全球最具竞争力钢铁企业”的重要支撑。对国能来说，河钢集团-国能汽车新材料研发中心聚焦于汽车用钢板块，与国能的战略需求具有很高的专属契合度，将双方的合作推向了新的高度。

2019 年，河钢集团在原有 8 个技术营销（EVI）项目基础上进一步拓展至 15 个技术营销（EVI）项目，并深入对接集团战略客户，在品种、技术服务需求等方面持续发力，实现从零件到整体、从局部到全局的服务全覆盖，提供一揽子材料解决方案。以农机轻量化 EVI 为例，河钢集团客户服务中心联合河钢销售部门、河钢钢铁研究院、河北省机械院等多家单位经过多次走访、分析论证、方案设计，采用农机专用高强度钢板生产的玉米收获机，轻量化幅度达 15%以上，成功经受了东北及华北地区的收获季检验。2019 年中农博远、勇猛、远大石川岛等多个农机企业已全面切换为农机专用高强钢（NJT 系列），实现批量订货，推进了从玉米收获机轻量化合作扩展至辣椒机、深松机等多机型轻量化的多元化全覆盖合作，签订了技术营销（EVI）知识产权保密协议。河钢集团由此获得了国家农业部及中国农机协会的高度重视及认可，并受邀与行业内多家企业共同制定行业标准，助力农机行业转型升级。此外，河钢唐钢与唐山鸿鹏焊业公司共建的焊接材料研究所，成功开发应用了高强焊丝钢ER70S-G等新品种，该产品焊接用途广泛，主要用于工程机械等领域。

（四）产学研用一体化推进产品联合研发

在新一轮科技革命和产业变革中，我国坚持把科技创新摆在国家发展全局的核心位置，为实现伟大的中国梦构筑强大的科技实力和创新能力。推动技术创新，仅靠个人、团队、高等院校等单打独斗，是难以取得突出效果的。正确的方式应是在开放的市场中推进企业、高校、科研院所和不同区域之间的协同创新，以产学研用各方的全面合作，使人力资本、知识技术、资金设备、市场客户等各类科技资源在加速流动中增加结合的机会，增强协同创新的效率。推动产学研用一体化发展，是坚持创新驱动发展、加强创新体系和创新能力建设的一项重要内容。钢铁企业要进一步整合资源要素，在更深的层次上和更广泛的范围内统筹科技资源，建立创新联合体，切实提高科研成果转化效率，以协同创新机制的优化加快推动产学研用一体化发展。

产学研用各方作为技术创新的协作主体，从差异矛盾共处走向优势兼容共生，需要外部环境的催化和内在要素间良性互动所形成自组织动力机制的适应性调节，这种自组织调节的实质就是产学研用共同体内部协作机制的优化，其中，利益协调机制是基础，也是关键。

2016年7月，由河钢集团和东北大学联合共建、国内首家校企合作实体化运作的钢铁技术研发平台——“河钢东大产业技术研究院”成立大会在东北大学举行。河钢集团董事长、河钢东大产业技术研究院理事长于勇，东北大学党委书记孙家学为“河钢东大产业技术研究院”揭牌。该研究院是河钢集团“全球技术研发平台”的重要组成部分，旨在充分发挥河钢的产业资本优势和东大的技术资源优势，共同打造产学研用高效融合的全球钢铁技术研发平台，聚集全球技术创新要素，加快推进钢铁产业升级。中国工程院院士王国栋任河钢东大产业技术研究院长。

河钢东大产业技术研究院以“注重实效、面向未来、开放协同、共享发展”为宗旨，致力于建设成为全球最具竞争力和影响力的钢铁技术研发平台、中国钢铁领域科技成果产业化的校企合作典范、中国钢铁产业高端技术人才的聚集与培养基地。河钢东大产业技术研究院主要任务是：以项目为载体，聚集高端人才；以项目需求为驱动，着力解决制约河钢产业升级的关键性、根本性实际问题；以国家和行业重大需求为重点，实现钢铁前沿关键技术的重大突破，引领行业技术创新。主要方向包括矿山技术、铁前技术、炼钢技术、轧钢技术、产品应用技术、新材料、智能监控与智能制造技术、创新平台建设及人才培养等八个领域。

第四节　商业模式创新实践——与下游用户供应链一体化

传统钢铁企业需要主动适应下游产业即时化生产（JIT）、柔性化生产组织、零库存成本管理的要求，在下游用户较为集中的区域建设钢材加工配送中心，实现与下游用户供应链的一体化建设与运营。

钢材加工配送中心是集加工、配送、仓储、运输、销售、信息服务于一体，通过电子商务、加工配送等现代物流手段的综合运用，构建一个基于现代物流模式的钢材物流体系。钢材加工配送中心的分工、布局及功能建设是关键，也是实现与下游用户供应链一体化的重要环节。

功能上，钢材加工配送作为一种新型物流服务方式，其功能就是在加工中心将钢材按照最终用户的要求，经过矫正、清理、剪切、冲压等工序，把轧态的钢材加工成下游用户所需的各种半成品或零部件，并通过其仓储、运输系统，快捷地提供最终用户直接使用。

布局上，围绕下游用户产业集聚区域，布局加工配送中心建设，减少物流配送时间及成本，为下游客户降低库存成本创造有利条件。因此，建设加工配送中心，选址尤为关键，要确保具备相当规模的市场容量，实现加工配送中心产能利用率最大化。钢材加工配送中心的高效运营既绑定了下游用户，在理念上真正实现了“钢材不按吨卖按块卖，不卖数量卖质量”，又在精细化服务用户方面，实现从整捆整卷卖钢材，向论根论块论张卖钢材转变，图 14-2 为河钢石钢为客户定制的圆钢料段。

图 14-2　河钢石钢为客户定制的圆钢料段

从全球钢材加工配送中心的运营情况来看，各个国家和地区有着不同的特点，表现形式也是多种多样。

一、建立营销渠道

从掌控销售渠道方面看，日本钢铁企业的钢材加工配送中心建立了超市型营销渠道，在物流环节与三井、住友等现代钢材物流企业紧密合作，实现在日本国内和国际的一体化物流配送。

二、通过物流服务绑定用户

从物流服务角度看，钢材加工配送中心是钢铁企业介入下游行业的桥梁。随着钢材市场供求矛盾的不对称性变化，本来属于下游制造行业环节的钢材加工配送中心，逐渐被剥离推向社会，既有社会分工深入发展的原因，也有制造业剥离非核心业务，实施零库存成本控制及轻资产发展的需要。

三、未来钢材加工配送中心的发展趋势

未来，作为钢铁企业的重要服务环节，钢材加工配送中心还将长期存在，只是运营主体会逐渐发生演化，大致主要有以下几种形式：

一是由钢铁企业单独投资建设的钢材加工配送中心。如钢材超市，由于产能发挥有限，运营长期亏损，未来发展形势不容乐观，一部分可能关闭，一部分需要根据下游需求和服务半径，重新调整布局，增加辐射服务能力。

二是钢铁下游用钢行业投资建设的钢材加工中心。专业性较强，对加工质量要求较高的加工业务，如激光拼焊等，从产品整体质量考虑，下游制造业还会继续运营，也可能会与钢铁企业合资合作运营。

三是由钢铁企业与下游制造业共同投资运营建设，或者是钢铁企业、下游制造业和现代物流企业（例如日本的三井、住友等）三方合资合作，就近配套服务。一般是跟随下游制造基地的新布局而配套建设，钢铁企业可以获取先入为主的市场竞争优势。

四是社会资本独立投资的钢材加工配送中心。目前既有冷弯、开平、纵横剪切等简单钢材加工业务，也有专业性钢材加工业务。

五是为客户定制的专业加工中心。例如落料、剪裁、热处理、校平、弯曲、磨光、去毛边、卷板、镀层、机加工、焊接、火焰切割等。

钢材加工配送销售模式具有反应快、效率高、成本低等特点，既是一种加工服务的业态，某种程度上也可看做是一种营销模式，是现代钢材供应链发展的必然趋势。钢材加工配送的本质是服务，有助于与下游企业尤其是高端用户，建立战略合作关系，形成产、销、研以及加工配送一体的产业链，稳固销售渠道，逐步缩减单一的钢材贸易业务，图 14-3 为客户定制加工的河钢石钢银亮材产品。

图 14-3　为客户定制加工的河钢石钢银亮材

（一）河钢服务制造业

作为全球重要的汽车、家电用钢供应商，河钢集团以服务汽车、家电等用钢行业为导向，规划、设计和建设加工配送中心。为抢抓新能源汽车领域的新机遇，河钢唐钢在天津专门配套建设全球最先进的激光落料线，高质量服务国能汽车。河钢邯钢在北汽新能源汽车黄骅基地内建设高端汽车板落料线、剪切线，实现与北汽新能源的无缝衔接。为实现在成熟车企的突破，河钢唐钢入股中国五矿长春加工中心，发挥双方优势，加快开发一汽等东北区域的汽车主机厂。河钢唐钢、河钢邯钢分别入股台州向海、宝鸡宝锦加工中心，贴身服务吉利汽车。河钢邯钢与福然德股份有限公司强强联合，在汽车零部件企业集中的开封市城乡一体化示范区，共同建设国内一流现代化工业 4.0 工厂，开展汽车钢材剪切、零部件加工与冲压、家电板深加工等业务，图 14-4为河钢保定板材加工设备。

图 14-4　河钢保定板材加工设备

(二) 河钢服务建筑业

除了为下游制造业提供贴身服务以外，河钢集团还在建筑业领域探索推进加工配送服务。河钢集团以河钢销售驻外分公司为依托，立足集团产线充分发挥剪切能力，成立钢筋加工与配送原材直供基地，在华北市场首家实施工程成型钢筋加工配送，进一步提升成型钢筋的质量，减少流通环节，降低各项损耗和流通成本，最大程度保证供货企业与产品实物的一致性，确保为终端用户提供零距离、门对门、点到点的准时化服务。在北京新机场建设的重点保障工程项目中，河钢集团负责加工配送的 3 个标段被中国住建部、工信部、北京市建委指定为“推广应用钢筋集中加工与配送”样板工程。

（三）河钢服务未来

除自建钢材加工配送中心外，河钢集团还谋划与国内外先进加工中心合作，比如与昆山宝锦激光拼焊公司在天津、长沙、西安等区域开展合作，与浦项、五矿 20 余个加工点达成合作意向。

展望未来，河钢集团正在围绕汽车板发展需要，按照新建（包括已有加工中心升级改造、投资入股）、与社会加工中心合作等方式，将河钢集团厂外加工能力从目前约 220 万吨/年提升至 750 万吨/年，加工中心覆盖区域将从华北、华东延伸至国内汽车产业集中度较高的所有区域。

除此之外，随着数字技术与实体经济深度融合，不断推动着生产模式和商业模式深刻变革，数字经济已成为引领行业发展的核心力量。2020 年初，河钢上线网络货运平台。网络货运平台，专注于“互联网+物流”数字经济新时代商业模式创新，利用无车承运人、无船承运人资质，打造运输资源信息发布、招投标询比价、线上电子合同、运输车辆调度、全程运输跟踪、运费在线结算、信用评价等功能。利用独有的账户支付体系，实现单车运费清分并及时支付，打通为单车汇总开票业务，降低行业整体税负。在聚合河钢集团物流业务基础上，逐步发展外部车辆加入平台，提供油气、保险、轮胎、维修、汽车租赁等车辆后市场增值服务，以平台化思维快速集聚产业链上下游物流资源要素，打造车货匹配、全程可视可控的网络货运平台。

第五节　商业模式创新实践——构建钢铁产业生态圈

产业生态圈是指某种（些）产业在某个（些）地域范围内业已形

成（或按规划将要形成）的以某（些）主导产业为核心的具有较强市场竞争力和产业可持续发展特征的地域产业多维网络体系，体现了一种新的产业发展模式和一种新的产业布局形式。

未来钢铁企业必须突破产品竞争力传统思维，依托钢铁主业平台资源与市场规模优势，从打造产业链到构建生态圈，提升市场响应速度及社会资源配置效率，与产业链上下游形成利益共同体。产业链是线性的，价值体现在企业运用现有资源形成竞争力。而生态圈是开放平台，形成立体网状价值结构，价值体现在生态圈内企业的协同作战，是激发服务、创新和价值的生态系统。

当前，数字技术与实体经济深度融合，不断推进工业生产方式和商业模式深刻变革，新产业、新业态、新模式不断涌现，数字经济已成为驱动生产方式变革的新动力。钢铁下游行业和现代服务业已有成功的产业生态圈建设实践，例如家电行业的海尔产业生态圈，华为产业生态圈，河钢集团正在建设钢铁产业相关的金融生态圈，已取得初步成效。

一、海尔产业生态圈

作为全球家电行业的领军企业，海尔集团董事局主席张瑞敏提出的通过构建生态品牌，围绕用户需求不断扩展生态圈容量，共创共赢无限地实现生态收益。

在海尔生态圈中，其最为强调的是无差别引入全球一流资源，并让各个资源方、攸关方在生态圈中共创、共赢、共生。以海尔洗护产业所打造的衣联生态为例，这个系统中有洗衣机资源，有洗涤剂资源，也有衣物面料资源，这些攸关方唯一围绕的核心是用户而非某一个品牌，它们最终达成的是整个生态圈的繁荣强盛。就像海尔在互联网时代就一直强调的那样，要化身为网络中的一个节点，而非一家独大。

海尔连续11年稳居欧睿国际世界家电第一品牌，子公司海尔智家位列《财富》世界500强和《财富》最受赞赏公司，旗下新物种卡奥斯COSMOPlat，在工信部双跨工业互联网平台中排名榜首，被ISO、IEEE、IEC三大国际标准组织指定牵头制定大规模定制模式的国际标准。物联网时代，海尔生态品牌和海尔人单合一模式正在实现全球引领。在互联网和物联网时代，海尔从传统制造企业转型为共创共赢的物联网社群生态，率先在全球创立物联网生态品牌。

未来，海尔集团将继续携手全球一流生态合作方，建设衣食住行康养医教等物联网生态圈，为全球用户定制个性化的智慧生活。

二、华为产业生态圈

华为作为全球5G领军企业，正在按照链接理念，搭建万物互联的人工智能平台，整合社会资源，无线扩展企业与产业边界，构建华为产业生态圈。

随着5G、物联网、云计算、人工智能等新兴技术迅速走向规模化商用，不同行业的数字化转型正进入深水区，“万物感知、万物互联、万物智能”的智能社会即将来临。万物互联要敢于领先，持续扩大优势。聚焦万物感知中的连接和边缘计算、分布计算，持续构建并巩固优势。万物智能是行业知识和信息技术相结合的结果，聚焦云计算和大数据人工智能平台、On-Device AI，使能电信网络智能化及各行各业智能化，也用于内部管理的智能化。华为的价值循环平台将是全产业链的价值创造与分享，要用好最优秀的资源，在资源多、政策好的地方加强布局，构建产业生态圈，华为在5G汽车、智慧城市等领域深度布局。

一是华为携手国内18家车企成立“5G汽车生态圈”，加速5G技术在汽车产业的商用进程，有望加速汽车行业转型升级进程。18家合作车企分别为一汽集团（一汽红旗、一汽奔腾、一汽解放）、长安汽车、东风集团（东风乘用车、东风小康）、上汽集团（上汽乘用车、上汽通用五菱）、广汽集团（广汽新能源）、北汽集团（北汽新能源）、比亚迪、长城汽车、奇瑞控股、江淮汽车、宇通（客车）、赛力斯、南京依维柯、T3 出行。

华为提出的“5G 汽车生态圈”，不是华为直接参与制造汽车，而是将 5G 技术赋能汽车产业，让 5G 汽车成为汽车产业发展的战略高点。华为将与生态圈企业共同致力于智能网联和自动驾驶，推动车联网技术及解决方案升级。

二是华为携手伙伴单位联合发起智慧城市产业生态圈，致力于把数字世界带入每个城市，促进智慧城市产业发展。华为是全球领先的智慧城市解决方案供应商，致力于为全球城市的智慧化建设提供数字底座，基于物联网、大数据、视频云、融合通信、GIS 和 AI 等新 ICT 技术，打造城市数字平台、智慧大脑、城市物联网等解决方案，并携手生态伙伴共绘智慧城市蓝图。目前，华为智慧城市解决方案已服务全球 40 多个国家，160 多个城市。

华为携手中国雄安集团有限公司、深圳市标准技术研究院、北京航空航天大学、中国电子技术标准化研究院、住建部 IC 卡应用服务中心和中国电子学会共 7 家单位联合倡议发起智慧城市产业生态圈（Smart City Industrial Ecosphere，缩写 SCIE，以下简称生态圈）。

智慧城市产业生态圈致力于把数字世界带入每个城市，促进智慧城市产业发展。实现这个愿景，需要全产业链的协同，让大家都能发挥各自的优势；需要联合数字平台、应用、终端等各领域的能力，提供完整的解决方案；需要技术和业务双轮驱动，符合智慧城市产业发展的诉求。智慧城市产业的发展，合作大于竞争，华为作为生态圈的发起单位之一，以社会责任为导向，推动生态圈进入良性发展轨道，把生态圈建设成一个开放的、公平的、包容的组织。

三、河钢金融产业生态圈

河钢集团紧紧把握“智能化、网络化、服务化”发展新契机，打造互利共赢、联结上下游的产业生态圈，发展数字平台经济。依托河钢集团丰富的供应链资源，成立河钢集团供应链管理有限公司，以新一代信息技术推进供应链资源线上化、垂直化、数据化配置，打造从采购到销售全流程的价值链、创效链。以产融结合为主线，加快推进物联网、大数据、云计算等新技术在传统钢铁产业供应链领域的广泛应用，推动河钢集团经营资源和经营行为平台化、数据化、互联网化，并不断向外部跨界发展，打造“互联互通、共享共赢”产业生态圈。图 14-5 为河钢产业生态圈图谱。

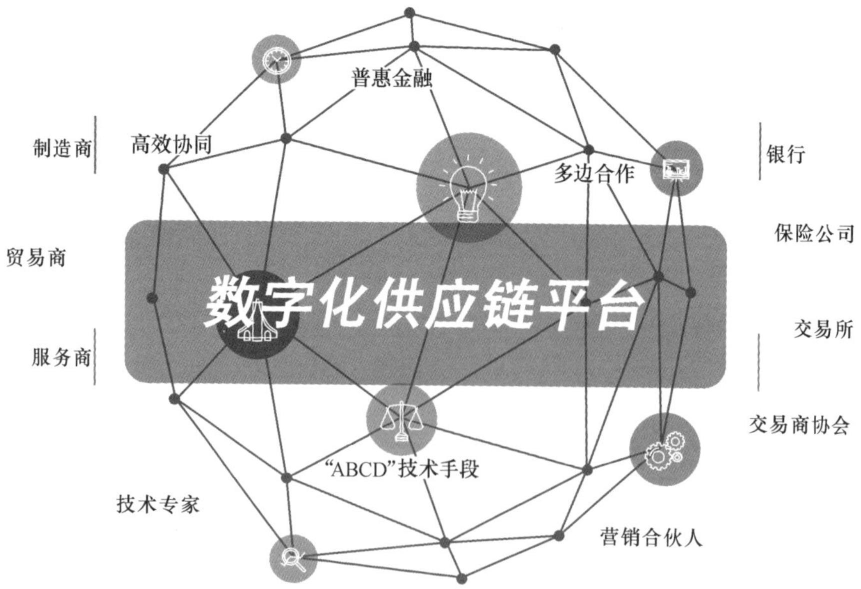

图 14-5　河钢产业生态圈图谱

作为河钢集团金融产业管控平台和产融协同平台，河钢供应链实际管控运营河钢财务公司、河钢融资租赁、河钢商业保理等（类）金融公司。

河钢集团旗下设有“铁铁物联”和“铁铁智运”两个子平台，分别负责运营网络化供应链采购、智能化物流服务两大平台及相关业务，致力于建设钢铁行业工业品“在线超市”和成为大宗商品物流服务引领者。与此同时，与河北钢铁交易中心协同发展，打通采购、物流、销售、金融全链条，扩宽产业链条深度和广度，最大限度积聚产业链资源。

培育生产领域“阿里巴巴”。按照垂直平台运营思路，针对国内外品牌工业品供应商设计了标准化运营模式，以市场最优采购价格将相关工业品纳入铁铁物联工业品“在线超市”，支持用户线上寻源下单，形成在线选购、下单、支付、配送、物流跟踪、评价、线下团队创业管理等功能于一体的钢铁行业工业品贸易服务综合平台。依托工业品超市入驻同品类多产品资源，形成比价基础，一键点击，即可完成采购环节，大大缩短了传统招投标备品备件采购时间，通过资源整合提高了传统行业采购环节效率。

与中国知网等大数据公司合作，围绕钢铁行业主要工序和设备建立“工业品知识图谱”，形成体系化的商品和供应商寻源推荐功能，构建社交平台模式的供需方沟通交流功能，精准刻画客户需求，开发工业品“非标定制”模块。

河钢“铁铁物联”平台集成招标、收货、结算等关键环节，搭建河钢招采平台，实现大宗原燃料、备品备件、辅料等采购业务线上运行，平台累计交易额2400亿元。

关注行业痛点，开展产业链金融服务。金融供给不足，是限制中国产业做大做强的关键制约因素，要打破这一瓶颈，根本出路在于发展依托于供应链的产业链金融。

在传统产业链金融上，因上游供应商地位原因得不到银行等金融机构关注。按照风险管理规则和传统惯例，金融机构习惯从单个行业、企业出发提供金融服务，往往不关注业务流程和交易本身，因此，绝大部分上游供应商的弱势导致其根本无法取得银行授信及资金支持，进而通过其他途径进行融资，出现了“融资难、融资贵”的现象。

随着互联网技术进步和理念的更新，当前产业链金融是集物流、商业、信用、金融为一体，并将贸易中买方、卖方、物流、金融机构等参与方和要素紧密联系、融为一体，用产业链模式盘活资金，同时用资金、信用拉动产业链发展。这也是普惠金融的最佳实现路径。河钢集团作为产业链条中的核心企业，充分认识到借助银行资金、依托自身信用，向上游不断推动、延伸，以参与各方实现协同共盈为目标，解决痛点，是发展供应链金融的关键。因此，河钢集团着重从采购端出发，按照反向保理的业务逻辑，对银行传统反向保理业务进行创新改造，将核心企业在保理业务中的关键凭证“债权确认函”设计成电子化、标准化的“河钢铁信”，并嵌入供应链金融系统，实现核心企业信用向上游供应商的多级流转。

“河钢铁信”作为国内钢铁业首例数字化在线结算金融产品，深度对接光大、建行等十余家金融机构，为中小企业提供快捷高效融资服务，累计开具“河钢铁信”500 亿元。“河钢铁信”相关实践获 2019 年度国家现代化管理创新成果奖二等奖。

大力培育现货交易平台。河北钢铁交易中心由河北省人民政府批准设立，河北省国资委全资注册，河钢集团承建并运营管理，是专业化的钢铁交易和营销服务平台，面向客户，致力于钢铁供应链服务建设，实现了钢厂和中小微用户的高效对接，在现货交易基础上，创新推进线上竞价销售服务，除正品钢材外，还扩展到化工产品、矿产品、工程招标、废旧物资、闲废设备等。

网上拍卖场每年组织超 5000 场次，年成交额超 50 亿元。2019 年钢材竞价销售超 70 万吨，同比增长 45%，在华北地区已经形成规模优势，具有较强的市场影响力。结合建材工程各业务单元需求，完善平台配置，形成统一业务入口，初步建立面向工程建设用钢的全流程服务能力。开发面向客户端服务功能，包括客户采购计划提报、在线下单、线上支付、资金查询、扫码鉴别、质保书查询、异议处理等服务。作为河钢建材工程直供服务工具，在雄安站、荣东安置区、城市副中心二期等多个重点直供项目上得到应用。

此外，河钢集团还打造了铁亿平台，培育跨界融合新模式。运用大数据分析员工消费能力与习惯，线上匹配内外部资源，打造铁亿出行、铁亿油品、铁亿商城等八大板块，提供“衣、食、住、行、财、险、娱”全方位服务。

总的来看，河钢集团借助互联网+、大数据、云计算等技术手段，构建和优化产业协同平台，提升产业集成和协同水平，带动上下游形成完整高效的产业链，为国内其他企业集团提供了借鉴和启示。

产业资源是管理基础。钢铁产业链条核心企业与上下游企业的长期经营活动中，积累了海量数据信息。比如：河钢集团年交易流水近万亿元，物流量近 2 亿吨，衍生出年大宗原燃料采购支出约 1000 亿元，辅料、备件支出约 100 亿元；产业链上游拥有 10000+供应商，覆盖 40 余个行业。如何利用互联网+、大数据、云计算等现代手段，培育强大的数据收集和整合萃取的能力，形成数据采集、信息萃取、价值传递的完整产业链条，实现物流、资金流、信息流、商流“四流合一”至关重要。

用户规模是运营关键。“大者恒大，赢者通吃”是互联网经济的一般规律。河钢集团以钢铁产业链条经营行为和资源配置线上化、平台化、垂直化、数据化为目标，通过供应链管理平台掌握交易数据、物流数据、仓储数据、财务数据等，挖掘并不断掌握客户交易信息、了解客户交易习惯、对于资金的需求程度等内容，提供恰当的综合性供应链服务，形成信息优势关键，以此扩大平台用户规模，形成较强的用户黏性，成为细分领域的绝对领先者。

业务系统是驱动条件。界面良好、安全高效的信息化系统是供应链管理创新的必要条件。在供应链管理谋划之初，上至顶层设计者、下至业务一线操作人员必须全员参与系统设计，将平时实践和经验积累贯彻到信息化系统建设当中，保证了业务系统的实用性和亲和度。以全口径、全流程、全要素为目标，借助于互联网+的新思维，建设了基本涵盖供应链管理全部内容和主流程的信息化系统，形成一个为大型产业集团量身定做、高度集成且功能强大的供应链管理平台。

金融服务是核心要素。互联网商业模式的核心就是金融。在传统产业产能过剩以及盈利能力下降的压力下，核心企业凭借自身优势，完全可以在长产业链条嫁接金融业务，在资产端挖掘更多的价值，这是产业金融的发展方向。河钢集团不断促进产业资本金融化和金融资本产业化，打造极具竞争力、门类齐全的产业链金融服务业集群，通过内外协同将一部分“体外循环”的资金变成“体内循环”，将外部金融机构获得的利润转移至产业集团内部，增厚产业集团整体的内部利润。

风控水平决定溢价能力。随着供应链业务做大做强，必然萌发向外部拓展的冲动，赚取市场化利润，高利润与高风险相伴，风险会不断积聚，一旦某环节出现问题，就容易造成风险在实业和金融业之间相互蔓延，建立以事前做好内控和风险评估、事中加强穿透式监测控制、事后严格评价问责的全过程风险管理尤为重要。监控单一风险，防范整体风险，不发生系统性风险，努力在可控的、合理的风险水平下实现价值最大化。

机制体制决定事业成败。数字经济蓬勃发展，新技术、新业态、新模式层出不穷，要求对市场的应变能力极高，脱胎国有体制发展数字化供应链管理创新受限于企业传统体制机制，必须按照“选聘市场化、薪酬市场化、管理契约化”原则，在大数据技术、金融产品设计、市场营销等领域，有重点、有计划、多途径引进高层次急需人才。建立科学的绩效评价体系，根据业务条线功能定位，突出业绩，注重实效，建立“目标引导、过程控制、结果兑现、激励与约束相统一”的绩效考核体系，激发员工价值创造能力。

轻资产经营至关重要。产业经营的时代已经结束，钢铁企业通过建设新产线来扩张产品规模的发展阶段已成为历史。企业的核心竞争力不再是生产，而是供应链管理。未来商业竞争不再是企业与企业之间的搏击，而是平台与平台之间的竞争，甚至是生态圈与生态圈之间的战争，重点要培育使用、配置和驾驭能力。

河钢集团供应链不再进行重资产配置，倾力打造平台经济的运行模式，重点研究商业模式提高交易效率、降低交易成本、实现交易去中间化；引入保险和金融服务，降低链属企业交易成本；开发维护系统，实现商业模式标准化、流程化，图 14-6 为河钢以平台化思维推动轻资产运营与资源配置示意图。

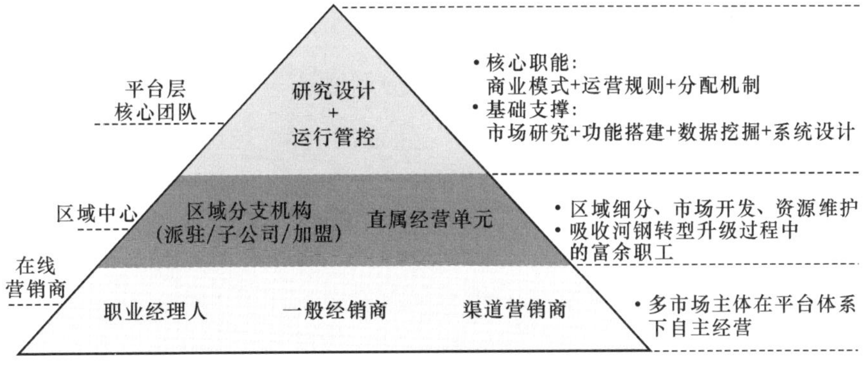

图 14-6　以平台化思维推动轻资产运营与资源配置

第六节 商业模式创新实践——产业链资本嵌入式融合

产业融合是指在时间上先后产生、结构上处于不同层次的农业、工业、服务业、信息业、知识业在同一个产业、产业链、产业网中相互渗透、相互包含、融合发展的产业形态与经济增长方式，是用无形渗透有形、高端统御低端、先进提升落后、纵向带动横向，使低端产业成为高端产业的组成部分、实现产业升级的知识运营增长方式、发展模式与企业经营模式。

钢铁制造商通过资本纽带，介入下游及下游配套企业生产经营，为其构建稳固供应渠道，建立垄断优势，从产业链延伸向产业融合发展。

通过主导产业链关键环节重构价值链，提高了企业竞争力。在纵向一体化战略下，企业通过整合上下游产业链，特别是对产业链关键环节的掌控或影响，可有效地提高企业在价值链分配中的地位，并降低交易成本、生产经营成本和管理成本，大大地提高企业盈利能力和影响力。

未来竞争是产业链的竞争，进行价值链整合，完善上下游产业链。钢铁产业链既包括上游以铁矿石、焦煤为主的原燃料长期稳定供应的环节，又包括将钢铁产品提供给用户使用过程的环节。在上游产业链上，钢铁企业即要坚持“走出去”的发展战略，获取海外铁矿石资源，加快实施铁矿石多元化进口战略；又要进一步加快国内铁矿石资源开发。只有有效取得资源、整合资源，才能增强自身话语权和影响力，提高整体抵御市场风险的能力。在下游产业链上，要给产品用户提供一站式服务，全方位与之合作，及时了解甚至引导客户需求，同时要加快转变服务理念，以用户为中心，建立为下游用户提供完整材料解决方案的开放式服务体系。

沿价值链开展资本合作，将产业链条镶嵌到客户端。从产品升级到产业链延伸，河钢集团更加瞄准“延伸产业链”和“提升价值链”，在渠道布局、终端嵌入、服务延伸等方面发力。

以控股海尔特钢为例，河钢集团通过此举快速进入海尔的家电用板材供应渠道，实现了由“卖钢卷”到“卖半成品”的跨越。更重要的是，控股海尔特钢使得河钢集团将钢铁产业链镶嵌到家电产业链上，让河钢集团的冷轧涂镀深加工产品向海尔、格力、三星等一线家电品牌产业链延伸，促进了河钢集团从制造商向服务商转变。此外，也使得河钢集团打通了进军国内外高端家电用钢市场的战略通道，树立了河钢集团家电板品牌，实现了对国内外知名家电品牌的“全覆盖”。

建筑业是最大的用钢领域，也是河钢嵌入式产业链延伸的触角所重点涉足的领域。2017 年，河钢集团与中建钢构、河北建投分别出资 50%、40%和 10%，成立了河钢中建钢结构有限公司（以下简称河钢中建钢构）。河钢是全球最大的钢铁材料制造商和综合服务商之一，致力于为社会提供优质的绿色钢铁和满足用户需求的材料解决方案。中建钢构是我国最大的钢结构产业集团，拥有强大的品牌影响力和社会美誉度。河北建投是河北最大的国有资本投资运营集团。河钢中建钢构致力于打造成为集设计、生产、施工一体化的装配式建筑龙头企业，主要业务领域集中在钢结构装配式建筑、基础设施、学校、医院、保障安置房、立体停车库、人行天桥、旧城改造、海绵城市等，主要业务范围包括房屋或市政建筑工程总承包，工程设计及咨询，工程项目管理，钢材建材的技术研发及技术服务、生产、购销。河钢集团与下游用户领军企业和投资平台企业共同合作，以钢结构为突破口将钢铁和建筑有机结合，是将产业链镶嵌到建筑业客户端，沿价值链开展资本合作的典范。

第七节　商业模式创新实践——绿色发展模式

绿色发展是以效率、和谐、持续为目标的经济增长和社会发展方式。当今世界，绿色发展已经成为一个重要趋势，许多国家把发展绿色产业作为推动经济结构调整的重要举措，突出绿色的理念和内涵。绿色发展与可持续发展在思想上是一脉相承的，既是对可持续发展的继承，也是可持续发展中国化的理论创新，也是中国特色社会主义应对全球生态环境恶化客观现实的重大理论贡献，符合历史潮流的演进规律。

先污染后治理的传统发展道路已经难以为继，钢铁企业必须结合商业模式创新，主动适应新时代环境发展要求，走“生态优先，绿色发展”的新发展道路，发展理念要实现从被动的环境管理到主动开展环境经营的重大转变。

一、中国钢铁行业发布《绿色宣言》

2019 年 9 月 7 日，中国钢铁工业协会联合行业包括河钢集团在内的 15 家钢铁企业，签署并共同发布《中国钢铁企业绿色发展宣言》，作为新时代中国钢铁践行绿色发展理念的新起点。

中国已经建成了世界最完整、最齐全的钢铁工业体系，使用了世界先进的工艺、装备、流程和技术，采用了以“三干三利用”为标志的先进节能减排技术，低消耗、低污染、低排放的绿色制造取得突破性进步。钢铁行业节能环保水平进入世界先进行列，一大批钢铁企业能效已达到世界先进水平。超低排放正在钢铁行业有力推行，废水、二氧化硫和氮氧化物等排放已达到国际领先水平，一大批钢铁企业成为清洁工厂、花园工厂、绿色工厂。

新时代中国特色社会主义生态文明建设的过程，正是中国钢铁砥砺前行建设绿色钢铁的实践过程。新时代，新钢铁，新理念，中国钢铁将凤凰涅槃，脱胎换骨谋重生，发展绿色制造、智慧制造和精品制造，努力成为绿色发展的践行者、绿色产品的倡导者、生态环境的保护者、绿色产业的奠基者。为此，15 家钢铁企业倡议并承诺：

绿色理念更坚定。坚决贯彻习近平生态文明思想，坚定绿色发展理念，依法经营，主动履责，实现企业与社会和谐共生的可持续发展。

绿色创新更给力。瞄准新一代清洁高效可循环生产工艺和节能减排技术，加大科技创新投入，着力突破一批核心、关键、难点技术，完善提高绿色环保标准和技术规范，将企业绿色制造技术水平提升到新高度。

环保管控更智慧。推进钢铁制造过程的环境风险源、污染源智能监控，厂区、厂界空气质量、水质智能监测，实现污染治理、环境监测和钢铁智能制造深度融合，环保管控智慧化，企业清洁生产更高效。

环境治理更有效。攻坚克难，加大环保改造力度，全面实现超低排放。加快有组织排放治理补短板，无组织排放有效控制，源头削减、过程控制技术应用更深入，污染排放总量不断减少，企业环境治理更见成效。

绿色钢铁更广泛。基于全生命周期理念开展生态产品设计，开发优质、高强、长寿命、可循环的绿色钢铁产品，发布产品环境声明，公布核心产品环境绩效，倡导环保型绿色钢铁推广应用。

绿色生态更完善。促进资源共享、产业共生、技术统一、生产协同，发展循环经济，打造绿色物流体系，开展绿色采购绿色营销，畅通钢厂与相关产业绿色生态链，实现合作共赢绿色发展。

钢厂城市更和谐。钢厂消纳处理城市废钢、废塑料、城市污水，向城市居民供热送凉，解城市之难、百姓之忧。绿化美化厂区及周边社区环境，努力建设环境友好型工厂，把钢厂建成一道道亮丽的城市绿色工业风景线。

钢铁制造更低碳。主动应对人类面临的全球气候变化的共同挑战，争做生态文明建设的先锋。引领低碳工艺、低碳技术的发展，降低温室气体排放，呵护好地球家园，携手共建造福子孙后代的绿色诺亚方舟。

二、河钢集团："六位一体"绿色发展体系

绿色发展是在推进生态文明建设要求下的一种全新的企业经营理念和模式，作为规模最大、应用最广的原材料流程工业，钢铁产业最有潜力、也最有条件成为绿色发展的实践者。实现城市型钢铁企业与城市发展的和谐共生。

作为中国引领行业绿色发展的践行者，河钢集团绿色发展总体思路是秉承生态文明理念，落实制造强国战略，围绕河钢集团建设最具竞争力钢铁企业目标，按照"六位一体"绿色发展总布局的要求，深入推进绿色制造、加快发展绿色产业、研发应用绿色产品、稳步推进绿色采购、系统优化绿色物流、培育打造绿色矿山，率先成为效益佳、效率高、消耗低、排放少、环境美的绿色钢铁示范企业，引领我国钢铁业绿色转型。河钢集团绿色发展路线图如图 14-7 所示。

作为市场竞争的主体，企业提高竞争力、谋求盈利与肩负责任是永恒的追求，河钢集团实施绿色发展不应、也不能是简单的投入、付出成本，而是应谋求有效益的绿色发展，体现为"六位一体"总布局，内涵主要包括绿色制造、绿色产业、绿色产品、绿色采购、绿色物流和绿色矿山。其中：

绿色制造指的是钢铁生产过程中以"降耗、增材、提效、减排"为目标而采取的节能环保、工艺优化和技术升级措施；

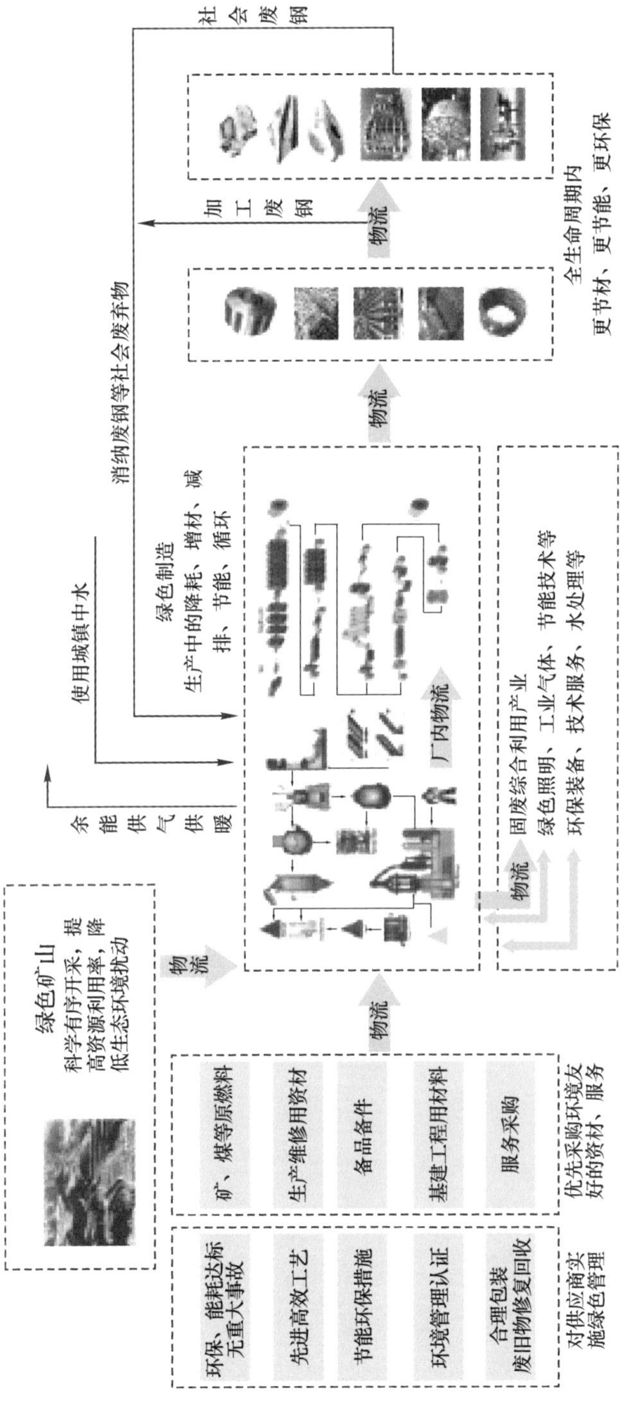

图14-7　河钢集团绿色发展路线图

绿色产业指的是围绕钢铁副产品、三废高效回收利用和节能环保技术产业化应用而衍生发展出的产业；

绿色产品指的是满足全生命周期、能够循环使用，具有节能、长寿命、减量化、无污染的产品；

绿色采购指的是考虑“生产绿色低碳、产品高效长寿”的因素，引导钢铁企业物资采购和供应商管理；

绿色物流指的是优化物流体系，提高运输效率，降低原燃料、产成品等钢铁相关物资运输、装卸、储存、加工过程中的消耗与排放；

绿色矿山指的是主要依靠提高资源综合利用效率推动矿业经济可持续发展，同时加强矿山生态环境保护和矿区复垦等，营造和谐、稳定的矿区环境。

就“六位”与“一体”的关系而言：绿色发展是统领，绿色制造是关键，绿色产业是方向，绿色产品是目标，绿色矿山、绿色采购、绿色物流是保障。

第八节　商业模式创新实践——钢铁规模化定制平台

一、河钢“铁铁智运”网络货运平台

打造大宗物流“滴滴打车”。铁铁智运网络货运平台专注于“互联网+物流”数字经济新时代商业模式创新，以平台化思维快速集聚供应链上下游物流资源要素，打造集用户管理、信息发布、招投标、运价走势分析、物流在途管理、金融服务等为一体，车货高效匹配、全程物流可视可控的网络货运平台。

通过询比价招标及平台大数据分析调度，帮助企业优化资源配置，降低税负及物流运输成本。打破信息不对称，解决“车找货”“货找车”“车货匹配”的问题，帮助司机获得更多承运机会。

创新业务模式，打造了货主、物流企业、单车司机、平台多方共赢的产业生态圈。

一是委托模式（To B 模式）：平台委托承运商运输，向承运商支付运费，同时收取平台服务费；承运商向平台开具运输增值税专用发票。

二是合作模式（To B+C 模式）：承运商作为运力组织方，组织社会单车完成运输任务。平台向运力组织方支付相关费用，向单车支付运费并代单车完税。

三是直营模式（To C 模式）：取消承运商环节，由区域运营中心调度社会单车完成运输，平台直接向单车支付运费并代单车完税。

B 端、C 端的自由搭配组合，综合了各方利益，真正实现了共享共赢。

合理运用国家给予网络货运平台的有关政策，为司机汇总代开税票，避免了以前普遍存在的税务风险。将运费直接支付至单车，降低承运商原加收垫资利息、管理费、中间利润等物流成本，运输整体税负由 9%下降至 5%以下。

河钢“铁铁智运”网络货运平台自 2019 年 4 月正式投运以来，整合社会车辆 18200 台，累计上线运量 4300 万吨，交易额 18 亿元。

二、O2O 平台模式

与传统的消费者在商家直接消费的模式不同，在 O2O 平台商业模式中（图 14-8），整个消费过程由线上和线下两部分构成。线上平台为消费者提供消费指南、优惠信息、便利服务（预订、在线支付、地图等）和分享平台，而线下商户则专注于提供服务。

依托互联网平台，坚持跨界融合思维，借鉴家装行业的尚品宅配 O2O（Online To Offline）模式，将线下的商务机会与互联网结合，让

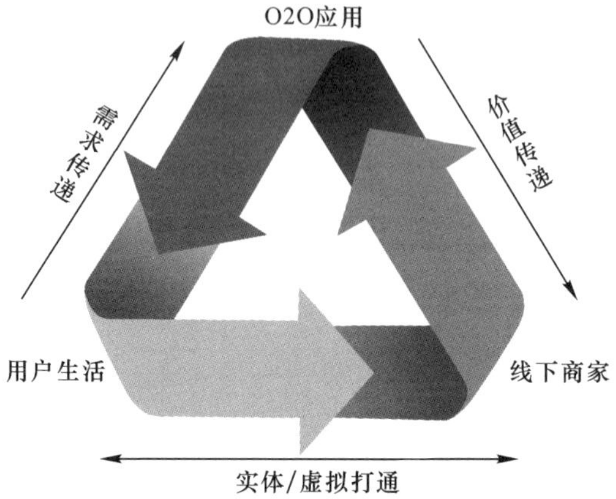

图 14-8　O2O 平台模式

互联网成为线下交易的平台。依托互联网大数据，实现线上与线下协同发展，有效解决需求的个性化、定制化、小批量与钢铁生产的刚性规模化之间的根本性矛盾，借助互联网思维推动传统钢铁制造业的商业模式转型。

推动钢铁产业传统的生产组织模式，从大规模生产，以产定销，向规模化定制，以销定产转变，实现生产与销售的无缝化衔接，最大限度地节约供应链成本。O2O（Online To Offline）模式也不能适用于所有的钢材品种，重点还是在同质化特征比较明显、与下游客户接触紧密、规模经济要求高的螺纹钢及线材产品中，为建筑企业提供材料产品的综合解决方案服务，构建线上与线下相融合的新商业模式，提高钢铁企业的数字化生存能力及发展能力。

传统钢铁企业商业模式创新一直在路上，河钢集团作为中国最国际化的钢铁企业，从如何获取并留住客户、与下游供应链体系一体化、构建钢铁生态圈、产业链资本嵌入式融合、绿色发展、钢铁规模化定制平台等方向进行了勇敢的尝试和实践，取得了良好效果。

河钢集团将一直致力于通过科技创新、商业模式创新在世界钢铁发展历程中书写新的钢铁轨迹。

后　　记

人类发现了钢铁，并用钢铁改变了自己、创造了世界。

作为一位从事钢铁事业30多年的工作者，犹如钢铁已经融入整个世界一样，钢铁早已成为我生命中不可或缺、不可分割的重要元素，希望同所有热衷于钢铁事业的同事们一道，去探寻钢铁的过去，憧憬钢铁的未来。

由科技创新引发的产业革命，正在以前所未有的速度改变着我们的世界。在本书即将截稿时，新冠肺炎疫情仍在全球蔓延，人类正在经受一场“劫难”。这场突如其来的疫情给人类又一次敲响了警钟，让我们深刻反思或重新思考钢铁产业的发展方式以及钢铁与人类、自然、资源的关系，在新的要素平衡和环境友好的条件下谋求更可持续的发展路径。

时代在变迁，科技在进步，产业在迭代。一代人有一代人的责任与使命，钢铁工业已经进入“中国时代”，身处这个时代的中国钢铁人必须主动承担起属于这个时代的历史使命，为钢铁融入更多的创新元素，让钢铁承载更多的创新责任，依靠科技和创新的力量，赋予钢铁更丰富的内涵。从“宏观”到“微观”，让钢铁更绿色、更智能，在世界钢铁工业发展史上烙下“中国印记”。

我们坚信，创新、可持续的钢铁会让世界更美好！让我们共同创造属于这个伟大时代的美好明天！

本书在编撰过程中参考了相关图书、文献中的部分内容，在此我对相关作者表示感谢！在编辑过程中，李毅仁、刘宏强、刘娟、王宇辉、贾永坡、李洋、张晓康、郑仲、孔维明、张妍等参与了资料的收集、整理、校对工作，在此我也一并表示感谢！由于水平所限，书中难免有不妥之处，敬请读者批评、指正。

作者

2020 年 10 月 25 日